# CONTROLLING PRAXIS

Herausgegeben von  Prof. Dr. Péter Horváth
und Prof. Dr. Thomas Reichmann

# Target Costing in der deutschen Unternehmenspraxis

### Eine empirische Untersuchung

von

### Dr. Ali Arnaout

Verlag Franz Vahlen München

Die Deutsche Bibliothek – CIP-Einheitsaufnahme

**Arnaout, Ali:**
Target costing in der deutschen Unternehmenspraxis: eine empirische
Untersuchung / von Ali Arnaout. –
München: Vahlen, 2001
   (Controlling-Praxis)
   Zugl.: Stuttgart, Univ., Diss.
   ISBN 3-8006-2688-8

ISBN 3 8006 2688 8
© 2001 Verlag Franz Vahlen GmbH, Wilhelmstraße 9, 80801 München
Satz: DTP-Vorlagen des Autors
Druck und Bindung: Schätzl-Druck,
Am Stillflecken 4, 86609 Donauwörth

Gedruckt auf säurefreiem, alterungsbeständigen Papier
(hergestellt aus chlorfrei gebleichtem Zellstoff)

„The concept of target costing is simple to state and hard to accomplish."

*Robert S. Kaplan* [1]

---

[1] *vgl. Kaplan/Atkinson (1998), S. 226*

# Vorwort des Herausgebers

Seit Anfang der neunziger Jahre wird Target Costing sehr erfolgreich auch in deutschen Unternehmen eingesetzt. Aufbauend auf dem methodischen Konzept aus dem Ursprungsland Japan hat schnell eine spezifische Weiterentwicklung des Konzeptes durch die Wissenschaft und Unternehmenspraxis eingesetzt, bspw. in Form der Integration der Prozesskostenrechnung oder der Übertragung des Target Costing-Ansatzes auf Dienstleistungsbranchen.

Die Umsetzungserfahrungen mit Target Costing wurden hauptsächlich in Form von Fallstudien in Unternehmen verschiedener Branchen und Größenklassen vorgestellt. Bislang fehlten in Deutschland jedoch Befunde auf einer breiteren empirischen Basis, die die Anwendung, die Einführung sowie den Nutzen des Target Costing beschreiben und eine breitere Basis für Handlungsempfehlungen bilden. Diese Befunde liefert Ali Arnaout mit seiner empirischen Untersuchung zum Stand und zur Anwendung des Target Costing in deutschen Großunternehmen, die Bestandteil des empirischen Forschungsprogramms zu neuen Entwicklungen im Controlling und Kostenmanagement des Lehrstuhls Controlling der Universität Stuttgart war. Außerdem vergleicht der Autor die Befunde in deutschen Unternehmen mit den jüngsten Ergebnissen des führenden japanischen Forscherteams auf dem Gebiet des Target Costing und zeigt interessante Anwendungsunterschiede auf.

Die Arbeit stellt für die Target Costing-Forschung in Deutschland einen wichtigen Schritt dar, da sie erstmals sowohl eine Fülle empirischer Befunde liefert, als auch den Einfluss unternehmensinterner und –externer Faktoren aufzeigt sowie Aussagen zur Effektivität des Target Costing-Einsatzes trifft. Sie richtet sich gleichermaßen an Studierende, Lehrende als auch an Unternehmen, die praktische Handlungs-empfehlungen zur Einführung und Anwendung des Target Costing erhalten.

*Stuttgart, im November 2000*                    *Univ.-Prof. Dr. Péter Horváth*

# Vorwort

Während des Verfassens meiner Dissertation hatte ich das Glück, kein „Einzelkämpfer" sein zu müssen, sondern mich auf ein unterstützendes Umfeld, ein funktionierendes Team und verständnisvolle Freunde verlassen zu können. Zur Veröffentlichung der Arbeit ist es mir deshalb ein wichtiges Anliegen, mich für diese Unterstützung zu bedanken.

Dieser Dank gilt zunächst meinen Forschungskollegen Dr. Roman Stoi, Dr. Werner Seidenschwarz und PD Dr. Ronald Gleich, mit denen ich bei der Durchführung der Stuttgarter Studie zu neuen Entwicklungen im Kostenmanagement und Controlling zusammenarbeiten konnte. Insbesondere mit meinem ehemaligen Kollegen Dr. Roman Stoi verband mich über Jahre hinweg eine enge, motivierende und sehr konstruktive Teamarbeit, für die ich ihm sehr danke.

Weiterhin bedanken möchte ich mich bei allen ehemaligen Kollegen des Lehrstuhls Controlling der Universität Stuttgart, sowohl für die langjährige Zusammenarbeit, den besonderen Teamgeist als auch für die vielen konstruktiven Diskussionen und fachlichen Hinweise. Erwähnt seien insbesondere meine Freunde Dr. Dietmar Voggenreiter, Dr. Sascha von Wangenheim, Dr. Stefan Niemand sowie Dipl.-Kfm. Damir Kralj, der mir in der Endphase den nötigen zeitlichen Freiraum zur Fertigstellung meiner Arbeit verschaffte.

Frau Melanie Walter M.A. half mir bei der Auswertung des umfangreichen statistischen Datenmaterials. Meinem ehemaligen Kommilitonen Dipl.-Kfm. Markus Korell und meinem Kollegen Dipl.-Kfm. Markus Brenner möchte ich für die unschätzbare Hilfe bei den Korrekturarbeiten danken.

Im Rahmen des internationalen Ergebnisvergleiches hatte ich die Chance, mit Prof. Takeyuki Tani, Ph. D., von der Kobe Business School zusammenzuarbeiten, mit dem mich heute auch eine Freundschaft verbindet. Ihm und seinem Forscherteam danke ich für die Kooperation und die wertvollen Erfahrungen während der gemeinsamen Forschungsreisen.

Dank gilt auch allen Unternehmensvertretern in Deutschland und Japan, die mir in der Konzeptionsphase der Arbeit als Ansprechpartner zur Verfügung gestanden und mir somit wertvollen Einblick in die Praxis gewährt haben.

Mein größter Dank gebührt meinem Doktorvater, Herrn Prof. Dr. Péter Horváth. Ihm verdanke ich die unersetzliche Erfahrung einer langjährigen Zusammenarbeit mit ihm als akademischen Lehrer und Forscher. Als Mentor hat er mich in meiner fachlichen und persönlichen Entwicklung entscheidend geprägt. Herrn Prof. Dr. Dr. habil. Ulli Arnold danke ich für die Übernahme des Zweitgutachtens sowie für die konstruktiven Ratschläge und hilfreichen Anmerkungen zu meiner Arbeit.

Den größten Anteil am Gelingen der Arbeit hat sicherlich meine Frau Ruth, die mich während meines gesamten Studiums und der Dissertationszeit uneingeschränkt dabei unterstützt hat, meine Ziele zu erreichen. Ihr und meinen Eltern, die mir meine Ausbildung überhaupt ermöglichten, ist diese Arbeit gewidmet.

*Neuss, im November 2000*                                    *Ali Arnaout*

# Inhaltsverzeichnis

# Abbildungsverzeichnis

# Abkürzungsverzeichnis

| | |
|---|---|
| $\rho$ | Korrelationskoeffizient nach *Spearman* |
| $\sigma$ | Standardabweichung |
| $\varnothing$ | Durchschnitt |
| $\Sigma$ | Summe |
| Abb. | Abbildung |
| AG | Aktiengesellschaft |
| Aufl. | Auflage |
| b&b | Bilanz und Buchhaltung |
| Bem. | Bemerkung |
| BMBF | Bundesministerium für Bildung, Wissenschaft, Forschung und Technologie |
| BPR | Business Process Reengineering |
| bspw. | beispielsweise |
| bzgl. | bezüglich |
| CAD | Computer Aided Design |
| CAM-I | Consortium for Advanced Manufacturing International |
| CIM | Computer Integrated Manufacturing |
| CIMA | Chartered Institute of Management Accountants |
| CPA | Certified Public Accountant |
| DBW | Die Betriebswirtschaft |
| DIN | Deutsches Institut für Normung |

| | |
|---|---|
| EAA | European Accounting Association |
| EDV | Elektronische Datenverarbeitung |
| etc. | et cetera |
| F&E | Forschung und Entwicklung |
| FB/IE | Fortschrittliche Betriebsführung/Industrial Engineering |
| FVA | Forschungsvereinigung Antriebstechnik |
| GmbH | Gesellschaft mit beschränkter Haftung |
| $H_0$ | Nullhypothese |
| $H_1$ | Alternativhypothese |
| HBR | Harvard Business Review |
| HHL | Handelshochschule Leipzig |
| Hrsg. | Herausgeber |
| Hyp. | Hypothese |
| i.d.R. | in der Regel |
| i.e.S. | im engeren Sinne |
| i.w.S. | im weiteren Sinne |
| IFUA | Institut für Unternehmensanalysen |
| inkl. | inklusive |
| iw | Institut der Deutschen Wirtschaft |
| JFB | Journal für Betriebswirtschaft |
| Jg. | Jahrgang |
| JIT | Just-In-Time |
| Kap. | Kapitel |
| krp | Kostenrechnungspraxis |
| n | Fallzahl |
| No. | Numero |
| Nr. | Nummer |

| | |
|---|---|
| o.Jg. | ohne Jahrgang |
| o.S. | ohne Seitenangabe |
| PKR | Prozeßkostenrechnung |
| PKW | Personenkraftwagen |
| PM | Performance Measurement |
| QFD | Quality Function Deployment |
| r | Produkt-Moment-Korrelationskoeffizient r nach *Bravais* und *Pearson* |
| R&D | Research & Development |
| RKW | Rationalisierungskuratorium der Deutschen Wirtschaft |
| S. | Seite |
| sog. | sogenannt/-e/-en |
| SPSS | Statistical Package for the Social Sciences |
| t&m | Technologie & Management |
| TC | Target Costing |
| TCM | Target Cost Management |
| u.a. | und andere |
| UK | United Kingdom |
| USA | United States of America |
| V | *Cramer´s* V |
| VDI | Verein Deutscher Ingenieure |
| VDMA | Verband Deutscher Maschinen- und Anlagenbau |
| WiSt | Wirtschaftswissenschaftliches Studium |
| ZfB | Zeitschrift für Betriebswirtschaft |
| ZfP | Zeitschrift für Planung |
| ZVEI | Zentralverband Elektrotechnik- und Elektronikindustrie |
| ZwF | Zeitschrift für wirtschaftlichen Fabrikbetrieb |

# 1. Einleitung

## 1.1. Problemstellung

Kosten stellen einen wesentlichen Einflußfaktor für den Unternehmenserfolg dar. Im dynamischen Wettbewerbsumfeld ist es eine permanente Aufgabe der Unternehmensführung und aller Mitarbeiter, das Kostengestaltungs- und Kosteneinsparungspotential eines Unternehmens zu nutzen (vgl. *Reiß/Corsten* (1992), S. 1478; *Franz/Kajüter* (1997), S. 27). Die Steuerung der Kosten ist eine zentrale Managementaufgabe.

Aufgrund veränderter Rahmenbedingungen und Einflußfaktoren haben in der Vergangenheit entscheidende Veränderungen der Kostensituation in Unternehmen stattgefunden (vgl. *Backhaus/Funke* (1997), S. 29 ff.; *Handtrack* (1998), S. 10 ff.; *Radermacher* (1995), S. 56). Diese Veränderungen lassen sich unterteilen in (vgl. *Brede* (1993), S. 13)

❑ Umschichtungen der funktionalen Kostenstrukturen von den direkten zu den indirekten Kosten, d.h. bspw. Die Zunahme von Qualitätssicherungs-, Logistik- und F&E-Kosten.

❑ Fixkostenanstieg durch ansteigende strategiesichernde Kosten und zunehmenden Einsatz neuer Technologien und damit verbundener Automatisierung.

❑ Produktionsfaktorbedingte Kostenstrukturveränderungen, d.h. bspw. Sinken des Materialkostenanteils und Personalkostenanteils in produzierenden Bereichen durch fortschreitende Automatisierung oder Erhöhung des Materialkostenanteils durch Outsourcing.

❑ Gemeinkostenanstieg mit den damit verbundenen Schlüsselungsproblemen (vgl. dazu auch die empirischen Ergebnisse bei *Troßmann/Trost* (1996), S. 65 ff.).

Aufgrund dieser Veränderungen ist es mehr als früher notwendig, so frühzeitig wie möglich die Kostensituation eines Unternehmen zu beeinflussen. Denn aus diesen Veränderungen resultiert auch der Produktions- und Produktkostennachteil deutscher Unternehmen im internationalen Vergleich (vgl. *Dürand* (1995), S. 98). Eine Hauptursache für diesen Nachteil wird in der Produktentwicklung gesehen. Das Kostenbeeinflussungspotential ist in diesen frühen Phasen zwar am größten, die Möglichkeiten der Kostenerfassung und der Kostenbeurteilung sind jedoch gering (vgl.

*Franz/Kajüter* (1997), S. 19). 80% der Kosten werden in den frühen Phasen der Produktentwicklung determiniert, 90-95% der Produktkosten werden in diesem Stadium schon „hineinentwickelt", d.h. sie können nicht reduziert werden, ohne den Entwurf zu ändern (vgl. *Coenenberg u.a.* (1994), S. 1; *Cooper/Slagmulder* (1997), S. XXII; vgl. Abb. 1-1).

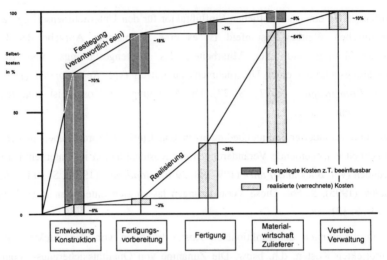

*Abb. 1-1: Gegenüberstellung von Verantwortlichkeit und Realisation der Kosten (vgl. Ehrlenspiel (1992), S. 293)*

Hauptursache für eine mangelnde Kostentransparenz in der Produktentwicklung sind die nur unzureichend aufbereiteten Kosteninformationen und die mangelnde Verfügbarkeit praxistauglicher Hilfsmittel für eine kostengünstige Produktentwicklung (vgl. dazu auch *Welp/Endebrock/Albrecht* (1998), S. 257).

Diese Problematik wird von volkswirtschaftlichen Trends begleitet (vgl. *BMBF* (1998)): Die Aufwendungen der Unternehmen für F&E sind seit 1985 absolut zwar von knapp 40 Mrd. DM auf über 60 Mrd. DM in 1997 angestiegen, der Anteil am Bruttosozialprodukt, das in F&E beschäftigte Personal und auch das Verhältnis von F&E-Mitarbeitern je 10.000 Erwerbstätige sind aber zurückgegangen. Gleichzeitig hat sich der Welthandel mit F&E-intensiven Waren zu Ungunsten der Bundesrepublik Deutschland verändert (vgl. *BMBF* (1998), S. 6). So nahmen die Exporte F&E-intensiver Waren aus Deutschland im Vergleich zu den USA und Japan vergleichsweise stärker ab. Relativ weniger F&E-Mitarbeiter müssen mit einem relativ zum Bruttosozialprodukt geringeren F&E-Budget die Produktentwicklung für einen dynamischeren und wettbewerbsintensiveren Markt leisten. Aus diesem Grund ist eine effektive und effiziente und vor allem kostenorientierte Produktentwicklung erforderlich.

Angesichts dieser Situation wird für die Bundesrepublik Deutschland vom „Berliner Kreis - wissenschaftliches Forum für Produktentwicklung e.v." 1997 eine Reihe von Maßnahmen vorgeschlagen, die zur Stärkung der Innovationskraft und damit zur Verbesserung der Zukunftschancen deutscher Unternehmen beitragen sollen (vgl. *Grabowski/Geiger* (1997)). Hervorgegangen sind sie aus einer Untersuchung über die Problembereiche der Produktentwicklung in Deutschland. Diese Untersuchung kam zu dem Ergebnis, daß besonders die bereichsübergreifende Kommunikation, die Organisationsformen der Produktentwicklung, die Markt- und Kundenorientierung und die Methodenanwendung und deren Akzeptanz erheblich verbessert werden müssen (vgl. *Berliner Kreis-Wissenschaftliches Forum für Produktentwicklung e.V.* (Hrsg., 1997), S. 6 f.). Als ein wichtiges Maßnahmenfeld wird die Eigenschaftsfrüherkennung von Produkten unter Berücksichtigung der wirtschaftlichen Eigenschaften wie z.B. der Produktherstellkosten identifiziert. Das Produktkostenmanagement muß einer kosten- und marktorientierten Produktentwicklung folgen, das eine frühzeitige Optimierung von Produkterlös, Produktkosten, Produktgestalt und Produktnutzen in den Phasen der Entwicklung und Konstruktion zum Inhalt hat, um über den Produktlebenszyklus hinweg den Produkterfolg zu maximieren (vgl. *Männel* (1994), S. 202).

Die vom Berliner Kreis identifizierten Probleme wurden in der Unternehmenspraxis bereits früher erkannt. Deshalb hat bereits seit Anfang der 90er Jahre eine starke Weiterentwicklung des Kostenmanagements und des Controlling in der Produktentwicklung stattgefunden. Zahlreiche innovative Instrumente und Konzepte wurden entwickelt, die zur Erhöhung von Effizienz und Effektivität beitragen. Das bedeutendste Konzept ist das Target Costing.

Target Costing ist ein umfassender Ansatz zum marktorientierten Kostenmanagement in den frühen Phasen der Produktentwicklung. Er wurde Anfang der 60er Jahre in Japan in der unternehmerischen Praxis entwickelt (vgl. *Horváth, Seidenschwarz* (1992a), S. 142). Die Grundidee des Target Costing ist, den sich traditionell aus einer Cost-Plus-Kalkulation ergebenen Produktpreis zukünftig marktorientiert zu ermitteln, wobei die Vorstellungen der Kunden über ihre Produktwünsche berücksichtigt werden. Dabei steht nicht mehr die Frage im Vordergrund „Was wird ein Produkt kosten?", sondern „Was darf ein Produkt kosten?" (vgl. *Seidenschwarz* (1991b), S. 199). Als ein Ansatz zur Erreichung der mittel- und langfristigen Gewinnziele eines Unternehmens bietet das Target Costing die Möglichkeit, schwer quantifizierbare Zielvorstellungen der strategischen Planung im Rahmen der Zielkostenfestlegung und Zielkostenspaltung zu operationalisieren und damit eine Zieltransparenz zu erreichen (vgl. *Horváth/Niemand/Wolbold* (1993), S. 22).

Aufgrund der zum Teil sehr unterschiedlichen Gründe für die Anwendung des Target Costing, unterschiedlicher Markt- und Wettbewerbskonstellationen und unterschiedlichen Produkt- und Produktionsvoraussetzungen in den Unternehmen wird Target Costing in der Unternehmenspraxis teilweise sehr unterschiedlich und mit unterschiedlicher Intensität angewendet (vgl. *Tani, Horváth, von Wangenheim* (1996), S. 80 ff.). Es gilt dennoch als Ursache für die lange Zeit überlegene Wettbewerbsposition japanischer Unternehmen in den achtziger Jahren und als Beispiel dafür, daß für das Management von Produktqualität und Innovation keine ausgefeilten Leistungskontrollen notwendig sind, wie sie bspw. in den stark anweisungs- und kontrollorientierten amerikanischen Unternehmen üblich sind (vgl. *Sakurai/Keating* (1994), S. 85).

Zu Beginn der Einführung des Target Costing in Deutschland stand die Rechenmethodik im Vordergrund. Es wurde zunächst versucht, den japanischen Ansatz zu beschreiben und soweit möglich zu kopieren (vgl. *Seidenschwarz* (1993), S. 1; *Buggert/Wielpütz* (1995), S.17). Die einzelnen Schritte und Elemente wurden beschrieben und ihre praktische Anwendung in vielen Praxisbeispielen belegt. Dabei spielten, wie auch in Japan, die Automobilkonzerne die Vorreiterrolle (vgl. die Beispiele in *Horváth* (Hrsg., 1993)). Bei der Anwendung in einem anderen Kulturkreis sind jedoch zwei wichtige Aspekte zu beachten:

1. Target Costing entstammt dem japanischen, gruppen- und harmonieorientierten Kulturkreis mit anderen Marktbedingungen, Unternehmens- und Mitarbeitervoraussetzungen (vgl. dazu Kapitel 2.4.1.). Es wurde Mitte der 60er Jahre eingesetzt, um durch eine gleichzeitige Kostenführerschafts- und Differenzierungs-Strategie die Lücke zu den amerikanischen und europäischen Wettbewerbern zu schließen (vgl. *Tani/Kato* (1994), S. 192). Eine chronologische Systematisierung kann sich somit strenggenommen nur auf einen Kulturkreis beziehen, um die Entwicklungsschritte aufzeigen zu können.

2. Außerdem bestehen erhebliche Zeitabstände zwischen der erstmaligen Erwähnung des Target Costing in der Literatur und dem erstmaligen Einsatz in der Unternehmenspraxis (so findet sich die erste Erwähnung des Target Costing in der Literatur erst 1978 bei *Saitoh*, 15 Jahre nach dessen Entwicklung bei *Toyota*). Aus diesem Grund ist eine ausschließlich Orientierung an den in der Theorie behandelten Beispielen nur unvollständig, da in den Unternehmen eine umfassendere und längere Erfahrung zugrunde liegt.

Unter Berücksichtigung der deutschen Umwelt- und Unternehmensverhältnisse wurde das Konzept des Target Costing in Deutschland dann zum „Marktorientierten Zielkostenmanagement" weiterentwickelt, das die beiden Aspekte *Marktorientierung* und *Strategieorientierung* besonders berücksichtigte. Obwohl die Ableitung der

Zielkosten vom Markt ein elementares Kennzeichen des Target Costing ist, wird die Marktanbindung in der japanischen Target Costing-Literatur relativ wenig behandelt. Im Gegensatz dazu wurde in Deutschland gerade dieser Aspekt, unterstützt durch die in den 90-er Jahren geführte Diskussion um die Kundenorientierung deutscher Unternehmen, besonders intensiv behandelt. Weiteren Vorschub erhielt das Target Costing in Deutschland durch die geforderte stärkere Strategieorientierung des Kostenmanagements (vgl. *Horváth* (Hrsg., 1990)). Die frühzeitige markt- und strategiekonforme Planung und Gestaltung der Produkte, Prozesse und Ressourcen standen dabei im Vordergrund nach dem Motto „Lieber Kosten frühzeitig mit ungenaueren, aber zuverlässigen Zahlen gestalten als später detailgetreu verwalten".

Der Betrachtungshorizont des Target Costing wurde bald über die reine Hardware hinaus ausgedehnt. So entstanden in Deutschland bereits Anfang der 90er Jahre Beispiele, die die Integration von Target Costing und Prozeßkostenrechnung oder die marktorientierte Gestaltung von Prozessen, z.B. in der Montage oder bei industriellen Dienstleistungen behandelten (vgl. *Mayer* (1993), S. 75-92; *Sakurai/Keating* (1994), S. 84-91; *Gleich* (1996); *Niemand* (1996)). Auch die Zuliefereinbindung wurde vor dem Hintergrund sinkender Fertigungstiefen und der Bedeutungszunahme von Systemlieferanten thematisiert (vgl. *Seidenschwarz/Niemand* (1994)).

Die Effektivität und Anwendbarkeit des Target Costing-Ansatzes wurde seitdem in deutschen Unternehmen in einer Vielzahl von Anwendungsbeispielen nachgewiesen (vgl. dazu Kapitel 3.1.). Viele Unternehmen stehen zur Zeit noch vor der Einführung des Target Costing oder haben bereits erste Erfahrungen gesammelt und streben jetzt nach einem Vergleich mit den Best Practices. Die Implementierung ist jedoch stets ein komplexer und schwieriger Prozeß, der sich über einen mehrjährigen Zeitraum erstreckt und die konsequente Zusammenarbeit zahlreicher interner und externer Mitarbeiter erfordert. Die realisierbaren Erfolge hängen dabei entscheidend von der reibungslosen und zielgerichteten Umsetzung ab.

In Diskussionen über den Nutzen des Einsatzes des Target Costing wird von Praktikern häufig das Argument vorgebracht, daß es sich eigentlich um kein neues Konzept handle, und daß die Unternehmen ihre Produktkalkulationen schon immer am Marktpreis ausgerichtet haben. Also alter Wein in neuen Schläuchen ? Wenn dem so wäre, dürfte eine Einführung in deutschen Unternehmen keine Schwierigkeiten bereiten (vgl. *Peemöller* (1993), S. 380). Eine genaue und umfassendere Betrachtung zeigt aber, daß die bisherige Praxis wesentliche Unterschiede im Vergleich zu einem durchgängigen Target Costing aufweist (vgl. *Gaiser/Kieninger* (1993), S. 55; *Peemöller* (1993), S. 380):

1. Kostenzielgrößen wurden zwar angewendet, sie orientierten sich jedoch mehr an der Machbarkeit bei bestehenden Strukturen als an den Markt- und Kundenanforderungen.

2. Kostenziele bezogen sich nicht auf die vom Kunden geforderten Funktionen, sondern vielmehr auf Gesamtprodukte oder auf Produktkomponenten. Dadurch bestand die Gefahr, dass Über- oder Minderfunktionalität produziert wurde oder die Funktionsgewichtung nicht den Anforderungen des Kunden entsprach.

3. Die Frage der Kostenverantwortung über die Wertschöpfungsstufen hinweg war häufig ungeklärt und führte zu Unstimmigkeiten.

4. Gemeinkosten wurden bei dieser Form der Zielkostenverwendung kaum berücksichtigt.

5. Es existierten bislang keine geschlossenen Konzeptionen einer umfassenden Marktorientierung der Preise und Kosten schon ab der Phase der Produktentwicklung.

Diese Punkte gelten auch für US-amerikanische Unternehmen (vgl. *Worthy* (1991), S. 48).

Bisher wurden die Erfahrungen, die mit der Einführung und Anwendung des Target Costing gemacht wurden, hauptsächlich in Form von Fallstudien veröffentlicht. In Deutschland liegt bislang nur wenig empirisches und repräsentatives Datenmaterial zum Target Costing vor. Die jüngsten empirischen Untersuchungen von *Tani/Horváth/von Wangenheim* (1996) und *Binder* (1997) schließen diese Lücke ansatzweise, lassen jedoch noch keine Rückschlüsse auf die tatsächliche Verbreitung zu. Im Vergleich dazu geben die empirischen Untersuchungen in Japan Aufschluß über die sehr hohe Verbreitung in verschiedensten Branchen (vgl. *Sakurai/Keating* (1994), S. 84 ff.). Eine für fundiertere und allgemeingültige Aussagen notwendige empirische Untersuchung auf breiter Basis wurde bislang zu diesen Themengebieten noch nicht durchgeführt.

## 1.2. Zielsetzung der Arbeit

Die vorliegende Arbeit soll dazu beitragen, die in der Einleitung aufgezeigte Forschungslücke durch eine empirische Untersuchung schließen. Dazu wird zunächst der Stand der Anwendung des Target Costing in deutschen Großunternehmen erhoben. Darauf aufbauend wird untersucht, welche Faktoren die Anwendung des Target Costing beeinflussen. Und schließlich sollen Erkenntnisse über die Effektivität der

Anwendung des Target Costing gewonnen werden. Diese Zielsetzungen der Studie lassen sich in folgende, forschungsleitende Fragestellungen übersetzen:

1. Aus welchen Elementen bestehen Target Costing-Systeme in den untersuchten deutschen Großunternehmen?

2. Welche unternehmensinternen und -externen Faktoren beeinflussen die Ausgestaltung dieser Elemente?

3. Wie wird die Effektivität des Einsatzes des Target Costing in den untersuchten deutschen Großunternehmen eingeschätzt?

Auf Basis der Antworten auf diese Fragestellungen sollen neben der Erhebung des Praxisstands Handlungsempfehlungen für die Einführung und Gestaltungsempfehlungen für die weitere Anwendung des Target Costing abgeleitet werden.

Mit diesen Zielsetzungen stellt diese Untersuchung die erste breite, empirische Analyse des Target Costing in Deutschland dar. Sie baut auf bereits durchgeführten Studien auf, die sich meist auf das Kostenmanagement allgemein oder auf die Erhebung des Bekanntheitsgrades des Target Costing beschränkten.

Die Untersuchung verfolgt sowohl einen praktischen, als auch einen wissenschaftlichen Zweck: Ihre Ergebnisse verschaffen Target Costing-Anwendern und Unternehmen, die Target Costing erst in Zukunft anwenden wollen, einen Überblick und bieten Vergleichsmöglichkeiten, auf deren Basis Verbesserungsmaßnahmen z.B. bzgl. der Zielsetzungen, des Instrumenteneinsatzes, der Vorgehensweise möglich sind, um Anwendungs- und Implementierungsprobleme zu vermeiden. Der Wissenschaft soll sie Anhaltspunkte über praktische Anwendungs- und Implementierungsprobleme und damit über den vorhandenen Forschungsbedarf liefern, auf deren Basis konzeptionelle Weiterentwicklungen und methodische Problemlösungen erfolgen können

## 1.3. Aufbau und Vorgehensweise der Arbeit

Für die Untersuchung des Standes und der Implementierung des Target Costing in der deutschen Unternehmenspraxis wurde die Untersuchungsform der empirischen Querschnittsanalyse in Form einer schriftlichen Befragung mit einem standardisierten Fragebogen gewählt. Sie war Bestandteil der „Stuttgarter Studie", einem empirischen Forschungsprogramm des Lehrstuhls Controlling der Universität Stuttgart zum Stand neuer Verfahren des Kostenmanagements und des Controlling in der deutschen Unternehmenspraxis. Die Stuttgarter Studie verfolgte die Zielsetzungen, den Anwendungsstand in der deutschen Unternehmenspraxis zu vier neuen, nach Auffassung der Forscher wesentlichen Themenfeldern im Controlling umfassend zu analysieren und darüber hinaus die Querverbindungen zwischen den vier analysierten Themenfeldern zu untersuchen (vgl. *Arnaout u.a.* (1997)).

Das Forschungsprogramm bestand aus vier Teilforschungsvorhaben, die sich mit folgenden Themen und ihrem jeweiligen Umsetzungsstand in der deutschen Unternehmenspraxis befaßten.

1. Target Costing (vgl. Kapitel 2)

2. Prozeßkostenmanagement (vgl. *Stoi* (1999)).

3. Performance Measurement (vgl. *Gleich* (1997)).

4. Controlling für bewegliche Strukturen (vgl. *Seidenschwarz* (1997), S. 57).

Den Teilforschungsvorhaben lag ein gemeinsamer Bezugsrahmen zur Integration und Einordnung der einzelnen Forschungsvorhaben zugrunde. Er verkörperte als Gesamtkonzeption den Zusammenhang zwischen den jeweiligen Forschungsgebieten und stellte gleichzeitig eine einheitliche Operationalisierung der grundlegenden, über alle Teilprojekte hinweg gültigen, Variablen und Begrifflichkeiten sicher (vgl. dazu auch Kapitel 4.3.4.). Die speziellen Bezugsrahmen der einzelnen Teilforschungsvorhaben ordnen sich in den Gesamtbezugsrahmen ein (vgl. *Arnaout/Gleich/Seidenschwarz/Stoi* (1997)).

Zur Vorbereitung der Fragebogenerhebung wurden nach der umfassenden Literaturanalyse teilstrukturierte Experteninterviews bei Anwendern des Target Costing durchgeführt, um einerseits zunächst die Forschungslücke zu ermitteln, andererseits die Praxisorientierung der Untersuchung und ihrer Ergebnisse zu gewährleisten. Diese Anwender befanden sich zum damaligen Zeitpunkt in unterschiedlichen Anwendungsstadien. Zu ihnen gehörten sowohl einige aus der Literatur bekannte Pionieranwender als auch Unternehmen, die die Implementierung gerade erst begonnen hatten. Auf Basis der in den Unternehmen erhobenen Erkenntnisse wurde das Untersuchungsmodell entwickelt. Nach Durchführung der Fragebogenuntersuchung wurden die Ergebnisse im Rahmen verschiedener Veranstaltungen sowohl mit den Teilnehmern der Studie, als auch mit anderen Unternehmensvertretern verschiedenster Branchen im Deutschland, im Ursprungsland Japan sowie in den USA intensiv diskutiert und z.T. gemeinsam Handlungs- und Gestaltungsempfehlungen erarbeitet. Auf diese Weise konnte die Praxisorientierung und -tauglichkeit der Empfehlungen sichergestellt werden.

Abb. 1-2 zeigt den Aufbau der Arbeit. Kapitel 2 gibt einen Überblick über die Entwicklung des marktorientierten Kostenmanagements und die theoretischen Grundlagen des Target Costing. Zum Verständnis der Entwicklungsgründe und Merkmale des Target Costing-Konzeptes werden insbesondere die kulturellen und unternehmensspezifischen Rahmenbedingungen im Ursprungsland Japan erläutert.

Die daraus abgeleiteten Unterschiede zu den Voraussetzungen und Rahmenbedingungen in deutschen Unternehmen sind auch für das Verständnis der Untersuchungsergebnisse erforderlich. Als Grundlage für die vorliegende Untersuchung und zur Begründung des ermittelten Forschungsbedarfes gibt Kapitel 3 einen Überblick über die bisher veröffentlichten Fallstudien zum Target Costing in Deutschland und über die wichtigsten Ergebnisse bereits durchgeführter empirischer Untersuchungen in Deutschland, Japan und dem englischsprachigen Ausland. Außerdem werden die konzeptionellen und branchenspezifischen Weiterentwicklungen des Target Costing in Deutschland nachvollzogen.

Kapitel 4 erläutert die Forschungskonzeption, die dieser Studie zugrunde liegt. Die gewählte Vorgehensweise wird dargestellt sowie der Bezugsrahmen und das Untersuchungsmodell für die Erforschung des Target Costing beschrieben. Kapitel 5 enthält nach einer kurzen Beschreibung der Vorgehensweise die ausführliche Darstellung der Ergebnisse der empirischen Querschnittsuntersuchung. Außerdem werden in Kapitel 5 die Ergebnisse der deutschen Studie mit Teilergebnissen der jüngsten japanischen Erhebung verglichen. In Kapitel 6 schließlich erfolgt eine zusammenfassende Bewertung aller Untersuchungsergebnisse, die Beurteilung der aufgestellten Hypothesen sowie die Ableitung von Handlungs- und Gestaltungsempfehlungen, bevor in Kapitel 7 ein Fazit gezogen wird.

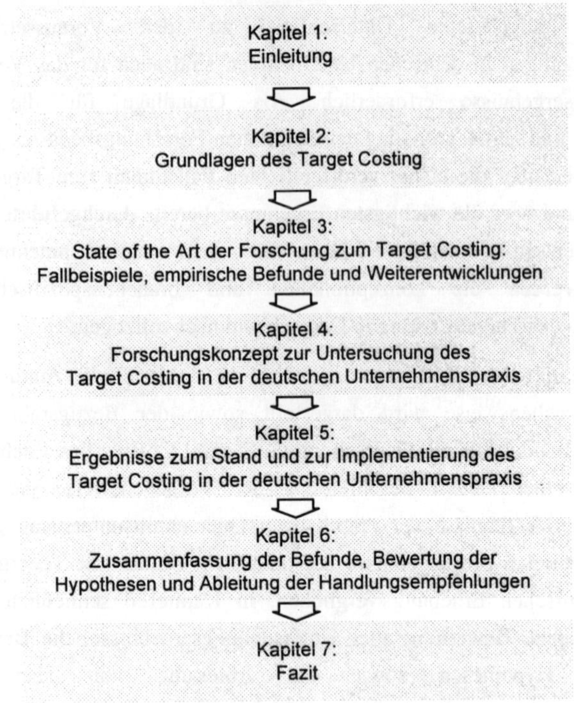

Kapitel 1:
Einleitung

Kapitel 2:
Grundlagen des Target Costing

Kapitel 3:
State of the Art der Forschung zum Target Costing:
Fallbeispiele, empirische Befunde und Weiterentwicklungen

Kapitel 4:
Forschungskonzept zur Untersuchung des
Target Costing in der deutschen Unternehmenspraxis

Kapitel 5:
Ergebnisse zum Stand und zur Implementierung des
Target Costing in der deutschen Unternehmenspraxis

Kapitel 6:
Zusammenfassung der Befunde, Bewertung der
Hypothesen und Ableitung der Handlungsempfehlungen

Kapitel 7:
Fazit

*Abb. 1-2: Aufbau der Arbeit*

## 2. Grundlagen des Target Costing

Im folgenden Kapitel soll aufbauend auf einem kurzen Überblick über die strategische Bedeutung und Entwicklung des marktorientierten Kostenmanagements zunächst der Ursprung und die Entwicklung des Target Costing nachgezeichnet werden. Daran anschließend werden die Rahmen- und Umweltbedingungen im Ursprungsland Japan, die zur Entwicklung des Target Costing beitrugen, mit denen in Deutschland verglichen und daraus resultierende Anwendungsprobleme abgeleitet. Danach werden die in der Fachliteratur behandelten Definitionen, Funktionen und Phasenkonzepte des Target Costing erläutert, woran sich die Beschreibung des Implementierungsprozesses anschließt. Zum Ende des Kapitels erfolgt eine Charakterisierung des Target Costing anhand bestimmter Grundprinzipien (vgl. Abb. 2-1).

Da es in der Literatur bereits eine Vielzahl ausführlicher Darstellungen und Beschreibungen des Target Costing gibt, soll in dieser Arbeit diese Darstellung zugunsten der Erläuterung der zur Zeit wichtigsten konzeptionellen und branchenbezogenen Entwicklungsrichtungen im Kapitel 3 eher kurz erfolgen. Außerdem wurde mehr auf die Darstellung der Vielfalt und Unterschiede der existierenden Konzeptionen Wert gelegt als auf eine detaillierte Beschreibung. Es sei deshalb auf die mittlerweile umfangreiche Literatur verwiesen (vgl. stellvertretend die erste außerhalb Japans veröffentlichte Monographie zum Target Costing von *Seidenschwarz* (1993); vgl. *Buggert/Wielpütz* (1995); *Niemand* (1996); *Gleich* (1996); *Listl* (1998); *Riegler* (1996); *Baumöl* (1997)).

### 2.1. Strategische Bedeutung des marktorientierten Kostenmanagements im veränderten Wettbewerbsumfeld

Die Beeinflussung der Kostensituation von Unternehmen ist spätestens seit Beginn der Industrialisierung ein bedeutendes Handlungsfeld unternehmerischer Tätigkeit. Die Verschärfung des Wettbewerbs auf den internationalen Märkten und dessen Auswirkungen auf die Wettbewerbsfähigkeit von Unternehmen haben auch zu einer Neuausrichtung des Produktmanagements geführt. Im Gegensatz zu Unternehmen in Europa und den USA, wo sich in der Vergangenheit bislang, bei ausreichender Differenzierung, angemessene Renditen durch einen Cost-plus-Ansatz sicherstellen ließen, standen japanische Unternehmen schon seit den 50er Jahren unter hohem Wettbewerbsdruck (vgl. *Cooper/Chew* (1996), S.89). In der japanischen Automobil-industrie verhinderte das Fehlen von Konzeptführern und eine große Anzahl von Wettbewerbern eine effektive Differenzierung (vgl. *Clark/Fujimoto* (1992), S. 55 ff.). Die hohe Wettbewerbsintensität auf dem japanischen Binnenmarkt führte statt dessen zu anspruchsvolleren Qualitäts- und Kostenstandards. Diese hohe interne Wett-bewerbsintensität wurde durch den anschließend erfolgenden Export japanischer Güter nach Europa und in die USA auch auf westliche Märkte übertragen. Durch die Einführung kosten- und qualitätsmäßig überlegener japanischer Produkte in die bereits gesättigten westlichen Märkte entstand ein Verdrängungswettbewerb, der die aktuelle Situation der westlichen Industrie- und Konsumgütermärkte nachhaltig prägte. Gleichzeitig wurden seit Anfang der 60er Jahre die ersten systematischen Kostensenkungsprogramme in Unternehmen durchgeführt, die sich auch auf die immer bedeutender werdenden Gemeinkostenbereiche konzentrierten.[1]

In den letzten Jahren hat sich darüber hinaus international das Konsumentenverhalten im Sinne einer Individualisierung des Konsums mit einer stärkeren Gewichtung des ideellen und subjektiven Produktnutzens verändert. Für Unternehmen bedeutete dies, neben selbstverständlichen Basisanforderungen und objektiv mit Wettbewerbern vergleichbaren Leistungsanforderungen an Produkte zunehmend sog. Begeisterungs-anforderungen in der Produktentwicklung zu berücksichtigen, die in der Nutzenein-schätzung durch den Kunden die übrigen Anforderungen übertreffen.

Diesem Trend versuchten viele Unternehmen durch eine stärkere Produkt-differenzierung zu begegnen, jedoch verbunden mit der Gefahr, daß Konkurrenten mit ähnlichen Produkten in den Markt eintreten, bevor die Kunden von den differenten Produkteigenschaften überzeugt werden konnten (vgl. *Buggert/ Wielpütz* (1995), S. 17 f.). Die notwendige Konsequenz zur Begegnung dieser Gefahr liegt in der simultanen Verfolgung von Qualitäts- und Kostenzielen. Damit sind die generischen *Porter´schen* Strategien Kostenführerschaft und Differenzierung, die sich jeweils auf den Aspekt „Kosten" oder „Qualität" fokussieren, für eine Wettbewerbs-differenzierung alleine nicht mehr ausreichend (vgl. *Porter* (1980); *Porter* (1984)).

---

[1] *Zum japanischen Verständnis des Management Accounting bzw. zu Problemen des japanischen Kostenmanagements vgl. Moyes/Mitchell/Yoshikawa (1994) und Bromwich/Inoue (1994).*

Bedeutung und Entwicklung des
marktorientierten Kostenmanagements

⬇

Ursprung und Entwicklung des Target Costing

⬇

Die Target Costing-Philosophie

⬇

Definitionen und Funktionen des Target Costing

⬇

Target Costing als Teil eines
integrativen Produktkostenmanagement

⬇

Phasen und Elemente des Target Costing

⬇

Organisation und Implementierung des Target Costing

⬇

Zwischenfazit: Die Grundprinzipien des Target Costing

*Abb. 2-1: Aufbau des Kapitels 2*

*Cooper* stellt diese Wettbewerbskonstellation in Form eines dreidimensionalen „survival triplet" aus Funktionen, Qualität und Preis dar (vgl. Abb. 2-2). In diesem Koordinatensystem kann für jedes Marktsegment die „survival zone" aufgezeigt werden, in der bestimmte Produktmerkmale positioniert sein müssen, damit ein Produkt im jeweiligen Marktsegment erfolgreich sein kann (vgl. *Cooper* (1995), S. 4 ff.).

Bei heutigen Marktbedingungen ist in vielen Marktsegmenten die „survival zone" jedoch so schmal, daß weder eine Differenzierungs- noch eine konsequente Kostenführerschaftsstrategie zum Erfolg führt. *Cooper* empfiehlt die Verfolgung der „confrontational strategy", die vorsieht, allen drei Dimensionen gleichzeitig Rechnung zu tragen. Diese Notwendigkeit zur simultanen Fokussierung auf Kosten, Produktfunktionalität und Qualität läßt sich auch aus den Outpacingstrategien nach *Gilbert/Strebel* ableiten (vgl. Abb. 2-3). Sie sieht vor, unter Berücksichtigung der jeweiligen Wettbewerbssituation abwechselnd den Schwerpunkt auf die Senkung der Kosten oder die Erhöhung der wahrgenommenen Funktionalität zu legen (vgl.

*Gilbert/Strebel* (1987); *Seidenschwarz* (1993), S. 99 ff.). Diese abwechselnde Betonung von Produktnutzen und Produktkosten ist jedoch nicht zufriedenstellend, da nicht die Wahl zwischen den Strategien, sondern eine ständige Überprüfung der strategischen Ausrichtung an den herrschenden Wettbewerbs- und Nachfragebedingungen im Vordergrund stehen sollte (vgl. *Buggert/ Wielpütz* (1995), S. 19).

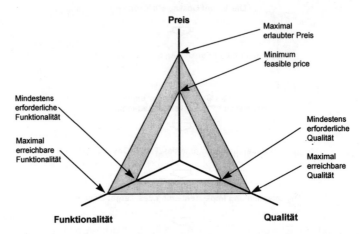

*Abb. 2-2: Die „Survival Zone" eines neuen Produktes (vgl. Cooper (1995), S. 5)*

Kunden akzeptieren heute aufgrund der gestiegenen Wettbewerbsintensität und der sich ständig wandelnden Nachfragerpräferenzen nicht mehr eine Vernachlässigung eines der Produktattribute Kosten, Funktionalität oder Qualität. Deshalb muß die Produktentwicklung in der konsequenten Berücksichtigung aller Kundenanforderungen ansetzen und die Preisgestaltung gleichzeitig an den Markterfordernissen ausrichten. Um unter diesen Bedingungen zu einem Kostenniveau zu produzieren, das vom Kunden akzeptiert wird und gleichzeitig die gewünschte Rentabilität zuläßt, bedarf es eines Konzeptes für ein marktorientiertes Kostenmanagement, das über die traditionellen Ansätze hinausgeht.

Ein solches Konzept ist Target Costing. Es umfaßt eine Methode zur Ermittlung und Festlegung des vom Markt erlaubten Preis- und Kostenniveaus schon in den frühen Phasen der Produktentwicklung und zur Steuerung kontinuierlicher Verbesserungsprozesse in der Produktions- und der Marktphase, die auf der Wertanalyse aufbaut (vgl. *Horváth* (1998), S. 75; *Tanaka* (1989); *Seidenschwarz* (1993); *Miles* (1987); vgl. das Beispiel bei *Bucksch/Rost* (1985), S. 350).

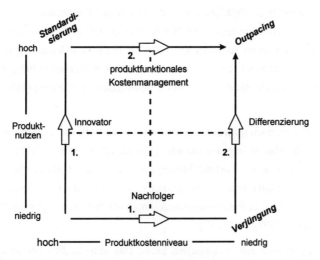

*Abb. 2-3: Outpacing-Strategien (vgl. Seidenschwarz (1993), S. 103 und Kleinaltenkamp (1989), S. 652)*

## 2.2. Die Entwicklung vom Kostenmanagement zum marktorientierten Kostenmanagement

Unter Kostenmanagement soll in dieser Arbeit generell die Einflußnahme auf die Unternehmensplanung und -steuerung zur zielorientierten Gestaltung der Kosten-situation im Unternehmen verstanden werden. Die Kostensituation wird im Rahmen der Leistungserstellung durch Kostenbestimmungsfaktoren determiniert (vgl. *Hor-váth/Seidenschwarz* (1991), S. 300). Beispiele für diese Bestimmungsfaktoren sind z.B. Faktormengen, Faktorqualität, Faktorpreise, das Produktionsprogramm oder der Beschäftigungsgrad. Die Gestaltung der Kostenbestimmungsfaktoren beinhaltet unter anderem Entscheidungen über den Diversifikationsgrad und die Differenzierung des Produktionsprogramms, über die Fertigungstiefe, über Produktionsverfahren und logistische Prozesse, über die Anpassung von Kapazitäten, Betriebsgrößen und Materialeinsatzmengen (vgl. *Reiß/Corsten* (1992), S. 1478).

Die Kostensituation eines Unternehmens ist das Gestaltungs*objekt* des Kostenmana-gements, Gestaltungs*parameter* sind die beeinflußbaren Kostenbestimmungsfaktoren (vgl. *Reiß/Corsten* (1992), S. 1478 f.). „Kostenmanagement ist die kostenoptimie-rende bzw. -minimierende Gestaltung der Kostenbestimmungsfaktoren" (*Horváth/ Seidenschwarz* (1991), S. 300). Das Instrumentarium des Kostenmanagements dient zur Erklärung und zielgerichteten Beeinflussung der kurz- und langfristigen Bestimmungsfaktoren (vgl. *Lorson* (1995), S. 388). Kosten stellen jedoch „...letztendlich nur Symptome ursächlich wirkender Kostenbestimmungsfaktoren" dar

(*Reiß/Corsten* (1990), S. 390). „Es geht indirekt um das Verständnis eines mehrstufigen Beziehungszusammenhanges, der Beeinflussung der in diesem Zusammenhang wirksamen Kostenbestimmungsfaktoren sowie der optimalen Gestaltung der Strukturen und Abläufe" (*Männel* (1995), S. 27; vgl. außerdem *Männel* (1993), S. 211; zur Systematisierung von Methoden zur Kostenbeeinflussung vgl. *Franz* (1992), S. 1492 ff.).

Kostenmanagement nach seinem heutigen Verständnis stellt das Ergebnis einer durch veränderte Rahmenbedingungen notwendig gewordenen Weiterentwicklung einer rein vergangenheitsorientierten Kostendokumentation durch die Kostenrechnung hin zu einer zukunftsgerichteten und aktiven Kostenbeeinflussung dar (vgl. *Brede* (1993), S. 2). Dabei lassen sich drei Entwicklungslinien nachvollziehen (vgl. *Arnaout/Niemand/ von Wangenheim* (1997), S. 171 ff.):

❑ Von der operativen zur strategischen Sicht: Das ursprünglich periodenbezogene und operativ ausgerichtete Kostenmanagement orientiert sich nunmehr an den strategischen Zielsetzungen des Unternehmens, um anstelle von kurzfristigen Kostensenkungsbemühungen eine mit den strategisch relevanten Entwicklungspotentialen abgestimmte Kostengestaltung zu realisieren (vgl. Abb. 2-4).

❑ Vom Taylorismus zur Prozeßorientierung: Die Erkenntnis über die Nachteile arbeitsteiliger Strukturen - in der Produktion bereits hinlänglich bekannt - führte zu einer umfassenderen Sichtweise, die die Prozesse im Unternehmen nicht in einzelne Bereiche und Phasen unterteilt, sondern als ganzes einem Kostenmanagement unterzieht und somit bereichsbezogene Suboptima vermeidet.

❑ Von der mathematischen Abbildung zur Verhaltensbeeinflussung: Beeinflußt durch die Entwicklung des Operations Research befaßte sich das Kostenmanagement ursprünglich mit der mathematischen Abbildung der Unternehmensrealität. Planwerten wurde eine hohe Aussagefähigkeit zugesprochen und die mathematisch exakt ermittelten Werte und detaillierte Abweichungsanalysen suggerierten eine hohe Beherrschbarkeit der Vorgänge im Unternehmen, auf deren Basis Handlungsempfehlungen gegeben wurden. Zur Vermeidung dieser Scheingenauigkeiten stellt das Kostenmanagement heute zunehmend die Verhaltensbeeinflussung durch heuristische Regeln in den Vordergrund.

Die Berücksichtigung von Produkten, Prozessen und Ressourcen als Ansatzpunkte des Kostenmanagements trägt vor dem Hintergrund dieser drei Entwicklungslinien die Kunden- und Marktorientierung ins Kostenmanagement hinein (vgl. *Männel* (1993), S. 210 ff.). Diesem Ansatz liegt das Verständnis eines frühzeitigen, strategischen Kostenmanagements zugrunde, das den gesamten Wertschöpfungsprozeß eines Unternehmens in die Betrachtung einbeziehen muß (vgl. *Franz/Kajüter* (1997), S. 97). Produkte, Prozesse und Ressourcen stellen die „Stellhebel" des Kostenmanagements dar. Sie determinieren die kostenmäßigen Wirkungszusammenhänge zwischen den Kostenbestimmungsfaktoren. Ausgangspunkt für dieses proaktive Kostenmanagement ist der Kunde, für den das Unternehmen im Leistungserstellungsprozeß ein Produkt bzw. eine Dienstleistung erstellt. Damit werden die im Unternehmen ablaufenden Prozesse determiniert, die sich auf die kundenwerterhöhenden Prozesse beschränken müssen. Für diese Prozesse müssen Ressourcen bereitgestellt werden. Nach diesen Gestaltungsobjekten differenziert sich das Kostenmanagement demnach in die Teilbereiche Produktkosten-, Prozeßkosten- und Ressourcenkostenmanagement.

Besonders der letzte Aspekt belegt die Notwendigkeit eines strategischen Kostenmanagements zur Analyse der Kostenbestimmungsfaktoren, den zu erwartenden Ressourcenverbrauch und der dadurch verursachten Kosten im Hinblick auf die Schaffung von Erfolgspotentialen im Unternehmen (vgl. *Horváth/Seidenschwarz* (1991), S. 300; *Männel* (1993), S. 213; *Pampel* (1995), S. 116). Unter „Strategischem Kostenmanagement" wird dabei die Unterstützung einzelner Phasen des strategischen Planungs- und Kontrollprozesses mit bewerteten, kunden- bzw. marktorientierten Produkt- und Prozeßinformationen über den Ressourcenverbrauch verstanden werden (vgl. *Brokemper* (1998), S. 32). Das strategische Kostenmanagement ist für die Strategieformulierung und Strategieumsetzung wesentlich, da für strategiebezogene Aspekte der Ressourceninanspruchnahme in allen Phasen des strategischen Managements Kosteninformationen notwendig sind (vgl. *Horváth/Seidenschwarz* (1991), S. 300; *Seidenschwarz* (1993), S. 72, ). Weitere Merkmale des strategischen Kostenmanagements sind der Vollkostencharakter der Betrachtungsweise, das Verständnis des Unternehmensgeschehens in Wertschöpfungsketten sowie die Einbeziehung struktureller Kostentreiber (vgl. *Seidenschwarz* (1993), S. 72; *Brokemper* (1998), S. 32 f.).

*Brokemper* unterscheidet vier Instrumente des strategischen Kostenmanagements: die Prozeßkostenrechnung/Prozeßkostenmanagement, das Cost Benchmarking, das Life-Cycle Costing und das Target Costing (vgl. *Brokemper* (1998), S. 37). Sie sind durch die langfristige Sicht des Ressourcenverbrauchs, die Annahme der Variabilität aller Kosten, die phasen- und unternehmensübergreifende Betrachtung, die Marktorientierung sowie durch prozeß- und organisationsgestaltende Konsequenzen charakterisiert (vgl. *Horváth/Seidenschwarz* (1991), S. 301). Abbildung 2-4 zeigt nochmal die Unterschiede zwischen operativem und strategischem Kostenmanagement.

| Operatives Kostenmanagement | Strategisches Kostenmanagement |
|---|---|
| ❑ Auswertung, Planung und Vorgabe der Kostenwirksamkeit operativer Entscheidungen | ❑ Abschätzung, Auswertung und Beeinflussung der Kostenwirksamkeit strategischer Entscheidungen |
| ❑ Kostendarstellung und -auswertung | ❑ Analyse der Einflußgrößen auf die strategische Kostenposition |
| ❑ Analyse der Kostenposition im internen Soll-Ist-Vergleich | ❑ Handlungsorientierte Kostenermittlung und -darstellung |
| ❑ Analyse und Steuerung der Kostendynamik | ❑ Wertschöpfungskettenorientierte Analyse, Planung und Vorgabe der Kosten |
| | ❑ Analyse, Planung und Vorgabe der Lebenszykluskosten |

*Abb. 2-4: Unterschiede zwischen strategischem und operativem Kostenmanagement (vgl. Dellmann/Franz (1994), S. 18)*

Drei Einflußfaktoren haben nach *Cooper* eine besonders große Bedeutung für das strategische Kostenmanagement. Dies sind die Wettbewerbsintensität, der Reifegrad der Produkte sowie die Länge des Produktlebenszyklus. Von der herrschenden Wettbewerbsintensität hängt ab, wie intensiv und umfassend ein Unternehmen Kostenmanagement betreibt. Der Reifegrad der Produkte steht in starkem Zusammenhang mit der eingesetzten Produkttechnologie. Beide beeinflussen die Häufigkeit neuer Produkteinführungen und den Innovationsgrad zwischen Produktgenerationen. Die Länge des Produktlebenszyklus´ schließlich bestimmt, wieviel Zeit einem Unternehmen für notwendige Kostensenkungsmaßnahmen zur Verfügung steht. Je kürzer der Produktlebenszyklus ist, desto schwieriger ist es, die notwendige Kostensenkungsmaßnahmen erfolgreich umzusetzen.

## 2.3. Ursprung und Entwicklung des Target Costing

Die Grundidee des Target Costing, nämlich die Ableitung des zukünftig realistischen Produktpreises von den Markterfordernissen und -bedingungen und dessen Abstimmung mit den zu erwartenden Produktkosten, ist einfach und im Grunde selbstverständlich. Parallelen zu dieser Grundidee finden sich bereits Anfang des Jahrhunderts z.B. bei Ford oder bei der Entwicklung des VW Käfers in den 30er Jahren (vgl. *Rösler* (1996), S. 9 ff.).

Der Grund für die Entwicklung eines umfassenden, funktionskostenorientierten Target Costing-Ansatzes geht zurück in die Zeit der Ressourcenknappheit nach dem 2. Weltkrieg. Ende der 40er Jahre wurde bei General Electric in den USA nach einem Konzept gesucht, um eine hohe Produktfunktionalität bei gleichzeitig minimalen zu erreichen (vgl. *Leahy* (1998), S. 1; *Kesselring* (1954); *Lorenzen* (1976)). Diese als „Value Engineering" bekannt gewordene Methode hatte die technische Gestaltung von Produkten zum Ziel, wobei die Produktfunktionen zu einem optimalen Kosten-/Nutzenverhältnis realisiert werden sollten. Das zentrale Element dabei ist die Analyse der Produktfunktionen anstatt einer Analyse der physischen Produktkomponenten oder der Fertigungsprozesse (vgl. *Jehle* (1982), S. 63). Diese Vorgehensweise der kosten-/nutzen-optimalen Gestaltung einer Funktionserfüllung ließ sich auch verallgemeinern und auch auf andere, bspw. organisatorische Bereiche übertragen. Sie wurde in den 60er Jahren auch zur Kostenbeeinflussung in den Gemeinkostenbereichen eingesetzt.

In den 60er Jahren wurde das Value Engineering zu einem integrierten Kostenmanagementkonzept weiterentwickelt, das in manchen Unternehmen die Bezeichnung Target Costing trug. Neu an diesem integrierten Ansatz war besonders die Idee, bereits in der Planungs- und Entwicklungsphase die Kostenstruktur und das Kostenniveau eines Produktes zu beeinflussen und reduzieren zu können (vgl. *Buggert/Wielpütz* (1995), S. 41 f.). Einige japanische Unternehmen, die Anfang der 60er Jahre erstmals Wertanalysen einsetzten, bezeichnen heute diese Aktivitäten rückblickend als Target Cost Management (vgl. z.B. *Teshima* (1996)). Target Costing entstand demnach also aufgrund der Notwendigkeit, als Reaktion auf einen zunehmenden Konkurrenzdruck höhere Kosten- und Qualitätsstandards auf dem japanischen Markt erfüllen zu können (vgl. *Franz* (1993), S. 124 f.).

Die Entstehung und erste Anwendung des Target Costing läßt sich unter der japanischen Originalbezeichnung „Genka Kikaku" bis in das Jahr 1963 zurückverfolgen. Entwickelt von *Toyota* wurde es seit Anfang der 70er Jahre zunehmend in japanischen Unternehmen angewendet.[2] Erste Erwähnungen in der japanischen Literatur finden sich erst im Jahr 1978 bei *Saitoh* (vgl. *Tanaka* (1979); *Tanaka* (1989); *Tani u.a.* (1996), S. 80). Zunächst legten nur wenige japanische Autoren Wert auf die detaillierte Beschreibung des Konzeptes des Target Costing (insbesondere *Tanaka* (1989)). Die Veröffentlichungen widmeten sich eher den organisatorischen Rahmenbedingungen sowie der Verhaltensbeeinflussung durch Target Costing (vgl. stellvertretend *Hiromoto* (1991)).

In der deutschen und englischsprachigen Management-Literatur taucht der Begriff Target Costing erstmals Ende der 80er Jahre auf, als japanische Wissenschaftler in

---

[2] *Mittlerweile wird sogar von einem „Post-Toyotismus" gesprochen, der eine Weiterentwicklung der Systemelemente des Toyota-Produktion-Systems vor dem Hintergrund stattfindender Flexibilitätserhöhungen, Verbesserungen von Arbeitsbedingungen und Veränderungen der Beschäftigungsverhältnisse in der japanischen Automobilindustrie berücksichtigt (vgl. Schanz/Döring (1998), S. 911 ff.).*

englischer Sprache darüber berichten. Sie verfolgten dabei meist einen stark deskriptiv orientierten Forschungsansatz. Insbesondere *Sakurai* machte Target Costing den europäischen und amerikanischen Lesern zugänglich (vgl. *Sakurai* (1989)). Den Ausgangspunkt der Diskussion des Target Costing in der westlichen Theorie und Praxis bilden der Beitrag *Sakurais* im *Journal of Cost Management* im Jahr 1989 (vgl. *Sakurai* (1989) sowie das ebenfalls 1989 von *Monden* und *Sakurai* herausgegebene Buch „Japanese Management Accounting"), das auch die bis heute am meisten zitierte und verwendete Prinzipdarstellung des Target Costing enthält (vgl. *Monden/Sakurai* (1989)).

In der deutschsprachigen Literatur haben insbesondere *Horváth* und *Seidenschwarz* das Konzept des Target Costing aufgegriffen. Ihre Veröffentlichungen können als Ausgangspunkt einer starken Verbreitung des Target Costing in Deutschland seit Anfang der 90er Jahre gesehen werden (vgl. *Horváth* (1990); *Horváth/ Seidenschwarz* (1992) sowie *Seidenschwarz* (1991)).

Die Übersetzung und Verbreitung des „Genka Kikaku" in den westlichen Ländern erfolgte unter der Bezeichnung „Target Costing". Zur Klärung der Ableitung des Begriffes Target Costing aus der Originalbezeichnung stellte *Rösler* eine etymologische Untersuchung an, die sich wie folgt darstellt (vgl. Abb. 2-5).

Die Wahl der Terminologie „Target Costing" als Übersetzung für „Genka Kikaku" ist jedoch nicht exakt, auch wenn sich der Begriff mittlerweile als Fachbegriff durchgesetzt hat. Denn sie könnte zu der Annahme verleiten, es handle sich bei Target *Costing* lediglich um ein Verfahren der Kosten*rechnung* (vgl. *Kato* (1993a), (1993b), S. 36). Bei den meisten Autoren besteht jedoch Einigkeit darüber, daß es sich bei Target Costing um ein Konzept des Kosten*managements* und der Kosten*beeinflussung* handelt. Gerade die Begriffsverwendung *Hiromotos* („marktorientiertes Management Accounting") könnte zur Fehlinterpretation führen, daß der Schwerpunkt des Target Costing in der Kostenrechnung liege. Seine Definition und Beschreibung des Target Costing-Prozesses unterstreicht aber dennoch die Bedeutung des Verhaltens der am Target Costing-Prozeß Beteiligten im japanischen Management Accounting

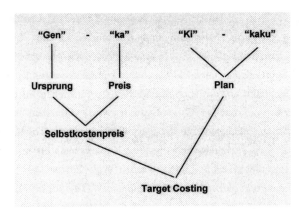

*Abb. 2-5: Herleitung des Begriffes „Target Costing" aus der japanischen Original-bezeichnung „Genka Kikaku"(Rösler (1996), S. 11)*

Die Problematik einer mißverständlichen Begriffsverwendung erkannten auch deutsche Autoren und versuchten deshalb, dem durch die Einführung einer anderen Terminologie entgegenzuwirken (z.B. „Marktorientierte Zielkostensteuerung" oder „Target Cost Management" (*Heßen/Wesseler* (1994), S. 148; *Klingler* (1993), S. 200)). Die inhaltlich wohl treffendste deutsche Bezeichnung für das Konzept des Target Costing prägte *Seidenschwarz* mit „*Marktorientiertes Zielkostenmanagement"* (vgl. *Seidenschwarz* (1991); *Horváth/Seidenschwarz* (1992); *Seidenschwarz* (1993)). Diese Bezeichnung konnte sich teilweise zwar in der Wissenschaft, allerdings nicht in der Praxis gegen den Begriff „Target Costing" durchsetzen, der auch heute noch eine dominierende Rolle in Veröffentlichungen einnimmt. Die unterschiedliche Begriffs-verwendung in deutschen Veröffentlichungen führte deshalb zum Teil auch zu Miß-verständnissen (vgl. *Fröhling/Wullenkord* (1991), S. 69 ff.).

## 2.4. Die Target Costing -Philosophie

Die klare Strukturiertheit des Target Costing-Ansatzes darf nicht zu der Annahme verleiten, es handle sich um eine Art Rechenmethodik, deren Anwendung gleichzeitig die Implementierung des Target Costing-Prozesses und die gewünschten Ergebnisse bedeute. Die Effektivität des Target Costing liegt im Verständnis und der Adaption der zugrunde liegenden Prinzipien durch die beteiligten Mitarbeiter im Unternehmen. So weist *Kato* darauf hin, daß Target Costing eine Kombination altbekannter Techniken darstellt, *"...but reinforced by the target costing philosophy."* (*Kato* (1993b), S. 42). Für *Hasegawa* ist die Implementierung eines effektiven Target Costing mit der Fähigkeit verbunden, alle Mitarbeiter des Unternehmens von der Zielsetzung und den Erwartungen der Unternehmensleitung zu überzeugen (vgl.

*Hasegawa* (1994), S. 6 f.). Dieser Aspekt wird durch den Fokus auf die Phasen des Target Costing oder die Methoden und Instrumente in der Literatur häufig vernachlässigt. Am Beispiel der Fa. *Toyota* kann jedoch gezeigt werden, welche Bedeutung der zugrundeliegenden Philosophie zukommt. So bietet *Toyota* schon seit vielen Jahren Seminare an, die auch Konkurrenten offenstehen, in denen das sog. *Toyota Production System (TPS)* vorgestellt wird. Trotzdem ist es keinem Konkurrenten bislang gelungen, die Produktionseffizienz von Toyota zu erreichen, auch wenn die Toyota-Techniken und -Systeme Konkurrenten bis ins kleinste Detail erläutert und von diesen auch kopiert wurden (vgl. *Taylor* (1997), S. 100 ff.). *"Adopting TPS means acquiring a different mind-set."* (*Taylor* (1997), S. 102).

Die Philosophie des Target Costing soll anhand der kulturellen Rahmenbedingungen, der Besonderheiten des japanischen Unternehmensumfeldes und der charakteristischen Kunden-Lieferanten-Verhältnisse dargestellt werden (eine ausführlichere Darstellung findet sich bei *Seidenschwarz* (1993), S. 41-68). Die Kenntnis dieser Rahmenbedingungen sind auch für das Verständnis der in Kapitel 5 vorgestellten empirischen Befunde hilfreich.

### 2.4.1. Kulturelle Rahmenbedingungen

Unterschiedliche Ausgangssituationen für die Anwendung des Target Costing ergeben sich aufgrund kultureller Unterschiede zwischen der japanischen und der westlichen Gesellschaft.[3] Ein entscheidendes Kriterium für den erfolgreichen Einsatz des Target Costing ist das gruppen- bzw. teamorientierte Verhalten der beteiligten Mitarbeiter. Diese Teamorientierung ist in Japan bereits durch die japanische Lebensweise verinnerlicht, erkennbar am verbreiteten Konfuzianismus und dem damit verbundenen Harmoniestreben als auch am Empfinden von Geborgenheit in der Gruppe durch die einzelnen Gruppenmitglieder. Für den Japaner ist die Gruppe wichtiger als das Individuum (vgl. *Alston* (1986), S. 34 ff.). Auch die Prozeßorientierung und das ganzheitliche Denken entsprechen dem ebenfalls durch eine ganzheitliche Sichtweise geprägten Target Costing-Ansatz. Das Lernverständnis in Japan ist durch das „learning by doing"-Prinzip gekennzeichnet, wodurch kontinuierliche Veränderungen und das Erkennen der Auswirkungen des eigenen Handelns auf die Umwelt unterstützt werden (vgl. *Buggert/Wielpütz* (1995), S. 159 ff.).

---

[3] *In einer seiner ersten Veröffentlichungen weist Seidenschwarz darauf hin, daß die Mentalitätsfragen bezüglich der Anwendung des Target Costing in deutschen Unternehmen „nicht unbedeutend" sein dürften (vgl. Seidenschwarz (1991), S. 203).*

Die Auffassung, daß sich die Komplexität einer Aufgabe nicht durch die Entscheidung eines Einzelnen bewältigen läßt, zeigt sich auch in den Kommunikations- und Entscheidungsprozessen in japanischen Unternehmen. Entscheidungen werden hauptsächlich in der Gruppe getroffen und Gruppenentscheidungen von den Gruppenmitgliedern als ihre eigenen angenommen, auch wenn die letztendliche Entscheidung durch den Gruppenleiter erfolgt (vgl. *Martin u.a.* (1992), S. 8 f.).

Wie eine Studie aus dem Jahre 1993 zeigte ging die Selbstverpflichtung japanischer Mitarbeiter gegenüber ihrem Arbeitsplatz teilweise so weit, daß der Arbeitsgeber für 80% der Japaner sogar Vorrang vor der eigenen Familie hat (vgl. *Streib/Ellers* (1994), S. 61). Symptome dafür sind u.a. die Bereitschaft zu langen Tages- und Jahresarbeitszeiten oder der Verzicht auf Urlaubsanspruch (vgl. *Martin u.a.* (1992), S. 7; *Seidenschwarz/Seidenschwarz* (1995), S. 93). Die konjunkturellen und arbeitsmarktpolitischen Probleme der japanischen Wirtschaft Mitte der neunziger Jahre führten mittlerweile jedoch zu einer Abschwächung dieser Einstellung.

### 2.4.2. Das japanische Unternehmensumfeld

Das Mitte der 80er Jahre als Lean Management (zunächst: Lean Production) bekanntgewordene Toyota Production System (TPS) faßt die charakteristischen Merkmale des japanischen Managementverständnisses zusammen. Die wesentlichen Merkmale sind die Konzentration auf die Wertschöpfung, die Vermeidung jeglicher Verschwendung (z.B. Wartezeit, überflüssige Lagerhaltung, fehlerhafte Teile, unnötiger Transport etc.), flache Hierarchien, Einsatz von Just-In-Time, Arbeitsgruppenorganisation und selbststeuernde Fehlererkennungssysteme (vgl. *Womack u.a.* (1991)). Durch gegenseitige Verpflichtungen und die Umkehrung arbeitsteiliger Prinzipien wurde Hierarchiedenken durch Kooperationsdenken ersetzt. Zugleich wird in Japan ein humanzentriertes Management praktiziert. Dabei steht die Bildung gegenseitigen Vertrauens, sowohl zwischen Managern und Mitarbeitern als auch zu Lieferanten, im Vordergrund. Es soll durch die Berücksichtigung der Faktoren Autonomie, Teilnahme und Mitwirkung gefördert werden (vgl. *Hasegawa* (1997), S. 36 f.). Als wohl bestes Beispiel einer konkreten Maßnahme zur Vertrauensbildung läßt sich das in Japan bis Mitte der 90er Jahre übliche „Lifetime Employment" anführen (vgl. *Alston* (1986), S. 223 ff.).

Die verhaltensorientierte Betrachtungsweise findet sich auch in der Ausgestaltung des japanischen Management Accountings wieder. Das japanische Management Accounting verfolgt nicht den Zweck, genaue Informationen für strategische Entscheidungen bereitzustellen, sondern, die Mitarbeiter dazu zu veranlassen, strategisch zu denken und in Übereinstimmung mit den Unternehmensstrategien zu handeln. Diese Zielsetzung soll durch die Verwendung nichtfinizieller Maßgrößen und eine verstärkte Marktorientierung unterstützt werden. Darüber hinaus läßt sich in japanischen Unternehmen feststellen, daß Controllinginformationen schnell und umfassend an die Mitarbeiter kommuniziert werden und somit zum Verständnis beigetragen wird, inwieweit die Leistung einer jeweiligen Einheit zum Gesamt-unternehmensergebnis beiträgt (vgl. *Hiromoto* (1989b), S. 316 ff.). Daß japanische Controller sich neben Kostenmanagement-Praktiken auch in Themenstellungen ihrer internen „Kunden" auskennen, läßt sich u.a. auf den hohen Stellenwert von Wissen und Bildung zurückführen. Japanische Unternehmen unterstützen diese Tatsache durch gezieltes job rotation und umfangreiche Bildungsangebote. Durch die Förderung und Weiterentwicklung einer gene-ralistischen Ausbildung wird das ganzheitliche Denken und Verständnis für andere Unternehmenseinheiten gefördert (vgl. *Alston* (1986), S. 203 ff.).

### 2.4.3. Das Kunden-Lieferanten-Verhältnis

Die japanische Wirtschaft ist durch die Existenz strategischer Netzwerke (Keiretsu) gekennzeichnet. Diese Unternehmensallianzen rechtlich selbständiger Unternehmen beruhen auf finanziellen Verflechtungen oder gemeinsamen Traditionen und führen zu intensiven Kooperationen innerhalb dieser Geflechte mit dem Ziel, die Effizienz der Netzwerkunternehmen zu steigern (vgl. *Cooper/Slagmulder* (1997), S. 357; *Hund-ley/Jakobson* (1998), S. 928). Die Kooperation mit Zuliefererunternehmen im Produktentwicklungsprozeß, die zum gleichen „keiretsu" gehören wie das Abneh-merunternehmen, wird allgemein praktiziert. Teilweise wird auch von einem protektionistischen Kartell gesprochen (vgl. *Hundley/Jakobson* (1998), S. 928 f.).

Ähnlich enge Bindungen lassen sich auch auf Abnehmerseite beobachten, bspw. anhand der sog. „Hand-am-Markt-Forschung". Diese Art der Marktforschung ist durch einen intensiven, laufenden Informationsrückfluß über die Kundenwirkungen der aktuell am Markt präsenten Produkte an die Produktgestalter gekennzeichnet (*Seidenschwarz* (1993), S. 50). Die marktseitige Informationsversorgung japanischer Unternehmen erfolgt demnach also nicht nur durch den Einsatz formaler Marktforschungsinstrumente, sondern auch durch eine intensive Kooperation mit Lieferanten und Abnehmern.

Eine empirische Untersuchung bei kleinen High-Tech-Unternehmen in Japan und den USA führten zu dem Ergebnis, daß sowohl bei einer hohen Wettbewerbsintensität als auch bei geringer Bedeutungseinschätzung der betreffenden Technologie es häufiger zu einem Outsourcing von Entwicklungsleistungen kommt. Gerade für japanische

Unternehmen sind dabei die Kostenstrukturen der Zulieferer und die Schnittstelle zwischen Marketing und Technologie von größter Bedeutung (vgl. *Kurokawa* (1997), S. 127 ff.).

Diese Aspekte verdeutlichen den Target Costing-freundlichen Unternehmenskontext japanischer Unternehmen, dessen Merkmale in der Abb. 2-6 nochmal dargestellt sind.

### 2.4.4. Übertragbarkeit des Target Costing auf deutsche Unternehmensverhältnisse und Rahmenbedingungen

Wie gezeigt wurde, entstand Target Costing bereits Mitte der 60er Jahre in der japanischen Unternehmenspraxis. Eine theoretische Aufarbeitung erfolgte jedoch erst später. In Deutschland war die Vorgehensweise genau umgekehrt. Hier wurde ausgehend von den japanischen Erfahrungen im Rahmen der ersten außerhalb Japans veröffentlichten Monographie zum Thema ein spezifisches Konzept des Target Costing entwickelt, das die marktbezogenen Voraussetzungen und unternehmensbezogenen Besonderheiten in Deutschland berücksichtigte (vgl. *Seidenschwarz* (1993)). Seit dieser Veröffentlichung findet auch eine zunehmende Vertiefung einzelner, noch offener Fragestellungen und Aspekte sowie eine methodisch-konzeptionelle Weiterentwicklung statt. Die Anzahl der mittlerweile veröffentlichen Artikel und Bücher zu diesem Thema ist unüberschaubar (vgl. Kapitel 3).

Welche im Vergleich zum Ursprungsland Japan unterschiedlichen Rahmenbedingungen und Anwendungsvoraussetzungen in Deutschland herrschen, zeigt das folgende Kapitel.

### 2.4.4.1. Unterschiedliche Rahmenbedingungen für die Anwendung des Target Costing in deutschen Unternehmen

Bei den für die Anwendung des Target Costing in deutschen Unternehmen relevanten Rahmenbedingungen soll zwischen internen und externen Aspekten unterschieden werden. Intern lag der Fokus der Produktentwicklung in deutschen Unternehmen bislang auf den Aspekten Technologie, Qualität und Funktionalität, während Kosten nur eine untergeordnete Rolle gespielt haben (vgl. *Gaiser* (1997), S. 41). Somit differenzierten sich viele deutsche Hersteller bis Ende der 80er Jahre hauptsächlich über die Qualität ihrer Produkte („Made in Germany"). Die technologieorientierte Entwicklung führte jedoch häufig zum „Overengineering" und zu Produkten, die „am

Markt vorbei entwickelt waren", technisch zwar ausgereift, aber zu teuer und von den Kunden nicht angenommen (vgl. *Burkhardt* (1994), S. 96).

Die ausgeprägte, aus dem tayloristischen Prinzip abgeleitete Differenzierung von Arbeitsaufgaben und –schritten behindert vielfach eine effektive und effiziente Produktentwicklung. Die sequentielle Produktentwicklung wird bildlich häufig mit einem „Über-die-Wand-Werfen" von Abteilung zu Abteilung dargestellt. Konsequenz dieser Praxis ist auch, daß die tatsächlichen Produktkosten häufig erst gegen Ende eines Produktentwicklungsprojektes erfaßbar werden, Konzeptänderun-gen in dieser Phase aber nur noch mit sehr hohem finanziellen Aufwand möglich sind (vgl. *Groth/Kammel* (1994), S. 64). Außerdem behindern fehlende Berührungspunkte zwischen den Funktionsbereichen das gegenseitige Verständnis und die kooperative Verfolgung der gemeinsamen Projektzielsetzung. Hinzu kommt, daß viele deutsche Unternehmen aufgrund hoher Variantenvielfalt durch Überkomplexität gekenn-zeichnet sind, die die Steuerung erschwert und in der Regel auch zu komplexen Organisationen führt (vgl. *Buggert/Wielpütz* (1995), S. 33 f.).

Ein großes Problem besteht auch heute noch darin, daß häufig keine ausreichenden und zuverlässigen Informationen für ein markt- und strategieorientiertes Kosten-management durch das Rechnungswesen zur Verfügung gestellt werden können. Teilweise wurde von einer „Krise der Kostenrechnung" gesprochen, deren vergan-genheitsorientierte Informationen nur geringen Nutzen bieten (vgl. *Rösler* (1996), S. 1). Eine der Hauptursachen für die mangelhafte Kenntnis der Kostendeterminanten in Unternehmen liegt auch im Defizit der traditionellen Kostenrechnung, zukunfts-orientierte Entscheidungen zu unterstützen (vgl. *Schuh* (1997), S. 35).

Extern lag der Fokus der Beschaffungsaktivitäten ebenfalls auf der Qualität und den Preisen, während die Fähigkeit der Lieferanten, mit eigenen Entwicklungsleistungen zur Produktgestaltung beizutragen, vernachlässigt wurde. Durch das Konzept des multiple sourcing wurde der Wettbewerbsdruck zwar auch auf die Zuliefererseite transportiert und dadurch eine intensivere Wettbewerbssituation geschaffen, sie ließ den Zulieferern jedoch wenig Raum für die Entwicklung eigener Lösungen (vgl. *Seidenschwarz/Niemand* (1994), S. 262 f.; Zu den veränderten Markt- und Wettbewerbs-bedingungen von Zulieferern und zur Verbesserung des Customer Focus von Zulieferunternehmen vgl. auch *Kramer* (1995)).

Zudem ist der Standort Deutschland durch signifikante Kostennachteile gekenn-zeichnet. Insbesondere die Arbeitskosten liegen an erster Stelle weit über dem Niveau anderer Industrienationen (46% über dem Durchschnittswert aller Industrienationen). So ergab eine Untersuchung in der verarbeitenden Industrie 1997 durchschnittliche Arbeitskosten pro Stunde von 47,92 DM im Vergleich zu 34,97 DM in Japan und

31,83 DM in den USA. Ein Unterschied, der auch durch ein höheres Produktivitäts-
niveau nicht ausgeglichen werden konnte (vgl. *Schröder* (1998)).

**Unternehmensübergeordnete Merkmale**

- ❏ MITI
- ❏ Keiretsu-Einbindung
- ❏ "Synergie und Rivalität" auf dem japanischen
  Heimmarkt

**Unternehmenskonzeptionelle Merkmale**

- ❏ Langfristige Unternehmensausrichtung
- ❏ Hand-am-Markt-Forschung
- ❏ Schlanke Entwicklung und Konstruktion
- ❏ Schlanke Produktion
- ❏ Enger und umfassender Zulieferereinbezug
  ("geschlossene Arbeitsteilung")
- ❏ Kaizen
- ❏ Geringe Bedeutung der Dividendenausschüttung

**Mitarbeiterbezogene Unternehmensmerkmale**

- ❏ Betriebsgewerkschaften
- ❏ Gruppe vor Individuum
- ❏ Lebenszeitbeschäftigung
- ❏ Senioritätsprinzip
- ❏ Strenges Hierarchiedenken
- ❏ Hohe Managerzugänglichkeit
- ❏ Job Rotation und Cross-over-Training
- ❏ Starke Unternehmensloyalität
- ❏ Hohes Ausbildungsniveau
- ❏ Hochgradiges Leistungsbewußtsein
- ❏ Verhaltener Drang nach Urlaub
- ❏ Nach-Arbeit-Kollektivismus
- ❏ Ständige Verbesserung
- ❏ Hohe Bedeutung der Bonuskomponente

*Abb. 2-6: Target Costing-freundlicher Unternehmenskontext japanischer Großse-
rienhersteller (vgl. Seidenschwarz (1993), S. 67 und (1994), S. 25)*

Die beschriebene Markt- und Unternehmenssituation gleicht teilweise derjenigen, die
in Japan zur Entwicklung des Target Costing geführt hat. Das Target Costing bietet
mehrere Ansatzpunkte zur Lösung der beschriebenen Probleme. Durch die für den
Target Costing-Ansatz charakteristische Marktorientierung wird die Entwicklung
kundenorientierter Produkte forciert. Durch die gleichzeitige Verfolgung von Kosten,
Funktionalität, Qualität und deren Abstimmung mit den Markterfordernissen wird
außerdem einem unbeabsichtigten Overengineering entgegengewirkt. Im Sinne eines
Managements der frühen Phasen zielt Target Costing auf eine möglichst
kostenbewußte Produktentwicklung ab und setzt an den Potential zur Kostenbeeinflussung an (vgl. *Buggert/Wielpütz* (1995), S. 52 ff.). Eine strategische
Betrachtung wird ermöglicht, indem nicht nur von den bestehenden technologischen
und verfahrensorientierten Beschränkungen ausgegangen wird. Neben Kosten-

reduktionen der Produktkosten eröffnet Target Costing außerdem Möglichkeiten zu einer Neuordnung der Unternehmensstrukturen, ein Aspekt, der in der Literatur nur selten beschrieben wird (vgl. *Stahl* (1995), S.114).

Ein weiterer Aspekt besteht in der Optimierung der Zuliefererintegration in die Produktentwicklung. Zur Erreichung von Kosten- und Qualitätszielen sollte sich der Einkauf mit Vertretern aus Controlling, Entwicklung, Konstruktion und Zulieferern zu einem sog. Zulieferer-Cost-Engineering-Team organisieren (vgl. *Seidenschwarz/ Niemand* (1994), S. 268). Die Aufgaben eines solchen Teams sind die Unterstützung der Zielkostenspaltung hinsichtlich konkreter Kostensenkungspotentiale bei den Zulieferern, die Kostenreduktionsberatung bei Problemen des Zulieferers hinsichtlich der Erfüllung der Zielkostenvorgaben und die Schnittstellenkoordination zwischen Hersteller und Zulieferer im Entwicklungs- und Konstruktionsbereich, um weitere Kostensenkungen und eine durchgängige Marktorientierung zu garantieren (vgl. *Hagenloch* (1997), S. 325; *Seidenschwarz* (1994b), S. 82; *Seidenschwarz/Niemand* (1994), S. 264 ff.).

Aufgrund der unterschiedlichen Anwendungsvoraussetzungen in Japan und Deutschland hat sich in der unternehmerischen Praxis bereits ein „deutsches Target Costing-Verständnis" entwickelt (vgl. Abb. 2-7). Die Unterschiede zum ursprünglichen Verständnis gehen zum Teil auf die theoretische Darstellung und Konzeption zurück, die von der Controlling-Theorie ausging und sich zunächst hauptsächlich an die Controlling-Praxis richtete. Die deutsche Target Costing-Forschung konzentrierte sich anfangs bspw. sehr stark auf instrumentelle Aspekte und auf die zugrundeliegende Rechenmethodik. Aspekte der Verhaltenssteuerung wurden dagegen lange vernachlässigt, obwohl gerade in der Kombination des Target Costing mit einem Managementverständnis, daß den Mitarbeiter in den Mittelpunkt stellt, einige Anknüpfungspunkte existieren. Teilweise gehen die Unterschiede aber auch auf die unterschiedlichen Rahmenbedingungen und den daraus resultierenden Problemen der praktischen Umsetzbarkeit hervor. Das Verständnis und die Bereitschaft der Zuliefererintegration z.B. ist wie gezeigt im deutschen Kontext anders als im japanischen zu bewerten.

Wichtig ist, daß das momentane Target Costing-Verständnis nicht als endgültig und statisch betrachtet werden darf. Der Einsatz und die ständige methodische Weiterentwicklung führen vielmehr zu einem Verständnis als markt- und ergebnisorientiertes Unternehmenssteuerungskonzept, das neben den beschriebenen Merkmalen auch eine unternehmenswertorientierte Komponente umfaßt (vgl. *Gleich/ Seidenschwarz* (1998), S. 268; *Frank/Seidenschwarz* (1997), S. 43 ff.).

### 2.4.4.2. Problemquellen bei der Anwendung des Target Costing
### in westlichen Unternehmen

Der wichtigste Auslöser der Verbreitung des Target Costing in westlichen Ländern und besonders in Deutschland war nicht die Erkenntnis, daß eine konsequent kundenorientierte Produktentwicklung notwendig sei. Vielmehr dominierte die Notwendigkeit, Kostensenkungen realisieren zu müssen um im zukünftigen Wettbewerb bestehen zu können. Target Costing wurde in deutschen Unternehmen hauptsächlich von Mitarbeitern aus dem Rechnungswesen und Controlling initiiert. Der Einsatz des Target Costing als Kostensenkungsmethodik hat in vielen Fällen zu Kritik geführt, der häufig zwei Mißverständnisse zugrunde liegen. *Horváth* bezeichnet sie als „Fallen" bei der Anwendung des Target Costing in deutschen Unternehmen (vgl. *Horváth* (1998), S. 76):

| Unterschiede in der Target Costing-Philosophie | |
|---|---|
| **Japanischer Ansatz** | **Deutscher Ansatz** |
| ❑ Kooperativer Teamansatz unter Einbezug aller Mitarbeiter | ❑ Individualistisches Verhalten innerhalb der Abteilungsmauern; wenige Promotoren |
| ❑ unternehmensübergreifende Zuliefererintegration | ❑ unternehmensintern |
| ❑ Einführung und Anwendung durch Ingenieure und Einkauf | ❑ Einführung und Anwendung durch Controller |
| ❑ Target Cost Management als Management System für die Entwicklung | ❑ Target Costing als mechanistisches Rechenverfahren und Kostensenkungswerkzeug |
| ❑ Humanzentriertes Management | ❑ Ergebnisorientiertes Management |
| ❑ Fokussierung auf die Produktionskosten | ❑ Einbezug der Gemeinkosten |
| **Unterschiede in den unterstützenden Instrumenten** | |
| ❑ Cost Tables als Erfahrungsdatenbank | ❑ Prozeßkostenmanagement zum Einbezug der Gemeinkostenbereiche |
| ❑ Value Engineering zur Berücksichtigung der Kundenfunktion im Team | ❑ Conjoint-Analyse zur Ableitung der Kundengewichtungen der Produktfunktionen |

*Abb. 2-7: Unterschiede zwischen „japanischem" und „deutschem" Target Costing (in Anlehnung an Tani/Horváth/von Wangenheim (1996), S. 87)*

1. Die „Ingenieur-Falle"

Damit wird die Tatsache beschrieben, daß Target Costing als ein mechanistischer Rechenansatz verstanden wird, in der Regel von Mitarbeitern mit rein oder hauptsächlich ingenieurwissenschaftlicher Ausbildung. Dabei konzentrieren sich die

Anwender meist zu sehr auf die Zielkosten pro Komponenten, ohne auf übergeordnete Volumeneffekte oder den Zeitverlauf der Kostenentstehung zu achten (vgl. *Coenenberg/Fischer/Schmitz* (1994), S. 2 ff.).

## 2. Die „Controller-Falle"

In diese Falle laufen all diejenigen Mitarbeiter im Unternehmen, die Target Costing als eine Rechentechnik zur retrograden Kalkulation mißverstehen, mit deren Einsatz hauptsächlich Kostensenkungen verfolgt werden. Dabei wird übersehen, daß es sich um einen umfassenden Kostenmanagementansatz handelt, der von Kommunikationsprozessen abhängt und einer organisatorischen Ausgestaltung bedarf (vgl. *Tani/Horváth/Wangenheim* (1996), S. 87).

Zur Vermeidung dieser beiden „Fallen" schlägt *Horváth* vor, Target Costing instrumental in das Gesamtsystem der ergebnisorientierten Steuerung einzubinden und institutional Target Costing als einen zwischen den beteiligten Funktionsbereichen stattfindenden, interdisziplinär-kommunikativen Prozeß zu organisieren (vgl. *Horváth* (1998), S. 76). Dies bedeutet in Konsequenz, das Target Costing-System in das Controllingsystem zu integrieren. In diesem Kontext darf Controlling nicht als Selbstzweck dienen, sondern muß geeignete Informationen, Methoden und Instrumente zur Verfügung stellen, um ein wirkungsvolles Selbstcontrolling aller an der Produktentstehung beteiligten Mitarbeiter zu ermöglichen (vgl. *Horváth u.a.* (1993), S. 16 f.). Dabei muß jedoch der im Rahmen der proaktiven Kostengestaltung veränderte Informationsbedarf berücksichtigt werden, dem durch eine frühzeitige und schnelle Informationsversorgung Rechnung getragen werden muß (vgl. *Ehrlenspiel* (1992), S. 291 ff.).

Große Unterschiede bestehen auch in der Motivation der Mitarbeiter westlicher Unternehmen im Vergleich zu japanischen Mitarbeitern, die sich durch die unerläßlichen Schaffung einer Kosten- und Gewinnverantwortung bei den Mitarbeitern für ein erfolgreiches Target Costing ergibt und durch die entsprechenden Management-Instrumente unterstützt werden muß. Insbesondere die Koordination mit einem effektiven Anreizsystem, das die Erfüllung der Zielsetzungen des Target Costing belohnt, sollte angestrebt werden (vgl. *Monden/Hamada* (1991), S. 33). Die Motivation der Mitarbeiter zur Erreichung der Zielkosten wird sogar als schwierigste Aufgabe bei der Übertragung auf westliche Verhältnisse gesehen (vgl. *Buggert/Wielpütz* (1995), S. 192 f.).

Insgesamt muß durch die Unternehmensleitung sichergestellt werden, daß Target Costing nicht als isoliertes Instrument betrachtet wird sondern in die Gesamtunternehmenssteuerung eingebettet wird. Dies macht in vielen Fällen den Wandel der bestehenden Unternehmenskultur und -philosophie zur Schaffung eines Target Costing-freundlichen Umfeldes erforderlich. Zudem müssen die

Einzelinteressen der am Produktentwicklungsprozess beteiligten Mitarbeiter im Sinne eines humanzentrierten Managements berücksichtigt werden, damit eine möglichst hohe Übereinstimmung zwischen Unternehmenszielen und Mitarbeiterzielen erreicht werden kann. Eine so intensive Beziehung zwischen Unternehmen und Mitarbeitern, wie sie in Japan zu finden ist, ist für westliche Länder jedoch nicht vorstellbar und auch nicht erstrebenswert, wie die Probleme in Japan in jüngerer Zeit zeigen. Dennoch sollte die Bedeutung des einzelnen Mitarbeiters für den Unternehmenserfolg stärker als bisher berücksichtigt werden, um das Potential der Mitarbeiter optimal einzusetzen (vgl. *Groth/Kammel* (1994), S. 66).

Problematisch ist aus Sicht westlicher Unternehmen auch die Integration der Zulieferer in den Target Costing-Prozeß. Im Gegensatz zu den japanischen Keiretsu-Netzwerken, in denen langfristige und enge Bindungen bestehen, die auf wenigen Primärlieferanten beruhen, wird in westlichen Ländern in Folge des existierenden Wettbewerbs verstärkt auf Multiple Sourcing-Konzepte gesetzt (vgl. *Buggert/Wielpütz* (1995), S. 202 ff.). Ein Vergleich der Zuliefereranteile am gesamten Konstruktionsaufwand zeigt, daß Zulieferern in Japan eine weit höhere Bedeutung (30%) im Vergleich zu europäischen Zulieferern (16%) und US-amerikanischen (7%) zukommt (vgl. *Clark, Fujimoto* (1992), S. 139; zur Situation deutscher Zulieferer in der Automobilindustrie vgl. auch *Meinig* (1998)).

Zusammenfassend läßt sich feststellen, daß für Übertragung des Target Costing auf deutsche Verhältnisse aufgrund der beschriebenen Kontextfaktoren eine unterschiedliche Ausgangssituation besteht. Da es sich bei Target Costing nicht nur um einen Methodenprozeß, sondern auch um eine Managementphilosophie handelt, müssen neben der Implementierung des formalen Prozesses geeignete Maßnahmen getroffen werden, um diese Philosophie in den Köpfen der Mitarbeiter zu verankern. Sowohl bei der erstmaligen Anwendung als auch dem laufenden Einsatz des Target Costing kommt der Controllingfunktion durch die veränderten Informationsbedarfe eine besondere Bedeutung zu. Die Herausforderung besteht in der Koordination des Target Costing mit bestehenden Systemen und der Schaffung der Voraussetzungen für ein wirkungsvolles Selbstcontrolling (vgl. *Horváth/Lamla* (1996), S. 340).

Daneben existiert immer noch eine Reihe von offenen Fragestellungen, denen sich jedes Unternehmen bei der Einführung von Target Costing stellen muß und die bislang konzeptionell auch von der Theorie noch nicht bearbeitet wurden (vgl. z.B. *Sill* (1995), S. 182; *Franz* (1993), S. 126 ff.). Dabei ist auch immer zu beachten, daß bei der ausschließlich positiven und allzu leichtgläubigen Betrachtung japanischer Beispiele Probleme in westlichen Unternehmen auftauchen können, die *Kato* wie folgt unterscheidet (vgl. *Kato* (1998), S. 8):

❑ Das „not-invented-here"-Syndrom behindert die Akzeptanz des Konzeptes.

❑ In den veröffentlichten Beispielen sieht man nur die „Spitze des Eisberges".

❑ Es wird keine adäquate Unternehmens- und Kostenkultur entwickelt.

❑ Westliche Unternehmen erliegen dem Irrtum, es handle sich bei Target Costing um ein „plug-in"- oder „add-on"-System, das man einfach einschalten oder übernehmen kann.

❑ Der Einfluß sozialer Gruppen wie z.B. von Gewerkschaften oder Betriebsräten ist anders zu bewerten als in japanischen Unternehmen.

Schließlich gilt es zu erinnern, daß nicht jedes japanische Fallbeispiel vorbildlich sein kann (vgl. dazu die Kritik *Katos* an der Target Costing-Praxis in Kapitel 6).

### 2.5. Definitionen und Funktionen des Target Costing

Unter dem Begriff „Target Costing" wird allgemein ein umfassender Managementansatz zur Integration der Markt- und Kundenorientierung in das Kostenmanagement verstanden, mit dem frühzeitig und umfassend eine marktorientierte Gestaltung von Produkten und Dienstleitungen sowie deren Kostenstrukturen sichergestellt werden soll. Innerhalb dieses umfassenden Target Costing-Verständnisses existiert eine Reihe von Ansätzen mit zum Teil unterschiedlichen Schwerpunkten.

Diese Ansätze können unterschieden werden in (vgl. *Seidenschwarz* (1993), S. 6 ff.)[4]

❑ Marktorientierte Ansätze (vgl. *Hiromoto* (1988), S. 22 ff.; *Hiromoto*, (1989a), S. 26 f.; *Hiromoto* (1989b), S. 316 ff.): Sie zielen in erster Linie auf den Marktbezug und die Marktwirkungen des Kostenmanagements ab.

❑ Ingenieursorientierte Ansätze (vgl. *Sakurai* (1989), S. 39 ff.; *Monden* (1989), S. 15): Sie betrachten den Target Costing-Prozeß aus Ingenieurssicht.

❑ Produktfunktionsorientierte Ansätze (vgl. *Tanaka* (1989), S. 49 ff.; *Yoshikawa* u.a. (1989), S. 14 ff.): Diese Ansätze stellen die produktfunktionale Sicht im Target Costing in den Vordergrund.

---

[4] *Eine ausführliche Darstellung und Diskussion der unterschiedlichen Ansätze und Definitionen des Target Costing findet sich bei Seidenschwarz (1993).*

## 2.5.1. Marktorientierte Ansätze

Der marktorientierte Ansatz des Target Costing wurde außerhalb Japans erstmals von *Hiromoto* veröffentlicht (vgl. *Hiromoto* (1988)). Bemerkenswert dabei ist, daß er nicht von „Target Costing", sondern von „marktorientiertem Management Accounting" spricht (eigentlich „Zielkostenrechnung", vgl. *Seidenschwarz* (1993), S. 10). *Hiromoto* stellt Target Costing als ein Kernelement des japanischen Management Accountings dar, da es das japanische Verständnis des Management Accounting am ehesten verwirklicht (vgl. *Seidenschwarz* (1993), S. 6):*"They don't simply design products to make better use of technologies and work flows; they design and build products that will meet the price required for market success - whether or not that price is supported by current manufacturing practices. Their management accounting systems incorporate this commitment"(Hiromoto* (1988), S. 4). *Hiromoto* sieht den Anwendungsnutzen des Target Costing hauptsächlich bei Unternehmen, die sich in einem Markt mit hoher Wettbewerbsintensität befinden und die ihre Wettbewerbsfähigkeit nur über wirtschaftliches Innovationsmanagement erhalten und steigern können. Typische Branchen sind der Automobilbau, Computerhersteller, Unterhaltungselektronikhersteller und Halbleiterhersteller. Die Hauptfunktionen des Target Costing sieht er in der Marktorientierung, dem Kostenmanagement in den frühen Phasen der Produktentwicklung und einer dynamischen Sichtweise durch die kontinuierliche Anpassung der Zielkostenvorgabe zur Realisierung der möglichen Kostensenkungspotentiale (vgl. *Hiromoto* (1989b), S. 129).

Wesentlich beim Ansatz *Hiromotos* ist, daß der Schwerpunkt seiner Beschreibungen bei der Bedeutung für das allgemeine japanische Management Accounting liegt. Eine Stärke des Managements japanischer Unternehmen sieht er in der marktorientierten Steuerung des Kostenrechnungssystems (vgl. *Hiromoto* (1989b), S. 320; *Seidenschwarz* (1993), S. 7). Zu kritisieren ist dagegen die eher unpräzise Darstellung des Verfahrensablaufes, die Nichtberücksichtigung von Strategie und Kontext bei der Zielkostenfestlegung sowie die ungenügende Erläuterung der Zielkostenspaltung (vgl. *Seidenschwarz* (1993), S. 11).

## 2.5.2. Ingenieursorientierte Ansätze

Vertreter des ingenieursorientierten Ansatzes sind *Monden* und *Sakurai*, der Target Costing weitergehend als *Hiromoto* als einen Profit-Management-Ansatz definiert (vgl. *Sakurai* (1989), S. 40): *" ...target costing can be defined as a cost management tool for reducing the overall cost of a product over its entire life cycle with the help of the production, engineering, R&D, marketing and accounting departments."* Zielsetzung dieses Ansatzes ist die Senkung des Gesamtkostenniveaus inkl. Produktions-, Vertriebs- und Nutzungskosten, die Unterstützung des Total Quality Management und die strategische Gewinnplanung, wobei er eine Kostenmanagementfunktion in den frühen Phasen der Produktentwicklung und eine Integrationsfunktion der kosten-beeinflussenden Instrumente wie z.B. Just-In-Time, Value Engineering, Total Quality Control unterscheidet (vgl. *Sakurai* (1989), S. 40; *Seidenschwarz* (1993), S. 12). Auffallend ist, daß *Sakurai* dem Target Costing die Funktion der Marktorientierung nicht ausdrücklich zuschreibt (vgl. *Seidenschwarz* (1993), S. 14). Er definiert die erlaubten Kosten nur als das Kostenziel, an das die Drifting Costs mit Hilfe der Wert-gestaltung anzunähern sind, bis die gesetzten Zielkosten erreicht sind. In welcher Form die Zielkostenhöhe genau festgelegt wird, wird nicht beschrieben (vgl. *Sakurai* (1989), S. 43). *Sakurai* sieht den größten Anwendungsnutzen des Target Costing vor allem bei Großserienherstellern mit hoher Variantenzahl, in der Softwareindustrie und im verarbeitenden Gewerbe. Als typische Branchen nennt er die Automobil-, Elektronik-, Werkzeugmaschinen- und Präzisionsgeräteindustrie (vgl. *Sakurai* (1989), S. 39 f.).

Als Kritik am Ansatz *Sakurais* bleibt festzuhalten, daß die Beschreibung des Gesamtablaufs nicht eindeutig ist. Auch wenn er auf die Lebenszyklusorientierung seines Ansatzes verweist, werden nicht alle dafür relevanten Kostenblöcke für die Zielkostensteuerung als wichtig herausgestellt. Die genannte Integrationsfunktion des Target Costing wird ebenfalls nicht ausreichend erläutert (vgl. *Seidenschwarz* (1993), S. 17).

*Monden* beschränkt sich in der Darstellung seines Target Costing-Ansatzes auf die Automobilindustrie am Beispiel *Toyotas* (vgl. *Monden* (1999)). Er verwendet die Bezeichnung Target Cost Management, um den management- und steuerungs-orientierten Charakter seines Ansatzes hervorzuheben. *„Target Costing bedeutet unternehmensweites Gewinnmanagement schon ab der Phase der Produktentwick-lung. Dieser unternehmensweite Ansatz beinhaltet im einzelnen (1) die Planung von kundengerechten Produkten, (2) die Bestimmung von Zielkosten (einschließlich Zielinvestitionen) für ein neues Produkt, um unter den gegebenen Marktbedingungen mittel- und langfristig die Zielgewinne zu erwirtschaften und (3) die Wege zur Ziel-kostenerreichung in der Produktentwicklung bei gleichzeitiger Erfüllung der Kun-denwünsche in bezug auf Qualität und Lieferzeiten"* (Monden (1999), S. 1).

Auch bei *Monden* besteht die Zielsetzung des Target Costing in der Gewinnsteigerung und dem Kostenmanagement in den frühen Phasen der Produktentwicklung. Neben der Notwendigkeit der Erreichung der ursprünglich gesetzten Kostenziele unterstreicht *Monden* besonders die Notwendigkeit der Kostenverbesserungen ab der Produktionsphase im Rahmen des Kaizen Costing (vgl. Kapitel 2.6.; vgl. *Monden*

(1989), S. 18). Hauptinstrument zur Kostenreduktion nach *Monden* sind durchgängige Value-Engineering-Aktivitäten (vgl. *Monden* (1989), S. 23 sowie *Monden* (1999), S. 247 ff.). Weiterhin charakteristisch für den Ansatz ist, daß vorgeschlagen wird, die Zielkosten nicht nur nach technischen Komponenten, sondern auch in Kostenarten bis auf Teileebene zu untergliedern. Damit wird der Vollkostencharakter des Ansatzes herausgestellt (vgl. *Monden* (1989), S. 24 und *Monden* (1999), S. 273 ff.). Außerdem geht *Monden* sehr stark auf die organisatorischen Konsequenzen des Target Costing ein. Eine Vielzahl verschiedener Abteilungen, Kommitees und Sektionen ist für unterschiedliche Aufgaben zuständig (vgl. *Monden* (1999), S. 25 ff.). Darüber hinaus weist er auf die Belastung der Beteiligten durch die umfangreichen Kostenplanungsaktivitäten hin.

Zu kritisieren bleibt, daß trotz der sehr detaillierten Darstellung der Aspekt der Marktorientierung auch in *Mondens* Ansatz sehr kurz kommt. Auf die in Kapitel 2.4 beschriebenen Besonderheiten des japanischen Unternehmenskontextes wird nicht explizit eingegangen, obwohl sie für das Verständnis bedeutend sind (z.B. das Abnehmer-Zulieferer-Verhältnis) (vgl. *Seidenschwarz* (1993), S. 22).

### 2.5.3. Produktfunktionsorientierte Ansätze

Die Ansätze von *Tanaka* und *Yoshikawa* lassen sich den produktfunktionsorientierten Target Costing-Ansätzen zuordnen.

Als Hauptfunktionen des Target Costing nennt auch *Tanaka* die Marktorientierung und das Kostenmanagement in den frühen Phasen der Produktentwicklung („The life cycle cost of a new product is 80 to 90 percent committed at the design phase. There-fore, cost control in this phase is sorely needed" (vgl. *Tanaka* (1989), S. 49)). Dieser Ansatz ist darüber hinaus sehr stark instrumentell geprägt. Von ihm stammt das klassische Anwendungsbeispiel der funktionsorientierten Zielkostenspaltung bei einem Tintenschreiber und dessen Darstellung im Zielkostenkontrolldiagramm („Value Control Chart") (vgl. *Tanaka* (1989), S. 56 ff.). *Tanakas* Darstellungen werden ergänzt um die Ergebnisse einer empirischen Untersuchung in 209 japa-nischen Unternehmen (vgl. *Tanaka* (1989), S. 49 ff.).

Charakteristisch für den Ansatz *Tanakas* ist, daß er die strikte Marktorientierung an den Kundenwünschen instrumentell in eine produktfunktionale Budgetierung umsetzt (vgl. *Seidenschwarz* (1993), S. 26). Offen bleibt jedoch, wie die Bedeutungsgrade der Produktfunktionen gemessen und für die Zielkostenspaltung aufbereitet werden, welche Verantwortlichkeiten für die Sicherstellung der Marktorientierung und welche „Spielregeln" bei Koordinationsproblemen im Rahmen der Zielkostenspaltung gelten sollen.

Ein weiterer produktfunktionaler Target Costing-Ansatz stammt von *Yoshikawa* (vgl. *Yoshikawa u.a.* (1989)). Kernelement dieses Ansatzes ist die Funktionalanalyse amerikanischen Ursprungs, den sie besonders bei hoher Wettbewerbsintensität vorschlagen (vgl. *Yoshikawa u.a.* (1989), S. 14 ff.). Danach steht nicht mehr das Produkt selbst als Kostenobjekt, sondern die einzelnen Produktfunktionen als Kostenobjekte im Vordergrund (vgl. *Yoshikawa u.a.* (1989), S. 14). Dieser Ansatz erfordert jedoch ein interdisziplinäres Wissen darüber, wie sich die Kosten bei Veränderung oder Bereinigung von Funktionen verändern (vgl. *Seidenschwarz* (1993), S. 30).

Hauptfunktionen des Ansatzes von *Yoshikawa* sind die Marktorientierung durch die Konzentration auf einzelne Produktfunktionen, das Kostenmanagement der frühen Phasen durch den Einsatz der Wertanalyse, von Cost Tables und des Activity Based Costing sowie die Innovationssteuerung durch die entsprechende Unterstützung mit Kosteninformationen (vgl. *Seidenschwarz* (1993), S. 28). Der Ansatz von *Yoshikawa* setzt bei den Produktfunktionen an. Deshalb merkt *Seidenschwarz* an, daß die Durchgängigkeit der Zielkosten nicht mehr gewährleistet sein kann. Auch kritisiert er die Möglichkeit der Preissteigerung bei Funktionserweiterung, da diese Alternative die Anstrengungen zu Kostensenkungen unterhöhlen könnten (vgl. *Seidenschwarz* (1993), S. 31 f.).

### 2.5.4. Das Target Costing-Verständnis in Deutschland und den USA

Neben diesen klassischen Definitionen japanischer Autoren ist Target Costing seit Anfang der 90er Jahre auch in den USA intensiv behandelt und beschrieben worden (vgl. *Ansari/Bell/CAM-I-Target Cost Core Group* (1997); *Cooper/Slagmulder* (1997)). Durchgesetzt in den USA hat sich die Target Costing-Definition des *Consortium for Advanced Manufacturing International (CAM-I)* (vgl. *Ansari/Bell/CAM-I-Target Cost Core Group* (1997), S. 11): *„The Target Costing process is a system of profit planning and cost management that is price led, customer focused, design centered and cross functional. Target Costing initiates cost management at the early stages of product development and applies it throughout the product life cycle by actively involving the entire value chain."* Dieses Target Costing-Verständnis ist ebenfalls stark marktorientiert und legt den Schwerpunkt auf die frühen Phasen der Produktentwicklung. Charakteristisch ist, daß in diesem Ansatz die Lebenszyklus- und Wertschöpfungsorientierung sowie organisatorische Aspekte als gleichwertig angesehen werden.

In Deutschland entwickelte *Seidenschwarz* die traditionellen Target Costing-Ansätze bei der Übertragung auf den deutschen Unternehmenskontext zum *Marktorientierten Zielkostenmanagement* weiter, das gemäß der obigen Unterscheidung den marktorientierten Ansätzen zuzurechnen ist. Ziel des marktorientierten Zielkostenmanagements ist es, über die Fokussierung auf die Gestaltung und Herstellung von Produkten hinaus das gesamte Unternehmen auf den Markt auszurichten sowie Produktrentabilitäten auch bei steigender Wettbewerbsintensität zu erhalten bzw. zu steigern (vgl. *Seidenschwarz* (1993), S. 78). Er ordnet das Konzept des marktorientierten Zielkostenmanagement in das strategische Kostenmanagement ein, das auf die Kostenaspekte bei der Beantwortung der Grundfragen der Strategie ausgerichtet ist, nämlich

1. Auf welchen Märkten soll das Unternehmen mit welchen Produkten präsent sein? und

2. Welche Ressourcen müssen eingesetzt werden, um im Wettbewerb bestehen zu können? (vgl. *Coenenberg/Baum* (1987), S. 33 ff.; *Seidenschwarz* (1993), S. 71).

Marktorientiertes Zielkostenmanagement unterscheidet sich sowohl vom traditionellen Kostenmanagement in Deutschland als auch von den traditionellen japanischen Target Costing-Ansätzen (vgl. *Seidenschwarz* 1993, S. 69; vgl. nochmal Kapitel 2.2.). Es hebt insbesondere eine an den Marktanforderungen ausgerichtete Produktgestaltung hervor (vgl. *Gleich/Seidenschwarz* (1998), S. 267 ff.). Infolgedessen ist auch das Kostenmanagementverständnis streng marktorientiert. Zu diesem marktorientierten Target Costing-Verständnis gehört auch das Prozeß(-kosten)-management, durch dessen Einsatz die Kostentransparenz erhöht und die Beeinflußbarkeit der Kostensituation im Unternehmen gesteigert wird.

Das marktorientierte Zielkostenmanagement nach *Seidenschwarz* ist ein ganzheitlicher, teamorientierter Kostenmanagementansatz, der unter Beachtung von Unternehmensstrategie und Unternehmenskontext vor und während der Entwicklung und Konstruktion frühzeitig auf die nachgelagerten Phasen einwirkt (vgl *Seidenschwarz* (1993), S. 79). Es umfaßt eine marktorientierte Zielkostenplanung, Methoden zur möglichst frühzeitigen Kostenbeeinflussung sowie die kostenorientierte Koordination aller Beteiligten im Produktrealisierungsprozeß (vgl. *Seidenschwarz* (1993), S. 78). In diesem Sinne definieren *Horváth* und *Seidenschwarz* Target Costing wie folgt: *„Unter Target Costing verstehen wir ein umfassendes Bündel von Kostenplanungs-, Kostenkontroll- und Kostenmanagementinstrumenten, die schon in den frühen Phasen der Produkt- und Prozeßgestaltung zum Einsatz kommen, um Kostenstrukturen frühzeitig im Hinblick auf die Marktanforderungen gestalten zu können. Daher verlangt der Target Costing-Prozeß die kostenorientierte Koordination aller am Produktentstehungsprozeß beteiligten Bereiche.“* (vgl. *Horváth u.a.* (1993), S. 4; vgl. dazu auch z.B. *Rösler* (1996), S. 17 und *Gleich* (1997), S. 385)

*Seidenschwarz* unterscheidet weiterhin zwischen *Strategischem Target Costing* und *Operativem Target Costing* (vgl. *Seidenschwarz* (1995), S. 113 f.). Strategisches Target Costing in den frühen Phasen der Produktentwicklung (Marktbeobachtung, Vorentwicklung) konzentriert sich auf den grundsätzlichen Nutzen und das Kostengesamtziel eines Standardproduktes in einem Marktsegment. In der Anwendungsentwicklung konzentriert sich das Operative Target Costing kunden- bzw. auftragsspezifisch auf die jeweilige Kundenspezifikation und den daraus resultierenden spezifischen Kundenanforderungen.

Charakteristisch für Target Costing im Sinne eines marktorientierten Zielkostenmanagements ist, daß es neben der strikten Marktorientierung und der Kostenbeeinflussung in den frühen Phasen der Produktentwicklung nicht nur instrumentelle, sondern auch organisatorische und Anreizkomponenten umfaßt. Damit geht es deutlich weiter als die traditionellen Target Costing-Ansätze und bezieht nach dem heutigen Verständnis die folgenden Systembausteine ein (vgl. dazu auch das Beispiel von *Siemens* bei *Sill* (1995), S. 173 ff.; *Seeberg/Seidenschwarz* (1993), S. 155 ff.):

❑ die strategische Verankerung und den sog. „Marktvorbau"; dem Kostenaspekt kommt heute im strategischen Management generell eine stärkere Bedeutung zu als in der Vergangenheit,

❑ die durchgängige Analyse der Kostentreiber über die Prozeßkette im Unternehmen hinweg,

❑ das Prozeßmanagement sowohl in der Prozeßwert- als auch der Prozeßkostensicht.

Im Verständnis der Anwender vollzieht das Target Costing-Konzept zur Zeit im Sinne des marktorientierten Zielkostenmanagements eine Weiterentwicklung in Richtung eines markt- und ergebnisorientierten Unternehmenssteuerungskonzeptes, das die folgenden Komponenten umfaßt (vgl. *Gleich/Seidenschwarz* (1998), S. 268; *Frank/Seidenschwarz* (1997), S. 43 ff.):

❑ eine konsequente Absatzmarktausrichtung,

❑ eine Kapitalmarktorientierung über die Anbindung an Unternehmenswertkonzepte,

❑ eine Zulieferermarktorientierung durch die Betrachtung in unternehmensübergreifenden Wertschöpfungsketten und eine

❑ „Best-Practice"-Ausrichtung aller Unternehmensaktivitäten durch Unternehmensvergleiche und Benchmarking.

## 2.6. Target Costing als Teil eines Integrativen Produktkostenmanagements

Um die Funktionsweise und Zielsetzung des Target Costing im japanischen Verständnis nachvollziehen zu können, darf es nicht isoliert betrachtet werden, sondern muß im Zusammenhang mit einer weiteren Komponente des japanischen Produktkostenmanagements, dem „Genka Kaizen" oder auch „Kaizen Costing" gesehen werden. Während Target Costing das Erreichen marktorientierter Produktkostenziele durch ein umfassendes Kostenmanagement in den Phasen der Produktentwicklung sicherstellen soll, konzentriert sich Kaizen Costing auf Kostensenkungen in der Produktionsphase (vgl. dazu auch das Beispiel von *Daihatsu* bei *Monden/Lee* (1993), S. 22). Dieses Verständnis hat sich teilweise auch in westlichen Unternehmen durchgesetzt. Den Zusammenhang zwischen den Konzepten stellen *Horváth* und *Lamla* folgendermaßen dar: *"Kaizen Costing steht ... für das umfassende Ausschöpfen von Kostensenkungspotentialen, indem durch das Target Costing initiierte Innovationssprünge mit der kontinuierlichen Verbesserung in kleinen Schritten gepaart werden."* (*Horváth/Lamla* (1996), S. 337)

Die Grundidee des ebenfalls aus Japan stammenden Kaizen-Konzeptes ist die Kultur der permanenten Verbesserung in kleinen Schritten in allen Unternehmensbereichen (vgl. *Horváth/Lamla* (1996), S. 77). Dabei sind sowohl die Mitarbeiterführung als auch das unterstützende Anreizsystem von entscheidender Bedeutung. Zielsetzung des Kaizen Costing ist es, die Prozesse in der Produktionsphase schrittweise und permanent zu verbessern. Im Gegensatz dazu zielt das Target Costing darauf ab, durch innovative Prozesse in der Produktentwicklungsphase Verbesserungen zu erzielen (vgl. Abb. 2-8).

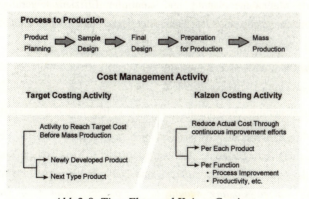

*Abb.2-8: Time Flow and Kaizen Costing*
*(in Anlehnung an Monden/Lee (1993), S. 25)*

„Kaizen Costing zielt auf das tagtägliche (!) Kostenmanagement der operativen Einheiten" (*Horváth/Lamla* (1995), S. 65). Es geht hierbei nicht um großangelegte Maßnahmen im gesamten Unternehmen, sondern um die sofortige Umsetzung permanenter kleiner Verbesserungsmaßnahmen an jedem Arbeitsplatz. Diese Methode hat auch in westlichen Industrieunternehmen großen Anklang gefunden (vgl. *Imai* (1992)). Im Rahmen des Kaizen Costing werden die Kostenwirkungen der erwarteten kontinuierlichen Verbesserung laufender Prozesse im voraus abgeschätzt und budgetiert. Diese Zielvorgaben für das Kaizen Costing werden jedoch nicht in das Budgetsystem des Unternehmens eingebunden, sondern i.d.R. ergänzend zu den bereits festgelegten Budgets durch komplexe Abstimmungsprozesse mit den Mitarbeitern vereinbart (vgl. *Monden/Hamada* (1991), S. 28). Durch diese Abstimmungsprozesse wird erreicht, daß die beabsichtigten Kostenreduktionen eher die Akzeptanz der Mitarbeiter finden, da in diesem Zusammenhang auch die alternativen Wege zur Realisierung dieser Kostenreduktionen diskutiert werden. Da diese Vorgehensweise auf den beschriebenen japanischen Management-Prinzipien der Mitarbeiterführung beruhen, ist eine einfache Nachahmung in westlichen Unternehmen daher nicht in allen Fällen erfolgreich. Anwendungsbeispiele des Kaizen Costing in westlichen Unternehmen existieren nur wenige (vgl. *Wolbold* (1995); *Lingscheid* (1998)).

Die Vorgehensweise des Kaizen Costing umfaßt im wesentlichen vier Schritte (vgl. *Horváth/Lamla* (1996), S. 337):

1. Erarbeitung einer Schwachstellenliste im Rahmen einer Prozeßanalyse und Abschätzung von Verbesserungspotentialen sowie Definition geeigneter Steuerungskennzahlen.

2. Detaillierte Maßnahmenplanung und -kontrolle: Effizienzsteigerungen in indirekten Bereichen bedeuten zunächst nur Leerkapazitäten als Potentiale zur Kostensenkung.

3. Potentialaufbau: Monetäre Bewertung des identifizierten Potentials über prozeß- und ressourcenorientierte Kennzahlen.

4. Potentialrealisierung: Optimierung des ergebniswirksamen Ressourceneinsatzes.

Target Costing und Kaizen Costing sind nicht als isolierte Ansätze zu verstehen, sondern als integrierte Elemente des charakteristischen japanischen Verständnisses des Produktkostenmanagements. *Monden* und *Hamada* weisen darauf hin: *"Target Costing and Kaizen Costing should be inseparably related to each other."* (*Monden/Hamada* (1991), S. 33). Beide Ansätze dienen dem übergeordneten Ziel der Ausrichtung des Unternehmens auf die Marktanforderungen. Die Unterschiede liegen im Einsatz in unterschiedlichen Phasen des Produktentstehungsprozesses und in der Fristigkeit der Wirkungshorizonte.

## 2.7. Die Phasen und Elemente des Target Costing

In der japanischen und der deutschen Target Costing-Literatur gibt es eine Vielzahl unterschiedlicher Phasenunterscheidungen des Target Costing-Ablaufs. Die Ansätze differieren je nach Autor. Sie reichen von zwei Phasen bis zu einem 14-Phasen-Konzept (vgl. *Hiromoto* (1989b), S. 318; *Sakurai* (1989), S. 41 ff.; *Monden* (1989), S. 18 ff.; *Tanaka* (1989), S. 49 f.; *Yoshikawa u.a.* (1989), S. 15 ff.; *Seidenschwarz* (1993), S. 142; *Hagmaier u.a.* (1996), S. 339; *Groth/Kammel* (1994), S. 65; vgl. Abb. 2-9).

*Hiromoto* bspw. unterscheidet zwei Phasen des Target Costing: die Phase der Zielkostenfestlegung, in der die Gesamtproduktzielkosten bestimmt werden, und die Phase der Zielkostenerreichung, in der neben den Aktivitäten zur Zielkostenerreichung auch eine Aufteilung in Sub-Zielkosten erfolgt (vgl. *Hiromoto* (1989b), S. 8). Die Zielkostenfestlegung erfolgt entweder „Market into Company", d.h. aus dem für das Produkt prognostizierten Umsatz wird der geplante Gewinnanteil subtrahiert, damit die zulässigen Kosten ermittelt und dann unter Berücksichtigung der Erreichbarkeit die Zielkosten in einem zweiten Schritt festgelegt werden können (vgl. *Hiromoto* (1989b), S. 320; zur Kritik an der spezifischen Vorgehensweise *Hiromotos* vgl. *Seidenschwarz* (1993), S. 9). Die zweite Variante ist die Festlegung „Out of Competitor", d.h. die Zielkostenfestlegung erfolgt in Anlehnung an die Kosten der Wettbewerber (vgl. *Hiromoto* (1989b), S. 320). Die Phase der Zielkostenerreichung besteht dann in der Kostenschätzung für das Gesamtprodukt, einem intensiven Informationsaustausch der beteiligten Mitarbeiter und Zulieferer und einem permanenten Feedbackprozeß aus Vorschlägen, Abweichungsanalysen und Änderungen, bis die Zielkosten mit einer Konstruktion tatsächlich erreicht werden. Die Zielkostenspaltung auf Komponenten und Einzelteile erfolgt quasi begleitend (vgl. *Hiromoto* (1989c), S. 132).

*Sakurai* unterscheidet drei Phasen im Target Costing-Prozeß (vgl. *Sakurai* (1989), S. 41 ff.): In der 1. Phase der Produktplanung erfolgt die Überprüfung der Marktchancen hinsichtlich Mengen und Preisen. Es finden außerdem erste interne Kostenschätzungen statt. In der 2. Phase der Zielkostenfestlegung kommt eine von drei grundsätzlichen Verfahren zur Zielkostenfestlegung zum Einsatz. *Sakurai* unterscheidet dabei die Subtraktionsmethode (Top-down-/Gewinnplanungsmethode), die Additionsmethode (Bottom-up-/Technik-Planungsmethode) und die Kombinationsmethode (vgl. *Sakurai* (1989), S. 43; *Sakurai/Keating* (1994), S. 88; vgl. *Seidenschwarz* (1993), S. 13). Die 3. Phase der Zielkostenerreichung schließlich wird nach

*Sakurai* durch die Produktionsaktivitäten abgedeckt. Zum Einsatz kommen Unterstützungswerkzeuge wie Just-In-Time und Total-Quality-Konzepte (vgl. *Sakurai* (1989), S. 45 ff.).

*Monden* unterscheidet ebenfalls drei Phasen. Sie orientieren sich jedoch nicht an den Aktivitäten im Rahmen des Target Costing, sondern an den Aktivitäten im Produktentwicklungsprozeß (vgl. *Monden* (1989), S. 18 ff.):

❑ Phase 1: Unternehmensplanung: In der ersten Phase erfolgt die Ableitung der Gesamtproduktzielkosten aus der mittelfristigen Gewinnplanung und der Aufbau eines Projektstrukturplanes.

❑ Phase 2: Kostenplanung: Die zweite Phase wird weiter unterteilt in die Produktspezifikation, Basisplanung für das spezifische Neuprodukt, in die Konstruktionsphase und Fertigungsvorbereitung.

❑ Phase 3: Kostenverbesserung: Diese Phase wird unterschieden in die Aktivitäten der Kostenerreichung (bis zum endgültigen Entwurf) und der Kostenverbesserung i.e.S. (über den gesamten Produktlebenszyklus eines Produktes hinweg). Im Rahmen der Kostenverbesserung spielt besonders die Wertanalyse/-gestaltung eine große Rolle.

Diese drei Phasen unterteilt *Monden* wiederum in 14 Schritte. Damit handelt es sich um die detaillierteste umd umfassendste Darstellung des Target Costing-Prozesses in der Literatur. Er beginnt mit der erstmaligen lebenszyklusorientierten Planung eines Neuproduktes und endet mit der Überprüfung der Effektivität des Target Costing-Einsatzes nach Produktionsbeginn.

*Tanaka* gliedert seinen Target Costing-Ansatz in fünf Phasen. Typisch für diese Einteilung ist, daß in jeder Phase spezifische Zielkostenkomponenten erarbeitet werden (vgl. *Tanaka* (1989), S. 49 f.; *Seidenschwarz* (1993), S. 23).

❑ Phase 1: Produktplanung („planning"): Ermittlung der Gesamtproduktzielkosten

❑ Phase 2: Konzeptentwurf („concept design"): Verteilung der Gesamtproduktzielkosten auf die Produktfunktionen (Zielkostenspaltung). Zur Zielkostenspaltung stehen laut *Tanaka* zwei grundlegende Verfahren zur Verfügung: die Komponentenmethode und die Funktionsmethode.

❑ Phase 3: Basiskonstruktion/-entwurf („basic design"): Aufteilung der Produktfunktionen in Unterfunktionen und/oder Komponenten.

❑ Phase 4: Detailkonstruktion („detail design"): Abschätzung der Fertigungsverhältnisse im Hinblick auf die Zielkostenerreichung.

❑ Phase 5: Fertigungsvorbereitung („manufacturing preparation"): Planung der Fertigungsprozesse zur Gewährleistung der Zielkostenerreichung.

Der Target Costing-Ansatz auf Basis der Funktionalanalyse nach *Yoshikawa* u.a. teilt sich auf in 7 Phasen, die sich an den Arbeitsschritten orientieren (vgl. *Yoshikawa u.a.* (1989), S. 15 ff.; vgl. *Seidenschwarz* (1993), S. 28)). Es sind die

❑ Phase 1: Auswahl des Analysefeldes

❑ Phase 2: Informationsbeschaffung

❑ Phase 3: Aufbau eines funktionalen Stammbaums

❑ Phase 4: Schätzung und Bewertung der relativen Bedeutung der jeweiligen Funktionen

❑ Phase 5: Alternativensuche nach Verbesserungsmöglichkeiten der Kosten-Wert-Relation

❑ Phase 6: Treffen der endgültigen Entscheidung

❑ Phase 7: Prüfung des Ist-Ergebnisses

Wie in den dargestellten Phasenschemata der japanischen Autoren finden sich auch in der deutschen Literatur unterschiedliche Einteilungen des Target Costing-Ablaufes. Die Unterschiede bestehen wie in Japan in den unterschiedlichen Betrachtungs-perspektiven. Teilweise stehen die Phasen der Produktentwicklung, teilweise die Schritte des Target Costing, teilweise die Zielkosten als Steuerungsgröße im Vorder-grund. Daraus folgt die unterschiedliche Aggregation und Zuordnung der jeweiligen Einzelschritte. Im Kern beschreiben sie aber alle den gleichen Ablauf nach einem einheitlichen Verständnis in einer jeweils anderen Strukturierung. Abb. 2-9 gibt einen Überblick über Beispiele von Phasenunterscheidungen des Target Costing-Ablaufes deutscher und amerikanischer Autoren.

Grundlegend an allen Target Costing-Prozeßdarstellungen ist, daß sie als methodisch geschlossenes Gesamtkonzept das traditionelle „Zuschlags"-Denken der Produkt-kalkulation ablösen und die marktbezogene Koordination von Preisen, Gewinn und Kosten in den Vordergrund der Betrachtung stellen (vgl. *Seidenschwarz* (1991b), S. 199). Die herkömmliche additive Angebotskalkulation wird durch ein retrogrades Berechnungsschema ersetzt.

Für die weitere Darstellung und das Verständnis des Untersuchungsmodells der durchgeführten Erhebung sollen im folgenden drei Phasen innerhalb des Target Costing-Ablaufs unterschieden werden: die Phase der Zielkostenfindung (und -fest-legung), die Phase der Zielkostenspaltung und die Phase der Zielkostenerreichung (vgl. *Seidenschwarz* (1993)).

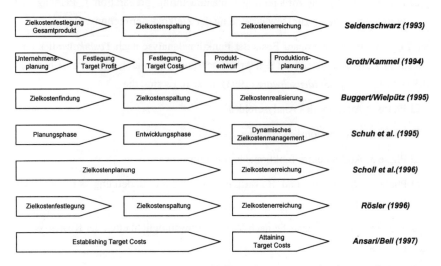

*Abb. 2-9: Beispiele unterschiedlicher Phasenunterscheidungen des
Target Costing-Ablaufs*

### 2.7.1. Phase 1: Zielkostenfindung

Der Prozeß des Target Costing beginnt mit der Ausgangsfrage: "Was darf ein Produkt kosten?" anstelle von „Was wird ein Produkt kosten ?". Durch diesen Ansatz wird es ermöglicht, das an unternehmensinternen Standards ausgerichtete Machbarkeitsdenken zu eliminieren, gleichzeitig die herrschenden technologischen Grenzen zu überwinden und die Kunden- und Marktbedürfnisse optimal zu erfüllen (vgl. *Seidenschwarz* (1993), S. 80).

Ausgangsbasis für die Findung und Festlegung der Zielkosten sind Marktinformationen als Voraussetzung für die markt- und kundenorientierte Festlegung des Zielpreises. Da der Preis häufig nicht das einzige kaufentscheidende Kriterium darstellt, müssen im Rahmen der Marktforschung Informationen über weitere Einflußfaktoren erhoben werden wie z.B. die voraussichtliche Länge des Produktlebenszykluses, die gesamte und jährliche Absatzmenge, die voraussichtliche Preisentwicklung und die Höhe der voraussichtlichen F&E-Kosten. Aus diesen Faktoren resultieren dann die Periodenselbstkosten und die durchschnittlichen Stückselbstkosten (vgl. *Hieke* (1994), S. 499). Die Festlegung des Zielpreises erfolgt unter Berücksichtigung strategischer Überlegungen, wie z.B. mittel- bis langfristiger Preissenkungen. Einen Überblick über die Einflußfaktoren des Zielpreises zeigt die folgende Abbildung.

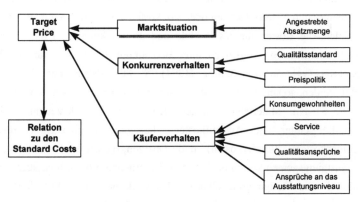

*Abb. 2-10: Bestimmungsfaktoren des Zielpreises*
*(vgl. Buggert/Wielpütz (1995b), S. 66)*

Im Gegensatz zu der in Japan praktizierten permanenten „Hand-am-Markt-Forschung" sind die relevanten preisbeeinflussenden Informationen oft nur unzureichend im Unternehmen vorhanden. Sie werden deshalb z.B. durch Kundenbefragungen, Expertenbefragungen, Preisexperimente, Beobachtungen der Marktdaten und weitere Methoden der Marktforschung gewonnen.[5] Hervorzuheben ist dabei insbesondere das Conjoint Measurement, das zu den indirekten Kundenbefragungen gehört (vgl. dazu auch Kapitel 3.3.1.1.).

Ausgangspunkt der Zielkostenfindung ist der am Markt erzielbare Preis (Target Price), der im Rahmen von Marktforschungsaktivitäten ermittelt wurde (vgl. *Horváth/Seidenschwarz* (1992), S. 144; *Seidenschwarz* (1991b), S. 199). Durch Subtraktion der angestrebten Gewinnspanne („Target Profit") werden die vom Markt erlaubten Kosten („Allowable Costs") berechnet. Die Formulierung des Zielgewinns kann in Abstimmung mit den strategischen Zielsetzungen für das jeweilige Produkt sowohl aus einer Ziel-Kapitalrendite abgeleitet als auch in Form einer Zielumsatzrendite vorgegeben werden. Um auf die Ermittlung des in einer Produkteinheit gebundenen Kapitals verzichten zu können und aus Gründen der Klarheit und Einfachheit, ist die Vorgabe einer Umsatzrendite vorzuziehen (vgl. *Seidenschwarz* (1993), S. 122 ff.; vgl. auch Abb. 2-11).

Anschließend erfolgt ausgehend von den vom Markt erlaubten Kosten die weitere Retrograde Kalkulation. Sie basiert in der Regel auf Vollkosten. Bei dieser Betrachtung ist jedoch danach zu unterscheiden, zu welchem Zweck kalkuliert wird.

---

[5] *Weitere Marktforschungsmethoden sind z.B. Paneluntersuchungen, Portfolioanalysen, interne und externe Datenbanken, Analysen von Angebotsverläufen, Patentrecherchen, Wettbewerbsanalysen, Planung und Auswertung von Messebesuchen etc. (vgl. Schorlemer/Posluschny/Prange (1998), S. 116).*

Zur Berechnung der Allowable Costs werden von einem Großteil japanischer Unternehmen die gesamten Herstellkosten oder Vollkosten angesetzt. Da die Drifting Costs darauf zielen, die Kosten für das Produkt und die Funktionen zu reduzieren, d.h. Kosten zu beeinflussen, werden zu ihrer Berechnung häufig nur variable Kosten berücksichtigt (vgl. *Sakurai/Keating* (1994), S. 88).[6] Wenn nur Herstellkosten betrachtet werden, so sind sie in der Regel in drei Kategorien aufgeteilt (vgl. *Sakurai* (1997), S. 63 ff.): Materialeinzelkosten (Kosten für Fremderzeugnisse, Kosten selbsterstellter Güter und Auslaufkosten), Fertigungseinzelkosten (Lohnkosten, Ausstattungskosten, Zulieferkosten) und Fertigungsgemeinkosten (Lohngemeinkosten, Fertigungsgemeinkosten etc.). Einige Unternehmen betrachten ausschließlich die Material- und Fertigungseinzelkosten. Konstruktions- und Entwicklungskosten werden dabei auch als Fertigungseinzelkosten behandelt, indem sie mit einem Plankostensatz über die anfallenden Lohnstunden kalkuliert werden. Damit haben Produktmanager die Möglichkeit, die Entwicklungskosten überwachen und steuern zu können.

Andere Unternehmen beziehen nur die Materialkosten und Kosten für Einzelteile in die Zielkosten oder auch nur die variablen Kosten ein, da die fixen Kosten als nur schwer beeinflußbar angesehen werden. *Toyota* bspw. betrachtet bei der Weiterentwicklung eines bereits vorhandenen, ähnlichen Produktes nur die Grenzkosten in die Zielkosten, wodurch gleichzeitig auch der Aufwand für Kostenschätzungen reduziert und die mit der Konstruktionsanpassung und Stüpckzahländerungen einhergehenden Kosten deutlich werden (vgl. *Sakurai* (1997), S. 64). Bei Neuproduktentwicklungen ist jedoch zu empfehlen, die Vollkosten (inkl. Verwaltungs- und Vertriebskosten) als allowable cost anzusetzen, um im Sinne einer Lebenszyklusbetrachtung eine zuverlässigere Basis für die erforderliche Preisgestaltung und Gewinnplanung zu schaffen.

---

[6] *Laut der in dieser Quelle dargestellten Untersuchung berechnen 35 % von 97 Unternehmen die Allowable Costs als Gesamtherstellkosten, 32 % als Vollkosten, nur 3 % als Lebenszykluskosten. 26 % von 93 Unternehmen kalkulieren die drifting costs nur auf Basis variabler Kosten, nur 14 % mit Vollkosten.*

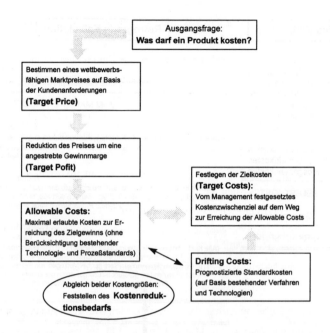

*Abb. 2-11: Vorgehensweise zur Festlegung der Target Costs
(vgl. Buggert/Wielpütz (1995), S. 44)*

Da die Allowable Costs in den meisten Fällen ein kurzfristig und auf Anhieb nicht erreichbares Kostenziel darstellen, werden die mit den im Unternehmen herrschenden Technologie- und Fertigungsstandards im günstigsten Fall erreichbaren Standardkosten („Drifting Costs", in der Abbildung 2-12 als direkte Produktzielkosten bezeichnet) ermittelt (vgl. *Seidenschwarz* (1993), S. 117). Dies geschieht durch eine auf den momentanen Standardkosten aufbauende progressive Kalkulation, die mit der retrograden Kalkulation abgeglichen wird (vgl. Abbildung 2-12).

Unter Berücksichtigung der erwarteten, realisierbaren Kostensenkungspotentiale werden jetzt die angestrebten Zielkosten („Target Costs") festgelegt. Dabei können insgesamt 5 Verfahren der Zielkostenfestlegung unterschieden werden. Diese fünf Verfahren decken die bei den vorher vorgestellten Ansätzen verwendeten Verfahren ab (vgl. *Seidenschwarz* (1991b), S. 199; *Rösler* (1996), S. 21 ff.; zur Interpretation der Verfahren zur Zielkostenfestlegung vgl. *Seidenschwarz* (1993), S. 13 f.):

| Cost-Plus-Kalkulation | Retrograde Kalkulation |
|---|---|

| Cost-Plus-Kalkulation | Retrograde Kalkulation |
|---|---|
| Materialkosten<br>Materialgemeinkosten<br>Fertigungslöhne<br>Fertigungsgemeinkosten | Zielumsatz<br>./. verbindliche Zielgewinnrate (produktanteilig) |
|  | VOM MARKT ERLAUBTE KOSTEN |
| HERSTELLKOSTEN | ./. Zieloverhead I |
|  | (Alle Kostenbestandteile, die außerhalb der marktnahen Organisationseinheit |
| Entwicklungsgemeinkosten<br>Verwaltungsgemeinkosten | verursacht sind und somit als nicht unmittelbar von der marktnahen Geschäfts-<br>einheit beeinflußbar gelten) |
| Vertriebsgemeinkosten | ./. Zieloverhead II |
| SELBSTKOSTEN | (Kosten für produktferne Prozesse, die innerhalb der marktnahen Geschäfts-<br>einheit durchlaufen werden und deshalb zwar von dort aus, nicht jedoch alleine<br>aus dem Projektteam heraus beeinflußbar sind) |
| Gewinnzuschlag | ./. Kosten für produkt-<br>nahe Prozesse |
| VERKAUFSPREIS | (Alle Kostenbestandteile, die in Zusammenhang mit den Entscheidungen des<br>Projektteams stehen, deren Entscheidungsabhängigkeit aber auf-<br>grund ihres Gemeinkostencharakters nur bei Vorliegen von Prozeßkosteninfor-<br>mationen laufend transparent ist und nur durch die Zusammenarbeit vom<br>Projektteam und dem jeweiligen Prozeßoptimierungsteam be-<br>einflußt werden können) |
|  | ZIELKOSTENLÜCKE |
|  | Direkte Produktzielkosten |
|  | (Alle Kosten, die bei Vorliegen einer Target-Costing-freundlichen Organisations-<br>struktur direkt vom Projektteam beeinflußt werden können) |
| *Was wird uns ein*<br>*Produkt kosten?*<br>*(Und wie können wir das*<br>*auf den Kunden überwälzen?)* | *Was darf uns ein*<br>*Produkt kosten?*<br>*(Und wie können*<br>*wir das erreichen?)* |

*Abb. 2-12: Herkömmliche Cost-Plus-Kalkulation und Retrograde Kalkulation im Vergleich (vgl. Seidenschwarz (1997), S. 38 und S. 41)*

1. Market into Company: Die Zielkosten werden aus einem zukünftig erwarteten Zielverkaufspreis abgeleitet, indem die Bruttogewinnspanne vom Produktumsatz subtrahiert wird. Diese Form gilt als die konsequenteste Anwendungsform des Target Costing, da sie sich ausschließlich an den Markterfordernissen und -bedingungen orientiert (vgl. *Seidenschwarz* (1991b), S. 199).

2. Out of Company: Hier basiert die Ermittlung der Zielkosten auf den technischen und betriebswirtschaftlichen Fähigkeiten und Potentialen im Unternehmen, den gegebenen Produktionsbedingungen, dem bereits vorhandenen Erfahrungswissen sowie der Notwendigkeit, durch die Vorgabe von Kostenzielen, Kosten zu senken. Eine Voraussetzung ist, daß sich bei dieser Methodik die Beteiligten mit den Anforderungen des Marktes identifizieren.

3. Into and out of Company: Diese Variante stellt eine Kombination der Methode „Market into Company" und „Out of Company" dar, wobei die Anforderungen des Marktes dem aus Sicht des Unternehmens Möglichen gegenübergestellt werden.

4. Out of Competitor: Ausgangspunkt der Zielkostenfestlegung sind die geschätzten Kosten des Konkurrenzproduktes. Durch diese Variante kann die Erzielung von Wettbewerbsvorteilen nur dann erfolgen, wenn entsprechende Abschläge bei der Bestimmung der Zielkosten berücksichtigt werden.

5. Out of Standard Costs: Bei dieser an den Kostensenkungspotentialen des Unternehmens ansetzenden Variante wird versucht, durch die Vornahme von Senkungsabschlägen bei den Standardkosten indirekt eine bedingte Marktorientierung zu erreichen (vgl. *Seidenschwarz* (1993), S. 116 ff.).

Aufgrund der gegebenen Kostensituation und der oftmals kurzfristig nicht zu erfüllenden Preisvorstellungen des Marktes erfolgt die Festlegung der Zielkosten („Target Costs") in der Praxis häufig als ein pragmatischer Kompromiß zwischen den vom Markt erlaubten Kosten und den, auf Basis bestehender Verfahren und Technologien prognostizierten, Standardkosten. Ein weiterer Grund ist, daß die Durchführung einer ausführlichen Marktuntersuchung und Kundenbefragung in vielen Fällen sehr zeit- und kostenintensiv ist. Sie wird häufig nur bei vollkommen neu zu entwickelnden Produkten durchgeführt. Auch hier gilt beim Einsatz des Target Costing wieder das Prinzip des pragmatischen Kompromisses anstatt einer, wenn auch unrealistischen, Zielkostenfestlegung „Market into Company" (vgl. *Löffler* (1995), S. 145). Den Zusammenhang zeigt Abb. 2-12.

Der Unterschiedsbetrag der Zielkosten zu den Drifting Costs drückt die erwarteten zusätzlichen Kostensenkungspotentiale aus. Der Unterschied der Zielkosten zu den Allowable Costs zeigt auf, wie weit ein Unternehmen noch von den vom Markt erlaubten Kostenniveau entfernt ist bzw. wie ehrgeizig Kostenziele im Unternehmen gesetzt werden können. Dabei müssen die jeweilige Marktsituation, der Unternehmenskontext und die strategische Position berücksichtigt werden. Je höher der Wettbewerbs- und Kostendruck, desto geringer sollte der Unterschied zwischen Allowable Costs und den Target Costs sein. Es ist jedoch darauf zu achten, daß die Target Costs auf jeden Fall erreichbar sein müssen, da ansonsten der motivatorische Effekt der Zielkostenfestsetzung verlorengeht.

Das Ergebnis der Zielkostenfindung ist die Vorgabe eines Zielkostenwertes zunächst auf Gesamtproduktebene. Dieser Zielkostenwert sollte die obere Grenze für die Produktkosten darstellen und die Rentabilität des Produktes sichern. Darüber hinaus sollte von der transpareenten Darstellung des Verfahrens der Zielkostenfestlegung und des realistischen Zielkostenniveaus eine Motivationswirkung auf die Entwickler und Konstrukteure ausgehen (vgl. *Buggert/Wielpütz* (1995), S. 89). Eine effektive Planung, Realisierung und Kontrolle der Zielkosten erfordert jedoch detailliertere Zielkostenwerte für die einzelnen kostenverursachenden Komponenten und Prozesse. Daher wird in der anschließenden Phase der Zielkostenspaltung eine Dekomposition der ermittelten Gesamtzielkosten auf untergeordnete Aggregationsebenen vorgenommen.

Es kann davon ausgegangen werden, daß sich die Art der Zielkostenfestlegung mit zunehmender Anwendungsdauer verändert. Diese Veränderung hängt von der bereits realisierten Zielkostenerreichung ab. Dabei können drei Anwendungsphasen bzw. Typen von Zielkostenniveaus in Unternehmen unterschieden werden. In Target Costing-Pilotprojekten erfolgt die Zielkostenfestlegung zunächst anspruchsvoll in Höhe der Allowable Costs, aufgrund mangelnder Erfahrung und fehlender Vergleichsdaten wird die Zielkostenvorgabe anschließend abgeändert und den Drifting Costs angenähert (Typ I). Mit zunehmender Anwendungserfahrung, verbesserter Technologien und Prozeßbeherrschung nähert sich das Zielkostenniveau dann den marktorientierten Allowable Costs an, die vom Markt erlaubten Kosten werden eingehalten und die geplanten Gewinnspannen realisiert (Typ II). Aufgrund von Lerneffekten, bereits realisierten Kosteneinsparungen und abnehmenden Kosteneinsparungspotentialen pendelt sich das Zielkostenniveau anschließend wieder zwischen den Allowable Costs und den Drifting Costs ein (Typ III). Der Grund dafür ist, daß sich Unternehmen mit langer Target Costing-Anwendungserfahrung aufgrund des erfolgreichen Geschäftsverlaufs zu marktführenden oder marktmitbestimmenden Unternehmen entwickelt haben und nunmehr einen eigenen, aber dennoch marktfähigen Kostenstandard setzen können (vgl. Abb. 2-13).

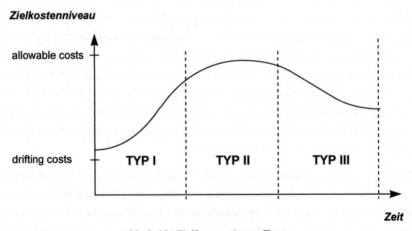

*Abb. 2-13: Zielkostenniveau-Typen*

## 2.7.2. Phase 2: Zielkostenspaltung

In diesem Schritt werden die für das Gesamtprodukt ermittelten Zielkosten auf die einzelnen Funktionen, Baugruppen, Komponenten, Einzelteile und Prozesse aufgespaltet. Die Aufspaltung der Gesamtproduktzielkosten in Teilzielkosten stellt „...eines der heikelsten und schwierigsten Probleme..." des Target Costing dar (*Franz* (1993), S. 125). Die Zielkostenspaltung hat eine sehr hohe konzeptionelle Bedeutung für die Target Costing-Anwendung, denn wenn die Zielkosten nicht ein realistisches Bild von der ressourcenmäßigen Inanspruchnahme der Funktionsbereiche im Unternehmen geben, können falsche und eventuell verhängnisvolle Signale an das Kostenmanagement gesendet werden (vgl. *Fröhling* (1994), S. 422). „Ungenau ermittelte Targets richten mehr Schaden an, als die bloße Fortführung traditioneller Entscheidungsprozesse" (vgl. *Laker* (1992), S. 264).

Eine Schwierigkeit besteht darüber hinaus darin, durch eine marktbegründete Zuweisung der Ressourcen gleichzeitig eine Produktfunktionalität sicherzustellen, die mit den Kundenwünschen in Übereinstimmung steht (vgl. *Brühl* (1996), S. 330). Zur Lösung dieses Problems stehen nach *Tanaka* im wesentlichen zwei Verfahren zur Verfügung (vgl. *Horváth/Seidenschwarz* (1992), S. 145):

Bei der Funktionskostenmethode (auch: „Funktionsmethode" oder „Funktionsbereichsmethode") werden die Zielkosten entsprechend den Wertschätzungen der ermittelten Nutzenmerkmale durch den Kunden und der daraus ermittelbaren Gewichtung zunächst auf Produktfunktionen verteilt. Sie wird insbesondere für komplexe und umfangreiche Neuproduktentwicklungen empfohlen. Im fünfstufigen Modell von *Tanaka* werden nach der Ermittlung der Funktionsstruktur eines Produktes die Zielkosten in Abhängigkeit der gewichteten Kundenanforderungen auf die Funktionen verteilt. Dabei wird zwischen harten (objektiv physischen oder technischen) und weichen (geschmacks- oder prestigeorientierten) Funktionen unterschieden. In einem nächsten Schritt werden die Zielkosten für die Produktkomponenten mit Hilfe einer Analysematrix bestimmt. Mit Hilfe des, sog. Zielkostenkontrolldiagramms kann anschließend der den Kundenwünschen entsprechende Kosteneinsatz den Ergebnissen einer ersten Kostenschätzung gegenübergestellt werden, woraus dann notwendige korrigierende Maßnahmen ersichtlich werden. Durch diese Vorgehensweise wird erreicht, daß eine Änderung der Marktanforderungen sich nicht nur im Produktpreis, sondern auch in den Produktwertrelationen Berücksichtigung finden (vgl. *Horváth/Seidenschwarz* (1992), S. 11 ff.).

Bei der Komponentenmethode werden die Produktzielkosten auf einzelne Baugruppen nach den Kostenrelationen eines Vorgänger- oder Referenzmodells aufgespaltet (vgl. *Fröhling* (1994), S. 422). Es erfolgt somit also eine Art Kostenstrukturfortschreibung auf einem geringeren Zielkostenniveau. Diese Methode empfiehlt sich hauptsächlich für Produkte mit einem geringeren Innovationsgrad und für primär material- und technologieorientierte Entwicklungen. Problematisch dabei ist, daß die bspw. in den Bereichen Entwicklung, Beschaffung oder der Produktion vorhandenen Rationalisierungspotentiale mit diesem Ansatz nicht identifiziert werden können (vgl. *Fröhling* (1994), S. 422; *Buggert/Wielpütz* (1995), S. 89 ff.).

Zur Kontrolle der Nutzen-/Kostenverhältnisse einzelner Produktkomponenten kann das sog. Zielkostenkontrolldiagramm („Value Control Chart") als Analyseinstrument eingesetzt werden (vgl. Abbildung 2-14). In ihm wird der Ressourceneinsatz der Nutzengewichtung einer Komponente durch den Kunden gegenübergestellt. Die Interpretation des Zielkostenkontrolldiagramms erfolgt anhand von drei Aspekten (vgl. *Fischer/Schmitz* (1994), S. 428):

❑ Die Zielkostenzone: Sie ist der Toleranzbereich der für zulässig erachteten Abweichungen zwischen dem Nutzenanteil und dem Kostenanteil einer Komponente. Bei Komponenten, die innerhalb der Zielkostenzone liegen, sind Kostensenkungen oder Funktionserhöhungen nicht erforderlich.

❑ Im dargestellten Zielkostenkontrolldiagramm sind Komponenten, die sich oberhalb der Winkelhalbierenden befinden als relativ „zu teuer" zu interpretieren. Komponenten unterhalb der Winkelhalbierenden sind daraufhin zu überprüfen, ob durch sie die Funktionserfüllung optimal erfolgt oder ob noch Potential für Funktionsoptimierungen besteht.

❑ Für alle Komponenten außerhalb der Zielkostenzone sind entweder Kostensenkungspotentiale vorhanden oder es ist eine Verbesserung der Funktionserfüllung zu prüfen (vgl. *Horváth/Seidenschwarz* (1992), S. 148). Dazu sind aber auf jeden Fall neben den relativen Kostenanteilen auch die absoluten Drifting-cost-Werte in eine Bewertung mit einzubeziehen.

*Fischer/Schmitz* schlagen eine Erweiterung des Zielkostenkontrolldiagramms zu einem umfassenderen Analyseinstrument vor, in dem auch die absoluten Drifting Costs pro Komponente den Allowable Costs gegenübergestellt werden und in einem weiteren Zielkostenkontrolldiagramm dargestellt werden (vgl. dazu das Beispiel bei *Fischer/Schmitz* (1994), S. 428 ff.). *Fröhling* schlägt darüber hinaus vor, zur Erhöhung der Genauigkeit der Zielkostenspaltung die Zielkosten um phasenverschobene (Vorlauf- oder Folgekosten), herstellkostenfremde (Gemeinkosten) und Fremdleistungs-Kostenelemente zu bereinigen (vgl. *Fröhling* (1994), S. 423 ff.).

Auch wenn grundsätzlich bei der Zielkostenspaltung eine möglichst hohe Marktorientierung anzustreben ist, kann es bei hoher Produktkomplexität, fehlenden

Marktinformationen und geringer Anwendungserfahrung sinnvoll sein, eine einfachere Methodik einer durch detaillierte Funktionsgewichtungen entstehenden Scheingenauigkeit vorzuziehen (ein Überblick über mögliche Bezugselemente der Zielkostenspaltung findet sich bei *Seidenschwarz* (1993), S. 156). Möglichkeiten bestehen in der Anlehnung an das Vorgängermodell oder der Gewinnung von Erfahrungswerten durch Reverse Engineering (vgl. *Seidenschwarz* (1994), S. 78 ff.).

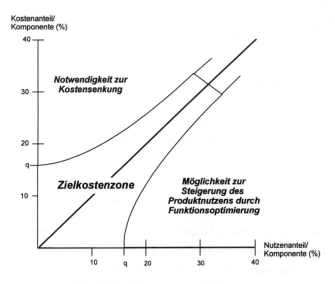

*Abb. 2-14: Zielkostenkontrolldiagramm*

## 2.7.3. Phase 3: Zielkostenerreichung

Zielkostenerreichung setzt voraus, daß den Verantwortlichen die erforderlichen Instrumente und Methoden zur Erreichung der Kostenvorgaben zur Verfügung stehen. Damit sind nicht nur neue Methoden und Ansätze gemeint, sondern bereits entwickelte oder angewendete Werkzeuge im Rahmen eines Target Costing-Prozesses einzusetzen und auf die Erreichung der Zielkosten auszurichten.

Zur Systematisierung der Methoden und Instrumente zur Unterstützung der Zielkostenerreichung soll zwischen konstruktionsorientierten, prozeßorientierten und organisatorischen Ansätzen zur Zielkostenerreichung unterschieden werden (vgl. *Horváth/Niemand/Wolbold* (1993), S. 16 ff.). Diese Klassifizierung ist in nachstehender Tabelle dargestellt (vgl. Abb. 2-15). Die Erläuterung der einzelnen Instrumente kann im Rahmen dieser Arbeit nur sehr kurz erfolgen.

| Konstruktions-/ technologieorientierte Ansätze | Produkt-/ prozeßorientierte Ansätze | Organisatorische Ansätze |
|---|---|---|
| ❏ konstruktionsbegleitende (Vor-)Kalkulationen/ Kostenschätzungen<br><br>❏ Cost Tables<br><br>❏ Reverse Engineering<br><br>❏ Wertanalyse/ Wertgestaltung<br><br>❏ Value Control Charts<br><br>❏ Design to Cost<br><br>❏ Design for Manufacturing/Design for Assembly | ❏ Benchmarking<br><br>❏ Prozeßkostenrechnung<br><br>❏ Quality Function Deployment<br><br>❏ Lebenszykluskostenrechnung | ❏ Just-In-Time/Zulieferermanagement<br><br>❏ funktionsübergreifende Teams<br><br>❏ Simultaneous Engineering<br><br>❏ Projektkostenrechnungen |

*Abb. 2-15: Instrumente zur Zielkostenerreichung*
*(in Anlehnung an Rösler (1996), S. 56)*

### 2.7.3.1. Konstruktions-/ technologieorientierte Ansätze

Die Vorkalkulation von Produktkosten in den frühen Phasen der Produktentwicklung ist aufgrund des hohen Kostenbeeinflussungspotentials notwendig und erfolgskritisch (vgl. *Eversheim/Kümper* (1996), S. 45 ff.). Aus diesem Grund ist im Rahmen des Target Costing der Einsatz von Methoden sowohl zur entwicklungsbegleitenden Vorkalkulation als auch zur konstruktionsbegleitenden Kalkulation zur Versorgung der Entscheidungsverantwortlichen mit Kosteninformationen für die Alternativenauswahl und -verbesserung erforderlich (zu den verschiedenen Verfahren vgl. *Gleich/Scholl* (1994) und Kapitel 3.3.1.2.). Ziel des Einsatzes dieser Methoden ist die Bereitstellung von Kosteninformationen zum frühest möglichen Zeitpunkt im Entwicklungsprozeß, um den Konstrukteuren die Kostenwirkung ihrer Gestaltungsvorschläge und Konstruktionsentscheidungen aufzuzeigen und somit ein Kostenbewußtsein zu schaffen. Der Einsatz der Methoden der konstruktionsbegleitenden Konstruktion war bis Mitte der 90er Jahre in Deutschland noch recht gering. Teilweise wird von der *„vernachlässigte(n; der Verfasser) Phase im Target Costing"* gesprochen (*Scholl u.a.* (1996), S. 338).

Cost Tables sind manuelle oder computergestützte Datenbanken, die in Form von Entscheidungsunterstützungssystemen Informationen über die kritischen Kostentreiber - primär im Fertigungsbereich - liefern und die kostenrelevanten Wirkungen der verschiedenen Materialien, Fertigungsverfahren, Fertigungsmaschinen, Produktteile etc. aufzeigen (vgl. *Seidenschwarz* (1993), S. 196). Sie werden in Kapitel 3.3.1.2. eingehender erläutert.

Unter Reverse Engineering versteht man die konstruktive Zerlegung von Wettbewerbsprodukten oder -leistungen mit dem Ziel, das dahinterstehende Design-, Funktions- und Fertigungsprinzip zu erkennen (vgl. *Sommerlatte u.a.* (1987), S. 62). Es dient dazu, einerseits wettbewerbsrelevante Informationen zu gewinnen und sofortige F&E-Maßnahmen einzuleiten, falls sich eine Gefährdung der eigenen Wettbewerbssituation ergeben würde. Andererseits können auch Schwächen der Konkurrenzprodukte und -leistungen identifiziert werden, was wiederum zur Erarbeitung neuer Innovationsideen führen kann. Gerade in deutschen Veröffentlichungen wird der Einsatz des Reverse Engineering im Rahmen des Target Costing wenig behandelt, obwohl durch dessen Einsatz Konstruktionslösungen identifiziert und durch die Bestimmung der Kostenstrukturen von Wettbewerbern wertvolle Vergleichsinformationen gewonnen werden können. Diese Informationen ermöglichen in Verbindung mit den Kostendatenbanken umfangreiche Analysen der eigenen Position.

Die Wertanalyse stellt ein Verfahren zur Analyse bestehender und Produktion neuer Ideen dar, das darauf abzielt, unnötige Kosten bei bereits existierenden Produkten aufzudecken und durch die Optimierung der konstruktiven Gestaltung zu vermeiden (vgl. *Seidenschwarz* (1993), S. 170 ff.). Unter Wert*gestaltung* wird die Anwendung der Erkenntnisse, die aus Wertanalyse-Projekten gewonnen werden, bei der Konstruktion neuer Produkte verstanden. Wertanalyse und -gestaltung sind in japanischen Unternehmen weit verbreitete Methoden (vgl. *Seidenschwarz* (1993), S. 235).

Die *Japan Value Engineering Association* definiert Wertanalysen als „koordinierte Ansätze zur Anwendung der Funktionsanalyse für Produkte und/oder Dienstleistungen, um zuverlässig alle geforderten Funktionen zu den niedrigst möglichen Lebenszykluskosten sicherstellen zu können" (vgl. *Monden* (1999), S. 247 f.). Dabei werden alle Kosten der Entwicklungsphase, der Fertigung, des Vertrieb, des Gebrauchs und der Entsorgung berücksichtigt. Die Funktionen eines Produktes oder einer Dienstleistung werden identifiziert, aufgespalten und dahingehend untersucht, ob die jeweilige Funktion notwendig ist oder nicht. Nach der Trennung der notwendigen von den nicht notwendigen Funktionen besteht der nächste Schritt darin zu entscheiden, ob die notwendigen Funktionen zu einem angemessenen Niveau umgesetzt werden. Wertanalysen führen zusätzlich zu Kostensenkungen, da nicht geforderte Funktionen erkannt und eliminiert werden. Dabei ist zu bedenken, daß es aufgrund der Vielzahl der Anwender und deren Bedürfnisse unmöglich ist, ein Produkt oder eine Dienstleistung anzubieten, das jeden Kunden vollkommen zufriedenstellt. Deshalb muß ein Hersteller die Hauptkundengruppe identifizieren und aus deren Sicht festlegen, welche Funktionen notwendig sind und wie diese zu einem angemessenen Niveau im zu verkaufenden Produkt oder in der Dienstleistung umgesetzt werden. Wertanalysen erfolgen als Teamarbeit zwischen verschiedenen Spezialisten und Mitarbeiter aus der Entwicklung, der Produktionsplanung, dem Einkauf, der Fertigung und dem Kostenmanagement. Externe Experten und Spezialisten stehen ebenfalls zur Verfügung, wenn Probleme nicht von den Teammitgliedern gelöst werden können.[7]

Design for Manufacturing (DFM) und Design for Assembly (DFA) sind Werkzeuge zur präventiven Reduzierung von Lebenszykluskosten und zur Steigerung der Produktqualität, die Anfang der 80er Jahre in den USA entwickelt und mittlerweile weltweit eingesetzt werden (vgl. *Schmidt* (1998), S. 14). Design for Assembly dient dem präventiven Reduzieren der Produktkosten, das Design for Manufacturing der Ermittlung des wirtschaftlichsten Verfahrens zur Teilekostenminimierung.

### 2.7.3.2. Produkt-/ prozeßorientierte Ansätze

Die Methodik des Benchmarking beschreibt einen Prozeß, in dessen Rahmen durch einen unternehmensinternen Leistungsvergleich, einen Vergleich mit Wettbewerbern oder mit anderen führenden Unternehmen anderer Branchen Ansatzpunkte und Potentiale zur Optimierung der eigenen Produkte und Prozesse identifiziert werden können (vgl. *Horváth/Herter* (1992), S. 4 ff.; *Herter* (1992), S. 254; *Niemand/Scholl* (1995), S. 100 ff.). In Verbindung mit Target Costing stellt es ein wichtiges Hilfsmittel dar, um zu wettbewerbsorientierten Kosteninformationen von Best-Practice-Unternehmen zu gelangen (vgl. *Rösler* (1996), S. 63 ff.). Außerdem können mit Hilfe des Benchmarking die Ergebnisse der eigenen Zielkostenspaltung überprüft werden (vgl. *Buggert/Wielpütz* (1995), S. 98 f.).

Quality Function Deployment (QFD) ist ein Instrument zur Planung und Entwicklung von Qualitätsfunktionen entsprechend den vom Kunden geforderten Qualitätseigenschaften (vgl. *Kamiske/Brauer* (1993); *Saatweber* (1998), S. 29; *Westkämper u.a.* (1996), S. 13-28 ff.). Ähnlich wie Target Costing wurde es Mitte der 60er Jahre in Japan entwickelt (vgl. *Akao* (1990)). Mit QFD werden sowohl für Weiterentwicklungen von Produkten und Dienstleistungen als auch für Neuentwicklungen die Kundenanforderungen im gesamten Produkterstellungsprozeß integriert und gezielt umgesetzt (vgl. *Danner/Ehrlenspiel* (1994), S. 11). Dabei werden verschiedene Kommunikations- und Problemlösungstechniken eingesetzt. Alle Ansätze des QFD verwenden

---

[7] *Zu Unterschieden und Integrationsaspekten des Target Costing und der Wertanalyse vgl. auch Stippel/Reichmann (1998), S. 98 ff.*

Qualitätstabellen, bestehend aus Baumdiagrammen und Matrizen, die die Korrelationen zwischen den Elementen angeben. Im bekanntesten Ansatz des QFD des American Supplier Institute wurde die Qualitätstabelle zum „House of Quality" weiterentwickelt. Dieser Ansatz umfaßt vier aufeinander aufbauende Phasen (vgl. *Westkämper u.a.* (1996), S. 13-30):

❏ Phase 1: Produktplanung: Aus den erhobenen Kundenanforderungen werden die Qualitätsmerkmale eines Produktes abgeleitet.

❏ Phase 2: Teileplanung: Aus den Qualitätsmerkmalen wird ein Realisierungskonzept sowie die dazu benötigten Komponenten erarbeitet.

❏ Phase 3: Prozeßplanung: Aus der Spezifikation der Komponenten ergeben sich die Anforderungen an die Bearbeitungsprozesse.

❏ Phase 4: Produktionsplanung: Für die Einhaltung der Prozeßparameter müssen qualitätssichernde Maßnahmen erarbeitet werden.

Das QFD deckt als bereichsübergreifende Qualitätsplanungssystematik alle Phasen der Produktentwicklung ab, hat aber die größte Bedeutung in den frühen Phasen.

Im Life Cycle Costing werden auf Basis eines Phasenschemas, das alle Lebenszyklusphasen eines Produktes umfaßt, die insgesamt anfallenden Kosten geplant, periodenübergreifend kumuliert, kontrolliert sowie gesteuert. Bei einer Konzentration auf die Kosten wird von einer Lebenszykluskostenrechnung i.e.S. gesprochen (vgl. *Zehbold* (1996), S. 3). Die Begriffe Life Cycle Costing und Lebenszykluskostenrechnung werden jedoch vermehrt mit einem weiter gefaßten Begriffsinhalt versehen. D.h. es sollen nicht nur die Kosten, sondern sämtliche Erfolgsvariablen in das Rechensystem eingehen (Lebenszykluskostenrechnung i.w.S.). Unter der Lebenszykluskostenrechnung i.w.S. ist eine "objektorientierte, aperiodische und [..] langfristige Kosten-, Erlös- und Ergebnisrechnungskonzeption zu verstehen, für die das Gesamtkosten- und Gesamtrentabilitätsdenken hinsichtlich eines Objektes charakteristisch ist." (*Zehbold* (1996), S. 4) Die durch die Definition vorgegebene ganzheitliche Sichtweise der Erfolgsvariablen soll für das zu planende Objekt (hier das Produkt) in den frühen Phasen des Lebenszykluses die Wirtschaftlichkeit und Rentabilität überprüfen und vor allem zu verbessern helfen. Damit steht nicht nur die Sicherstellung der Effektivität im Vordergrund, sondern durch die ganzheitliche Betrachtung erfolgt auch eine durchgängige Steuerung und Kontrolle strategischer Entscheidungen.

Die Bedeutung der Prozeßkostenrechnung für das Target Costing wird in Kapitel 3.3.1.6. näher erläutert.

### 2.7.3.3. Organisatorische Ansätze

Abschließend sollen die organisatorischen Ansätze Simultaneous Engineering, Just-In-Time und Integratives Zulieferermanagement und deren Bezug zum Target Costing beschrieben werden.

Simultaneous Engineering führt durch die Parallelisierung von bisher sequentiell ablaufenden Phasen der Produktentstehung und die Integration von Mitarbeitern unterschiedlicher Abteilungen in funktionsübergreifenden Teams über kurze und effektive Informationsvorteile zu Zeit-, Kosten- und Qualitätsvorteilen (vgl. *Seidenschwarz* (1993), S. 229 ff.). *Ehrlenspiel* definiert Simultaneous Engineering als *„zielgerichtete, interdisziplinäre Teamarbeit für die Produkterstellung von der ersten Idee bis zur Realisierung (z.B. Serienbeginn; u.U. bis zum Herausnehmen aus dem Markt). Straffes Projektmanagement ist dabei Voraussetzung"* (*Ehrlenspiel* (1992), S. 299). Die Einbindung von Zulieferern und Kunden in Produktentwicklungsteams wird als Möglichkeit zur Überwindung der unternehmensübergreifenden Schnittstellen hervorgehoben.

Ein weiteres Konzept zur Optimierung der Schnittstellen zwischen den Unternehmen stellt das Just-In-Time-Prinzip dar, eine Form der Liefervereinbarung zwischen Abnehmern und Zulieferern, bei der Lagerbestände als Mittel zur nachhaltigen Erschließung von Rationalisierungspotentialen angesehen werden. Unter Zulieferern sollen nachfolgend solche Unternehmen verstanden werden, die Teile, Baugruppen, Komponenten oder Subsysteme nicht für Endabnehmer, sondern zum überwiegenden Teile oder sogar vollständig für industrielle Abnehmer, die Endprodukte herstellen, entwickeln und/oder produzieren (vgl. *Fieten* (1991), S. 15). Dieses Prinzip bezieht sich auf mindestens zwei Wertschöpfungsstufen und gilt als die bedeutendste Beschaffungsstrategie zur Reduzierung von Bestandsmengen (vgl. *Arnold* (1997), S.101 f.). Durch die Synchronisierung von Fertigungs- und Lieferprozessen des Abnehmers und der Lieferanten können störanfällige Prozesse, unabgestimmte Kapazitäten, mangelnde Lieferflexibilität und Lieferfähigkeit vermieden werden, wodurch Zeit- als auch Kostenwirkungen erzielt werden. Voraussetzung für die Praktizierung des Just-In-Time-Prinzips ist jedoch ein leistungsfähiges Informationssystem zum überbetrieblichen Datenaustausch (vgl. *Buggert/Wielpütz* (1995), S. 134 ff.).

Gerade im Rahmen des Target Costing sollte sich das Verhältnis zwischen Abnehmer und Zulieferern in Richtung einer partnerschaftlichen Zusammenarbeit entwickeln. Dabei können hinsichtlich der F&E-Kooperation verschiedene Formen unterschieden werden wie z.B. die Lizensierung, Auftragsentwicklung, F&E-Kooperationsprojekte,

Minderheitsbeteiligungen, Joint Ventures, Unternehmensübernahmen etc. (vgl. *Kurokawa* (1997), S. 124).[8] Die Entscheidung, welche Form der Zulieferintegration erfolgt, hängt von den zukünftigen Erfolgspotentialen einer Produktentwicklung und den Kosten-Nutzen-Erwägungen der Auslagerung von Entwicklungstätigkeiten ab (vgl. dazu die Beispiele bei *Brandes u.a.* (1997), S. 63 ff.). Die Hauptzielsetzung der Zulieferintegration im Target Costing besteht im wesentlichen darin, eine wertschöpfungskettenübergreifend optimierte Produktentwicklung zu praktizieren und dabei Entwicklungskosten und Entwicklungszeiten zu minimieren.

Da heutzutage viele Unternehmen Fertigungstiefen von nur noch 20-35% aufweisen, steigt der Stellenwert einer effektiven Zulieferersteuerung für das Erreichen anspruchsvoller Kostenziele (vgl. *Seidenschwarz/Niemand* (1994), S.262 ff.). Die Funktion der Zulieferer beschränkt sich dabei nicht mehr nur auf bestimmte Fertigungsleistungen, sondern erstreckt sich auch auf erfolgskritische Entwicklungsleistungen. Grundlage dafür sind aber sicherlich langfristige, durch gegenseitiges Vertrauen bestimmte Beziehungen zwischen Abnehmer und Zulieferer (vgl. *Buggert/Wielpütz* (1995), S. 107 ff.). Neben dem Aufbau eines schnittstellenübergreifenden Kostenmanagements sind somit auch Maßnahmen zur Vertrauensbildung erforderlich.

Abbildung 2-16 zeigt abschließend nochmal den Gesamtablauf des Target Costing-Prozesses in seiner Grundstruktur am Beispiel der Market into company-Variante im Überblick (vgl. *Seidenschwarz/Seidenschwarz* (1995), S. 88). In einem idealtypischen Target Costing-Prozeß wären die vom Markt erlaubten Kosten identisch mit den Zielkosten des Gesamtproduktes. Da dies in den meisten Fällen nicht der Fall ist, verbleibt den Unternehmen ein temporärer Spielraum, um die Zielkosten festzulegen. Dieser Spielraum wird jedoch durch die strategische Position, die Wettbewerbssituation, die momentane Unternehmensstruktur und weitere interne und externe Faktoren eingeschränkt (vgl. *Seidenschwarz* (1994b), S. 75). Ideal für den strategischen Preis ist, wenn er mit dem niedrigsten Basispreis des Marktes übereinstimmt, auf dem das Produkt angeboten wird. Dabei sollten auch ein Bezug zum Konzept des Shareholder Value angestrebt werden, um neben den Absatz- und Zuliefermärkten auch den Kapitalmarkt ins Target Costing einzubinden. Produktferne Kosten (die nicht immer Gemeinkosten sind), sollten ebenso wie kurzfristig als nicht beeinflußbar eingeschätzte Kostenblöcke zunächst abgespalten werden. Sie werden als Fixum betrachtet, das kurzfristig durch das Target Costing Team nicht beeinflußbar ist (vgl. *Seidenschwarz/Seidenschwarz* (1995), S, 89 f.; *Seidenschwarz* (1994b), S. 75).

---

[8] *Zum Stand und Problematik der Zulieferintegration in westlichen Industrieunternehmen vgl. stellvertretend Meinig (1997) sowie Leverick/Cooper (1998).*

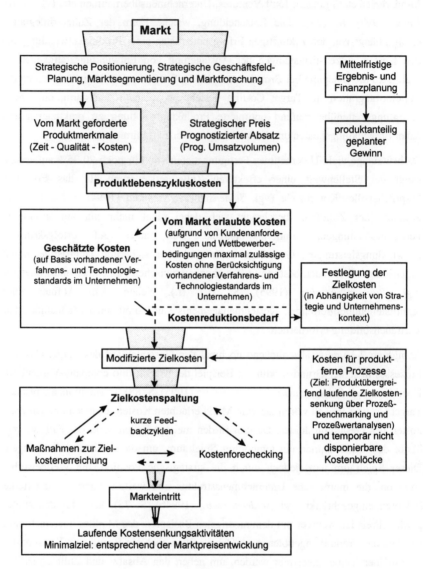

*Abb. 2-16: Der Target Costing-Prozeß (vgl. Seidenschwarz (1994b), S. 75)*

## 2.8. Organisation und Implementierung des Target Costing

Das Konzept des Target Costing beinhaltet nicht nur instrumentelle, sondern auch organisatorische Aspekte sowie Anreizkomponenten (vgl. *Seidenschwarz* (1995), S.

108)[9]. Die betriebswirtschaftliche Literatur bietet heute aber immer noch wenige Beispiele für die Implementierung und organisatorische Umsetzung des Target Costing. Ein Grund dafür ist wohl, daß Target Costing eine den jeweiligen Rahmenbedingungen angepaßte, unternehmensindividuelle Vorgehensweise erfordert, die nicht in Form umfassender Erfahrungsberichte kommuniziert werden (vgl. *Gaiser/Kieninger* (1993), S. 57 ff.). Die beschriebene, hohe Bedeutung bereichsübergreifender Teams im Rahmen des Target Costing zeigt aber auch, daß traditionelle Organisationsformen mit funktionaler Strukturierung und ausgeprägtem Hierarchiedenken der Einführung des Target Costing hinderlich sind. Target Costign erfordert dahingegen Organisationsstrukturen, die Übernahme bereichsübergreifender Verantwortung und einflußreiches Produktmanagement unterstützen.

Zwischen den dargestellten Subsystemen, Elementen, Methoden und Phasen des Target Costing existieren eine Vielzahl von Wechselbeziehungen, die *Listl* wie folgt dargestellt hat (vgl. Abb. 2-17).

Wesentliches Merkmal einer Target Costing-freundlichen Organisation, die die Erfüllung der Grundsätze der Marktorientierung, der Teamorientierung und der Durchgängigkeit bzw. Prozeßorientierung unterstützt, sind das Vorhandensein einflußreicher Projektleiter, die im Zweifel die Bedeutung des Target Costing-Projektes gegenüber den Interessen eines einzelnen Funktionsbereiches auch durchsetzen könnten (vgl. *Seidenschwarz* (1995), S. 109). Weiterhin ist der Aufbau interdisziplinärer Teams mit einer klaren Verbindlichkeit der einzelnen Mitglieder zur Teamaufgabe erfolgskritisch. Ansatzpunkte für Anreizmechanismen, die dem Konzept des Target Costing immanent sind, sind die klaren und quantifizierbaren Ziele, kurze Regelkreise über Maßnahmenwirkungen sowie die Verantwortungs- und Handlungsspielräume der Projektteams.

Das scheinbar einfache und in der Darstellung sehr strukturierte Konzept des Target Costing kann bzgl. der Einschätzung des Implementierungsaufwandes zu Fehleinschätzungen führen. Dies hat zwei Gründe (vgl. *Gaiser/Kieninger* (1993), S. 55 f.):

---

[9] *vgl. dazu auch die empirische Untersuchung zu Anreizvariablen im F&E-Bereich von Staudt u.a. (1990)*

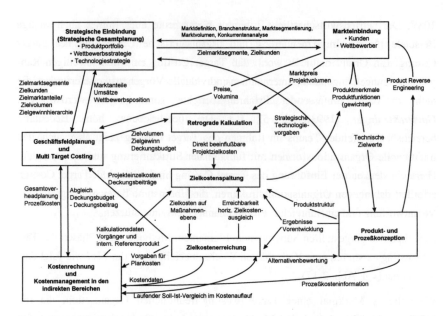

*Abb. 2-17: Input-Output-Beziehungen im Target Costing (vgl. Listl (1995), S. 102)*

1. Die Einführung des Target Costing erfordert ein sehr hohes Maß an Integration und Abstimmung mit allen am Produktentwicklungsprozeß beteiligten Funktionsbereichen im Unternehmen. Die Notwendigkeit des Einsatzes wird jedoch nicht immer von allen Beteiligten erkannt.

2. Die Anwendung des Target Costing erfolgt immer unternehmensspezifisch, d.h. die Freiheitsgrade in der detaillierten Ausgestaltung *müssen* unternehmens- und vor allem produktindividuell umgesetzt werden.

Aus den Erfahrungen von Target Costing-Anwendern heraus kann gesagt werden, daß der Anwendungserfolg sowie die Akzeptanz des Target Costing stark von der Vorbereitung auf die Einführung abhängen. Ebenfalls aus den Erfahrungen von Target Costing-Anwendern lassen sich Rahmenbedingungen ermitteln, die eine gute Ausgangsbasis für die Anwendung des Target Costing darstellen (vgl. *Gaiser/ Kieninger* (1993), S. 56 f.). Günstige Voraussetzungen sind demnach:

❏ ein hoher Gestaltungsspielraum in Produktentwicklung und Konstruktion,

❏ eine ausgeprägte und durchgängige Marktorientierung,

❏ das Vorhandensein einer Kostenkultur,

❏ ein bereichsübergreifendes Verantwortungsbewußtsein im Unternehmen,

❏ ein hoher Einfluß des Produktmanagements auf die am Wertschöpfungsprozeß beteiligten Funktionsbereiche.

Mittlerweile liegt eine Vielzahl an Erfahrungsberichten über die Anwendung des Target Costing vor (vgl. dazu Kapitel 3). Die Gründe für den Target Costing-Einsatz können z.T. sehr unterschiedlich sein. Ziel des Target Costing-Einsatzes bei *Daihatsu* war bspw. die Effizienssteigerung der Werke, bei *Isuzu* stand die Reduzierung der variablen Kosten im Vordergrund. Zielsetzung bei *Canon* war die Entwicklung kostengünstiger Qualitätsprodukte im Vergleich zur Konkurrenz, *Xerox* und *Nissan* verfolgten die Erzielung eines angemessenen Gewinns (vgl. *Sakurai* (1997), S. 53 f.; *Kuramochi* (1991); *Kimura* (1992)). Die unterschiedlichen Zielsetzungen haben zur Folge, daß der Schwerpunkt der Target Costing-Aktivitäten unterschiedlich ist (bspw. Marktbezug, Retrograde Kalkulation, Teamorganisation) und daß demnach auch unterschiedliche Methoden zum Einsatz kommen. Es ist deshalb erforderlich, im Zuge der Implementierung einen unternehmensspezifischen, „maßgeschneiderten" Target Costing-Prozeß zu konzipieren und die notwendigen Instrumente ebenfalls individuell zu erarbeiten.

Die Einführung des Target Costing erfolgt in der Regel zunächst in Form eines Pilotprojektes (vgl. dazu auch *Seidenschwarz* (1993), S. 269). Damit kommen die bekannten Techniken des Projektmanagements zum Einsatz (vgl. hierzu stellvertretend *Madauss* (1994)). Generell empfiehlt sich für die Auswahl des Pilotprojektes die Beachtung folgender Punkte (vgl. Abb. 2-18; vgl. dazu auch *Gaiser/Kieninger* (1993), S. 58 f.):

1. Auswahlkriterium des Pilotproduktes: Die Gründe für die Auswahl eines bestimmten Produktprojektes als Pilotprojekt können vielfältig sein. Empfehlenswert wäre einerseits das Produkt, das zur Zeit die größten Absatzprobleme aufweist und für das deshalb Maßnahmen ergriffen werden müssen. Andererseits bietet sich das technisch komplexeste Produkt für ein Pilotprojekt an, denn wenn der Einsatz des Target Costing bei diesem Produkt zu Erfolgen führt, dann ist auch bei den übrigen, weniger komplexen Produkten damit zu rechnen. Eine dritte Möglichkeit wäre, das Produkt mit dem größten Erfolgspotential und der höchsten Erfolgswahrscheinlichkeit auszuwählen, um auf Basis dieser „Erfolgsstory" Akzeptanzbarrieren im Unternehmen zu überwinden und eine Ausweitung auf das Gesamtunternehmen zu beschleunigen. Dies könnte z.B. bei einer Modellpflege der Fall sein.

2. Projektdauer: Die Zeitdauer der Produktentwicklung bis zur Markteinführung sollte nicht zu lang sein, um die Piloterfahrungen gegebenenfalls möglichst schnell auf weitere Projekte übertragen zu können. Es sollten deshalb neben den Zielkosten auch Zielzeiten ermittelt und verfolgt werden.

3. Methodenauswahl: Es sollte nicht die komplizierteste Form der Zielkostenfindung und -spaltung im Pilotprojekt ausgewählt werden, sondern eine eher robuste Vor-

gehensweise. Denn häufig sind die für die Durchführung einer Funktions-
kostenermittlung erforderlichen Daten und Informationen nicht verfügbar.

4. Teambildung: Die Pilotanwendung sollte in einem interdisziplinären Team erfolgen, das sich aus Mitarbeitern aus den Bereichen Marketing/Vertrieb, F&E, Konstruktion, Produktion und Controlling und evtl. weiteren Mitarbeitern zusammen-
setzt. Dabei ist auf die Akzeptanz der Methodik bei den Teammitgliedern zu
achten. Die Teamleitung sollte bei einem erfahrenen und unternehmerisch
denkenden Produktmanager liegen. Man spricht in diesem Zusammenhang auch
vom „schwergewichtigen" Produktmanager, dem ein Hineinwirken in die
Funktionsbereiche im Unternehmen möglich sein sollte. Er ist gleichzeitig für die
produktionsseitige Umsetzung des Produktes verantwortlich (vgl. *Clark/Fujimoto*
(1991), S. 42 ff.). Ergänzend wird in der japanischen Literatur die Einrichtung
eines relativ kleinen, beratenden „Target Costing-Office", bestehend aus
Spezialisten mit Methoden-Know-how, vorgeschlagen, dessen Aufgaben die
Methodenschulung, die Weiterreichung des Erfahrungswissens, die Unterstützung
der Lernprozesse ist (vgl. stellvertretend *Monden* (1999), S. 25 ff.; *Seidenschwarz*
(1993), S. 272; *Rösler* (1996), S. 190 ff.).

5. Führungsverantwortung: Erfolgskritisch ist der gezielte Einsatz von Fach- und
Machtpromotoren. Fachpromoter ist in den meisten deutschen Unternehmen der
Controller, der dafür sorgt, daß Target Costing durchgängig und zweckmäßig
angewendet wird. Er hat dabei stärker auf den Wirkungsgrad der bereitgestellten
Infomationen zu achten und gegebenenfalls auch nichtfinanzielle
Steuerungsgrößen anzubieten (vgl. *Seidenschwarz* (1993), S. 270 f.). Darüber
hinaus ist verstärkt Wissen über die technischen Hintergründe erforderlich, das
bspw. über interdisziplinäres Job-Rotation vermittelt werden kann. Entscheidend
werden jedoch die Fähigkeit zur Teamarbeit, zur Moderation, zur Motivation und
zur Konfliktlösung sein. Die Funktion des Machtpromoters hängt davon ab, wie
revolutionär das Target Costing im Vergleich zur bisherigen Produktplanung und -
steuerung ist. Als Mitglied des Managements und mit fundierter Marktkenntnis
muß er die Rolle des Überzeugers, Multiplikators, Krisenmanagers,
Teammitarbeiters und Entscheiders übernehmen.

Trotz der unterschiedlichen Vorgehensweisen kann in Anlehnung an *Gaiser* und
*Kieninger* ein Basisprozeß zur Implementierung des Target Costing in Unternehmen
abgeleitet werden, der insgesamt fünf Stufen umfaßt und sich an den inhaltlichen
Fragestellungen des Target Costing orientiert (vgl. *Gaiser/Kieninger* (1993), S. 57):

1. Konzeptionsphase: Definition der Grundsätze des Target Costing und Entscheidung darüber, in welcher Form das Target Costing bei den jeweiligen

Projekttypen wie z.B. „umfassender Modellwechsel" oder "Modellplege" angewendet werden soll.

2. Anwendungsphase: Anwendung in einem oder mehreren Pilotprojekten.

3. Lernphase: Auf Basis der Anfangserfahrungen können Verbesserungsmöglichkeiten abgeleitet werden, um Suboptima und Probleme zukünftig zu vermeiden.

4. Modifikationsphase: Konkretisierung und Modifizierung der Target Costing-Prozesse auf Basis der Erfahrungen.

5. Standardisierungsphase: Aufbau einer Target Costing-Leitlinie zur Standardisierung des Target Costing und Kommunikation im Gesamtunternehmen.

Die Vorgehensweise bei der dauerhaften, routinemäßigen Anwendung des Target Costing richtet sich nach dem oben beschriebenen Phasenablauf. Dabei treten in jedem Schritt Kernfragen auf, deren Beantwortung den jeweils nächsten Schritt einleiten. Die Vorgehensweise gemäß der beschriebenen Drei-Phasen-Unterscheidung des Target Costing-Ablaufs wie folgt dargestellt werden (vgl. *Gaiser/Kieninger* (1993), S. 61 ff. sowie Abb. 2-18).

### 2.9. Beurteilung des Target Costing-Ansatzes anhand der Grundprinzipien des Target Costing

Wie aufgezeigt wurde, existiert in der Literatur eine Vielzahl von Target Costing-Definitionen, -Konzeptionen und Begriffsverständnissen. Ursprüngliche japanische Target Costing-Konzepte haben ihren Schwerpunkt auf der Rolle der Mitarbeiter und der Bedeutung der Unternehmenskultur und beziehen sich sehr stark auf Teamfunktionen als erfolgskritischem Merkmal des Target Costing-Einsatzes in Unternehmen. In deutschen Target Costing-Konzeptionen spielt die Controllingfunktion bzw. der Controller als Initiator und Promotor in der Unternehmenspraxis eine bedeutende Rolle. Typisch ist auch ein historisch und kulturell bedingtes, anderes Selbstverständnis der beteiligten Ingenieure, denen häufig eine zu technokratische Denkweise vorgeworfen wird. Vor diesem Hintergrund wird Target Costing in deutschen Unternehmen häufig als Rechenmethode mißverstanden. Das Target Costing-Verständnis in den USA stellt das Value Engineering-Konzept in den Mittelpunkt, das in den 40er Jahren in den USA entwickelt wurde, bevor darauf aufbauend in Japan die Target Costing-Konzeption erst entwickelt wurde. Das Target Costing-Verständnis in den USA ist darüber hinaus sehr stark managementorientiert und beschäftigt sich intensiv mit Führungsaspekten oder Motivationsfragen.

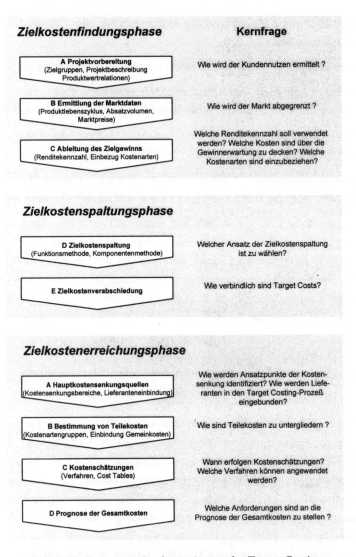

*Abb. 2-18: Fragen zur Implementierung des Target Costing
(in Anlehnung an Gaiser/Kieninger (1993), S. 63 und S. 68).*

Um das Vorhandensein eines Target Costing-Systems im Rahmen einer empirischen Untersuchung überprüfen zu können, ist es zunächst notwendig, die wesentlichen Merkmale zu identifizieren, anhand denen eine Operationalisierung vorgenommen werden kann. Target Costing-Konzepte werden in der Literatur hinsichtlich verschiedener Aspekte charakterisiert (vgl. z.B. *Franz* (1993), S. 125 f.; *Seidenschwarz* (1993), S. 63 ff.; *Buggert/Wielpütz* (1995), S. 46 ff.; *Jentzsch/Weidt* (1995), S. 367; *Ansari/Bell/The CAM-I Target Cost Core Group* (1997), S. 11 ff.). Sie reichen von der umfassenden Marktorientierung über das frühzeitige Kostenmanagement in der Produktentwicklungsphase bis zur Lebenszykluskostenorientierung und Motivationswirkung (vgl. *Hiromoto* (1988), S. 4; *Kato* (1993b), S. 36; *Hiromoto* (1989), S. 322).

Im Sinne eines marktorientierten Zielkostenmanagements charakterisiert *Seidenschwarz* Target Costing durch fünf Merkmale (vgl. *Seidenschwarz* (1993), S. 63 ff.):

❑ Durch die Generierung von Kostenrechnungsinformationen bezogen auf die jeweilige Geschäftsfeldstrategie als Ausgangsbasis für strategisches Management findet eine *Unterstützung des strategischen Kostenmanagements* statt.

❑ Die *marktbezogene Kostengestaltung* erfolgt durch die Transformation der Kundenwünsche und Marktvorgaben in verpflichtende Kostenziele.

❑ Das *Kostenmanagement der frühen Phasen* wird durch die verbindliche Vorgabe von Kostenzielen zu Beginn des Produktentstehungsprozesses und die Schaffung eines Kostenbewußtseins bei den am Konstruktionsprozeß beteiligten Personen sichergestellt.

❑ Die *Überwindung von Schnittstellen* findet durch die Errichtung funktionsübergreifender Einheiten, sowohl innerhalb des Unternehmens, als auch unter explizitem Einbezug von Lieferanten und Kunden statt.

❑ Die Lebenszykluskostenbetrachtung und die umfassende Berücksichtigung von Kosteninformationen wie z.B. Prozeßkosten sorgen für eine *möglichst weitreichende und aktive Kostengestaltung*.

Ähnlich unterscheidet *Horváth* in Anlehnung an die Target Costing-Konzeption von *Ansari/Bell/CAM-I-Target Cost Core Group* sechs Grundprinzipien, die das Target Costing als umfassenden, kunden- und kostenfokussierten Planungs- und Steuerungsprozeß in der Produktentstehung ausmachen (vgl. *Ansari/Bell/CAM-I-Target Cost Core Group* (1997), S. 11 ff. sowie *Horváth* (1998), S. 75). Diese sechs Prinzipien sollen auch für die vorliegende Arbeit und für das im nächsten Kapitel vorgestellte Untersuchungsmodell als maßgeblich betrachtet werden.

1. „Price led Costing": Die ermittelten Marktpreise bestimmen die erlaubten Kosten.

2. „Focus on Customers": Die Funktionen des zu entwickelnden Produktes werden vom anvisierten Kunden im Vorfeld ermittelt.

3. „Focus on Design": Der Schwerpunkt der Target Costing-Aktivitäten konzentriert sich auf die Phase der Produktentstehung.

4. „Cross-Functional Involvement": Die Konzeption, Entwicklung und Konstruktion eines Produktes erfolgt von der ersten Produktidee an bis zur Vermarktung durch ein interdisziplinär besetztes Team, dessen Zusammensetzung sich je nach Problemstellung und Entwicklungsphase ändern kann.

5. „Life Cycle Orientation": Aus Sicht des Herstellers und aus Sicht des Kunden bezieht sich Target Costing immer auf den gesamten Lebenszyklus.

6. „Value Chain Involvement": Wichtiges Element ist die Einbeziehung von Lieferanten und Kundenunternehmen in die Kostenplanung und -steuerung über die eigene Wertschöpfungskette hinaus.

Neben den Prinzipien 4 und 6 weisen im Grunde auch die übrigen Grundprinzipien ausgeprägte organisatorische Aspekte auf. Somit sind „...Rechnungswesen (als Rechenmethodik) einerseits und Organisation (als Prozeß und Aufbaustruktur) untrennbar integriert..." (*Horváth* (1998), S. 76 sowie *Ansari/Bell/CAM-I-Target Cost Core Group* (1997), S. 108)).

Wie in den vorigen Kapitel dargestellt, wurde trotz der bereits langjährigen Anwendungserfahrungen in japanischen Unternehmen das Konzept des Target Costing von der japanischen Wissenschaft erst im nachhinein aufgegriffen und beschrieben. In Deutschland hingegen spielte die Beschäftigung mit Target Costing in der betriebswirtschaftlichen Forschung für dessen Verbreitung eine sehr wichtige Rolle (vgl. *Seidenschwarz* (1991a) und (1991b)). Häufig wurden in der Fachliteratur der Schwerpunkt auf die „Rechenschritte" im Target Costing-Konzept gelegt. Dadurch ist in Theorie und Praxis teilweise der Eindruck entstanden, daß es sich bei Target Costing nur um eine Zielkosten*rechnung* handelt, die methodisch durch die Retrograde Kalkulation und die Zielkostenspaltung abgebildet wird (vgl. dazu die frühen Fallbeispiele aus Abb. 3-2).

Auch wenn die Merkmale des Target Costing-Konzeptes aus wissenschaftlicher Sicht insgesamt sehr ähnlich dargestellt werden, bleibt anzumerken, daß die Umsetzung der Grundprinzipien, die die grundsätzliche Zielphilosophie des Target Costing beschreiben, in der unternehmerischen Praxis auf Grenzen stößt und bestimmte Fragestellungen noch nicht oder nur teilweise beantwortet wurden (vgl. im folgenden *Freidank/Zaeh* (1997), S. 233; *Seidenschwarz* (1993), S. 79ff.):

❑ „Price led Costing"

• Für sehr innovative Produkte sind der zukünftige Marktpreis und die vom Markt erlaubten Kosten für ein Produkt nur schwer ermittelbar. Solange die Kunden nicht in der Lage sind, ihre Anforderungen an ein noch nicht auf dem Markt erhältliches Produkt zu benennen und zu gewichten, können auch die Preisbereitschaften eher vage und im Vergleich zu bereits erhältlichen Produkten ermittelt werden. Darüber hinaus unterliegt in besonders dynamischen Märkten (bspw. Computerindustrie, Telekommunikation) der Marktpreis einer sehr hohen Dynamik, wodurch die Planbarkeit der zukünftigen Marktpreisentwicklung erschwert wird. Demzufolge stößt die Market-into-Company-Methode zur

Zielkostenfestlegung bei innovativen Produkten aufgrund fehlender Marktinformationen und erschwerter Planbarkeit im Vergleich zu Standardprodukten an ihre Grenzen.

- Die in der Literatur beschriebenen Verfahren zur Zielkostenfestlegung sind nur zum Teil praktikable Alternativen. In der Praxis werden meistens die Varianten „Out-of-Standard-Costs" oder „Into-and-out-of-company" praktiziert (vgl. Kapitel 2.7.1.). Die übrigen Varianten sind vielmehr theoretische Verfahren der Zielkostenfestlegung. Die konsequente Anwendung der „Market-into-Company"-Variante bei Produktinnovationen ist in der Praxis kaum festzustellen.

- Bei der Anwendung des Target Costing kommt es genau genommen nicht auf die konsequente Umsetzung eines der möglichen Verfahren zur Zielkostenfestlegung an, sondern darauf, ehrgeizige und realistischerweise auch erreichbare Zielkosten fundiert festzulegen und konsequent zu verfolgen.

- In Märkten, in denen die Einhaltung von Zielkosten zur Erreichung eines Zielpreises nicht das entscheidende Kriterium für eine Projektfortführung oder Projektabbruchentscheidung darstellt (bspw. in der Rüstungsbranche) oder in denen sehr hohe Renditen erzielt werden, ist die Einhaltung des Mechanismus´ der Zielkostenfestlegung und konsequenten –verfolgung beeinträchtigt. Die Marktsituation, –anforderungen und Preisbereitschaften der Kunden, die normalerweise als Hauptargument für die strikte Zielkosteneinhaltung herangezogen werden, verlieren in diesen Fällen an Gewicht.

- Beim internationalen Vergleich der Höhe der berechneten Bruttogewinnspannen bestehen zum Teil große Unterschiede. Dies hat methodische Gründe, die dazu führen, daß die verwendeten Bruttogewinnspannen aus den Fallbeispielen nicht miteinander verglichen werden können. Während in der japanischen Anwendungsbeispielen bspw. Umsatzrenditen von bis zu 20% genannt werden, liegen die Bruttogewinnspannen in deutschen Beispielen teilweise nur bei 3% bis 5%. Ursache ist ein unterschiedliches Schema zur Herstellkostenkalkulation. In deutschen Fallbeispielen werden häufig produktnahe und leistungsmengeninduzierte, produktferne Gemeinkosten mit Hilfe der Prozeßkostenrechnung in die Produktstandardkosten einbezogen. Dadurch wird die Bruttogewinnspanne im Vergleich zu japanischen Unternehmen deutlich gemindert. Zusätzlich werden in deutschen Unternehmen häufig kalkulatorische Kostenbestandteile von der Bruttogewinnspanne abgezogen. Die produktspezifischen Gemeinkosten werden nach japanischem Verständnis jedoch durch die Bruttogewinnspanne abgedeckt, so daß diese bedeutend höher ausfällt.

❑ „Focus on Customers"

• Nicht alle Target Costing-Ansätze gehen konkret und detailliert auf die konsequente Marktorientierung des Target Costing ein (vgl. dazu Kapitel 2.5.; vgl. hierzu *Hiromoto* (1988), (1989a) und (1989b)). In welcher Form und mit welchen Methoden die erforderlichen Markt- und Kundeninformationen erhoben und abgebildet werden können wird als Aufgabenstellung der Marktforschung ausgeblendet. Die explizite Einbindung von Marktforschungsmethoden im Target Costing stellt vielmehr eine konzeptionelle Weiterentwicklung des deutschen Target Costing-Verständnisses im Sinne eines Marktorientierten Zielkostenmanagement dar (vgl. *Seidenschwarz* (1993)). Hinzu kommt, daß bei innovativen Produktentwicklungsprojekten die zukünftigen Kunden heutzutage meist noch nicht in der Lage, ihre Anforderungen an das zukünftige Produkt oder an eine zukünftige Dienstleistungen zu nennen und zu gewichten.

• Durch technologische Innovationen verschieben sich die Marktsegmentgrenzen gerade in sehr dynamischen Märkten so schnell, daß Kundenanforderungen permanent erhoben werden müssten. In diesen Fällen ist es schwierig, als Grundlage der Zielkostenspaltung eine Gewichtungsstruktur zu finden und über die gesamte Produktentwicklungszeit beizubehalten. Eine früh festgelegte Gewichtungsstruktur zu Beginn eines Entwicklungsprojektes, die nach einer bestimmten Zeit nicht mehr der aktuellen Kundeneinschätzung entspricht, wäre somit nicht mehr relevant und daher anfechtbar, da sie an den Kundenerwartungen vorbeigeht.

❑ „Focus on Design"

• Zur Durchführung einer frühen Produktkostenschätzung, einer ex-ante Produktkalkulation, oder der erstmaligen Ermittlung von Produktstandardkosten bzw. zur Identifizierung von Kostensenkungspotentialen fehlt in den frühen Phasen des Produktentwicklungsprozesses häufig die erforderliche Datenbasis. Bereits vorhandenes Erfahrungswissen aus abgeschlossenen, ähnlichen oder Vorgängerprojekten steht nicht, in anderer Struktur oder nur in ungenügender Datenqualität zur Verfügung. Dadurch wird die Konzeptalternativenbewertung in einer der kritischsten Phasen des Entwicklungsprozesses erschwert.

• Die Unterstützung des Target Costing-Prozesses mit Hilfe moderner Informationssysteme stellt ein noch zu bearbeitendes Themenfeld dar. Auf Basis aufbereiteter Daten aus anderen Produktentwicklungsprojekten könnten Kostendaten generiert und in CAD-Systeme und mit modernen Kommunikationstechnologien integriert werden (vgl. *Freidank/Zaeh* (1997), S. 271 f.). Vor allem die Entwicklung von Expertensystemen, die auf Basis von Cost Tables den

gesamten Produktentwicklungsprozeß entwicklungsbegleitend, konstruktions-
begleitend und bei Kostenverbesserungsmaßnahmen im Rahmen des Kaizen
Costing unterstützen, ist bislang nur ansatzweise behandelt worden (vgl.
*Hagmaier/Mees/Scholl* (1996); *Gleich/Scholl* (1994)).

❑ „Cross-Functional Involvement"

• Die erfolgreiche Anwendung des Target Costing ist nur durch interdisziplinär
organisiertes Projektmanagement und durch ein zielwertgerechtes Projektcontrolling zur Steuerung eines Entwicklungsprojektes möglich. Die Qualität und
Effektivität des Projektmanagements ist für den Anwendungserfolg des Target
Costing entscheidend. Eine Interdisziplinäre Entwicklungsarbeit setzt jedoch eine
Führungsphilosophie voraus, die den beteiligten Projektmitarbeitern die
erforderlichen Freiheiten läßt und gleichzeitig den notwendige Handlungs- und
Leistungsdruck vermittelt. In vielen Fällen sind Unternehmen noch nicht „bereit"
für den Target Costing-Einsatz, d.h. das vorhandene Projektmanagement-
verständnis und die herrschende Führungsphilosophie lassen einen erfolgreichen
Einsatz des Target Costing nicht zu.

❑ „Life Cycle Orientation"

• Je länger die erwartete, geplante Produktlebensdauer, desto schwieriger ist es,
abgesicherte Planungsprämissen und zuverlässige Planungswerte über die gesamte
betrachtete Produktlebensdauer zu erarbeiten. Dieses klassische Problem der
strategischen Planung gilt auch für das Target Costing, wenn sich während des
Produktlebenszyklus´ bspw. Abweichungen bei den geplanten Stückzahlen oder
Zielpreisen ergeben oder sich die gesetzten Planungsprämissen ändern. Die Folge
ist, daß sich die Rentabilität eines begonnenen Produktentwicklungsprojektes sehr
schnell rapide verschlechtern kann und eine Projektabbruchentscheidung in
Erwägung gezogen werden muß.

• Bei der Bestimmung des lebenszyklusbezogenen Target Profit werden in der
Literatur generell die Möglichkeiten der Verwendung einer umsatzbezogenen oder
einer kapitalbezogenen Rentabilitätskennziffer beschrieben (vgl. stellvertretend
*Seidenschwarz* (1993), S. 122 ff.). Bei der Verwendung der Umsatzrentabilität,
die den Produkterfolg marktnäher widergibt als die Kapitalrentabilität, scheint die
Ermittlung des durch ein Produkt gebundenen Kapitals zunächst nicht
erforderlich. Ohne Berücksichtigung der Kapitalumschlagshäufigkeit in
Ergänzung zur Umsatzrentabilität würde die verbreitete RoI-Anwendung in
Unternehmen im Rahmen des Target Costing jedoch nicht ausreichend
berücksichtigt werden. Maßnahmen zur Erhöhung der Kapitalumschlagshäufigkeit
durch Verringerung des gebundenen Gesamtkapitals bergen zusätzlich die Gefahr,

nicht ausreichend in innovative Projekte zu investieren, wodurch langfristig Verluste von Marktanteilen entstehen können.

• Im Sinne einer Orientierung an der Schaffung langfristiger Erfolgspotentiale wurde die weit verbreitete RoI-Verwendung seit Mitte der 90er Jahre vielfach von einer wertorientierten Rentabilitätsbetrachtung im Rahmen der wertorientierten Unternehmensführung abgelöst (vgl. dazu stellvertretend *Günter* (1996)). Inwieweit neue Steuerungsgrößen wie Shareholder Value, Economic Value Added oder Cash-Flow-Return-on-Investment im Rahmen der Zielgewinnbestimmung aus Sicht des Target Costing betrachtet werden können, wurde bislang in der betriebswirtschaftlichen Literatur nicht behandelt.

❑ „Value Chain Involvement"

• Je größer die Anzahl von Zulieferern und Systemlieferanten, desto schwieriger wird es, sie in das eigene Target Costing-System des Abnehmers einzubinden. Bei nur einem oder wenigen Zulieferern besteht die Gefahr der Abhängigkeit, wenn im Rahmen gemeinsamer Target Costing-Aktivitäten Zulieferer einen tieferen Einblick in die Produktkalkulation des Abnehmers erhalten. Außerdem ist nicht in allen Fällen von einer Bereitschaft der Lieferanten auszugehen, gemeinsame Kostensenkungsanstrengungen mit den Abnehmern durchzuführen.

• Während im japanischen Kostenmanagementverständnis Target Costing und Kaizen Costing auf sämtlichen Unternehmensebenen als einheitliches System betrachtet werden mit dem Ziel, sämtliche Kosteneinsparungsmöglichkeiten im Unternehmen auszuschöpfen, wird nach deutschen Target Costing-Verständnis diese integrative Betrachtung kaum angestellt (vgl. *Horváth/Seidenschwarz/ Sommerfeldt* (1993), S. 16).

Abschließend sollte trotz der beschriebenen Grenzen der Anwendbarkeit des Target Costing und des daraus resultierenden Forschungsbedarfes darauf hingewiesen werden, daß es kein generelles, schematisch einheitliches Target Costing-Verständnis gibt und geben kann. Die Stärke und der Anwendungserfolg liegen in dessen konzeptioneller Einfachheit und Universalität (vgl. *Freidank/Zaeh* (1997), S. 271 f.).

# 3. State of the Art der empirischen und konzeptionellen Target Costing-Forschung

Das folgende Kapitel gibt einen Überblick über den Stand der Anwendung und der Forschung zum Target Costing in Deutschland. Dazu wird ein Überblick über die, zum Zeitpunkt der Fertigstellung dieser Arbeit veröffentlichten, wesentlichen Fallbeispiele gegeben, deren zeitliche und branchenspezifische Reihenfolge Aufschluß über die Verbreitung und den Anwendungsstand des Target Costing gibt. Anschließend erfolgt die Darstellung der Ergebnisse bisher veröffentlichter empirischer Studien in Japan, im englischsprachigen und im deutschsprachigen Raum. Zum Abschluß des Kapitels werden die wichtigsten konzeptionell-methodischen und branchenspezifischen Weiterentwicklungen dargestellt, die das Verständnis des Target Costing in deutschen Unternehmen charakterisieren (vgl. Abb. 3-1). Damit soll die Grundlage für die Ableitung des Forschungsbedarfes in Deutschland am Ende des Kapitels geschaffen werden.

## 3.1. Veröffentlichte Fallbeispiele zur Anwendung des Target Costing in deutschen Unternehmen

Die nachfolgende Tabelle zeigt eine Auswahl von Praxisfallbeispielen zur Anwendung des Target Costing in Deutschland, die in betriebswirtschaftlichen Fachzeitschriften oder Fachbüchern veröffentlicht wurden (vgl. Abb. 3-2). Daneben existiert auch ein Reihe weiterer, theoretischer und auf Praxisfällen basierender Rechenbeispiele in der ingenieurwissenschaftlichen Literatur (vgl. bspw. *Depluet et al.* (1997), S. 1 ff.; *Hartmann et al.* (1997), S. 312 ff.; *Schumann, F.-J.* (1997), S. 635 ff.).

Die Anzahl, die jeweilige Branche und der Schwerpunkt der Fallbeispiele geben einen Überblick über den Anwendungs- und Erfahrungsstand der Unternehmenspraxis. Die meisten Beispiele stammen von deutschen Automobilherstellern und von Automobilzulieferunternehmen, auch bereits aus den ersten Jahren der Target Costing-Anwendung in deutschen Unternehmen. Daneben findet sich eine Vielzahl von Beispielen aus der Elektrotechnik- und Elektronikbranche, bspw. von Hausgeräteherstellern, Computerherstellern oder Unternehmen der Medizintechnik.

Bei der Durchsicht der Fallstudien fällt auf, daß sich auch die frühen in Deutschland veröffentlichten Fallstudien auf nicht-japanische Unternehmen beziehen, im

Gegensatz zu den USA, wo zunächst vornehmlich Beispiele japanischer Unternehmen publiziert wurden. Desweiteren liegt der Fokus bei vielen deutschen Target Costing-Fallstudien auf der Target Costing-Konzeption und dem -Prozeßablauf mit dem Schwerpunkt auf der Retrograden Kalkulation und der Zielkostenspaltung. Die Erfahrungen und Probleme mit der Einführung oder der Übertragung der in Kapitel 2 beschriebenen Target Costing-Philosophie werden in den Beispielen jedoch weniger thematisiert.

*Abb. 3-1: Aufbau des Kapitels 3*

Ein Großteil der Fallstudien wurde bis Mitte der 90er Jahre veröffentlicht. Seitdem sind noch weitere Beispiele aus nicht typischen Branchen hinzugekommen, wie z.B. aus dem Anlagenbau oder aus Dienstleistungsunternehmen. Dies kann darauf zurückgeführt werden, daß nach dem Bekanntwerden des Konzeptes Anfang der 90er Jahre eine erste Anwendungswelle stattfand, über die in Fachkreisen und in der Fachliteratur diskutiert wurde. Die grundsätzliche Einsatztauglichkeit wurde dabei nachwiesen. Danach wurden vornehmlich Fallbeispiele aus weiteren, nicht typischen Anwendungsbranchen veröffentlicht.

| Branche | Firmenname | Schwerpunkt des Fallbeispiels | Anmerkung | Autor | Jahr |
|---|---|---|---|---|---|
| Anlagenbau | LTG Lufttechnische GmbH | Target Costing-Prozeß | ausführliches Beispiel Dosen-trocknungsanlage | Jakob | (1993) |
| Anlagenbau | Großbau GmbH *Name geändert* | kundenorientierte Funktions-gewichtung | durchgängiges Beispiel Dosen-trocknungsanlage | Niemand | (1993) |
| Anlagenbau/ Schiffbau | ohne Namen | Target Costing für komplexe Investitionsgüter | konzeptioneller Überblicksartikel Schiffbau | Nedeß/ Stalleicken | (1998) |
| Automobilhersteller | Volkswagen AG | Projektsteuerung mit Target Costing | konzeptioneller Überblicksartikel | Claasen/ Hilbert | (1994a) |
| Automobilhersteller | Volkswagen AG | Target Investment | ausführliches Zahlenbeispiel | Claasen /Hilbert | (1994b) |
| Automobilhersteller | Audi AG | Markt- und ergebnisorientierte Zielkostenvorgabe | konzeptioneller Überblicksartikel | Kammer-mayer | (1992) |
| Automobilhersteller | Audi AG | Zielkostenplanung | Zielkostenspaltung für eine Baureihe | Deisen-hofer | (1993) |
| Automobilhersteller | Audi AG | Datenprobleme im Target Costing | Rechenbeispiel zur Zielkostenspaltung | Abel/ Niemand/ Wolbold | (1993) |
| Automobilhersteller | ohne Namen | Einsatz der Conjoint-Analyse im Target Costing | Rechenbeispiel | Fröhling | (1994) |
| Automobilhersteller | Audi AG | Target Costing und Organisation | einfaches Beispiel | Heßen/ Wesseler | (1994) |
| Automobilhersteller | Volkswagen AG | Target Budgeting | Ableitung von F&E-Budgets | Hilbert | (1995) |
| Automobilhersteller | Dr.-Ing. h.c. F. Porsche AG | Target Costing im strategischen Kostenmanage-ment | Konzept-darstellung | Cervellini/ Lamla | (1997) |
| Automobilhersteller | ohne Namen | Target Investment | konzeptionelles Zahlenbeispiel | Claasen/ Ellßel | (1997) |
| Automobilhersteller | Audi AG | Tool-Unterstützung zur Projektsteuerung | kurzer Überblicksartikel | Franke/ Bidmon | (1997) |
| Automobilhersteller | „European Car Company" *Name geändert* | Target Costing-Prozeß | ausführliches Beispiel der Entwicklung eines Nachfolge-fahrzeuges | Rösler | (1995) (1996) (1997) |

*Abb. 3-2: Auswahl veröffentlichter Target Costing-Fallbeispiele in der deutschen betriebswirtschaftlichen Literatur (Stand Februar 1999)*

| Branche | Firmenname | Schwerpunkt des Fallbeispiels | Anmerkung | Autor | Jahr |
|---|---|---|---|---|---|
| Automobilhersteller | Adam Opel AG | Target Costing-Konzept | Gesamtkonzeption und -prozeß | Löffler | (1995) |
| Automobilhersteller | Mercedes-Benz AG | Kundennutzen-gerechte Produkt-gestaltung mit der Conjoint-Analyse | ausführliches Beispiel | Arnaout/ Hildebrandt /Werner | (1998) |
| Automobilzulieferer | ohne Namen | Gemeinkosten-berücksichtigung im Target Costing | ausführliches Rechenbeispiel | Berens/ Hoffjahn/ Koppin/ Zahn | (1995) |
| Automobilzulieferer | Robert Bosch Fahrzeugelek-trik Eisenach GmbH | Implementierungs-ansatz | ausführliches Beispiel | Zahn | (1995) |
| Automobilzulieferer | ohne Namen | Zuliefer-kooperation | Beispiel Türinnen-verkleidung | Friedmann | (1997) |
| Automobilzulieferer | Behr | Neugestaltung des Entwicklungs-prozesses mit Target Costing | konzeptioneller Artikel | Flik/ Heering/ Kampf/ Staengel | (1998) |
| Bank | ohne Namen | Strategisches Target Costing am Bsp. des Bankzahlungs-verkehrs | konzeptioneller Artikel | Hoffjan | (1994b) |
| Baugewerbe/ Fertighaushersteller | „Beispielhaus GmbH" *Name geändert* | Target Costing-Prozeß | differenziertes Beispiel | Gunkel/ Schulze | (1998) |
| Computerindustrie | IBM Deutschland | Target Costing für industrielle Dienstleistungen | ausführliches Beispiel Dienstleistungs-prozeß Installation | Cibis/ Niemand | (1993) |
| Elektronik/ Elektrotechnik | Toshiba Europa | Marktorientierung und Organisation | Überblicksartikel | Döpper | (1992) |
| Elektronik/ Elektrotechnik | Elektro Werk *Name geändert* | Target Costing-Prozeß | ausführliches Beispiel Belegerfassungs-system | Müller/ Wolbold | (1993) |
| Elektrotechnik/ Elektronik | Siemens AG | Target Costing-Prozeß | Beispiel eines Computertomo-graphen | Burkhardt | (1994) |
| Elektrotechnik/ Elektronik | Siemens AG | Marktorientiertes Kosten-management | Überblicksartikel | Sill | (1995) |
| Elektrotechnik/ Elektronik | ohne Namen | Einsatz der Conjoint-Analyse im Target Costing | Rechenbeispiel Haushaltsgeräte (Allessauger) | Palloks | (1995a) (1995b) |

*Abb. 3-2: Auswahl veröffentlichter Target Costing-Fallbeispiele in der deutschen betriebswirtschaftlichen Literatur (Fortsetzung)*

| Branche | Firmenname | Schwerpunkt des Fallbeispiels | Anmerkung | Autor | Jahr |
|---|---|---|---|---|---|
| Elektrotechnik/ Elektronik | Siemens AG | Gesamtkonzept | Überblicksartikel Zulieferintegration, Zahlenbeispiel | Rummel | (1992) |
| Elektrotechnik/ Elektronik | Analyt *Name geändert* | Target Costing- Prozeß | ausführliches Beispiel Analysegerät | Seiden- schwarz | (1993) |
| Elektrotechnik/ Elektronik | Grundig AG | Konstruktions- begleitende Kalkulation | kurzes Beispiel Fernsehgerät | Scholl/ Mess/ Hagmaier | (1996) |
| Elektrotechnik/ Elektronik | ohne Namen | Marktvorbau | Zahlenbeispiel aus der Medizintechnik | Binder/ Niemand | (1999) |
| Elektrotechnik/ Elektronik | Eridan *Name geändert* | Zielkostenplanung | kurzes Beispiel Ultraschallmeß- gerät | Völker | (1997) |
| Heizungstechnik | ohne Namen | Target Costing- Prozeß | Pilotprojekt- darstellung | Bullinger et al. | (1994) |
| Luftfahrttechnik | Deutsche Aerospace AG | Target Costing und Prozeßkosten- rechnung als Grundlage der Wertanalyse | konzeptioneller Überblicksartikel | Schulz | (1993) |
| Maschinen- und Anlagenbau | Lemo Maschinenbau GmbH | Target Costing- Konzept | Gesamtkonzeption | Krogh | (1992) |
| Maschinen- und Anlagenbau | ohne Namen | Target Costing im Business-to- Business-Markt; Target Costing für industrielle Dienstleistungen | drei Beispiele | Groos | (1997) |
| Montierende Industrie | ohne Namen | Montage als Produktkomponen- te mit Wertschöpfungs- funktion | konzeptionelle Weiterentwicklung des Target Costing | Gleich | (1995) |
| Öffentliche Betriebe und Verwaltungen | ohne Namen | Strategisches Target Costing am Bsp. öffentlicher Unternehmen | Zahlenbeispiel für ein Parkhaus | Hoffjan | (1994a) |
| Öffentliche Betriebe und Verwaltungen | ohne Namen | Target Costing in der öffentlichen Verwaltung | konzeptionelle Beispiele | Funke | (1998) |
| Schuhherstellung | Salamander | Entwicklungs- begleitende Kalkulation | Beispiel Schuh; Fokus Zielkosten- spaltung | Link/ Schnell/ Niemand | (1994) |
| Transportgewerbe | Deutsche Bahn AG | Target Costing für Dienstleistungen | detailliertes Beispiel Container- transport | Wurster/ Dittmar | (1997) |

*Abb. 3-2: Auswahl veröffentlichter Target Costing-Fallbeispiele in der deutschen betriebswirtschaftlichen Literatur (Fortsetzung)*

### 3.2. Empirische Studien zur Anwendung des Target Costing

### 3.2.1. Ergebnisse von Studien zum Target Costing in Japan

Da in Japan, dem Ursprungsland des Target Costing, die Anwendungs- und Implementierungsphase z.T. über 20 Jahre früher stattgefunden hat als in Europa oder in den USA, wurden dort bereits früh detaillierte empirische Studien durchgeführt. Die meisten der japanischen Untersuchungen wurden nur in japanischer Sprache veröffentlicht. Sie beschäftigen sich hauptsächlich mit der Gestaltung des Target Costing in japanischen Unternehmen. Nur in wenigen Fällen fand die Veröffentlichung der frühen Untersuchungen oder ein Vergleich der Ergebnisse in englischer oder sogar deutscher Sprache statt (vgl. *Monden* (1989), S. 49 ff.; *Tani* (1994), S. 67 ff.).

Der Schwerpunkt der in dieser Arbeit durchgeführten Untersuchung liegt auf der Erhebung des Anwendungsstandes des Target Costing in deutschen Unternehmen. Zusätzlich erfolgt ein teilweiser Vergleich der Untersuchungsergebnisse mit den Ergebnissen der jüngsten Untersuchung japanischer Unternehmen, der das Verständnis und die Interpretationsfähigkeit der deutschen Befunde erhöht. Da ein Vergleich der frühesten Untersuchungsergebnisse aus Japan mit der Anwendung in Deutschland nicht zweckmäßig erscheint, sollen deshalb die japanischen Untersuchungen nur tabellarisch aufgelistet werden (vgl. Abb. 3-3).

| Namen des Forschers | Titel | Jahr | Bemerkung |
|---|---|---|---|
| Tanaka, M. | Developments of Cost Engineering in Japan | 1984 | Case Studies zum Target Cost Management<br><br>Veröffentlichung nur auf japanisch |
| Tanaka, M. | The Nature and use of cost tables | 1986 | Veröffentlichung nur auf japanisch |
| Tanaka, M. | Cost Control in the Development and Design stage of a Product | 1988 | insgesamt acht Veröffentlichungen<br><br>Veröffentlichung nur auf japanisch |
| Tanaka, M. | Topics in Target Costing in japanese companies | 1989 | Veröffentlichung nur auf japanisch |
| Yoshikawa, T. | Survey of cost accounting systems in Japan and U.K. | 1990 | Veröffentlichung nur auf japanisch |
| Tanaka, M. | Cost Estimation systems in a CIM age | 1991 | Veröffentlichung nur auf japanisch |
| Sakurai, M. | Change in Business Environment and Management Accounting | 1991 | Case Studies zum Management Accounting<br><br>Veröffentlichung nur auf japanisch |
| Tani, T. | Genka-kikaku: an empirical research | 1993 | Veröffentlichung nur auf japanisch |

*Abb. 3-3: Japanische Veröffentlichungen über empirische Untersuchungen zum Target Costing im japanischen Raum*

Wie aus der Abbildung ersichtlich wurden seit Mitte der 80er Jahre eine Vielzahl von empirischen Untersuchungen zum Target Costing in Japan durchgeführt und in Japan veröffentlicht. Darüber hinaus sind einige Studien japanischer Forscher auch in englischer Sprache veröffentlicht worden, die zum Teil auf den obigen Untersuchungen basieren (vgl. Abb. 3-4). Hervorzuheben sind besonders die Studien von *Sakurai* im Jahr 1988, von *Tanaka* im Jahr 1994 und von *Tani et al.* in den Jahren 1991 und 1996. Diese Studien werden nachfolgend beschrieben. Der Schwerpunkt liegt auf den jüngsten Fragebogenuntersuchungen von *Tani et al.* in japanischen Großunter-nehmen, deren Ergebnisse den entsprechenden Befunden der vorliegenden deutschen Untersuchung in Kapitel 5 gegenübergestellt werden, um Gemeinsamkeiten und Unterschiede abzuleiten.

| Name des Forschers | Titel | Jahr | Forschungs-methode | Umfang | Forschungs-gegenstand |
|---|---|---|---|---|---|
| Tani, T./ Kato, | Target Costing: A Contingency Approach | 1991 | Schriftliche Befragung | mehr als 70 Unternehmen | Verbreitung des Target Costing, ungenügende Flexibilität bzgl. Produktions-umstrukturie-rungen |
| Tani, T. et al. (vgl. auch Kobayashi, T. et al. (1992a) und (1992b)) | Target Cost Management in Japanese Companies: current state of the art | 1991 | Schriftliche Befragung | 703 manufacturing companies of the Tokyo Stock Exchange, 180 Fragebögen Rücklauf | Anwendung des Target Costing nach Branchen; Organisation des Target Costing; Kooperation mit Zulieferern; Anwendung in ausländischen Niederlassungen japanischer Unternehmen |
| Sakurai, M. | The practice of Cost Management Systems in Japan - Analysis of Mail Survey on CIM | 1992 | Schriftliche Befragung | 157 Unternehmen der Elektroindustrie, Transportindustrie, Metallverarbeitende Industrie | 66% wenden Target Costing an, 45% als Management-instrument, 21% als Ingenieurs-instrument |
| Tanaka, M. | Cost Planning and Control Systems in the Design Phase of a New Product | 1994 | Schriftliche Befragung | 209 Unternehmen | Anwendung der Zielkostenspaltung und von Kostenschätz-ungen in der japanischen Industrie |
| Tani, T. et al. | Target Cost Management in Japanese Companies: current state of the art | 1996 | Schriftliche Befragung | 692 an der Tokyo Stock Exchange notierte japanische Unternehmen, 2 Fragebögen, Rücklauf: Fragebogen 1: 125 Fragebogen 2: 117 | vgl. Kapitel 5 |

*Abb. 3-4: Englischsprachige Veröffentlichungen über empirische Untersuchung zum Target Costing im japanischen Raum*

### 3.2.1.1. Studie von *Sakurai* (1992)

In einer Studie hat *Sakurai* et al. die Verbreitung des Target Costing-Einsatzes in der japanischen Industrie untersucht. Zwei Drittel der befragten Unternehmen setzen demnach Target Costing ein. Sie stammen hauptsächlich aus der Maschinenbau- und Elektrotechnikbranche und wendeten Target Costing als Managementinstrument an (vgl. Abb. 3-5). Nur gut 20% verstehen Target Costing als ein Instrument für Techniker und Ingenieure.

| | als Management-instrument | | als Instrument für Techniker | | Gesamt (Anwender) | | wird nicht angewendet | |
|---|---|---|---|---|---|---|---|---|
| Branche | n | % | n | % | n | % | n | % |
| Elektrogeräte | 28 | 48 | 13 | 22 | 41 | 60 | 18 | 30 |
| Transportmittel | 23 | 64 | 7 | 19 | 30 | 83 | 6 | 17 |
| Präzisions instrumente | 5 | 36 | 2 | 14 | 7 | 50 | 7 | 50 |
| Allgemeine Maschinen | 11 | 33 | 9 | 26 | 20 | 59 | 14 | 41 |
| Metallprodukte | 4 | 29 | 1 | 7 | 5 | 36 | 9 | 64 |
| Gesamt | 71 | 45 | 32 | 21 | 103 | 66 | 54 | 34 |

*Abb. 3-5: Die Anwendung von Target Costing in verschiedenen Branchen (vgl. Sakurai (1992), zitiert nach Sakurai/Keating (1994), S. 86)*

Die meisten Anwender stammen aus der montierenden Industrie, nur knapp ein Viertel aus der verarbeitenden Industrie (vgl. Abb. 3-6). Interessant ist, daß rund die Hälfte der Target Costing-Anwender bereits vor 1973 die Einführung vollzogen haben.

| | Montierende Industrie (n=108) | | Verarbeitende Industrie (n=91) | | Gesamt (n=157) | |
|---|---|---|---|---|---|---|
| | n | % | n | % | n | % |
| Anwender | 57 | 53 | 22 | 24 | 79 | 50 |
| Anwendung geplant | 12 | 11 | 7 | 8 | 19 | 12 |
| Einführung vor 1973 | 31 | 29 | 11 | 12 | 42 | 26 |
| Einführung nach 1973 | 26 | 24 | 11 | 12 | 37 | 23 |

*Abb. 3-6: Die Anwendung von Target Costing in der montierenden und der verarbeitenden Industrie (vgl. Sakurai (1992), zitiert nach Sakurai/Keating (1994), S. 86)*

### 3.2.1.2. Studie von *Tanaka* (1994)

*Tanaka*, einer der Pionierautoren des Target Costing in Japan, hat 1994 eine Untersuchung in 209 Unternehmen zur Anwendung von Zielkosten durchgeführt (vgl. *Tanaka*

(1994), S. 51). Dabei ging er von der Grundhypothese aus, daß die Kostenziele so anspruchsvoll sein müssen, daß sie nicht ohne besondere Kostensenkungs-bemühungen erreicht werden können. Außerdem müssen Zielkosten für alle Phasen im Produktlebenszyklus eines neuen Produktes festgelegt werden.

Die Untersuchung führte zu folgenden Ergebnissen: 41% der Unternehmen legen Zielkosten für den Entwicklungsbereich, 100% für den Fertigungsbereich, 37,1% für den Vertriebsbereich sowie 12,7% für die Betriebskosten des Kunden fest. 76% führen eine Zielkostenspaltung auf Funktionen durch, 25,9% auf Baugruppen, 31,7% auf die strategischen Stoßrichtungen im Unternehmen sowie 34,7% auf weitere Bezugsebenen. Dazu merkt *Tanaka* an, daß durch die Anwendung der Komponenten-methode Entwicklungsingenieure häufig zu materialorientiert anstatt funktions-orientiert bei ihren Entwürfen denken (vgl. *Tanaka* (1994), S. 53).

Während in der Phase der Konzeption und Entwicklung nur grobe Kostenschätzungen möglich sind, finden in der Konstruktionsphase und der Produktionsvorbereitung detaillierte Kostenschätzungen statt, deren Schätzgenauigkeit ebenfalls in der Studie von *Tanaka* ermittelt wurden (vgl. *Tanaka* (1994), S. 55; vgl. Abb. 3-7).

| Schätz-genauigkeit | Grobe Kostenschätzungen | Detaillierte Kostenschätzungen |
|---|---|---|
| > 97 % | 2,0 % | 27,4 % |
| 97 - 95 % | 14,9 % | 30,8 % |
| 95 - 90 % | 33,9 % | 25,4 % |
| 90 - 85 % | 16,9 % | 3,5 % |
| 85 - 80 % | 14,4 % | 4,5 % |
| < 80 % | 4,1 % | 0,5 % |
| anders | 13,8 % | 7,9 % |
| Summe | 100 % | 100 % |

*Abb. 3-7: Schätzgenauigkeit grober und detaillierter Kostenschätzungen (vgl. Tanaka (1994), S. 55)*

Demnach ist die Schätzgenauigkeit von groben Kostenschätzungen in der Konzept-und Entwicklungsphase nur unzureichend. Hierbei ist zu beachten, daß in diesen Pha-sen hauptsächlich funktionsbezogene und nicht komponenten- oder teilebezogene Kostenschätzungen erfolgen. 83,6% der befragten Unternehmen erzielen in der Kon-struktionsphase Schätzgenauigkeiten von über 90%, 58,2% sogar von über 95%. Dieses Ergebnis ist auf die in japanischen Unternehmen häufig vorhandenen, sehr aufwendigen und komplexen, Kostendatenbanken zurückzuführen.

Insgesamt kann festgehalten werden, daß *Tanaka* in seiner Untersuchung nur Teilaspekte des Target Costing-Konzeptes erfragt hat. Ein umfassender Überblick über den Stand der Anwendung des Target Costing wurde in dieser Studie nicht erhoben.

### 3.2.1.3. Studien von *Tani et al.* (1991) und (1996)

Den breitesten und detailliertesten Überblick über die Anwendungsbreite und die Bedeutung des Target Costing für die japanische Industrie bieten die Ergebnisse der von *Tani et al.* 1991 und 1996 durchgeführten Untersuchungen zur Verbreitung und Anwendung des Target Costing in börsennotierten japanischen Unternehmen. Die *Kobe University Management Accounting Research Group*[1] hat in einer ersten Fragebogenuntersuchung 1991 703 an der Tokyo Stock Exchange gelistete Unternehmen befragt. Der Rücklauf betrug 180 auswertbare Fragebögen bzw. 25,60%.

Gegenstand der Befragung waren die folgenden Punkte (vgl. *Tani/Kato* (1994), S. 192 f.):

❑ Zusammenhang zwischen Faktoren, die den Einsatz des Target Costing auslösen und den Zielsetzungen und Systemelementen des Target Costing.

❑ Anwendung des Target Costing außerhalb der klassischen Anwenderbranchen.

❑ Veränderung der Zielsetzungen des Target Costing je nach Entwicklungsstadium des angewandten Systems.

❑ Einsatzphasen und Bezugsobjekte des Target Costing (Produktplanung, Entwicklung, Konstruktion).

❑ Erhebung der Vielfalt der Verfahren zur Zielkostenermittlung in japanischen Unternehmen.

❑ Anwendungsbreite der das Target Costing unterstützenden Instrumente.

❑ Funktion und Bedeutung der Wertanalyse für das Target Costing.

❑ Bedeutung der Target Costing-Teammitglieder und der verantwortlichen Produkt- und Projektmanager.

Das Untersuchungsmodell von *Tani et al.* geht von vier wesentlichen Einflußfaktoren für den Einsatz des Target Costing aus (vgl. Abb. 3-8).

---

[1] *Mitglieder dieses Forscherteams sind T. Tani, Y. Kato und Y. Iwabuchi von der Kobe Business School an der Kobe University, H. Okano von der Osaka City University und N. Shimizu von der Momoyama Gakuin University*

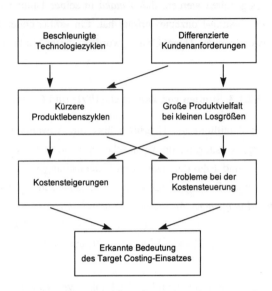

*Abb. 3-8: Einflußfaktoren für den Einsatz des Target Costing*
*(vgl. Tani/Kato (1994), S. 194)*

Beschleunigte Technologiezyklen erhöhen den Druck auf Unternehmen, neue Produkte und Technologien zu entwickeln. Sie verschaffen den erfolgreichen Unternehmen aber auch entscheidende Wettbewerbsvorsprünge gegenüber der Konkurrenz (vgl. *Tani/Kato* (1994), S. 194). Da sich kein Unternehmen diesem Technologiedruck entziehen kann, steigen insgesamt die Technologieinvestitionen und damit meist auch die technologiebedingten Kostenanteile. Deshalb ist ein aktives Kostenmanagement bei einer schnellen technologischen Entwicklung notwendig (Hypothese 1).

Die Berücksichtigung differenzierter Kundenanforderungen widerspricht dem Massenproduktionsgedanken mit geringen Varianten- und hohen Stückzahlen, die entsprechende Gewinnmargen ermöglichen. Sie führt zu kürzeren Lebenszyklen und hoher Variantenvielfalt mit kleinen Losgrößen. Unternehmen, die dieser Differenzierungsstrategie folgen, sehen sich Kostensteigerungen gegenüber, da sie die Mengeneffekte der Massenproduktion nicht ausnutzen können (vgl. *Tani/Kato* (1994), S. 194 f.). Außerdem bedeutet eine stärkere Differenzierung nicht gleichzeitig höhere Profitabilität. Der Target Costing-Ansatz geht davon aus, daß die Kostenführerschaft immer anzustreben ist, gleichgültig ob von einem Massenhersteller oder einem Nischenanbieter. Differenzierung und Kostenführerschaft sind demnach gleichzeitig möglich und führen zur sogenannten Outpacing-Strategie (Hypothese 2) (vgl. dazu *Seidenschwarz* (1993), S. 99 ff.).

Kürzere Produktlebenszyklen sind der Hauptgrund für Kostensteigerungen in Unternehmen. Sie führen zu häufigen Entwurfsänderungen und benötigen eine Vielzahl unterschiedlicher Werkzeuge, Maschinen, Ausrüstungen und Informationssysteme, um die Produktvielfalt managen zu können (vgl. *Tani/Kato* (1994), S. 195). Außerdem werden dadurch die Lern- und Kostensenkungseffekte in der Produktionsphase erschwert, so daß manche japanische Unternehmen bereits auf den Einsatz einer Standardkostenrechnung zur Kostensteuerung verzichten (so z.B. *NEC* oder *Daihatsu*; vgl. *Tani/Kato* (1994), S. 195). Auch die Produktion in kleinen Losgrößen, verbunden mit einer häufigen Änderung der Arbeitspläne und geringen Planbarkeit, erschwert die Ausnutzung von Erfahrungskurveneffekten und macht die Vorgabe von Standardkosten für die jeweiligen Tätigkeiten überflüssig. Daher sind für die Kostenplanung und -steuerung in diesem Umfeld ganzheitlichere Konzepte wie das Target Costing notwendig (Hypothese 3).

Von den 180 antwortenden Unternehmen setzen 60,6% Target Costing ein, 32,8% sogar konzernweit. Die Anwendung findet hauptsächlich in bestimmten Abteilungen oder Bereichen in montageintensiven Branchen statt, wie z.B. dem Maschinen- und Anlagenbau, der Elektrotechnik- und Elektronikindustrie oder dem Fahrzeugbau. In der metallverarbeitenden Industrie wird Target Costing in über 50% der Unternehmen eingesetzt (vgl. Abb. 3-9). Außer in der Papierindustrie wird Target Costing auch in der Prozeßindustrie angewendet (vgl. *Tani/Kato* (1994), S. 197).

*Tani et al.* fanden heraus, daß sich die Bedeutung der Zielsetzungen des Target Costing-Einsatzes im Laufe der Anwendungsdauer verändert (vgl. *Tani/Kato* (1994), S. 198 f.). Bei Einführung des Target Costing dominiert eindeutig das Ziel der „Kostensenkung", gefolgt von den Zielen „Qualitätssicherung", „Marktorientierung der Produktentwicklung" und „rechtzeitige Markteinführung". Zum Zeitpunkt der Befragung wurde der Zielsetzung „rechtzeitige Markteinführung" jedoch eine relativ höhere Bedeutung beigemessen. Es kann somit von einer Mehrfachzielsetzung des Einsatzes des Target Costing gesprochen werden. Die Untersuchung des Einflusses der Komplexität und Unsicherheit des Entscheidungsumfeldes ergab folgendes Ergebnis: Je höher die Komplexität und Unsicherheit des Entscheidungsumfeldes, desto unbedeutender ist die Zielsetzung der „Kostensenkung", und desto bedeutsamer sind die Zielsetzungen „Marktorientierung der Produktentwicklung" und „Qualitätssicherung" (vgl. *Tani/Kato* (1994), S. 200).

| Branche / Anwendung | unternehmensweit (n) | | in bestimmten Bereichen oder Abteilungen (n) | | in bestimmten Projekten (n) | | keine (n) | | Σ (n) | |
|---|---|---|---|---|---|---|---|---|---|---|
| | n | % | n | % | n | % | n | % | n | % |
| Nahrungsmittelindustrie | 0 | 0,0 | 1 | 14,3 | 1 | 14,3 | 5 | 71,4 | 7 | 100 |
| Textil-/Bekleidungsindustie | 0 | 0,0 | 3 | 50,0 | 1 | 16,7 | 2 | 33,3 | 6 | 100 |
| Papier-/Zellstoffindustrie | 0 | 0,0 | 0 | 0,0 | 0 | 0,0 | 5 | 100 | 5 | 100 |
| Chemische Industrie | 2 | 6,3 | 4 | 12,5 | 4 | 12,5 | 22 | 68,7 | 32 | 100 |
| Öl-, Gummi-, Glas-, Tonindustrie | 3 | 27,3 | 1 | 9,1 | 0 | 0,0 | 7 | 63,6 | 11 | 100 |
| Stahlindustrie | 2 | 15,4 | 1 | 7,7 | 0 | 0,0 | 10 | 76,9 | 13 | 100 |
| Metallindustrie | 2 | 13,3 | 4 | 26,7 | 2 | 13,3 | 7 | 46,7 | 15 | 100 |
| Maschinenbau | 16 | 55,2 | 7 | 24,1 | 1 | 3,5 | 5 | 17,2 | 29 | 100 |
| Elektro-/Elektronikindustrie | 16 | 61,5 | 3 | 11,5 | 4 | 15,4 | 3 | 11,5 | 26 | 100 |
| Transportindustrie | 17 | 65,4 | 5 | 19,2 | 4 | 15,4 | 0 | 0,0 | 26 | 100 |
| Feinindustrie | 1 | 25,0 | 2 | 50,0 | 0 | 0,0 | 1 | 25,0 | 4 | 100 |
| andere | 0 | 0,0 | 2 | 33,3 | 0 | 0,0 | 4 | 66,7 | 6 | 100 |
| gesamt | 59 | 32,8 | 33 | 18,3 | 17 | 9,4 | 71 | 39,4 | 180 | 100 |

*Abb. 3-9: Anwendungsbreite des Target Costing nach Tani et al.*
*(vgl. Tani/Kato (1994), S. 197)*

Untersucht wurde ebenfalls die Einsatzphase des Target Costing. Bei 7,3% der antwortenden Unternehmen (n=109) beginnen die Target Costing-Aktivitäten in der Konstruktionsphase, bei 58,7% in der Entwicklungsphase und bei immerhin 33,9% in der Planungs- und Konzeptionsphase (vgl. *Tani/Kato* (1994), S. 201). Je früher der Einsatzzeitpunkt, desto bedeutender war in den Unternehmen die Zielsetzung der rechtzeitigen Produkteinführung am Markt.

Die Frage nach der Art der Zielkostenfestlegung ergab, daß 19,8% der antwortenden Unternehmen (n=106) die deduktive Methode anwenden (Marktpreis - Zielgewinn), 23,6% die Zuschlagsmethode (Standardkosten respektive möglicher Kostensenkungspotentiale) und 56,6% eine Kombination aus beiden Methoden (vgl. *Tani/Kato* (1994), S. 202). Je höher die Wettbewerbsintensität, desto anspruchsvoller war auch das in der Untersuchung ermittelte Anspruchsniveau der Zielkostenvorgabe (vgl. *Tani/Kato* (1994), S. 203).

Die Zielkostenspaltung auf Funktionen findet in 72,6% der antwortenden Unternehmen (n=106) statt, auf Einzelteile in 85,8% und auf Bereiche in 78,1%. In den Hauptanwendungsbranchen lag die Anwendungsbreite der Zielkostenspaltung auf die genannten Spaltungsebenen teilweise höher (vgl. *Tani/Kato* (1994), S. 213).

Daneben umfaßte die Untersuchung von *Tani et al.* noch weitere Fragen zum Einsatz der Instrumente zur Zielkostenerreichung wie z.B. Cost Tables oder Wertanalysen sowie zu Kostensenkungsmaßnahmen in der Produktionsphase. Da es sich um eine Längsschnittanalyse handelt und die Ergebnisse der jüngsten Erhebungsstufe noch nicht ausgewertet wurden, kommen *Tani et al.* auf Basis der 1. Untersuchung zu folgenden vorläufigen Ergebnissen (vgl. *Tani/Kato* (1994), S. 219 ff.):

❏ Die Hauptursachen für die Anwendung des Target Costing in japanischen Unternehmen sind die beschleunigten Technologiezyklen und die differenzierteren Kundenwünsche. Beide Ursachen werden in allen Phasen des Target Costing berücksichtigt.

❏ Der Ursprung des Target Costing liegt in den montageintensiven Industrien. Es wird mittlerweile jedoch auch in der Prozeßindustrie eingesetzt.

❏ Hauptzielsetzung sind Kostensenkungen. Daneben existieren weitere Zielsetzungen wie Qualitätssicherung, Marktorientierung der Produktentwicklung und rechtzeitige Markteinführung, deren Bedeutung während des Target Costing-Einsatzes zunehmen.

❏ Der Einsatz des Target Costing findet zunehmend früher im Produktentwicklungsprozeß statt, zurückzuführen auf die zunehmende Bedeutung der Marktorientierung in der Produktentwicklung.

❏ Es werden drei Arten der Zielkostenfestlegung praktiziert. Dabei dominiert eine Kombinationsmethode aus deduktiver und additiver Zielkostenfindung. Je höher die Wettbewerbsintensität ist, desto anspruchsvoller wird die Zielkostenvorgabe angesehen.

❏ Wesentlicher Bestandteil des Target Costing-Systems in Unternehmen ist die Wertanalyse auch in der Phase der Zielkostenerreichung, unterstützt durch den Einsatz von Cost Tables und Wertanalyse-Datenbanken.

❏ Die Zielkostenspaltung erfolgt auf unterschiedliche Bezugsebenen und erhöht dadurch die Möglichkeit zur Zielkostenbeeinflussung durch jede verantwortliche Einheit im Unternehmen.

❏ Die Target Costing-Aktivitäten erfolgen durch ein interdisziplinär zusammengesetztes Team, häufig unter Leitung eines Produktmanagers. Die verantwortlichen Mitarbeiter aus den Funktionsbereichen haben in den Phasen ihrer größtmöglichen Einflußnahme während der Produktentwicklung jeweils auch die größte Verantwortung für eine simultane und abgestimmte Produktentwicklung. Die starke Interdisziplinarität ermöglicht eine enge Zusammenarbeit.

❑ Target Costing ist ein umfassend verstandenes Kostenmanagementkonzept. Auch wenn die zunächst ermittelten Target Costs nicht erreicht werden, finden weitere Kostensenkungsmaßnahmen während der Produktionsphase statt.

*Tani et al.* kommen zu dem Schluß, daß aufgrund des noch andauernden Einsatzes, der stetigen Weiterentwicklung und der Unterschiedlichkeit der Target Costing-Systeme in den japanischen Unternehmen eine endgültige Ermittlung der Einflußfaktoren und Wechselwirkungen nicht möglich ist.

### 3.2.2. Stand der empirischen Forschung zum Target Costing im englischsprachigen Raum

Erste Erfahrungen mit dem Einsatz des Target Costing im englischsprachigen Ausland sammelten die Unternehmen Ende der achtziger Jahre. Die Wissenschaft begann erst Mitte der neunziger Jahre, sich mit Target Costing systematisch und empirisch auseinanderzusetzen (vgl. *Brausch* (1994); *Lee* (1994); *Ansari/Bell* (1996); *Cooper/Chew* (1996); *Cooper/Slagmulder* (1997); *Kaplan/Cooper* (1998); *The Society of Management Accountants of Canada* (1994); *Worthy* (1991); *Kroll* (1997)). Es wurde auch bereits eine Vielzahl von Fallbeispielen zum Target Costing in amerikanischen Unternehmen veröffentlicht (z.B. *Texas Instruments* (vgl. *Dutton/Ferguson* (1996), S. 33), *Chrysler* (vgl. *Stergar* (1998)), *Boeing* (vgl. *Coleman* (1998); *Toyama* (1998); *Byrne* (1998)), *Continental Teves* (vgl. *Geier* (1998)); *Case Corporation* (vgl. *Thomson* (1998)); *Honda of America Manufacturing* (vgl. *Schmitz* (1998)); *Eastman Kodak* (vgl. *Ross* (1998); vgl. *The CAM-I Target Cost Core Group* 1996; *Cooper/Slagmulder* (1997)).

Nachfolgend werden tabellarisch empirische Untersuchungen in englischsprachigen Ländern dargestellt, die sich hauptsächlich mit dem Bekanntheitsgrad des Target Costing beschäftigten (vgl. Abb. 3-10). Insgesamt liegen nur sehr wenig Befunde empirischer Untersuchungen zum Target Costing im englischsprachigen Ausland vor, die nachfolgend beschriebene Studie von *CAM-I* ist die erste Studie ihrer Art in den USA.

Die Studien von *Bright et al.*, *Drury et al.*, *Cooper/Slagmulder* und besonders des *Consortium for Advanced Manufacturing-International (CAM-I)* sollen nachfolgend kurz vorgestellt werden. Obwohl die *CAM-I*-Studie hinsichtlich Inhalt und Vorgehensweise einige Unterschiede zur vorliegenden Untersuchung aufweist, wurde ihr Konzept mit der vorliegenden deutschen Studie im Vorfeld abgestimmt, um die zukünftige Vergleichbarkeit der Ergebnisse zu gewährleisten. Bei Fertigstellung der vorliegenden Arbeit war die amerikanische Untersuchung jedoch noch nicht abgeschlossen, mit der Veröffentlichung der Ergebnisse wird im Sommer 1999 gerechnet.[2]

| Name des Forschers | Titel | Jahr | Forschungs-methode | Umfang | Forschungs-gegenstand |
|---|---|---|---|---|---|
| Bright, J. et al. | The development of costing techniques and practices: a UK study | 1992 | Schriftliche Befragung | 5.463 Industrie-unternehmen in UK, Rücklauf 677 Unternehmen | Hindernisse und Probleme der Einführung des ABC; Bekanntheitsgrad und Einsatz des Target Costing |
| Drury, C. et al. | Survey of Management Accounting Practices in UK Manufacturing Companies | 1993 | Schriftliche Befragung | 1269 Controller aus 736 Unternehmen; Rücklauf 303 Personen aus 260 Unternehmen | „The Role of Cost Information in Pricing Decisions"; Einsatz des Target Costing: 22% nie, 25% selten, 27% manchmal, 22% oft, 4% immer, n=274 |
| Cooper, R. | Costing techniques to support corporate strategy: evidence from Japan | seit 1991 | Interviews | 19 Unterneh-men , 25 Fallstudien, die Studie wird z.Zt. fortgeführt | Framework of Japanese Cost Management practices, i.e. Target Costing, Value Engineering, interorganizational systems, product costing, operational control, kaizen costing, |
| Cooper, R., Slagmulder, R. | Target Costing and Value Engineering (Teilstudie der Untersuchung von Cooper, vgl. oben) | 1991-1997 | Feld-forschung | 6 ausführliche Fallbeispiele | Anwendung von Target Costing und Wertanalyse in japanischen Unternehmen |
| Consortium for Advan-ced Manu-facturing International (CAM-I) | Target Costing Best Practice Study | 1998/ 1999 | Schriftliche Befragung und Fallstudien-erhebung | Rücklauf 120 Fragebögen | weltweite Target Costing-Best-Practice-Anwender |

*Abb. 3-10: Empirische Studien zum Target Costing im englischsprachigen Raum*

---

[2] *Aufgrund der frühzeitigen Abstimmung der Forschungskonzeptionen und Fragebögen der Untersuchungen in Japan, USA und Deutschland ist die spätere Vergleichbarkeit der Ergebnisse gewährleistet. Des weiteren ist im Jahr 2000 die Durchführung einer weiteren Studie in französischen Großunternehmen geplant, deren Konzeption ebenfalls mit der vorliegenden Untersuchung abgestimmt wurde.*

### 3.2.2.1. Studie von *Bright et al.* (1992)

*Bright et al.* untersuchten im Rahmen einer Fragebogenuntersuchung die Verbreitung und den Einsatz moderner Verfahren der Kostenrechnung in Industrieunternehmen Großbritanniens (vgl. *Bright et al.* (1992), S. 201 ff.). Von den insgesamt 5463 angeschriebenen Industrieunternehmen beteiligten sich 677 an der Befragung. Damit basieren die Ergebnisse von *Bright et al.* im Vergleich zu anderen Studien auf der größten Datenbasis bei einem dennoch schwachen Rücklauf.

Die Untersuchung führte unter anderem zu dem Ergebnis, daß in 39% der Unternehmen in den letzten beiden Jahren neue Techniken und Verfahren des Kostenmanagements eingeführt wurden, in zusätzlich 29% der Unternehmen in den letzten 2-5 Jahren. Die Einsatzzwecke der neuen Verfahren zeigt Abb. 3-11:

| Einsatzzweck | % |
|---|---|
| Cost Control | 94 % |
| Product Pricing | 90 % |
| Investment Justification | 87 % |
| Management Performance | 77 % |
| Sourcing Material/Services | 67 % |
| New Product Introductions | 67 % |
| Market Strategy | 55 % |
| Engineering Process Changes | 46 % |
| Engineering Product Changes | 44 % |

*Abb. 3-11: Einsatzzweck neuer Methoden und Verfahren des Kostenmanagements (vgl. Bright et al. (1992), S. 206)*

Einsatzzweck sind für 94% der Unternehmen die Kostensteuerung, für 90% die Produktpreisfindung, für immerhin 67% spielt die Unterstützung der Neuprodukteinführung eine große Rolle. Über die relative Bedeutung der einzelnen Einsatzfelder zueinander wird keine Aussage getroffen. 38% der antwortenden Unternehmen gaben an, daß sie „Target Cost Planning" einsetzten, 6% planen den Einsatz in der Zukunft. Bei den 46 Großunternehmen mit einem Umsatz von mehr als £ 251 Mio. beträgt der Anteil der Target Cost Planning-Anwender sogar 67%. Nur 12% führen dagegen eine produktlebenszyklusorientierte Kostenbetrachtung durch.

Als Hindernisse der Einführung neuer Kostenmanagement- und Kostenrechnungsmethoden nannten die befragten Unternehmen die damit verbundenen Umstellungskosten (50%), den Know-how-Mangel (46%), die ausreichende Qualität bestehender Systeme (42%), mangelnde Top-Management-Unterstützung (35%), bereits getätigte

Investitionen in die vorhandenen Systeme (32%) sowie die mangelnde Softwareunterstützung (28%). 65% der Unternehmen erhoffen sich durch den Einsatz der neuen Verfahren Steigerungen der Produktprofitabilität, 60% Kostensenkungen, 59% aktuelle und relevante Führungsinformationen, 36% verkürzte Entwicklungsvorlaufzeiten und nur 30% vereinfachte Kostenmanagementsysteme.

Die Autoren selbst schränken den Wert der Befunde ein, da sie davon ausgehen, daß die Angaben zu positiv ausfallen, weil in den meisten Fällen die Fragebögen im Unternehmen durch Gruppen ausgefüllt worden sind und aufgrund des Gruppendrucks auch erst beabsichtigte Anwendungen als realisiert genannt wurden. Andererseits vermuten sie, daß bei den Adressaten keine einheitlichen Definitionen und Begriffsverständnisse vorgeherrscht haben (vgl. *Bright et al.* (1992), S. 204).

### 3.2.2.2. Studie von *Drury et al.* (1993)

Im Jahr 1993 führten *Drury* eine Untersuchung zum Stand des Controlling in britischen Fertigungsunternehmen durch (vgl. *Drury u.a.* (1993)). Einer der Hauptzielsetzungen der Untersuchung war es, die von *Kaplan* und *Johnson* beschriebene Kritik an der Anwendungspraxis des Management Accounting empirisch zu belegen (vgl. *Kaplan/Johnson* (1993)).

Angeschrieben wurden 1269 Controller aus 736 Unternehmen, von denen sich insgesamt 303 Controller aus 260 Unternehmen beteiligten. Darunter befinden sich zum Teil Controller verschiedener Geschäftsbereiche im gleichen Unternehmen. Die Gesamtheit der befragten Unternehmen wurde in eine Gruppe von 46 Großunternehmen mit einem Umsatz > 300 Mio. Pfund und eine Gruppe von 47 kleinen Unternehmen mit einem Umsatz < 30 Mio. Pfund eingeteilt (vgl. *Drury et al.* (1993), S. 1 ff.).

| | |
|---|---|
| Applied only to low volume products | 19 % |
| applied to specific market segments | 35 % |
| Used only for inter-group sales | 26 % |
| Used for most pricing decisions | 39 % |
| other | 6 % |

*Abb. 3-12: Anwendung der Cost-plus-Methode zur Preisfindung
(vgl. Drury et al. (1993), S. 20; n=226, Mehrfachnennungen)*

Die Studie teilt sich auf in 9 Untersuchungsbereiche[3], wobei sich kein Bereich haupt-sächlich mit dem Target Costing beschäftigte. Im Kapitel zur kostenbasierten Preis-findung wurden aber auch Fragen zum Target Costing gestellt. *Drury et al.* stellen zunächst fest, daß nur 4% der befragten Unternehmen Target Costing immer einsetzen, 22% oft. 47% und damit fast die Hälfte wendet Target Costing nur selten oder gar nicht an. Dabei wurde zwischen dem Antwortverhalten von Großunternehmen und Kleinunternehmen kein Unterschied festgestellt (vgl. Abb. 3-14). 84% der Unternehmen verwenden Cost-plus-Methoden zur Preisfindung, bei 33% der Unternehmen wird dieses Verfahren für Produkte angewendet, die mehr als 50% ihres Gesamtumsatzes ausmachen (vgl. Abb. 3-12 und *Drury et al.* (1993), S. 20).

Von den Unternehmen, die die Cost-plus-Methode für fast alle Preisentscheidungen einsetzen, gaben 47% an, daß die Kostenbetrachtung nur einen Einflußfaktor für die Preisfestsetzung darstellt (vgl. Abb. 3-13). Außerdem erklärten 88% aller Unter-nehmen, daß sie ständig oder sehr häufig die intern ermittelten Produktkosten mit den vom Markt vorgegeben Verkaufspreisen vergleichen.

| | |
|---|---|
| Vitally important (selling price rarely changed) | 14 % |
| Fairly important (selling price sometimes changed) | 39 % |
| Of some importance (but only one factor influencing the final selling price) | 47 % |

*Abb. 3-13: Bedeutung der Cost-plus-Methode zur endgültigen Preisfestsetzung*
*(vgl. Drury et al. (1993), S. 20; n=87)*

Zusammenfassend kann gesagt werden, daß zwar die meisten Unternehmen eine kostenorientierte Preisfindung betreiben, daß die Kostenbasis aber nur einen Einfluß-faktor auf die endgültige Preisfestsetzung darstellt und keineswegs die Preisbestim-mung dominiert. Es findet ein ständiger Abgleich mit den am Markt realisierbaren Preisen statt, der durch regelmäßige Schätzungen der Nachfrage nach den wichtigsten Produkten ergänzt wird. Der Verbreitungsgrad des Target Costing in britischen Unter-nehmen war zum Zeitpunkt der Befragung eher gering. Es ist aber zu berücksichtigen, daß die Studie von *Drury et al.* bereits 1993 durchgeführt wurde und sich seitdem der Verbreitungsgrad erhöht haben dürfte.

---

[3] *Die 9 Untersuchungsbereiche sind: Product Cost Measurement, Cost Information in Pricing Decisions, Budgetary Control and Control Reporting, Standard Costing, Capital Investment Appraisal, Impact of Advanced Manufacturing Technologies, Divisional Performance Measurement, Transfer Pricing, Other Aspects of Management Accounting.*

Die Studie kam zum Gesamtergebnis, daß die geäußerte Kritik einer verzerrten und zu vereinfachten Gemeinkostenschlüsselung zur Entscheidungsunterstützung gerechtfertigt sei.

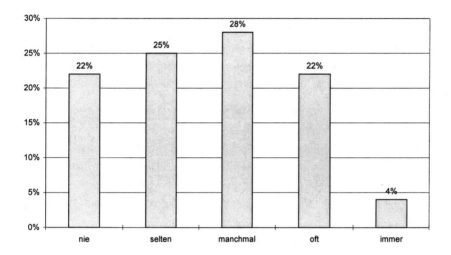

*Abb. 3-14: Anwendungsbreite des Target Costing nach Drury et al.*
*(vgl. Drury et al. (1993), S. 25; n=274)*

### 3.2.2.3. Studie von *Cooper* und *Slagmulder* (1997)

Die Target Costing-Studie von *Cooper* und *Slagmulder* ist eingebettet in eine sechsjährige Längsschnittanalyse zur Praxis des strategischen Kostenmanagements in 19 japanischen Industrieunternehmen (vgl. *Cooper* (1996), S. 219 ff.; *Cooper/Slagmulder* (1997), S. XV). Da nach Meinung der Autoren bereits eine Vielzahl von Untersuchungen und Veröffentlichungen über das Qualitäts- und Zeitmanagement japanischer Unternehmen existiert, soll mit der eigenen Untersuchung des japanischen Kostenmanagements in Form von 25 Fallstudien die aus Sicht der Autoren bestehende Lücke zur Erklärung der Wettbewerbsvorteile schlanker japanischer Unternehmen geschlossen werden. Die Ergebnisse dieser Untersuchungen werden in insgesamt fünf Büchern veröffentlicht.[4]

---

[4] *Teil I: Target Costing und Value Engineering, Teil II: Unternehmensübergreifendes Target Costing, Teil III: Kaizen Costing, Teil IV: Produktkostenmanagement, Teil V: Unternehmerische Aspekte des Kostenmanagements*

Ausgangspunkt der Untersuchung von *Cooper* und *Slagmulder* ist die Feststellung, daß in den meisten japanischen Industrieunternehmen Kostenmanagementsysteme angewendet werden, die eine Kombination von Target Costing und Wertanalyse darstellen (vgl. *Cooper/Slagmulder* (1997), S. XXII). Die beiden Hauptzielsetzungen des Target Costing (Zielkostenermittlung und Zielkostenspaltung) werden durch die Zielsetzung der Wertanalyse (Funktionsanalyse von Produkten/Prozessen und Funktionserfüllung bei gleichzeitiger Zielkostenerreichung) sinnvoll in den frühen Phasen der Produktentwicklung in Form einer interdisziplinären und teamorientierten Vorgehensweise ergänzt.

Einige westliche Unternehmen haben bereits ähnliche Systeme entwickelt, die Integration des Kostenmanagements in die Produktentwicklung und über die gesamte Wertschöpfungskette hinweg ist jedoch meist nicht vorhanden. Auf Basis der Erkenntnisse von mehrfachen Firmenbesuchen und Analysen bei *Nissan Motor Company Ltd.* (Automobil), *Toyota Motor Corporation* (Automobil), *Komatsu Ltd.* (Schwermaschinenbau), *Olympus Optical Company Ltd.* (Optoelektronik), *Sony Corporation* (Elektronik), *Topcon Corporation* (Optik/Feinwerktechnik) und *Isuzu Motors Ltd.* (Automobil) haben die Autoren Handlungsempfehlungen zum Einsatz des Target Costing und des Value Engineering in westlichen Unternehmen entwickelt (vgl. *Cooper* (1996), S. 230 ff.). Diese Handlungsempfehlungen wurden für Unternehmen, die eine Target Costing-Einführung planen, in Form von 6 zielführenden Fragen formuliert, die auf den in der Untersuchung ermittelten Ergebnissen aufbauen (vgl. *Cooper/Slagmulder* (1997), S. 15 f.):

1. Wie erfolgskritisch ist das Profit Management für den Fortbestand des Unternehmens? Ergebnis: Kostenmanagement erhält mit zunehmender Wettbewerbsintensität größere Bedeutung.

2. Wie erfolgskritisch ist die Erfüllung der Kundenwünsche für den Fortbestand des Unternehmens? Ergebnis: Je erfolgskritischer die Erfüllung der Kundenwünsche, desto größere Bedeutung erhält die Entwicklung des marktpreisorientierten Kostenmanagements.

3. Wie erfolgskritisch ist die Produktentwicklung für den Fortbestand des Unternehmens? Ergebnis: Mit einem Wechsel der Produktstrategie und einer Änderung der Produktmerkmale ist ein großer Einfluß auf die Ertragssituation verbunden.

4. Wie erfolgskritisch ist die Beziehung zu den Zulieferern für den Fortbestand des Unternehmens? Ergebnis: Mit einem Wandel der Rolle der Zulieferer ist ein großer Effekt auf die Ertragssituation verbunden.

5. Rechtfertigt es das Kostenmanagement, zusätzliche Ressourcen einzusetzen? Ergebnis: Der Wettbewerbs- und Leidensdruck für Unternehmen muß groß genug

sein, um den Aufwand in Kauf zu nehmen, ein komplexes und entwickeltes Target Costing-System einzurichten.

6. Kann das Unternehmen das notwendige organisatorische Umfeld schaffen, um Target Costing und die Wertanalyse optimal zu unterstützen? Ergebnis: Für ein effektives Kostenmanagement ist unbedingt ein organisatorisches Umfeld notwendig, das den unabhängigen interdisziplinären Teams eine effektive und effiziente Zusammenarbeit ermöglicht. Dazu gehören auch Anreizsysteme, Freiräume und Pilotbeispiele für die Einführung von Target Costing und Wertanalysen.

### 3.2.2.4. Studie des *Consortium for Advanced Manufacturing-International (CAM-I)* (1999)

Im Sommer 1998 begann die erste weltweite empirische Untersuchung, die Target Costing-Best-Practice-Study zur Anwendung des Target Costing. Durchgeführt wird dieses Projekt vom *Consortium for Advanced Manufacturing-International (CAM-I)*, einem, privaten amerikanischen Beratungs- und Forschungsunternehmen, in Zusammenarbeit mit dem *Institute for Global Business der University of Akron (Ohio)* sowie dem *American Institute of Certified Public Accountants*. Ziel dieses Projektes ist es, die Erfahrungen von Target Costing-Anwendern weltweit miteinander zu vergleichen und Unterschiede zwischen Anwendern und Nichtanwendern aufzuzeigen, indem die folgenden Fragestellungen beantwortet werden (vgl. im folgenden *CAM-I* (1998a)):

1. Wie wird Target Costing im Unternehmen implementiert?

2. Welche Ressourcen sind zur Einführung des Target Costing notwendig?

3. Welche Ergebnisse werden durch den Einsatz des Target Costing erzielt (Welche Vorteile ergeben sich für Anwender im Vergleich zu Nichtanwendern)?

4. Welche Erfolgsfaktoren beeinflussen die Effektivität des Target Costing-Einsatzes?

5. Welche Unterschiede existieren in der Anwendung zwischen Japan, Europa und den USA?

Auf Basis der erhobenen Erkenntnisse sollen abschließend Handlungsempfehlungen und Verbesserungsvorschläge erarbeitet werden.

Die *Target Costing-Best-Practice-Study* wird im Gegensatz zu allen übrigen Studien von einem privaten Beratungs- und Forschungsunternehmen durchgeführt. Für die Teilnahme müssen interessierte Unternehmen eine Teilnahmegebühr entrichten, um die Untersuchungsergebnisse schon vor deren Veröffentlichung zu erhalten.

Wissenschaftlich begleitet wird die Untersuchung von vier US-amerikanischen Universitätsprofessoren (*Dr. Shahid Ansari, Dr. Jan Bell (California State University Northridge), Dr. Il-woon Kim (University of Akron), Dr. Dan Swenson, (Idaho State University)*). Bei den teilnehmenden Unternehmen sollen durch Firmenbesuche, Fallstudienerhebungen und eine Fragebogenuntersuchung Antworten auf die zielführenden Fragen erhoben werden. Um den interdisziplinären Charakter des Target Costing in dieser Studie zu berücksichtigen, wurden die Unternehmen aufgefordert, den Fragebogen zu kopieren und ihn jeweils aus Sicht der verschiedenen, beteiligten Funktionsbereiche im Unternehmen ausfüllen zu lassen. Das Untersuchungsprojekt teilt sich wie folgt in zwei Phasen auf (vgl. Abb. 3-15):

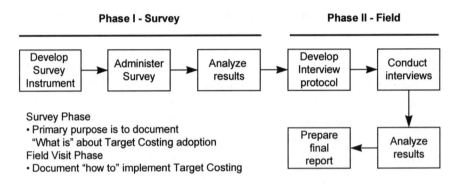

*Abb. 3-15: Projektphasen der Target Costing Best Practice Study
(vgl. CAM-I (1998b), S. 2)*

Die gefundenen Ergebnisse werden zunächst nur den teilnehmenden Projektpartnern in Form einer Ergebnisdatenbank sowie Dokumentationen, Berichten und Ergebniszusammenfassungen zur Verfügung gestellt. Auch wenn sich diese Studie ursprünglich an Unternehmen weltweit richtete, haben, aufgrund des höheren Bekanntheitsgrades von *CAM-I* in den USA, bisher hauptsächlich amerikanische Unternehmen teilgenommen.

Bis Ende 1998 hatten sich insgesamt 115 Unternehmen an der *Target Costing Best Practice Study* beteiligt (vgl. *Ansari* (1998), o.S.). Des weiteren wurden Firmenbesuche in sechs japanischen und fünf US-amerikanischen Unternehmen durchgeführt. Die Unternehmen stammen zu 68% aus der montierenden Industrie, 59% stammen aus den Branchen Elektronik und Elektrotechnik, Verteidigung und Luftfahrt sowie Transport. 30% der teilnehmenden Unternehmen stammen aus der Prozeßindustrie, nur 3% sind Dienstleistungsunternehmen. Demnach sind hauptsächlich die ursprünglichen Anwenderbranchen vertreten.

Die vorläufigen Ergebnisse der noch laufenden Untersuchung sind folgende (vgl. im folgenden *Ansari* (1998), o.S.):

❑ Target Costing-Anwender schätzen die Kundenorientierung ihres Unternehmens als wichtiges Prinzip des Kostenplanungs- und Kostenmanagementsystems höher ein als Unternehmen, die Target Costing nicht einsetzen.

❑ Bei Anwendern setzen die Kostenmanagementaktivitäten bereits in der Entwicklungsphase und damit früher als bei Nichtanwendern ein.

❑ Erwartungsgemäß findet bei Target Costing-Anwendern auch eine stärkere Zuliefererintegration in die Kostenmanagementaktivitäten statt.

❑ Als Einflußfaktoren auf die Anwendung des Target Costing wurde ein hoher Preiswettbewerb, hohe Markteintrittsbarrieren und die Unternehmensgröße (>5000 Mitarbeiter) identifiziert.

❑ Anwender und Nichtanwender haben gemein, daß die Produktähnlichkeit zu den Wettbewerbern sehr hoch ist, d.h. die Produktähnlichkeit ist kein Kriterium für den Einsatz des Target Costing.

Auf Basis dieser und weiterer vorläufiger Ergebnisse wurden Charakteristika der Target Costing-Anwender in den USA abgeleitet (vgl. *Ansari* (1998):

❑ Target Costing-Anwender („adopters") schätzen ihre Kunden als hochentwickelt ein: sie können Unterschiede in den Funktionalitäten der am Markt angebotenen Produkte erkennen und zukünftige Anforderungen an Produkte besser artikulieren.

❑ Die Anzahl der Zulieferer ist höher als bei Nichtanwendern.

❑ Die Dynamik der eingesetzten Produktionstechnologie ist höher als bei Nichtanwendern.

❑ Gut ausgebildete und geschulte Mitarbeiter stellen einen wesentlichen Erfolgsfaktor dar.

❑ Der Einsatz von Verbesserungsmethoden ist charakteristisch.

❑ Verbesserungsvorschläge der Mitarbeiter sind erwünscht und werden umgesetzt.

❑ Erste Kostenschätzungen finden bereits in der Konzeptionsphase statt.

❑ Die Kostenschätzungen beinhalten mehr wertschöpfungskettenübergreifende und lebenszykluskostenübergreifende Elemente.

❑ Wertanalysen und Quality Function Deployment werden seltener eingesetzt.

❑ Der Fokus liegt auf Design to Cost und Design for Manufacturing.

Als Grund für die Nichtanwendung des Target Costing gaben die Unternehmen an, daß in ihrem Unternehmen zur Zeit andere Probleme Priorität hätten oder andere

Initiativen bzw. Programme stattfänden, die die erforderlichen Ressourcen binden. Ein weiterer Grund ist, daß einige Nichtanwender nicht über ein ausreichendes Methoden-Know-how verfügen. Ein Hindernis für die Verbesserung von Target Costing-Systemen im Unternehmen liegt darin, daß das Verfehlen eines angestrebten Kostenzieles das gesamte Konzept in Frage stellt, und daß deshalb eine weitere Zielkostenverfolgung als ineffektiv eingeschätzt wird.

Es wurden auch einige Ergebnisse bzgl. der Nichterreichung der Zielkosten ermittelt. In diesen Fällen wird meistens die ursprüngliche Gewinnspanne reduziert. Häufig findet auch eine Erhöhung der Verkaufspreise oder eine Reduzierung der Produktfunktionalität statt (vgl. Abb. 3-16). Produktentwicklungsprojekte, bei denen die Erreichung der Zielkosten unmöglich ist, werden jedoch in den seltensten Fällen eingestellt.

Als Hauptziele des Target Costing-Einsatzes gaben die US-amerikanischen Unternehmen die Steigerung der Kundenorientierung während der Produktentwicklung, die Steigerung der Profitabilität und die Reduzierung der Produktions- und Beschaffungskosten an. Auf Basis der Ergebnisse können folgende Schlußfolgerungen gezogen werden (vgl. *Ansari* (1998), o.S.):

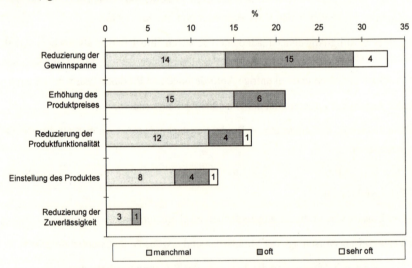

*Abb. 3-16: Verfahrensweise bei Nichterreichung der Zielkosten in US-amerikanischen Unternehmen (n=48; vgl. Ansari (1998), o.S.)*

❑ Das Konzept des Target Costing wird in Unternehmen in den USA erst seit wenigen Jahren angewendet und nach Meinung des Forscherteams nicht konsequent genug umgesetzt. Es wird in vielen Fällen eine Cost-plus-Verfahrensweise anstatt der marktpreisorientierten Verfahrensweise praktiziert. Außerdem bestehen in einigen Unternehmen Verwechslungen mit dem Design to Cost und dem Design for Manufacturing.

❑ Bei der Implementierung in US-amerikanischen Unternehmen kommen die strikte Kundenorientierung und die marktorientierten Aspekte teilweise zu kurz.

❑ Es fehlt eine Target Costing-Disziplin: Wenn Zielkosten nicht erreicht werden, wird in den seltensten Fällen das Projekt eingestellt, sondern die Zielwerte gelockert.

❑ Bei den meisten Anwendern findet bislang keine Zuliefererintegration statt.

❑ Der effektive Einsatz interfunktionaler Teams bleibt problematisch.

❑ Die ingenieursspezifischen Elemente des Target Costing werden zu Ungunsten wesentlicher Aspekte des Gesamtsystems, wie bspw. unterstützende Performance Measures, Anreiz-, Schulungs- und Informationssysteme betont.

❑ Trotz des unausgewogenen Einsatzes des Target Costing wurden Erfolge hinsichtlich der Gewinnsteigerung, der Kundenorientierung und der Teamarbeit erzielt.

❑ Der Einsatz des Target Costing führt zu Kosteneinsparungen von 13-17% pro Jahr.

### 3.2.3. Stand der empirischen Forschung zum Target Costing im deutschsprachigen Raum

Die ersten Anwendungsbeispiele des Target Costing in Deutschland stammen von Anfang der 90er Jahre. Empirische Untersuchungen zu diesem Thema werden in Deutschland erst seit Mitte der neunziger Jahre durchgeführt. Dabei haben sich die meisten Studien mit dem Kostenmanagement oder der Kostenrechnung generell beschäftigt, Target Costing wurde häufig nur als Nebenaspekt untersucht. Zu nennen sind die Studien von *Brede, Währisch* sowie von *Franz/Kajüter*. Einige Studien haben sich speziell mit dem Kostenmanagement in der Produktentwicklung beschäftigt, so z.B. die Studien von *Graßhoff/Gräfe* und von *Binder*. Die einzige Untersuchung ausschließlich zum Target Costing in Deutschland stammt von *Tani, Horváth* und *von Wangenheim*, die eine Vergleichsstudie zur 1.Untersuchung von *Tani et al.* 1991 in Japan darstellt (vgl. *Tani et al.* (1994); *Horváth/Tani/von Wangenheim* (1996)).

### 3.2.3.1. Studie von *Brede* (1994)

In seiner Studie zur Verbreitung des Kostenmanagements in schweizerischen Großunternehmen hat *Brede* den Verbreitungsgrad von fünf ausgewählten Instrumenten ermittelt (vgl. *Brede* (1994); *Brede* (1998)). Dieser Untersuchung liegt die These zugrunde, daß das Controlling instrumentell vorrangig in Form von internen Unternehmensrechnungen wahrgenommen wird und damit nicht in der Lage ist, das Management bei der Planung, Steuerung und Kontrolle der Unternehmensentwicklung hinreichend zu unterstützen (vgl. *Brede* (1998)). Die bestehenden Ansätze des Target Costing, des Benchmarking, der Prozeßkostenrechnung, des Life Cycle Costing und des Process Reengineering integriert er deshalb zu einem „Modell des prozeßorientierten Controlling" (vgl. *Brede* (1998), S. 59 ff.).

*Brede* hat in seiner Untersuchung unter anderem den Bekanntheitsgrad und die Einsatzhäufigkeit der „Zielkostenrechnung" erfaßt. Dabei bezeichnet er Zielkostenrechnung als einen unabdingbaren Bestandteil eines modernen Kostenmanagements (vgl. *Brede* (1994), S. 337). Inhaltlich fokussiert er ausschließlich auf die retrograde Kalkulation im Rahmen des Target Costing, worunter er die Festlegung realistischer Zielpreise, die Bestimmung einer angestrebten Ertragsspanne und durch deren Subtraktion die Bestimmung der Zielkosten versteht (vgl. *Brede* (1994), S. 338).

Die Umfrage *Bredes* hat gezeigt, daß die Zielkostenrechnung 53% der befragten Unternehmen bekannt war, aber nur in 27% der befragten Unternehmen eingesetzt wurde, von einem Unternehmen laut eigener Angabe sogar schon seit dem Jahre 1980. 7% der befragten Unternehmen gaben an, eine Einführung der Zielkostenrechnung noch im Jahr 1994 zu planen (vgl. Abb. 3-17). Diese Zahl überrascht angesichts der Bedeutung, die der Zielkostenrechnung in Literatur und Praxis zugeschrieben wird (vgl. *Brede* (1994), S. 338).

| | Ja | Nein |
|---|---|---|
| Ist die Zielkostenrechnung bekannt? | 29 (53%) | 26 (47%) |
| Ist die Zielkostenrechnung bereits im Einsatz? | 15 (27%) | 40 (31%) |
| | | |
| Falls im Einsatz, seit wann? | min: 1980 | max: 1994 |

| | Ja | Nein |
|---|---|---|
| Falls nicht im Einsatz, ist die Einführung geplant? | 4 (10 %) | 36 (90 %) |
| | | |
| Falls Einführung, für wann geplant? | min: 1994 | max:1994 |

*Abb. 3-17: Ergebnisse der Studie von Brede (vgl. Brede (1994), S. 339; Brede (1998), S. 35; die beiden Quellen verwenden unterschiedliche Bezugsgrößen)*

### 3.2.3.2. Studie von *Graßhoff* und *Gräfe* (1997)

In Zusammenarbeit mit dem *Controller Verein e.V.* wurde 1996 vom Lehrstuhl für Rechnungswesen, Controlling und Wirtschaftsprüfung der Universität Rostock eine Untersuchung zum Stand des projektbezogenen Kostenmanagements in der Produktentwicklung durchgeführt. Dazu wurde ein Fragebogen an Entwicklungscontroller in Unternehmen mit eigener Produktentwicklung von Serienerzeugnissen sämtlicher Branchen verschickt, was zu einem auswertbaren Rücklauf von 52 Fragebögen führte (vgl. *Graßhoff/Gräfe* (1997a), S. 14 ff.). Der Fragebogen beschäftigte sich mit dem Bekanntheitsgrad und dem Anwendungsstand von Methoden und Instrumenten des sog. „proaktiven" Kostenmanagements, als dessen konzeptioneller Rahmen von den Verfassern der Studie das Target Costing angesehen wird (vgl. *Graßhoff/Gräfe* (1997b), S. 313 ff.; vgl. auch *Graßhoff/Gräfe* (1997a), S. 14 ff.).

Zur Auswertung der Fragebögen erfolgte eine Produkttypen-Kategorisierung anhand der Kriterien „niedrige" und „hohe Produktkomplexität", jeweils aus Sicht des Unternehmens und aus Sicht der Kunden (vgl. Abb. 3-18).

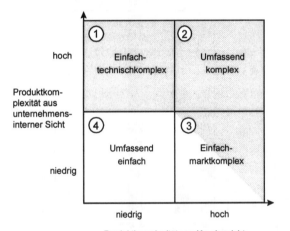

*Abb. 3-18: Produkttypen-Kategorisierung (vgl. Clark, Fujimoto (1991), S. 11)*

Die überwiegende Zahl der zurückgesandten Fragebögen kam von Unternehmen, deren Produkte den Kategorien 1 und 2 zuzuordnen sind. Als Ergebnisse der Untersuchung kann festgehalten werden, daß

❑ 60% der Unternehmen in Gruppe 1 und 78% der Unternehmen in Gruppe 2 Zielkosten ermitteln, und zwar sowohl für Standarderzeugnisse als auch für Varianten.

❑ die Zielkostenspaltung nach Funktionen in allen Kategorien sehr viel seltener statt-findet als die Zielkostenspaltung nach Produktkomponenten oder Einzelteilen (vgl. Abb. 3-19).

❑ in Unternehmen der Kategorien 1 und 2 Zielkosten für Produktionsbereiche und für F&E-Bereiche, seltener für Verwaltungs- und Vertriebsbereiche, vorgegeben werden. Ein Drittel der Unternehmen aus diesen Kategorien berechnet projekt-bezogene Zielentwicklungskosten. Ausgangsgrößen bilden dabei die Entwick-lungskosten unmittelbarer Vorläuferprodukte oder die Entwicklungskosten anderer Entwicklungsprojekte im Unternehmen, seltener die Entwicklungskosten von Wettbewerbern.

Anzumerken ist, daß die der Untersuchung zugrundeliegende geringe Datenbasis und die Konzentration der Studie auf F&E-projektbezogenes Kostenmanagement in der Produktentwicklung die Repräsentativität der Aussagen bezüglich der Anwendung des Target Costing in Deutschland einschränken.

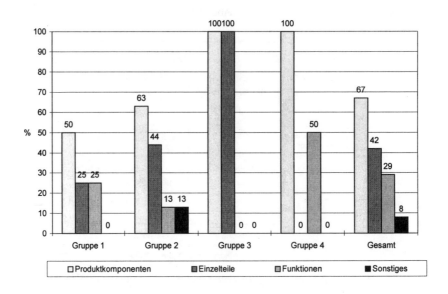

*Abb. 3-19: Zielkostenspaltung je nach Produkttypkategorie und Anteil der Unternehmen (vgl. Graßhoff/Gräfe (1997), o.S.)*

### 3.2.3.3. Studie von *Währisch* (1996)

In einer von *Währisch* durchgeführten Untersuchung wurden 1996 der Stand und die Entwicklungstendenzen der Kosten- und Erlösrechnung im Maschinen- und Anlagenbau, der Elektroindustrie, der Automobilindustrie, der Chemischen, Stahl- und Bauindustrie erhoben (vgl. *Währisch* (1998), (1996b)). In der Erhebung wurden die Leiter Rechnungswesen von 633 Unternehmen befragt, die Mitglieder in den Branchenverbänden des *BDI* waren. Die Rücklaufquote betrug 25,2%.

Untersuchungsgegenstand waren die Aufgaben der Kosten- und Erlösrechnung aus Sicht der Unternehmen, die Ausgestaltung der praktizierten Kostenrechnung sowie neuere Entwicklungen im internen Rechnungswesen (vgl. dazu auch *Währisch* (1996a), S. 18 ff.). Bezüglich des letzten Aspekts wurden auch Befunde zum Einsatz des Target Costing sowie zur Zielpreisbestimmung erhoben (vgl. *Währisch* (1996a), S. 20 und (1998), S. 154). Von den 153 antwortenden Unternehmen setzten 25,2% Target Costing ein. Die Anwendungsbreite unterschied sich je nach Unternehmensgröße: bei Großunternehmen (>1000 Mitarbeiter, >1 Mrd. Umsatz) betrug sie 27,5%, bei mittleren Unternehmen (500-1000 Mitarbeiter, 500 Mio.-1 Mrd. Umsatz) 37,7% und bei kleinen Unternehmen (<500 Mitarbeiter, < 500 Mio. Umsatz) 3,9%, von denen mit 15,9% die meisten die Einführung des Target Costing in der Zukunft planen.

Auf die Frage nach der Art der Zielpreisbestimmung ergab sich folgendes Ergebnis (vgl. Abb. 3-20): Die Unternehmen orientieren sich am häufigsten an den Preisen der Konkurrenz (66%) und an den Marktpreisen (60%). Die kundenorientierte Zielpreisbestimmung findet in 44 % der Unternehmen statt. 30% legen die Daten aus der eigenen Unternehmung der Zielpreisbestimmung zugrunde.

### 3.2.3.4. Studie von *Binder* (1996)

Im ersten Halbjahr 1995 führte *Binder* eine Untersuchung unter 110 Maschinenbauunternehmen und 105 Unternehmen der Elektro- und Elektronikindustrie in den alten Bundesländern durch (vgl. *Binder* (1997) und (1998)). Die Unternehmen wurden nach verschiedenen Schichtungsmerkmalen ausgesucht:

❑ Vorhandensein einer Produktentwicklung

❑ Mitgliedsunternehmen im VDMA oder im ZVEI

❑ größere Unternehmen aus der Elektro- und Elektronikbranche

❑ kleinere und mittlere Unternehmen aus der Maschinenbaubranche

❑ Berücksichtigung aller Fachrichtungen innerhalb der Branchen.

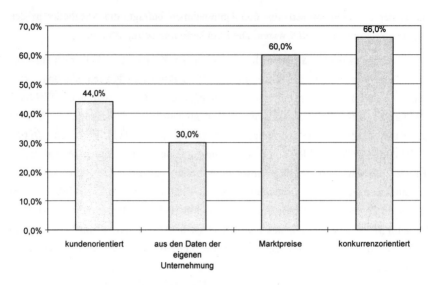

*Abb. 3-20: Zielpreisbestimmung im Rahmen des Target Costing*
*(vgl. Währisch (1998), S. 156, n=153)*

Untersucht wurden die Defizite hinsichtlich eines geeigneten Methodeneinsatzes, um eine technisch-wirtschaftlich integrierte Produktkostensteuerung bereits in der Entwicklung und Konstruktion zu unterstützen. Dazu hat *Binder* nach der Ermittlung des Unternehmensprofils insgesamt sieben Fragen formuliert, und zwar nach

❑ den Problemen im Wettbewerb,

❑ Zielen und Aufgaben von Entwicklung und Konstruktion,

❑ Gründen für ein intensives Kostenmanagement,

❑ Methoden des Kostenmanagements in Entwicklung und Konstruktion,

❑ der Behandlung verbindlicher Kostenvorgaben,

❑ Hindernissen des Kostenmanagements in Entwicklung und Konstruktion sowie

❑ der tendenziellen Entwicklung von Umsatz, Gewinn und F&E-Aufwand.

Insgesamt antworteten 112 Unternehmen (60 Maschinenbau/ 52 Elektro/Elektronik), davon waren 103 (= 48%) Fragebögen auswertbar (51 Maschinenbau/ 52 Elektro/ Elektronik).

Die Antworten deuten darauf hin, daß weniger die Entwicklungskosten, sondern die Gesamtkosten eines Produktes und insbesondere die Gemeinkosten eine wichtige Rolle im Kostenmanagement spielen (vgl. *Binder* (1997), S. 93). Auf die Frage nach den Zielen und Aufgaben in Entwicklung und Konstruktion ist das Ziel „niedriger

Verkaufspreis" von nur geringer Bedeutung (vgl. *Binder* (1997), S. 94). Dagegen werden Technologie- und Qualitätsziele als sehr wichtig eingestuft. Als Zwischenergebnis wird festgehalten, daß die Wettbewerbsprobleme im Kostendruck und suboptimaler Kundenorientierung weniger auf technologischer Seite liegen (vgl. *Binder* (1997), S. 95). Auf die Frage nach den Gründen für ein intensives Kostenmanagement in Entwicklung und Konstruktion wird als Hauptgrund der Gestaltungsspielraum für die Produktkosten sowie noch ungenutzte Effizienzpotentiale im Entwicklungsbereich genannt (vgl. *Binder* (1997), S. 96).

Bezüglich der eingesetzten Methoden des Kostenmanagements in Entwicklung und Konstruktion ergab sich folgendes Bild: Insgesamt ist der Methodeneinsatz sehr verbreitet, ca. ¾ der Unternehmen setzen mindestens 4 der in Abbildung 3-21 aufgeführten Methoden ein, nur 1,9% verwenden keine der Methoden (vgl. *Binder* 1997, S. 98). 68,4% der befragten Unternehmen setzen Target Costing ein bzw. planen dessen Einsatz (vgl. *Binder* (1997), S. 97). Es kann festgestellt werden, daß Methoden, die in den frühen Phasen der Produktentwicklung Anwendung finden und ihren Schwerpunkt auf die Festlegung von Kostenzielen legen, weniger stark verbreitet sind. Darüber hinaus dominieren eher „technische" Methoden. Trotz des identifizierten Gemeinkostenproblems werden Methoden wie Target Costing, Prozeßkostenrechnung und die Lebenszykluskostenrechnung relativ selten eingesetzt. Jedoch ist an den hohen Prozentsätzen der geplanten Einführung oder Durchführung in einem Pilotprojekt zu erkennen, daß zukünftig mit einem stärkeren Einsatz gerechnet werden kann (vgl. *Binder* (1997), S. 98). *Binder* spricht dabei von einer „Implementierungswelle", die den diagnostizierten Wettbewerbsproblemen gerecht werden könnte (vgl. *Binder* (1997), S. 98). In einer tiefergehenden Analyse wurde ermittelt, daß in den meisten Unternehmen die zulässigen Gesamtkosten des Endprodukts aus Marktpreisen abgeleitet werden und bei ¼ der Unternehmen weiter auf einzelne Produktkomponenten heruntergebrochen werden. Vor dem Hintergrund eines geringen Einsatzes von Target Costing läßt sich vermuten, daß in vielen Unternehmen die Zielkostenvorgabe noch unformalisiert und ohne instrumentelle Unterstützung erfolgt (vgl. *Binder* (1997), S. 100). Aktivitätsbezogene Zielkostenvorgaben sind weitaus seltener als eine projekt- oder bereichsbezogene Budgetierung. *Binder* kommt zum weiteren Zwischenergebnis, daß durch eine stärkere Detaillierung der Kostenziele, eine gezielte instrumentelle Unterstützung sowie einer laufenden Ist-Erfassung und Zielwertabgleichen die Zielkostenvorgabe und -erreichung verstärkt werden kann (vgl. *Binder* (1997), S. 100). Außerdem hat er ein Bewußtseins- und Motivationsproblem bei Entwicklern und Konstrukteuren ermit-telt, das auf fehlendes betriebswirtschaftliches Verständnis, eine fehlende geeignete Informations- und Instrumentenbasis sowie auf Personalprobleme zurückgeführt wird (vgl. *Binder* (1997), S. 102).

| Welche Methoden werden eingesetzt, um das Kostenmanagement in Entwicklung und Konstruktion zu unterstützen ? | im Einsatz (in %) | Pilotprojekt oder Einf. geplant (in %) |
|---|---|---|
| 1. Schätz-/Vorkalkulation der Herstellkosten auf Basis von Erfahrungswerten, Ähnlichkeiten | 91,2 | 6,9 |
| 2. Summarische Zuschlagskalkulation | 69,7 | 2,2 |
| 3. Wertanalyse | 62,4 | 14,9 |
| 4. Schnell-/Kurzkalkulation über technische Parameter | 57,6 | 10,1 |
| 5. Design for Manufacturing/Assembly (fertigungs-/ montagegerechtes Entwickeln, Konstruieren) | 56,1 | 16,3 |
| 6. Projektdeckungsrechnung (break even time o. ä.) | 56,0 | 15,0 |
| 7. Design to Cost (Entwickeln/Konstruieren auf ein Kostenziel hin) | 54,0 | 29,0 |
| 8. Regeln für „Kostengünstiges Konstruieren" | 39,4 | 30,3 |
| 9. Target Costing | 38,8 | 29,6 |
| 10. Entwicklungs-/konstruktionsbegleitende Prozeßkostenrechnung | 24,2 | 34,3 |
| 11. Lebenszyklusrechnung | 21,4 | 15,3 |
| 12. Quality Function Deployment | 20,4 | 31,6 |
| 13. Erfahrungsdatenbanken für Kostenprognosen | 16,2 | 14,1 |
| 14. Integrierte CAD-Kosteninformationssysteme | 8,2 | 21,4 |
| 15. Relativkostenkataloge | 8,1 | 10,1 |
| 16. Produktkostenschätzung mittels math.-statistischer Modelle | 6,1 | 5,1 |

*Abb. 3-21: Verbreitungsgrade der Methoden des Kostenmanagements in Entwicklung und Konstruktion (n=103; Mehrfachnennungen; vgl. Binder (1997), S. 97)*

Bei einer Bewertung der Eignung technisch-ingenieurswissenschaftlicher sowie betriebswirtschaftlicher Instrumente für ein Produktkostenmanagement in den Phasen Entwicklung und Konstruktion kommt *Binder* zu dem Schluß, daß die bisher zur Verfügung stehenden Instrumente im wesentlichen auf die direkten, variablen Produktkosten wirken. Die Fix- und Gemeinkostenproblematik wird nur im Rahmen der traditionellen summarischen Zuschlagskalkulation behandelt (vgl. *Binder* (1997), S. 30). Außerdem fehlt ein genereller Markt- bzw. Kundenbezug sowie eine markt-orientierte Zielkostenableitung im Sinne des Market into Company völlig. Diese Kritikpunkte werden von den Konzepten Target Costing und der Prozeßkosten-rechnung ausgeglichen. Trotzdem bleiben einige Fragen offen (vgl. dazu auch *Franz* (1993), S. 124 ff.):

❑ Kann der Kunde bei der Bewertung komplexer und technologisch hochwertiger Produktkomponenten realistisch gewichten ?

❑ Erfüllt die kundennutzengerechte Kostenverteilung tatsächlich die technologisch-funktionalen und qualitätsmäßigen Kundenanforderungen ?

❑ Wie können die Produktkomponenten, deren Nutzen vom Kunden nicht explizit geäußert werden kann, dennoch geplant werden (vgl. dazu *Arnaout/Hildebrandt/Werner* (1998), S. 306 ff.) ?

❑ Wie können die Akzeptanzbarrieren bezüglich betriebswirtschaftlicher Methoden im Entwicklungsbereich überwunden werden ?

Zur Beantwortung dieser Fragen wird eine integrierte "Meta-Methode", d.h. die Zusammenfassung einzelner ingenieurswissenschaftlicher und betriebswirtschaftlicher Instrumente in ein Sollkonzept zur Kostensteuerung vorgeschlagen, das auch organisatorische und verhaltensorientierte Aspekte berücksichtigt. Insgesamt wird in dieser Untersuchung eine erhebliche Diskrepanz zwischen dem erarbeiteten theoretischen Sollkonzept und der Ist-Situation in der Unternehmenspraxis festgestellt. Anzumerken ist, daß die Studie auf einer Stichprobe basiert, die nach subjektiv stark beeinflußbaren Schichtungsmerkmalen festgelegt wurde und ausschließlich Mitglieder in Branchenverbänden umfaßt.

### 3.2.3.5. Studie von *Tani, Horváth* und *von Wangenheim* (1996)

In Ergänzung der an der Universität Kobe (Japan) durchgeführten empirischen Untersuchungen zum Target Costing (vgl. *Tani et al.* (1994), S. 67 ff.) fanden Mitte 1995 Untersuchungen bei 10 Unternehmen aus Deutschland und der Schweiz statt (vgl. *Tani/Horváth/Wangenheim* (1996), S. 80 ff.). Sie gehörten den Branchen Fahrzeugbau, Elektronik, Optik, Werkzeugbau und Medizintechnik an. In Intensivinterviews wurden die Anwendungserfahrungen mit Target Costing in diesen Unternehmen untersucht. Neben organisatorischen Aspekten standen Fragestellungen zum Kostenmanagement und zur instrumentellen und methodischen Unterstützung des Target Costing im Mittelpunkt der Befragungen. Diese sollten mit den Erkenntnissen der bereits erfolgten japanischen Untersuchungen verglichen werden.

Ein wichtiges Ergebnis dieses Vergleiches ist, daß die japanische Unternehmenskultur einen bedeutenden Einfluß auf die Gestaltung der Kostenmanagement-Systeme in japanischen Unternehmen hat. Diese äußert sich insbesondere in einem kooperativen Teamansatz, unternehmensübergreifendem Denken und höherer Zuliefererintegration (vgl. *Tani/Horváth/von Wangenheim* (1996), S. 86). Die befragten westlichen Unternehmen verwenden das Target Costing eher als Rechenmethodik, was auf die geringe Anwendungsdauer in Deutschland zurückgeführt wird (vgl. *Tani/Horváth/von Wangenheim* (1996), S. 86). Als Spezifika des Target Costing in deutschen

Unternehmen im Vergleich zu Japan wurde folgendes festgestellt (vgl. *Tani/Horváth/von Wangenheim* (1996), S. 88):

❏ Target Costing in deutschen Unternehmen wird vornehmlich vom Controlling eingeführt, in Japan wurde die Methodik durch Ingenieure entwickelt.

❏ In Deutschland erfolgt eine konsequentere Marktorientierung durch die Verbindung z.B. mit der Conjoint-Analyse.

❏ Die realisierbaren Kostensenkungspotentiale bei neuen Produkten sind durch das praktizierte Design to Cost in den letzten Jahren in japanischen Unternehmen im Vergleich zu deutschen Unternehmen weitgehend ausgeschöpft.

❏ Die Zielkostenfestlegung orientiert sich in deutschen Unternehmen stärker an den vom Markt erlaubten Kosten als in Japan, wo diese stärker aus der Sicht der langfristigen Unternehmensplanung heraus festgelegt werden. Die Zielkostenfindung in deutschen Unternehmen richtet sich demnach konsequenter am Markt aus.

### 3.2.3.6. Studie von *Franz* und *Kajüter* (1997)

In der Untersuchung von *Franz* und *Kajüter* wurden neben den Zielen des Kostenmanagements auch die Verbreitung moderner Kostenmanagementinstrumente, unter anderem des Target Costing, ermittelt. Untersuchungsaspekte waren der Bekanntheitsgrad, der Einsatzgrad, die Einsatzintensität sowie der erstmalige Einsatzzeitpunkt.

Trotz des hohen Bekanntheitsgrades des Target Costing von fast 100% wurde nur ein Einsatzgrad von 54% ermittelt. Von den Nichtanwendern (46%) beabsichtigen 22%, es in den nächsten Jahren einzuführen. Der Bekanntheitsgrad der Instrumente des Kostenmanagement ist also sehr hoch, der Einsatz hat aber in vielen Unternehmen noch nicht begonnen.

Als bedeutendste Ziele des Kostenmanagements wurden die Senkung des Kostenniveaus sowie die Stärkung des Kostenbewußtseins ermittelt (vgl. *Franz/Kajüter* (1997), S. 489). Target Costing wird dabei aufgrund der Ableitung des Kostensenkungsbedarfs und der interdisziplinären Erarbeitung von Produktkonzepten mit hoher Kostensensibilität mit Abstand die höchste Bedeutung im Vergleich zu den übrigen Instrumenten beigemessen, deren Bedeutungsgrade ähnlich hoch sind (vgl. Abb. 3-22). Diese Beurteilung erfolgte durch die Unternehmen, die bereits Erfahrungen mit den Instrumenten gesammelt haben. Die Bedeutung des Target Costing entspricht auch der hohen Einsatzintensität dieses Kostenmanagementinstrumentes.

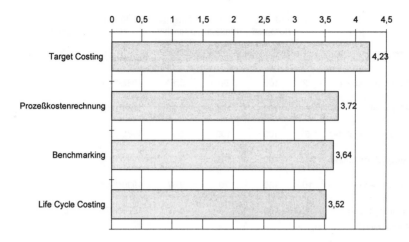

*\* Beurteilung auf einer Skala von „1"=sehr niedrig bis „5"=sehr hoch*

Abb. 3-22: Beurteilung der Leistungsfähigkeit von Kostenmanagement-Instrumenten
zur Erreichung der Kostenmanagement-Ziele
(n=89; vgl. Franz/Kajüter (1997), S. 489)

*Franz/Kajüter* haben darüber hinaus auch eine branchenspezifische Analyse durchgeführt, deren Ergebnisse in Abb. 3-23 dargestellt sind. Dabei ist zu beachten, daß die Anzahl der befragten Unternehmen in den verschiedenen Branchen z.T sehr gering ist, dennoch werden branchenspezifische Unterschiede deutlich. Der Einsatz des Target Costing ist demnach in den ursprünglichen Anwendungsbranchen (Automobilbau, Automobilzulieferer und Elektronik) am höchsten, im Maschinenbau beträgt er 70%. In der Automobilindustrie findet es mit einer Einsatzintensität von 5,0 sogar bei allen Projekten Anwendung. Bei Banken wird das Target Costing noch wenig, aber in Zukunft voraussichtlich verstärkt angewendet werden. In der Versicherungsbranche ist der Einsatzgrad offensichtlich sehr hoch (60%) und eine weitere Anwendung beabsichtigt. Insgesamt kann zukünftig ein verstärkter Einsatz des Target Costing in der Dienstleistungsbranche erwartet werden.

| Branche | n | Bekannt-heitsgrad (%) | Im Einsatz (%) | Einsatz-intensität (1=selten, bis 5= häufig) | Im Einsatz seit (Jahr min./max.) | Einsatz geplant (%) | Einsatz geplant für (Jahr min./max.) |
|---|---|---|---|---|---|---|---|
| Chemie/ Pharma | 12 | 100 | 50 | 2,17 | 1985/1994 | 0 | - |
| Elektronik | 8 | 100 | 100 | 3,25 | 1984/1994 | - | - |
| Automobilhersteller | 5 | 100 | 100 | 5,00 | 1985/1995 | - | - |
| Automobilzulieferer | 4 | 100 | 100 | 3,50 | 1992/1995 | - | - |
| Maschinenbau | 10 | 100 | 70 | 3,67 | 1990/1995 | 33 | 1997/1997 |
| Nahrungs- und Genußmittel | 4 | 100 | 50 | 4,50 | 1976/1976 | 0 | - |
| Sonstige Industrie | 4 | 100 | 25 | 3,00 | 1988/1988 | 33 | 1998/1998 |
| Energiewirtschaft | 5 | 100 | 40 | 2,50 | 1994/1995 | 0 | - |
| Bergbau | 3 | 100 | 33 | 5,00 | 1994/1994 | 0 | - |
| Handel | 9 | 100 | 56 | 4,40 | 1985/1995 | 25 | offen |
| Banken | 13 | 100 | 8 | 4,00 | 1993/1993 | 42 | 1996/1997 |
| Versicherungen | 5 | 100 | 60 | 2,50 | 1980/1996 | 50 | 1999/1999 |
| Sonstige Dienstleistungen | 7 | 86 | 43 | 3,33 | 1991/1996 | 0 | - |
| Gesamt | 89 | 99 | 54 | 3,54 | 1976/1996 | 22 | 1996/1999 |

*Abb. 3-23: Anwendungsbreite des Target Costing nach Franz/Kajüter*
*(Franz/Kajüter (1997), S. 490)*

### 3.2.3.7. Studie von *Ewald, Endebrock und Albrecht* (1998)

In einer Befragung von Konstruktionsleitern in Unternehmen des Maschinenbaus und des Fahrzeugbaus wurde die Bedeutung der „Produktkosten" sowie der Bedarf entsprechender Methoden für eine entwicklungs- und konstruktionsbegleitende Kostenbeurteilung ermittelt (vgl. *Ewald/Endebrock/Albrecht* (1997), S. 257 ff.). Dazu wurde ein, auch unter soziologischen Aspekten entwickelter, Fragebogen an 60 Konstruktionsleiter aus Industrieunternehmen des Investitionsgüterbereiches versandt, wovon 28 Fragebögen ausgefüllt wurden. Bei der Auswahl der Grundgesamtheit wurden keine Beschränkungen hinsichtlich der Unternehmensgröße oder Branche vorgenommen. Aus diesem Grund mußte zur Beurteilung der Unterschiedlichkeit der antwortenden Unternehmen eine Klassifikation des Unternehmenstypus erfolgen. Unterschieden wurde in die Klassen Komponentenhersteller, Unikathersteller sowie Mischtypen aus diesen beiden Klassen.

Zielsetzung der Untersuchung war die Beantwortung folgender Fragestellungen:

❑ Welche Bedeutung besitzen niedrige Herstellkosten für die Produktentwicklung in der industriellen Praxis?

❑ Welche strukturellen Defizite, die aus der betrieblichen Organisation und Kommunikation resultieren, behindern die entwicklungs- und konstruktionsbegleitende Kostenbeurteilung?

❑ Welche Verbreitung und Anwendungshäufigkeit haben Strategien, Methoden und Systeme zur entwicklungs- und konstruktionsbegleitenden Kostenbeurteilung?

❑ Welcher Bedarf an Strategien, Methoden und Systemen zur entwicklungs- und konstruktionsbegleitenden Kostenbeurteilung besteht in der industriellen Praxis?

Die Auswertung der Antworten führte zu folgenden Ergebnissen: In einem Katalog von 6 produktbezogenen Zielgrößen wurden der Erreichung geringer Herstellkosten und der Erfüllung der Produktfunktionen die höchste Bedeutung beigemessen (vgl. Abb. 3-24):

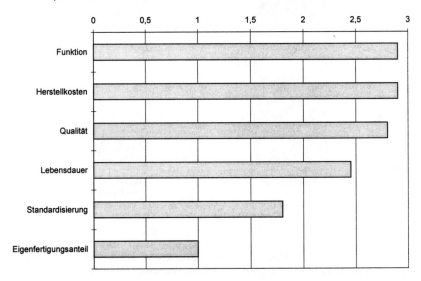

*\* Bewertung auf einer Skala von 0= „nicht wichtig" bis 3= „sehr wichtig"*

*Abb. 3-24: Produktbezogene Zielgrößen\* (n=28;*
*vgl. Ewald/Endebrock/Albrecht (1998), S. 258)*

Im Rahmen der angesprochenen Untersuchungsziele wurde auch nach der Anwendungshäufigkeit der Wertanalyse und -gestaltung sowie des Target Costing gefragt.

Target Costing wird von 75% der Komponentenhersteller, von 60% der Mischtypen und 50% der Unikathersteller „gelegentlich" oder „oft" eingesetzt. Die Wertanalyse als Grundelement des Target Costing wird dagegen von 84% der Komponenten- hersteller „gelegentlich" oder „oft" eingesetzt (vgl. Abb. 3-25). Wertanalysen, Wertgestaltungen und Target Costing sind demnach stark in den befragten Unternehmen verbreitet.

Zusammenfassend führte die Untersuchung von *Ewald/Endebrock/Albrecht* zu dem Ergebnis, daß die klassischen Kalkulationsarten wie z.B. Nachkalkulationen, Vor- kalkulationen auf Basis von Fertigungsunterlagen sowie grobe Ähnlichkeits- kalkulationen häufig genutzt werden (vgl. *Ewald/Endebrock/Albrecht* (1998), S. 263 ff.). Diese Verfahren haben aber nur einen geringen Einfluß auf die frühen Phasen der Produktentwicklung. In den frühen Phasen werden geeignete Methoden und Instru- mente, besonders qualitative Methoden, wesentlicher seltener angewendet. Die Ursache dafür wird in dem hohen Aufwand für die Einführung und Anpassung der Methoden vermutet.

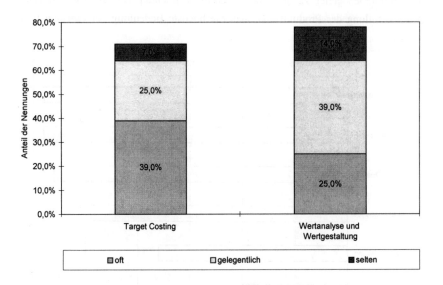

*Abb. 3-25: Anwendungshäufigkeit von Wertanalyse und -gestaltung sowie Target Costing (n=28, Mehrfachnennungen; vgl. Ewald/Endebrock/Albrecht (1998), S. 263)*

### 3.2.3.8. Zwischenfazit

Wie in den vorherigen Kapiteln aufgezeigt existiert international eine Reihe von Untersuchungen, die sich auch mit Target Costing beschäftigen. Japanische Wissenschaftler griffen das in der Praxis entwickelte Konzept erst Ende der siebziger Jahre auf, die ersten japanischen Untersuchungen erfolgten Mitte der achtziger Jahre, knapp 20 Jahre nachdem das Konzept in der japanischen Praxis entwickelt wurde.

Im englisch- und deutschsprachigen Raum werden Untersuchungen zum Target Costing seit Anfang der neunziger Jahre durchgeführt. Hier besteht zwischen der Aufnahme durch die Wissenschaft und der Anwendung in der Praxis kaum ein zeitlicher Unterschied. Demnach sind die Anwendungserfahrungen der untersuchten Unternehmen deutlich geringer.

Der Detailgrad der Untersuchungen ist noch gering. Im wesentlichen wird nach dem Bekanntheitsgrad und dem (geplanten) Einsatz oder nach einzelnen Aspekten wie z.B. die Leistungsfähigkeit gefragt. Häufig ist das Target Costing auch nur Nebenaspekt in Untersuchungen zur Kostenrechnung oder zum Kostenmanagement.

Eine Studie, die sich ausschließlich und umfassend mit der Anwendung und Implementierung des Target Costing in deutschen Unternehmen beschäftigt, liegt noch nicht vor.

### 3.3. Entwicklungsrichtungen des Target Costing in Deutschland

Seit der erstmaligen Publikation des Target Costing im deutschen Sprachraum fand eine stetige Weiterentwicklung des Konzeptes statt. Getrieben wird diese Entwicklung durch Fragestellungen, die durch die Anwendungsprobleme in der unternehmerischen Praxis oder die Behandlung in der Wissenschaft entstehen. Bei diesen Weiterentwicklungen kann zwischen einer methodisch-konzeptionellen und einer branchenspezifischen Weiterentwicklung unterschieden werden.

Beiträge zur methodisch-konzeptionellen Weiterentwicklung beschäftigten sich bspw. mit dem Einsatz des Conjoint Measurement im Target Costing, mit der Integration der Prozeßkostenrechnung ins Target Costing, mit Aspekten der Verhaltenssteuerung oder der konstruktionsbegleitenden Kalkulation im Target Costing. Weitere Problemstellungen sind die Verbesserung der Zielkostenplanung, die Verbindung von Target Costing mit der Investitionsplanung oder die Bedeutung von Make-or-Buy-Entscheidungen im Rahmen des Target Costing. Bei den branchenspezifischen Weiterentwicklungen des Target Costing-Konzepts liegen Beispiele von institutionellen Dienstleistungsunternehmen wie z.B. Kreditinstituten oder der öffentlichen Verwaltung, von industriellen Dienstleistern, der Automobil- und Automobilzulieferindustrie, der montierenden Industrie oder der Softwarebranche vor.

Die bedeutendsten Beiträge zu diesen beiden Entwicklungslinien, die hauptsächlich als wissenschaftliche Monographien erschienen sind, werden nachfolgend jeweils kurz vorgestellt. Sie sollen einen Eindruck von Forschungsstand bzgl. der jeweiligen Problemstellung vermitteln und die Weiterentwicklung der Target Costing-Konzeption speziell in der deutschen Wissenschaft nachzeichnen.

### 3.3.1. Methodisch-konzeptionelle Weiterentwicklungen der Target Costing-Konzeption

#### 3.3.1.1. Einsatz des Conjoint Measurement im Rahmen des Target Costing

Der Einsatz des Conjoint Measurement im Rahmen des Target Costing stellt eine typische methodisch-konzeptionelle Weiterentwicklung des deutschen Target Costing-Konzeptes dar. Es gibt mittlerweile eine Vielzahl von Publikationen und Beispielen, in denen der Einsatznutzen des Conjoint Measurement für das Target Costing dargestellt wird. (vgl. *Horváth et al.* (1993); *Arnaout et al.* (1998); *Baier/Säuberlich* (1997), S. 951 ff.; *Bauer et al.* (1995), S. 339 ff.; *Coenenberg/Fischer/Schmitz* (1994), S. 1 ff.; *Schneider* (1998), S. 24 ff.; vgl. auch Abb. 3-2). Unter Conjoint Measurement versteht man dabei *„eine ganze Gruppe von Methoden, die es ermöglichen, von Auskunftspersonen erhobene Nutzenbewertungen systematisch ausgewählter Merkmalsausprägungs-kombinationen auf nicht erhobene Nutzenbeiträge der einzelnen Merkmale und Merkmalsausprägungen zurückzuführen"* (*Baier/Säuberlich* (1997), S. 951). Es erlaubt neben der Ermittlung des Zielpreises für das Gesamtprodukt auch Aussagen über die Gewichtung der Produktfunktionen unter Nutzenaspekten für den Kunden und liefert somit wertvollen Input, sowohl für die Zielkostenfestlegung als auch für die anschließende Zielkostenspaltung (vgl. *Homburg/Gruner* (1997), S. 4 ff.). Zur Erhöhung der Aussagekraft von Conjoint-Analysen für das Target Costing wird die Strukturierung von Kundenanforderungen in Anlehnung an das *Kano*-Modell in Basis-, Leistungs- und Begeisterungsanforderungen vorgeschlagen, um eine kundennutzengerechten Produktgestaltung zu ermöglichen (vgl. *Arnaout et al.* (1998); *Rösler* (1996); *Völker* (1997)).

*Fröhling/Zdora* haben eine Kostenmanagementsoftware (CATCOST (Conjoint Activity Target Costing)) zur Integration von Target Costing und Conjoint Measurement entwickelt (vgl. *Fröhling/Zdora* (1997), S. 245 ff.). Teilweise wird der

Einsatz von Verfahren des Conjoint Measurement im Rahmen des Target Costing kritisiert, *Dittmar* spricht sogar von einer Unbrauchbarkeit für die endgültige Target-Ableitung (vgl. *Rösler* (1996), S. 140; *Dittmar* (1996), S. 185; zur Schätzgenauigkeit von Conjoint-Analysen vgl. *Teichert* (1998), S. 1245 ff.).

### 3.3.1.2. Einsatz von Verfahren zur konstruktionsbegleitenden Kalkulation im Target Costing

Die rechtzeitige Bereitstellung aktueller, verläßlicher und vergleichbarer Kosteninformationen ist für einen schnellen und effektiven Produktentwicklungsprozeß erfolgskritisch. Aus diesem Grund ist gerade im Rahmen des Target Costing der Einsatz von Methoden sowohl zur entwicklungsbegleitenden Vorkalkulation als auch zur konstruktionsbegleitenden Kalkulation zur Versorgung der Entscheidungsverantwortlichen mit Kosteninformationen für die Alternativenauswahl und -verbesserung erforderlich (vgl. *Gleich/Scholl* (1994); *Scholl* (1998); *Gleich* (1998), S. 73 ff.; *Berkau/Hirschmann/Scheer* (1996), S. 86 ff.; *Dittmar et al.* (1997), S. 116 ff.; *Gröner* (1993), S. 565-570; *Männel* (1994), S. 106 ff.; *Monden* (1999), S. 177 ff. und 273 ff.).

Seit der Entwicklung der Wertanalyse wurden von ingenieurswissenschaftlicher Seite Methoden und Verfahren zur Unterstützung eines wirtschaftlichen Entwickelns und Konstruierens entwickelt (vgl. dazu *Binder* (1996), S. 26 ff.; *Ehrlenspiel* (1985); *VDI* (Hrsg., 1969, 1979a, 1987b); *Beitz et al.* (1987)). Die Wertanalyse wurde von betriebswirtschaftlicher Seite erst spät aufgegriffen und ergänzt, wobei im wesentlichen das Target Costing neue Impulse brachte (vgl. *Binder* (1996), S. 27; *Becker* (1990), S. 353 ff.; *Becker* (1996), S. 81 ff.; *Bronner* (1993), S. 364 ff.; *Gröner* (1991); *Schmidt* (1996), S. 67 ff.; *Yoshikawa/Innes/Mitchell* (1990), S. 30 ff. und (1993), S. F3-1 ff.)). Dabei ist bemerkenswert, daß dem Konzept des Target Costing das ingenieurswissenschaftliche Grundkonzept der Wertanalyse zwar zugrunde liegt (vgl. *Seidenschwarz* (1993), S. 172), daß die marktorientierte Produktgestaltung im Target Costing aber schon mit Beginn des Produktentwicklungsprozesses einsetzt und nicht wie bei der Wertanalyse erst mit den konstruktiven Entscheidungen im Rahmen der Konstruktionsphase.

Beim Einsatz der Verfahren der entwicklungsbegleitenden Kalkulation besteht das Dilemma, daß in den Phasen mit dem größten Beeinflussungs- und Gestaltungsspielraum eine Kostenprognose am schwierigsten ist. Je fortgeschrittener der Entwicklungs- und Konstruktionsprozeß, desto genauer kann eine Kostenschätzung erfolgen. Der Prozeß der konstruktionsbegleitenden Kalkulation verläuft aber entgegengesetzt dem Konstruktionsprozeß: Es werden bottom-up die einzelnen Kostendaten der Einzelteile addiert und zu Baugruppen- und Gesamtproduktkosten aggregiert (vgl. *Listl* (1998), S. 203). Es findet eher eine Kostenabbildung als eine Kostenbeeinflussung statt.

*Gleich* und *Scholl* unterscheiden beim Einsatz der Verfahren zur entwicklungs- und konstruktionsbegleitenden Kalkulation zwischen zwei Methodenarten: Synthesemethoden kommen in den frühen Phasen des Konstruktionsprozesses zum Einsatz, wenn die Datenbasis noch vergleichsweise ungenau ist und versucht wird, Antworten auf die Frage zu finden, wie ein Produkt kostengünstiger konstruiert werden kann. Analysemethoden sollen den Konstrukteur auf dem Weg zu einem kostengünstigen Entwurf führen („Wieviel wird das Produkt, die Baugruppe oder das Einzelteil kosten?"), wobei diese quantitativen Verfahren in analytische und pauschale Verfahren unterschieden werden können (vgl. *Gleich/Scholl* (1994), S. 5). Abb. 3-26 gibt einen Überblick über die genannten Verfahren[5].

Die in der Abbildung genannten analytischen Kostenmodelle bestehen meist aus einer Kombination verschiedener Kalkulationsmethoden, basieren häufig auf der Zuschlagskalkulation und sind i.d.R. EDV-gestützt sowie mit weiteren DV-Systemen im Unternehmen kompatibel.[6] Darüber hinaus macht die Gemeinkostenproblematik deutscher Unternehmen den Einsatz prozeßorientierter Kalkulationen auf Basis der Prozeßkostenrechnung notwendig, um Kostenschätzung für Prozesse und Dienstleistungen vornehmen zu können.

In diesem Zusammenhang sei auf das Verfahren der Cost Tables („Kostentableaus" oder „Kostentabellen") besonders hingewiesen, deren Einsatz in Zusammenhang mit Target Costing zunehmend diskutiert wird (vgl. *Seidenschwarz* (1993a), S, 187; *Tanaka* (1993), S. 10; *Gleich/Scholl* (1994), S. 26 f.; *Gleich* (1996), S. 48 ff.; *Yoshikawa et al.* (1990), S. 30 ff.; *Monden* (1999), S. 177 ff.). Es handelt sich dabei um überwiegend computergestützte, umfassende Kostendatenbanken, die es den Konstrukteuren ermöglichen sollen, die Kostenwirkungen der Verwendung unterschiedlicher Materialien, Produktionsmethoden und Gestaltungsalternativen abzubilden (vgl. *Yoshikawa/Innes/Mitchell* (1990), S. 30). Der Aufbau und Einsatz von Cost Tables erfordert die detaillierte und systematische Sammlung und Auswertung von Kosteninformationen und Erfahrungsdaten aus der Vergangenheit. Diese werden in sehr umfangreichen Datenbanken computergestützt gespeichert, auf die die Entwicklungsingenieure von ihren Arbeitsplätzen aus zugreifen können. Auch die Aktualisierung ist meist über die einzelnen Arbeitsplätze vor Ort möglich.

---

[5] *Zur Beschreibung und Erläuterung der Verfahren vgl. Gleich/Scholl (1994), S. 6 ff.*
[6] *Entsprechende EDV-Tools sind bspw. HKB, DFMA, XKIS ASCET, ALPHA-7, ALPHA-DESIGN (vgl. dazu Warschat/Frech (1996), S. 99 f. Alphabrain (1998))*

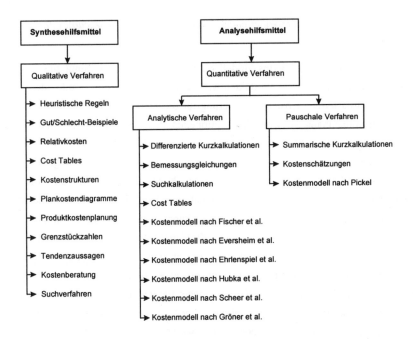

*Abb. 3-26: Überblick über die Verfahren zum kostengünstigen Konstruieren (vgl.*
*Gleich/Scholl (1994), S. 9)*

Cost Tables wurden erstmalig von japanischen Unternehmen vor über 30 Jahren entwickelt und werden heute von einem Großteil der bekannten Industrieunternehmen
sowohl in detaillierter als auch in einfacher Form zur frühzeitigen Abschätzung der
bei unterschiedlichen Konstruktionsalternativen zu erwartenden Kostenhöhe
eingesetzt. In diesem Punkt besteht ein deutlicher Anwendungs- und
Wettbewerbsvorsprung japanischer Unternehmen mit einer im Vergleich zu Europa
nahezu unvorstellbaren Datenvielfalt und -qualität (vgl. *Gentner* (1994), S. 31). Die
Bearbeitung und Pflege der Cost Tables in japanischen Unternehmen erfolgt
hauptsächlich durch Mitarbeiter des Rechnungswesens, der Produktionstechnik, der
Entwicklungs- und der Konstruktionsabteilung (vgl. dazu die empirischen Befunde
bei *Kobayashi et al.* (1994), Tabelle 21).

Cost Tables sollen bereits eingesetzte Kostenmodelle nicht ersetzen, sondern
ergänzen, da sie sowohl als qualitatives Instrument zur Findung kostengünstiger
Lösungen als auch als quantitatives Instrument für detaillierte Kostenschätzungen
eingesetzt werden können. Sie sind somit Analyse- und Syntheseinstrument zugleich
und berücksichtigen gleichzeitig die zunehmende Produktkomplexität sowie Markt-
und Lebenszyklusorientierung des Kostenmanagements. Gleichzeitig ist die
Integration in alle Phasen des Target Costing-Ablaufs möglich (zur Beurteilung der

Verfahren der konstruktionsbegleitenden Kalkulation vgl. *Gleich/Scholl* (1994), S. 30 ff.).

Ein weiteres, zielkostenbasiertes Modell zur frühzeitigen Bereitstellung zuverlässiger Kosteninformationen im Produktentwicklungsprozeß basiert auf der sog. „wirkstrukturbasierten" Kostenmodellierung für die Zielkostenkonstruktion. Gemeint ist der Zusammenhang zwischen konzeptionellen Produkteigenschaften und den im Unternehmen verursachten Kosten (vgl. *Schumann/Leidich* (1997), S. 179 ff.). Diesem derzeit noch nicht abgeschlossenen Forschungsprojekt liegt folgende Ausgangshypothese zugrunde: Wenn vom Kundennutzen auf die Produkteigenschaften und von den Produkteigenschaften auf die Produktstruktur und davon wiederum auf die Kosten geschlossen werden kann, dann muß auch ein direkter, darstellbarer Zusammenhang zwischen dem Kundennutzen und den Kosten bestehen. Zielsetzung dieses Forschungsprojektes ist es, ein Kostenmodell zur Anwendung in der Konzeptphase des Produktentwicklungsprozesses zu entwickeln, das aus einem Zielsystem zur Generierung von Kostenbudgets für technische Funktionen und aus einem Prognosesystem mit Informationen über Kostenwirkungen konzeptioneller Alternativen besteht. Dieses Prognosesystem basiert auf den fertigungs- und montageorientierten Produktstrukturen vorhandener Produkte, deren Wirkprinzipien bzw. Wirkstrukturen abgeleitet werden sollen, um auch bei Neukonstruktionen auf die Erfahrungen von Varianten- und Anpassungskonstruktionen zurückgreifen zu können. Ein Entscheidungssystem soll bei Abweichungen zwischen Zielkosten und prognostizierten Kosten Entscheidungsunterstützung bieten.

### 3.3.1.3. Verhaltenssteuerung im Target Costing

In der Literatur wird häufig die motivatorische Wirkung des Target Costing für die an der Produktentwicklung beteiligten Mitarbeiter hervorgehoben. Für *Hiromoto* besteht die Motivationswirkung des Target Costing und der daraus resultierende Innovationsschub darin, *"die Mitarbeiter zum richtigen Denken und Verhalten zu motivieren, und/oder Instrumente bereitzustellen, die Mitarbeiter in die Lage versetzen, richtig zu denken und sich richtig zu verhalten und nicht in der Messung optimaler Entscheidungsergebnisse in konkreten Zahlen"* (*Hiromoto* (1989), S. 322). Gerade von der Einführung des Target Costing verspricht man sich eine konsequente Marktorientierung verbunden mit einer Verhaltenssteuerung, indem den Konstrukteuren und Produktentwicklern schon in den frühen Phasen des Produktlebenszyklus´ als Maßstab für ihre Tätigkeiten Kostenbudgets vorgegeben werden (vgl. *Ewert* (1997), S. 299). Die Kenntnis der Markt- und Kundenanforderungen soll dazu führen, daß eine auf die Erreichung der Zielkosten ausgerichtete Verhaltensplanung und -steuerung stattfinden kann. Im Ursprungsland Japan waren und sind dafür die kulturspezifischen Determinanten wie z.B. die Bedeutung des Gruppendenkens, die Hierarchieformen oder die ausgeprägte Unternehmensloyalität der Mitarbeiter entscheidend (vgl. *Riegler* (1996), S. 2).

Da sich der Unternehmenskontext in den westlichen Ländern, wie in Kapitel 2 beschrieben, deutlich vom japanischen unterscheidet, sind diese Determinanten zur Verhaltenssteuerung hierzulande nur bedingt aussagefähig. Und obwohl der Aspekt der Verhaltenssteuerung gerade auch in Deutschland immer wieder hervorgehoben wird, existieren bislang kaum explizite Analysen dieser Steuerungsproblematik. Es wird nur betont, daß „gleichrangig eine Gestaltung/Anpassung ... der Komponente der Anreizsysteme" erfolgen müsse (*Seidenschwarz* (1996), S. 753; im Original teilweise hervorgehoben).

*Ewert* hat diese Steuerungsproblematik in zwei Punkten zusammengefaßt (vgl. *Ewert* (1997), S: 303 f.):

❏ Es ist in der Literatur nicht explizit beschrieben, *warum* Zielkosten im Rahmen der personellen Koordination Anreizwirkungen für Konstrukteure entfalten sollen. Die Zielerreichung muß in jedem Fall mit der Budgeteinhaltung kombiniert sein, die Bezugsgröße zur Beurteilung muß festgelegt werden und bestimmt sein, wie die Zielerreichung eines Mitarbeiters von der Bezugsgröße abhängen soll. Die Mitarbeiter müssen jedoch nicht per se am Wohlergehen des Unternehmens interessiert sein bzw. dieses Interesse muß sich nicht automatisch in kostengünstigen Entscheidungen niederschlagen. Denn sonst wäre das Konzept des Target Costing gar nicht notwendig.

❏ Zum Zeitpunkt der Preisfindung und -festlegung ist das angestrebte Kostenniveau im Unternehmen („Allowable Costs") meist noch nicht realisiert. Bei der Abstimmung mit den Standardkosten („Drifting Costs") müßte deshalb noch mal eine Überprüfung des Marktpreises und der Absatzmengen erfolgen, die wiederum Rückwirkung auf das letztendliche Zielkostenniveau („Target Costs") und damit auf das Anreizsystem hat.

*Riegler* hat sich mit der Analyse der Eignung des Target Costing zur Verhaltenssteuerung mit Hilfe eines auf der Agency-Theorie basierenden Modellrahmens beschäftigt (vgl. *Riegler* (1997), S. 203 ff.). Dazu werden vor dem Hintergrund der von Unsicherheit und Informationsasymmetrie gekennzeichneten Produktentwicklungsarbeit zunächst die Interessensgegensätze der Akteure und deren Lösungsmöglichkeiten über ökonomische Anreizsysteme modellhaft abgebildet (vgl. *Riegler* (1996), S. 2). Bei dieser Betrachtung konzentriert er sich auf die Organisationsform des „susha", d.h. bereichsübergreifend zusammengesetzte Teams mit einem, mit umfassenden Entscheidungsbefugnissen ausgestatteten, Manager an der

Spitze („schwergewichtiger Produktmanager"). Im Wesentlichen geht es um die Frage, wie die Unternehmensleitung durch die Gestaltung eines Anreizsystems dafür sorgen kann, daß der Produktmanager zum Zeitpunkt einer notwendigen Markteinführungsentscheidung optimal über das Erfolgspotential eines Neuproduktes befinden kann, wobei die Kenntnis über dieses Erfolgspotential und damit die Zuverlässigkeit der Entscheidung mit steigendem Arbeitseinsatz des Produktmanagers und somit steigenden Kosten einhergeht (vgl. *Riegler* (1996), S. 220 ff.). *Riegler* kommt zu dem Ergebnis, daß eine Beurteilung der Arbeit des schwergewichtigen Produktmanagers nicht allein anhand des Ergebnisses des Produktentwicklungsprozesses durchgeführt werden darf, sondern daß zur Erreichung einer den Unternehmenszielen entsprechenden Lösung auch die Berücksichtigung des laufenden Erfolges nachfolgender Lebenszyklusphasen des Produktes notwendig ist (vgl. *Riegler* (1996), S. 222).

Auch *Ewert* hat eine informationsökonomische Vorgehensweise gewählt, um qualitative und strukturelle Einsichten in die Problematik der Optimierung von Anreiz- und Koordinationsmechanismen zu erhalten (vgl. *Ewert* (1997), S. 304). Danach ist die Informationssymmetrie bzw- asymmetrie zwischen Unternehmensleitung und Konstrukteuren für die Ausgestaltung des Anreizsystems entscheidend. Er kommt unter Berücksichtigung bestimmter Prämissen zu dem Ergebnis, daß (vgl. zu den Prämissen *Ewert* (1997), S.305 ff. sowie *Ewert* (1997), S. 319 f.):

❑ nicht eine reine Market into Company-Vorgehensweise zur Lösung der Steuerungsproblematik, sondern die Into and Out of Company-Methode geeignet ist, die zahlreichen und subtilen Interdependenzen zur Findung der Gesamt-konstruktionslösung zu unterstützen.

❑ nicht die Subtraktionsmethode für die Verhaltensaspekte der Konstrukteure im Target Costing bedeutsam ist, sondern die Art des spezifischen Budgetsystems, das nur indirekt mit den Marktgrößen in Zusammenhang steht.

❑ die Be- und Entlohnung der Konstrukteure mit den späteren Produktionskosten gekoppelt sein sollte, denn gerade die späteren Produktionskosten sollen ja frühzeitig durch Konstruktion, Entwicklung und Produktdesign determiniert werden.

### 3.3.1.4. Preisuntergrenzenermittlung im Target Costing

Mit einer der klassischen entscheidungsorientierten Fragen der Kostenrechnung, die nach der Festlegung einer Preisuntergrenze, im Rahmen des Target Costing beschäftigt sich *Listl* (vgl. *Listl* (1997)). Mit der Beeinflussung und Gestaltung von Kosten wird ermöglicht, über die rein entscheidungsorientierte Ausgestaltung in einer

„eingefahrenen" Kostensituation hinaus die kostengestalterischen Elemente des Target Costing in die Entscheidung über die Preisuntergrenze einzubinden. Diese Problemstellung wird am Beispiel der Automobilzulieferindustrie behandelt, in der bereits vor der Auftragsvergabe durch einen einflußreichen Kunden für ein im Detail noch zu entwickelndes Produkt mit einem mehrjährigen Lebenszyklus im Rahmen des Target Costing eine Preisentscheidung gefällt werden muß. Bei einem Unterschreiten dieses Grenzpreises im Rahmen von Preisverhandlungen müßte ein Auftrag abgelehnt werden, um negative Konsequenzen für den Unternehmenserfolg zu vermeiden.

*Listl* sieht mehrere Ansatzpunkte zur Unterstützung der Preisuntergrenzen-entscheidung durch das Target Costing (vgl. *Listl* (1998), S. 107 ff.). Zunächst kann eine bottom-up-Ermittlung der Preisuntergrenze als kostenmäßiger Maßstab für den Marktpreis mit der retrograden bzw. top-down-Ermittlung der Allowable Costs als Marktmaßstab für die Kosten im Unternehmen zu einem Gegenstromverfahren kombiniert werden. Diese ist jedoch nur bei noch nicht festgefahrenen Kostensituationen sinnvoll, bei denen die Kapazitäten, die Produktgestalt und damit die Kostensituation noch beeinflußt werden können.

Weiterhin wird mit der Kopplung einer Preisuntergrenzenentscheidung an die Forderung nach Zielkostenerreichung im Target Costing ein höherer Preissenkungsdruck induziert. Denn die Forderung nach Zielkostenerreichung bedeutet, daß bestimmte Auftragsgemeinkosten ebenfalls abgedeckt sind, sie ist somit eine hinreichende, aber nicht notwendige Bedingung dafür, daß der Preis über der Preisuntergrenze liegt. Und schließlich bewirkt die Zielkostenspaltung gemäß der Produktstruktur auf mehrere untergeordnete Kostenziele, daß sich von vornherein eine niedrigere Preisuntergrenze ergibt, sofern die Zielkosten unter den Standardkosten liegen. Für jedes Gestaltungsobjekt wird im Zuge der Produktentwicklung ein Zielkostenabgleich vorgenommen und der jeweilige Beitrag zur Einhaltung des angesetzten Preises überprüft. Durch den ständigen Kostensenkungsprozeß kann somit auch die Preisuntergrenze ständig abgesenkt werden. *Listl* spricht vom „Ausloten" einer kostenmanagementbasierten Preisuntergrenze als „Kuppelprodukt" des Target Costing-Prozesses (vgl. *Listl* (1998), S. 109).

### 3.3.1.5. Zielkostenplanung auf Basis des Rapid Prototyping

Vorschläge zur grundsätzlichen Verbesserung des Zielkostenplanungsprozesses erar-beitete *Dittmar* (vgl. *Dittmar* (1998)). Dabei wurde untersucht, welche Bedeutung Prototypen als Informationsquelle und Unterstützungsinstrument bei der Zielkostenplanung haben können. Es existieren vier wesentliche Defizite der traditionellen Ziel-kostenplanung (vgl. *Dittmar* (1998), S. 77):

1. Eine Zielkostenplanung kann nur für diejenigen Sachverhalte erfolgen, für die eine Kostenerfassung stattfindet.

2. In den Gemeinkostenbereichen ist für die Zielkostenvorgabe ein prozeßorientiertes Kostenrechnungssystem erforderlich.

3. Aufgrund des meist nicht vorhandenen Kosten-know-hows bei Entwicklungs-ingenieuren haben diese nur geringe Einfluß- und Partizipationsmöglichkeiten bei der Kostenzielvereinbarung.

4. Wenn die in einem Bereich entstehenden Kosten in einem anderen Bereich determiniert werden, besteht für den Vorgabenempfänger keine Möglichkeit zur Zielkostenbeeinflussung.

Um die Schwachstellen der traditionellen Zielkostenplanung auf Basis rein monetärer Erfolgsgrößen auszugleichen, schlägt *Dittmar* den Einsatz auch nicht-monetärer Ziel-größen als Vorgabewerte für die Zielkostenplanung vor, wodurch zwei wesentliche Vorteile zum Tragen kommen (vgl. *Dittmar* (1998), 77 ff.): Nicht-monetäre Steuerungsgrößen stehen früher zur Verfügung als monetäre Steuerungsgrößen, die erst später im Produktentwicklungsprozeß gemessen und bewertet werden können. Außerdem kann durch den Einsatz nicht-monetärer Vorgabewerte eine Steuerung und Kontrolle der Gemeinkostenbereiche erfolgen, indem Prozesse nicht-monetär abge-bildet werden und somit das Vorhandensein eines prozeßorientierten Kostenrechnungssystems zur Durchführung von Soll-Ist-Vergleichen überflüssig wird. Die nicht-monetären Steuerungsgrößen werden in einem zweistufigen Prozeß zunächst vereinbart und anschließend in Zielkosten überführt. Dabei wird in Vorgaben in der Produktplanungsphase, der Konzeptionsphase und der Entwicklungsphase unterschieden, die auf Grundlage funktionaler und technischer Prototypen überprüft werden. Die entwickelte Konzeption stellt *Dittmar* anhand eines Praxisbeispiels aus der optoelektronischen Industrie vor (vgl. *Dittmar* (1998), S. 161 ff.). Aus den Ergebnissen des Praxisfalles werden Gestaltungsregeln für die Zielkostenplanung abgeleitet, die als Checkliste bei der Zielkostenplanung eines Neuproduktes eingesetzt werden können.

### 3.3.1.6. Integration der Prozeßkostenrechnung in das Target Costing:
### Target Budgeting

Die traditionellen, japanischen Target Costing-Ansätze konzentrieren sich bei der Kostenplanung auf den Produktionsbereich. Indirekte Bereiche wie z.B. die Entwicklung, die Konstruktion, die Beschaffung, der Vertrieb etc. werden kaum behandelt (vgl. *Sakurai* (1989), S. 43). Im japanischen Target Costing-Verständnis werden häufig auch nur Fremdbezugskosten und Herstellkosten ohne Gemeinkostenanteile in den Target Costs berücksichtigt. Die Gemeinkostenbereiche stellen jedoch wesentliche Positionen zur Kostenbeeinflussung dar, nicht zuletzt aufgrund der Kalkulationssystematik deutscher Unternehmen, die im Vergleich zu japanischen Unternehmen deutlich höhere Gemeinkostenanteile ausweisen. Die Beeinflussung der hohen fixen Gemeinkostenanteile über Kostenstellen hinweg bis hinein in die produktfernen indirekten Prozesse stellt deshalb aus deutscher Sicht eine wesentliche Herausforderung für das Target Costing dar (vgl. *Horváth* (1992), S. 60).

Aus diesem Grund wurde in der deutschen Target Costing-Literatur schon sehr früh die Integration der Prozeßkostenrechnung ins Target Costing vorgeschlagen (vgl. *Mayer* (1993), S. 77 ff.; *Freidank* (1993), S. 214 ff.; zur Behandlung von Gemeinkosten im Target Costing vgl. auch *Berens et al.* (1995), S. 261 ff.). Durch den Einsatz der Prozeßkostenrechnung werden Unternehmen in die Lage versetzt, über die Gemeinkostenbereiche Transparenz zu erhalten und relevante Kostentreiber zu identifizieren, wodurch Erfahrungswerte als Eingangsgrößen für das Target Costing generiert werden (vgl. *Mayer* (1993), S. 77 ff.). Im Sinne einer „Wegweiserfunktion zur Zielkostenerreichung" stellt die Prozeßkostenrechnung „...eine konsequente Adaption des Kostenmanagements an die Marktanfor-derungen sicher" (*Cervellini* (1994), S. 70). Dabei muß aber beachtet werden, daß die Prozeß-kosteninformationen nicht per se marktorientiert sind, sondern erst dann, wenn sie als sog. Prozeßzielkosten im Rahmen der Zielkostenspaltung ermittelt wurden (vgl. *Dittmar* (1996), S.186 ff.).

Diese Integration der Prozeßkostenrechnung im Target Costing stellt eine typische Weiterentwicklung des Target Costing-Ansatzes in Deutschland dar. Sie wird in vielen Unternehmen schon praktiziert und für sehr effektiv und vorteilhaft befunden (vgl. *Löffler* (1995), S. 145; *Cervellini* (1994), S. 64 ff.). Dabei steht die Frage im Mittelpunkt, welche kostentreibenden Prozesse durch konstruktive Entscheidungen oder Entwicklungsentwürfe determiniert werden (vgl. *Kieninger* (1993), S. 13).

Grundsätzlich beziehen sich Target Costs auf Produkteinheiten, Prozesse fallen dage-gen kaum mengenproportional an. Die prozessualen Abhängigkeitsbeziehungen lassen sich zur Vereinfachung deshalb in drei Kategorien einteilen (vgl. *Mayer* (1993), S. 84):

1. Vorleistungsprozesse: administrativ-planerische Aktivitäten in der Produktentwicklungsphase (z.B. „Neuteile einführen" oder „Neuprodukte einführen"); sie werden auf die geplante Gesamtstückzahl verrechnet.

2. Betreuungsprozesse: Aktivitäten, die grundsätzlich durch die Existenz eines Produktes oder Teils anfallen, ohne daß das Produkt z.B. verkauft oder ein Teil beschafft wird (z.B. „Lieferanten betreuen" oder „Varianten betreuen"); sie werden auf die geplante durchschnittliche Jahresstückzahl verrechnet.

3. Abwicklungsprozesse: logistisch und administrative Aktivitäten, um Material und Teile zu beschaffen, Teile, Baugruppen und Produkte zu produzieren und Kundenaufträge abzuwickeln; sie beziehen sich auf die Auftragsabwicklung und sind im Rahmen des Target Costing auf die geplanten Losgrößen zu verrechnen.

Einen Sonderfall bilden Produktänderungsprozesse, die bis zu einem Viertel des gesamten Gemeinkostenvolumens im Unternehmen ausmachen können. Sie sind von der Art her Abwicklungsprozesse, müssen aber wie die Vorleistungsprozesse auf die geplante Gesamtstückzahl verrechnet werden (vgl. *Mayer* (1993), S. 86).

Die wissenschaftliche Betrachtung der Integration der Prozeßkostenrechnung in den Target Costing-Prozeß führte zur Entwicklung des „Target Budgeting" (vgl. *Dittmar* (1996), S. 186; *Gleich* (1998), S. 73 ff.). Der Grundgedanke des „Target Budgeting" besteht darin, das Planungs- und Kontrollsystem eines Unternehmens entsprechend den Erfordernissen und Informationsstrukturen des Target Costing weiterzuentwickeln, indem das Target Costing mit der Gemeinkostenbudgetierung auf Basis der Prozeßkostenrechnung verknüpft wird. Aus den Zielkostenvorgaben für die Komponenten und Prozesse können Budgets für die Organisationseinheiten abgeleitet werden, wodurch die produktbezogene Sichtweise des Target Costing um eine prozeß- und bereichsbezogene Sichtweise ergänzt wird (vgl. *Gleich* (1998), S. 112). In diesem Zusammenhang spricht man auch von „Multi-Projekt-Target Costing", dessen Grundgedanke es ist, einzelprojektübergreifende Produkt- und Prozeßstrukturen im Unternehmen zu optimieren, indem die Prozeßgestaltung und -budgetierung für Prozesse, die nicht direkt oder ausschließlich für ein Produkt, sondern für Produktgruppen, Auftrags- oder Beschaffungslose oder das Produktprogramm erbracht werden, produkt- bzw. projektübergreifend erfolgt (vgl. *Seidenschwarz et al.* (1997), S. 34; *Gleich* (1998), S. 117). Zielsetzungen sind die Steuerung der Overheadkosten, der Target Profits und anderer Kenngrößen sowie der projektübergreifende Ausgleich von Produktfamilieneffekten bei der Gleichteileverwendung.

Auf Ebene der strategischen Planung kann beim Target Budgeting-Prozeß in eine Top-down- und eine Bottom-up-Planung unterschieden werden (vgl. Abb. 3-27). Bei der Top-down-Planung muß zwischen der Ermittlung von Hauptprozeß-Zielkosten für externe Prozesse (z.B. produktbegleitende oder industrielle Dienstleistungen (vgl. *Niemand* (1996), S. 17)) und für interne Prozesse (Prozesse zur Erstellung des physischen Produktes und Aufrechterhaltung der externen Prozesse, z.B. Auftragsabwicklungsprozesse, Betreuungsprozesse, Neuteileinführungsprozesse) unterschieden werden. Zielsetzung dabei ist, den Einfluß von Prozeßtreibern auf die Veränderung von Produktkosten aufzuzeigen sowie im Rahmen einer Langfristbetrachtung alle Gemeinkosten im Sinne des Vollkostenansatzes des Target Costing zu gestalten (vgl. *Gleich* (1998), S. 116). Dabei ist darauf zu achten, daß durch die Fortschreibung bestehender Kostenstrukturen und die einheitliche Verteilung des Kostenreduktionsbedarfes auf alle Komponenten ineffiziente und überflüssige Prozesse nicht beibehalten werden. Instrumentelle Unterstützung bieten hierbei das Prozeßbenchmarking, die Prozeßkostenrechnung, die prozeßorientierte Funktionsanalyse sowie interne Prozeßverrechnungspreise für Dienstleistungen. Die Bottom-up-Planung unterteilt sich in die Planung der Hauptprozeßmengen und der Hauptprozeßkostensätze. Die Budgetkoordination erfolgt beim Target Budgeting durch die permanente Abstimmung von Prozeßmengen und Prozeßkostensätzen über die Produkthierarchieebenen während des gesamten Planungsprozesses. Gleichzeitig werden die Teilbudgets auf den einzelnen Produkthierarchieebenen aufeinander abgestimmt.

Der Schwerpunkt des Target Budgeting im Rahmen der operativen Planung liegt in der Marktbearbeitungsphase, während bei beschränktem Kostengestaltungspotential die Einhaltung der strategischen Budgets verfolgt und die geplanten Maßnahmen zur Zielkostenerreichung umgesetzt werden. Die Zielsetzung des Target Costing im Rahmen des strategischen Target Budgeting werden durch das Kaizen Costing im Rahmen des operativen Target Budgeting fortgeführt (vgl. *Horváth/Lamla* (1996), S. 335 ff.).

Der Zusammenhang zwischen Target Costing und Target Budgeting kann sowohl in zeitlicher als auch in sachlicher Hinsicht betrachtet werden (vgl. im folgenden *Gleich* (1998), S. 113 ff.). Sachlich wird die strategische Produktplanungssicht des Target Costing durch die Berücksichtigung der erforderlichen Ressourcen ergänzt. Die eher auf physische Produktkomponenten ausgerichtete herkömmliche Zielkostenspaltung im Rahmen des Target Costing erweitert sich dabei hin zu einer Zielkostenspaltung auf produktnahe und u.U. auch auf produktferne Prozesse, d.h. auf nichtphysische Komponenten. Die Top-down-Vorgehensweise der Zielkostenspaltung wird somit um die Bottom-up-Planung der Prozeßkosten im Sinne eines Gegenstromverfahrens erweitert. Zeitlich stellt das Target Budgeting eine Integrationsbrücke von Target

Costing und Kaizen Costing dar. Denn beim Target Budgeting geht es um die Sicherstellung der Zielkosteneinhaltung über den gesamten Produktlebenszyklus hinweg. Die Budgets für die Zielprozeßkosten werden bereits in der Phase der Zielbildung für Prozesse und organisatorische Bereiche determiniert. Startpunkt des Target Budgeting ist demnach der Punkt im Target Costing-Prozeß, zu dem die Prozeßzielkosten bzw. deren Bestimmungs- und Einflußfaktoren geplant werden.

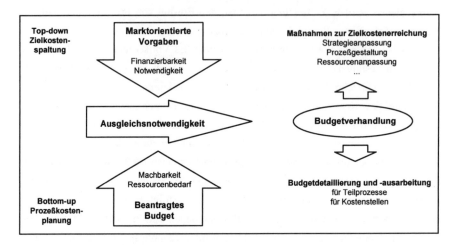

*Abb. 3-27: Budgetverhandlung zur Abstimmung zwischen Top-Down- und Bottom-up-Planung (vgl. Gleich (1998), S. 122)*

Durch die Erweiterung der Zielkostenspaltung und -erreichung um Gemeinkosten-anteile der Produkte stellt das Target Budgeting einerseits einen Bestandteil des Target Costing dar. Es geht aber insofern über den Target Costing-Prozeß hinaus, als daß produktferne Gemeinkosten berücksichtigt werden, die Verfolgung der Zielkosteneinhaltung sich über die Produktentwicklungsphase hinaus erstreckt und Zielkosteninformationen in der Planung und Kontrolle der Gemeinkostenbereiche über den Produktlebenszyklus verwendet werden.

### 3.3.1.7. Target Investment

Häufig stehen bei Investitionsüberlegungen die Rentabilitätsgesichtspunkte einzelner Maschinen oder Anlagen im Betrachtungsmittelpunkt. Entscheidungsrelevant für das Management ist jedoch der Erfolg zukünftiger Produkte im Sinne einer „.. kunden- und produktdeterminierten Ressourcensteuerung..." (vgl. *Claassen/Hilbert* (1994a), S. 158). Im Rahmen des Target Costing ist dazu eine Verbindung der Investitions- und Aufwandsplanung mit der Zielkostenplanung notwendig. Zielsetzung dieses als

Target Investment bezeichneten Konzeptes ist die Planung der Zahlungsströme über den gesamten Lebenszyklus eines Produktes hinweg. Damit unterscheidet es sich vom Target Budgeting hinsichtlich der mehrperiodigen Betrachtungsweise. In der Literatur existieren bislang nur wenige Beispiele zum Target Investment, die veröffentlichten Beiträge schildern die Anwendung des Target Investment im Rahmen des Target Costing in der Automobilbranche am Beispiel der *Volkswagen AG* (vgl. im folgenden *Claassen* (1998), S: 151 ff.; *Claassen/Ellßel* (1997), S. 1091- 1101; *Claassen/Hilbert* (1994a), S. 145-159; *Claassen/Hilbert* (1994b), S. 34-41; *Dambrowski* (1996), S. 209 ff.).

Um eine plausible Zielgröße für den bereichs- und teilebezogenen Investitionsbedarf bei der Entwicklung eines Neufahrzeuges zu ermitteln, werden fünf Methoden vorgeschlagen:

❑ Bei der Benchmarkingmethode erfolgt die Ableitung des Target-Produkt-investments aus Benchmarkuntersuchungen bezüglich der durchschnittlichen produktbezogenen Sachinvestitionen in % vom Umsatz über einen längeren Zeitraum und unter der Annahme eines bestimmten Produktanteils an diesen Investitionen.

❑ Die Ertragsmethode leitet das Target-Produktinvestment unter Berücksichtigung der Wiedergewinnung nicht nur des Neuinvestments, sondern des insgesamt ein-gesetzten Vermögens bei adäquatem Renditeanspruch ab.

❑ Bei der Verzinsungsmethode wird das Target-Produktinvestment unter Berücksichtigung einer angemessenen Soll-Verzinsung, einer Soll-Ergebnis-struktur für die jährlichen Nettoerlöse während der Laufzeit sowie einer Soll-Struktur für die produktbezogenen Aufwendungen festgelegt.

❑ Bei der Liquiditätsmethode erfolgt die Ableitung des Target-Produktinvestments unter Berücksichtigung des vorgegebenen Investitionsrahmens und der marktdeterminierten Produkt-Einsatzzeitpunkte.

❑ Die Kostenmethode ermittelt das Target-Produktinvestment aus der Residualgröße „Spezialbetriebsmittel" bei Vorgabe der aus den Nettoerlösen abgeleiteten Target-Gemeinkosten, einer aus der Serie abgeleiteten Gemeinkostenstruktur und der gesamten Stückzahl über die Laufzeit (vgl. hierzu das Beispiel bei *Claassen/Hilbert* (1994a), S. 154 ff.).

Durch Target Investment wird es möglich, unter Berücksichtigung der maximal erlaubten Zielkosten auch Entwicklungskosten, Anlauf- und Auslaufkosten, Folge-kosten über die Laufzeit, Umlagen für die Aggregate-Entwicklungen und Investitionen in das Anlagevermögen im Rahmen des Target Costing zu planen (vgl. *Claassen* (1998), S. 154).

### 3.3.1.8. Make-or-Buy-Entscheidungen im Rahmen des Target Costing

Die Problematik der Make-or-Buy-Entscheidung im Rahmen des Target Costing für komplexe Produkte untersuchte *Klatt* (vgl. *Klatt* (1997)). Als zentraler Hebel zur Kostenbeeinflussung stellt die Make-or-Buy-Entscheidung eine bedeutende Möglichkeit dar, vor dem Hintergrund aktueller Tendenzen zur Reduzierung der Fertigungstiefe und der Entstehung neuartiger Zuliefererkonzepte Kostenreduktionsspielräume zu nutzen und somit Zielrentabilitäten zu erreichen (vgl. *Klatt* (1997), S. 109 ff.). Oberstes Wertziel ist dabei ein produktbezogener Zielkapitalwert (Target Present Value), der sich auf ein Produkt als Gattung und nicht auf eine individuelle Produkteinheit bezieht (vgl. *Klatt* (1997), S. 117). Daneben existieren weitere Sach- und Sozialziele (vgl. *Klatt* (1997), S. 128 f.).

Unter Berücksichtigung der verschiedenen Zuliefersysteme (System- und Modulzulieferer, Subsystemzulieferer, Teilezulieferer) können verschiedene Modelle zur Ausgestaltung des integrierten Prozesses und zur organisatorischen Anbindung der Make-or-Buy-Entscheidung sowie zur Ausgestaltung des integrierten Prozesses und zur prozessualen Einbindung der Zulieferer aus der Perspektive des abnehmenden Unternehmens unterschieden werden (vgl. *Klatt* (1997), S. 136 ff.). Dieses sind

❑ Zentralistische Integrationsmodelle,

❑ Dezentralistisch-holdingorientierte Integrationsmodelle

❑ Dezentralistisch-geschäftsnahe Integrationsmodelle als Syntheseform.

Bei den Modellen zur prozessualen Einbindung der Zuliefertypen wird je nach der Berücksichtigung des Produktplanungsprozesses des Abnehmerunternehmens in nicht-integrative (Detailvorgabe-Vorproduktplanung, Katalogteile-Vorproduktplanung) und integrative (Black-Box- Vorproduktplanung und Grey-Box-Vorproduktplanung) unterschieden (vgl. *Klatt* (1997), S. 174 ff.).

### 3.3.1.9. Kapitalmarktorientierte Steuerung von Target Costing-Projekten

Zur inhaltlichen Fundierung der Zielrenditen im Target Costing wurden bislang Umsatz- bzw. Kapitalrentabilitäten verwendet. Sie sind aber zur Abbildung der Anforderungen von Kapitalgebern hinsichtlich der Erzielung risikoangepaßter Einnahmen ungeeignet (vgl. im folgenden *Fischer/Schmitz* (1998)). Zur Steuerung von Target Costing-Projekten können Kapitalkosten bestimmt werden, die als Diskontierungszinsfuß für projektbezogene Zahlungsüberschüsse verwendet werden und die sich an den projektspezifischen Risiken orientieren. Ziel ist es, durch die

Renditeforderungen der Kapitalgeber auch die Anforderungen der Kapitalmärkte ins Target Costing zu integrieren.

Dazu kann ausgehend von einem vollständigen Finanzplan, der alle geplanten Einnahmen und Ausgaben eines Target Costing-Projektes enthält, der Kapitalwert eines Projektes berechnet werden. Dabei werden die Investitionen und die Ausgaben für bestimmte Gemeinkostenbereiche, Marktpreisreduktionen und Reduktionen von Herstellungsausgaben aufgrund von Erfahrungseffekten berücksichtigt. Der Finanzplan wird anschließend in periodisierte Größen überführt, wobei Periodenverschiebungen zwischen Einnahmen/Ausgaben, Erträgen/Aufwendungen und Leistungen/Kosten berücksichtigt werden, um während der Projektlaufzeit ein kontinuierliches kosten- und erlösbezogenes Controlling zu ermöglichen. Weiterhin werden zur Realisierung von Wertsteigerungspotentialen auf Projektebene die nichtfinanziellen Treibergrößen identifiziert, die die Höhe und den zeitlichen Anfall der Zahlungen wesentlich beeinflussen. Sie stellen somit die kritischen Erfolgsfaktoren eines Target Costing-Projektes dar.

Durch den Einbezug des projektspezifischen Kapitalkostensatzes kann neben den gütermarktorientierten Gewinnvorgaben durch die Maßnahmen zur Zielerreichung auch die Erfüllung der Kapitalmarktforderungen im Rahmen des Target Costing sichergestellt werden.

### 3.3.2. Neue Anwendungsbereiche und branchenspezifische Weiterentwicklungen der Target Costing-Konzeption

Neben den methodisch-konzeptionellen Weiterentwicklungen wurden ebenfalls branchenspezifische Besonderheiten bei der Anwendung des Target Costing sowohl in den ursprünglichen Anwenderbranchen, aber auch in innovativen Branchen, in denen Target Costing vorher nicht eingesetzt wurde, untersucht.

#### 3.3.2.1. Target Costing für industrielle Dienstleistungen

Einen wichtigen Anwendungsbereich stellt die Berücksichtigung industrieller, d.h. produktbegleitender Dienstleistungen im Konzept des Target Costing dar (vgl. *Niemand* (1995); *Niemand* (1996), S. 189 ff.; *Schuh et al.* (1998); *Schimank* (1996), S. 101 ff.). Die zunehmende Bedeutung der Dienstleistungskomponente im Rahmen einer Gesamtleistung kann dabei im wesentlichen auf vier Ursachen zurückgeführt werden (vgl. *Niemand* (1996), S. 1 ff.):

1. Kunden verlangen immer mehr nach einer individuellen Problemlösung aus einer Hand.

2. Zur Aufholung von Wettbewerbsnachteilen sind häufig verstärkte Dienstleistungsangebote notwendig.

3. Produktbegleitende Dienstleistungen bieten die Chance zum Aufbau von Wettbewerbsvorteilen.

4. Gesellschaftliche Veränderungen oder gesetzliche Bestimmungen erfordern teilweise die Ausweitung des Leistungsangebotes.

Das Angebot von Leistungssystemen als Kombination aus Hardware und begleitender Dienstleistung wirft Probleme auf, die mit dem bisher vorhandenen betriebswirtschaftlichen Instrumentarium noch nicht gelöst werden konnten (vgl. *Niemand* (1996), S. 1 ff.). So muß der Fokus in der Konzeptionsphase eines Leistungssystems um den Aspekt der Dienstleistung erweitert werden. Die Planung und Steuerung des Angebotes von Teilleistungen eines Leistungspaketes sind unter Ertragsgesichtspunkten nur auf aggregierter Ebene möglich. Und schließlich verschärft die Aufnahme von Dienstleistungen in die Betrachtung der Leistungssysteme die Gemeinkostenproblematik im Unternehmen.

Vor dem Hintergrund dieser Veränderungen und ungelöster Problemstellungen hat *Niemand* ein marktorientiertes Prozeßmanagement für die Planung und Steuerung industrieller Dienstleistungen konzipiert, das auf den Konzepten Target Costing und Prozeßkostenrechnung aufbaut (vgl. *Niemand* (1996), S. 27 ff.). Zur Gestaltung von Leistungssystemen unter Wirtschaftlichkeitsgesichtspunkten schlägt er den Einsatz des Quality Function Deployment (QFD), das ursprünglich für ein frühzeitiges und umfassendes Qualitätsmanagement konzipiert wurde, im Target Costing vor (vgl. *Kamiske/Brauer* (1993), S. 109). Kernelement des QFD, das sog. House of Quality, das als Analyse-, Kommunikations- und Planungsinstrument während des Produktplanungs- und Realisierungsprozesses die Umsetzung der Kundenwünsche in technische Lösungen dokumentiert, erweitert er um den Dienstleistungsaspekt zum „House of Services" (zum Verfahrensablauf vgl. *Niemand* (1996), S. 47 ff.). Auf Basis der Ergebnisse des House of Services schlägt *Niemand* zur Unterstützung der Zielkostenerreichung bei industriellen Dienstleistungen den Einsatz des Prozeßmanagements, unterschieden in Prozeßkosten-, Prozeßzeiten- und Prozeßqualitätsmanagements, vor, das er mit Hilfe von Process Maps darstellt (vgl. *Niemand* (1996), S. 69 ff.).

### 3.3.2.2. Target Costing für die montierende Industrie

Ein Konzept für die Anwendung des Target Costing für montierende Industrieunternehmen hat *Gleich* entwickelt (vgl. *Gleich* (1996)). Im Gegensatz zu den
traditionellen Ansätzen des Target Costing, die sich schwerpunktmäßig auf Teile und
Komponenten eines neuen oder schon bestehenden Produktes beziehen, berücksichtigt *Gleich* den Einfluß der Montage auf die Erfüllung des vom Kunden
gewünschten Leistungsbündels. Die Montage wird als nichtphysische, mit den
Funktionen der physischen Produktkomponenten aber vergleichbare Funktion
interpretiert, die einen Beitrag zur Wertschöpfung leistet, und im Target Costing-
Prozeß berücksichtigt.

In Anlehnung an *Mayer*, der die Gemeinkosten der Produktmontage, die Produktein-
führungs- und -betreuungskosten sowie die vertriebsrelevanten Gemeinkosten als
zusätzliche, gedankliche („hypothetische") Komponente auf Gesamtproduktebene
interpretiert, führt *Gleich* eine Zielkostenspaltung in zwei Richtungen durch (vgl.
*Mayer* (1993), S. 88; *Gleich* (1996), S. 101). Auf die gedankliche Komponente
„Montage" werden mit Hilfe einer Zielkostenmatrix die produktfunktionalen Kosten
zugerechnet, die durch die Montage sichergestellt werden müssen (vgl. Abb. 3-28).
Dies drückt den funktionalen Beitrag der Montage zur kundengerechten Produktgestaltung aus. Anschließend werden die marktorientierten Montagekosten auf
Grundlage der Kostenstellenverrechnungssätze ähnlicher Vorgängerprodukte auf die
Kostenstellen verteilt (vgl. *Gleich* (1996), S. 102). Die Kostenstellenkosten müssen in
der nachfolgenden Stufe in Einzelkostenarten, prozeßorientierte Einzelkostenarten
und Restgemeinkostenarten differenziert werden. Dazu ist eine Unterscheidung in
Montageoperationen (Tätigkeiten des direkten Montagebereiches) und in Montage-
prozesse (Tätigkeiten der indirekten Montagebereiche) notwendig. Im weiteren
Verlauf des Target Costing-Prozesses werden die Standardkosten der Montage über
die Summe der Kostenstellenkosten errechnet und mit den Vorgaben der Montagekosten abgeglichen, um entsprechende Maßnahmen einleiten zu können (vgl. *Gleich*
(1996), S. 103).

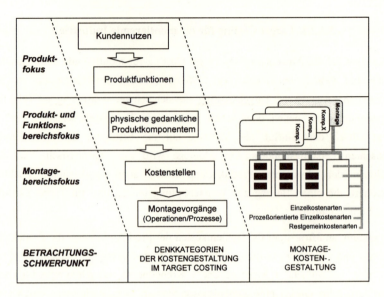

Abb. 3-28: Montagekostengestaltung im Rahmen der Target Costing-
Kostengestaltung (vgl. Gleich (1996), S. 103)

### 3.3.2.3. Target Costing in der Automobilindustrie

Die Problematik der Anwendung des Target Costing in der Automobilindustrie untersuchte *Rösler* (vgl. *Rösler* (1996)). Dabei macht er methodische Mängel im Konzept
des Target Costing aus, die im wesentlichen in der marktorientierten Zielkostenspaltung liegen. Die bisherige Begründung, daß das scheinbar einfache Leitmotiv des
Target Costing unternehmens- und produktindividuell zu nutzen sei und deshalb
Umsetzungsprobleme in der Unternehmenspraxis entstehen, hält er für unzureichend
(vgl. *Gaiser/Kieninger* (1993), S. 56; *Rösler* (1996), S. 99). *Rösler* entwickelte einen
Lösungsansatz, der den methodischen Problemen der Zielkostenspaltung im Rahmen
des Target Costing durch eine strukturierte Berücksichtigung der Kundenanfor-
derungen begegnet. Hintergrund ist die Zielsetzung, einen Ressourceneinsatz zu
ermöglichen, der den vom Kunden gewünschten Produktfunktionalität entspricht.
Dieser Lösungsansatz basiert auf dem *Kano*-Modell, bei dem zwischen Basis-,
Leistungs- und Begeisterungsanforderungen unterschieden wird (vgl. dazu auch
*Niemand* (1996), S. 189 ff.; *Arnaout/Hildebrandt/Werner* (1998), S. 306 ff.). Für die
Automobilindustrie heißt das, die Kundenanforderungen an ein Fahrzeug in Anforderungen an ein „Basisfahrzeug", in zusätzliche kundenorientierte Anforderungen
sowie in ein „Innovationspogramm", das die Begeisterungsanforderungen wider-
spiegelt, zu unterscheiden. Mit Hilfe dieser Unterscheidung können die Zielkosten für

ein Fahrzeug in die jeweiligen Zielkostenanteile je Komponente und je Anfor-
derungsart differenziert werden. Da die Leistungsanforderungen die Kundenzufriedenheit in Abhängigkeit von ihrem Erfüllungsgrad erhöhen können, Basis- und
Begeisterungsanforderungen aber nicht explizit erfragbar sind und damit ihr Beitrag
zur Erfüllung der Kundenzufriedenheit nicht meßbar ist, beschränkt sich der Ansatz
der marktorientierten Zielkostenspaltung somit auf die Leistungsanforderungen.

### 3.3.2.4. Software Target Costing

Eine Übertragung des Target Costing auf das Problemfeld der Entwicklung betriebswirtschaftlicher Anwendungssoftware hat *Baumöl* vorgenommen (vgl. *Baumöl*
(1997)). Die sich öffnende Nachfrage-Angebotsschere im Markt für Anwendungssoftware wegen nicht erfüllter Kundenanforderungen, zunehmende ausländische
Konkurrenz, Spezifika von Softwareentwicklungsprojekten wie z.B. „chaotische
Vorgehensweise", fehlende wirtschaftliche Zielorientierung und rapides Wachstum
beschreibt sie als Merkmale einer stattfindenden „Softwarekrise". Vor diesem
Hintergrund hat sie eine Konzeption für das Projektmanagement und das Projekt-
controlling für die Anwendungssoftwareentwicklung entworfen, die ein Steuerungs-
konzept sowie das unternehmens- und marktorientierte Instrumentarium für das
Projektcontrolling umfaßt (vgl. *Baumöl* (1998), S. 3). Dieses als „Software Target
Costing" bezeichnete Konzept ist eine Methodik, die sowohl die Anforderungen der
Kunden an ein Softwareprodukt als auch die technologischen Bedingungen für die
Erstellung dieses Produktes mit einbezieht (vgl. *Baumöl* (1998), S. 210). Sie setzt in
der Entwurfs- und Entwicklungsphase des Lebenszyklus´ eines Softwareproduktes an
und wird durch ein Instrumentarium zur Kostenplanung und -kontrolle sowie zum
Kostenmanagement unterstützt. Auf Basis der klassischen Verfahren zur
Zielkostenermittlung und modernen Kostenschätzverfahren für Softwareent-
wicklungsprojekte (z.B. CoCoMo, Function-Point-Verfahren, Software-Science-
Verfahren, Software-Life-Cycle-Management) schlägt *Baumöl* für die Software-
entwicklung ein auf der Conjoint-Analyse basierendes Verfahren vor, das die
Gesamtzielkosten eines Softwareproduktes in Basiszielkosten für Muß-Funktionen,
Kann-Funktionen mit hoher Priorität und Zusatzzielkosten für Kann-Funktionen mit
niedrigerer Priorität unterteilt (vgl. *Baumöl* (1998), S. 251 ff.). Zur Kosten- und
Leistungssteuerung von Softwareentwicklungsprojekten werden übergreifende
Managementphilosophien und -systeme zu einem Verfahrens- und Instrumentenmix
integriert (vgl. *Baumöl* (1998), S. 268). Diese Systeme sind das Value Management
auf Basis der Wertanalyse (vgl. *Cooper* (1995), S. 165-183), das Simultaneous
Engineering, das Quality Function Deployment sowie das Total Quality Management.
Dabei wird zwischen der Kosten- und Leistungssteuerung auf Unternehmens- und

Projektebene, auf der zur Effizienzfeststellung und -messung externe Vergleichs-
maßstäbe notwendig sind, und der Kosten- und Leistungssteuerung auf Produkt- und
Potentialebene mit dem Schwerpunkt auf personalkostenorientierten Instrumenten
unterschieden (vgl. *Baumöl* (1998), S. 307 ff. und S. 350 ff.).

Zur Unterstützung der Software Target Costing-Konzeption, bei deren Anwendung
eine erhebliche Datenmenge verursacht wird, schlägt *Baumöl* ein integriertes Wahr-
scheinlichkeitsinformationssystem vor, das das Unternehmens- bzw- Projekt-Con-
trolling bei der Beschaffung, Aufbereitung und Präsentation der Daten für die
betriebswirtschaftlichen Entscheidungsprozesse im Rahmen der Softwareentwicklung
unterstützen soll (vgl. *Baumöl* (1998), S. 421 ff.).

### 3.3.2.5. Target Costing in Krankenhäusern

Mit der Anwendbarkeit des Target Costing-Konzeptes in Krankenhäusern
beschäftigte sich *Müller* (vgl. *Müller* (1998)). Die Fachliteratur für das Kranken-
hauswesen beschäftigte sich bislang nur oberflächlich mit dem Target Costing (vgl.
*Tanski* (1996), S 26; *Eiff* (1994) S. 859; *Schlüchtermann/Gorschlüter* (1996), S. 197).
Im Wesentlichen wurde es entweder lediglich als eine Weiterentwicklung der
Budgetierung interpretiert oder die Einsetzbarkeit wurde generell aufgrund der fehlenden Marktvoraussetzungen und -mechanismen angezweifelt.

Bei der Beurteilung, ob Target Costing in Krankenhäusern einsetzbar ist kommt *Müller* zum Ergebnis (vgl. *Müller* (1998), S. 43 f.), daß hinsichtlich der Wettbewerbsintensität zwischen Krankenhauseinrichtungen, der zunehmenden Kostenkultur und
notwendigen Kostensenkungsanstrengungen, der Komplexität der Krankenhaus-
produkte und der, aufgrund des engen Kundenkontakte möglichen, Marktorientierung
der Einsatz des Target Costing generell möglich ist. Zusätzliche krankenhaus-
spezifische Besonderheiten sind (vgl. *Müller* (1998), S. 44 f.)

❑ Subjektive Nutzenerwartung des Kunden „Patient", d.h. hohe Leistungsvariation
(bspw. gesetzliche und private Zusatz-Krankenversicherung),

❑ Leistungsdifferenzierung im primären (Ärzte) und sekundären Bereich (Unter-
kunft, Verpflegung),

❑ Vielfalt der Kundensegmente eines Krankenhauses: Patienten, Besucher, einwei-
sende Ärzte, Arbeitnehmer, Krankenkassen,

❑ Trennung von Leistungsempfänger und Rechnungsempfänger,

❑ Dienstleistungs- und Prozeßcharakter der Krankenhausleistungen.

Die Berücksichtigung dieser Besonderheiten erfolgt durch den Einsatz einer retrograden Deckungsbeitragsrechnung, die zwischen beeinflußbaren und nichtbeeinflußbaren Kosten auf den Entscheidungsebenen Krankenhaus, Krankenhausabteilungen und Falltypen in den jeweiligen Krankenhausabteilungen unterscheidet (vgl. *Müller* (1998), S. 93 ff.). Zur Unterstützung wird die Einführung eines Geschäftsprozeßmanagements vorgeschlagen. Beide Aspekte werden integriert, indem den einzelnen Tätigkeiten der Geschäftsprozesse die fixen Kostenanteile mengenmäßig und die variablen Kostenanteile wertmäßig zugeordnet werden (vgl. *Müller* (1998), S. 112 ff.). Die entwickelte Konzeption zur retrograden Deckungsbeitragsrechnung auf Basis des Geschäftsprozeßmanagements wird schließlich in Form einer objektorientierten Datenbank als „Clinical Process Manager" umgesetzt, der als Kommunikations- und Informationsplattform die kosten-, nutzen- und qualitätsorientierte Gestaltung der Krankenhausprozesse unterstützt (vgl. *Müller* (1998), S. 157 ff.).

### 3.3.2.6. Target Costing in Kreditinstituten

*Rudolph* untersuchte die prinzipielle Übertragbarkeit des Target Costing-Konzeptes auf den kreditwirtschaftlichen Bereich (vgl. *Rudolph* (1998)). Basierend auf der traditionellen These vom bankbetrieblichen Leistungsdualismus, wonach zwischen Wertbereich (liquiditätsmäßig-finanzieller Bereich) und Betriebsbereich (technisch-organisatorischer Bereich) unterschieden wird, wird der Einsatz des Target Costing für den Betriebsbereich empfohlen, da sich vielfältige Möglichkeiten für zielgerichtete Kostensteuerungsmaßnahmen bieten (vgl. *Rudolph* (1998), S. 17). Denn der Hauptgrund für den Erfolg neu hinzugekommener Bankwettbewerber wie z.B. von Direktbanken, Near und Non Banks oder neuen Filialbanken in den letzten Jahren sind die deutlichen Kostenvorteile im Betriebsbereich (vgl. *Rudolph* (1998), S. 17).

Generell sieht *Rudolph* aufgrund der „Industrialisierung" der Leistungserstellung in Banken und der daraus resultierenden Bedeutung der Produktgestaltung und des Produktionsprozesses Einsatzpotentiale für das Target Costing bei der Erfolgsplanung im Betriebsbereich. Aus dem grundsätzlichen Aufbau und der Philosophie des Target Costing ergeben sich keine fundamentalen Hindernisse für den Target Costing-Einsatz (vgl. *Rudolph* (1998), S. 68). Dies gilt sowohl für die notwendige verstärkte Markt- und Kundenorientierung, die Arten der Zielkostenbestimmung bei kreditwirtschaftlichen Prozessen als auch für die Zielkostenspaltung im kreditwirtschaftlichen Bereich.

### 3.3.2.7. Weitere Entwicklungen und Anwendungsbereiche
### des Target Costing-Konzeptes

Neben den dargestellten Weiterentwicklungen der Target Costing-Konzeption in Deutschland existiert noch eine Anzahl weiterer Veröffentlichungen zur Anwendung, zu Integrationsaspekten und zur Übertragung des Target Costing auf neue Branchen, die jedoch keine Weiterentwicklung oder branchenspezifische Anpassung der Target Costing-Konzeption darstellen und meist nur die generelle Anwendbarkeit der Grundsystematik überprüfen. Diese Veröffentlichungen beschäftigen sich bspw.

❑ mit Fragen der Aussagefähigkeit des Target Costing für die Technologiekostenanalyse (vgl. *Spath et al.* (1997), S. 527 ff.; *Hoffmann et al.* (1996), S. 1150 ff.),

❑ mit Target Costing als Instrument der Qualitätssicherung (vgl. *Müller/Karsten* (1997), S. 139 ff.; *Müller* (1997), S. 337 ff.),

❑ mit dem Einsatz des Target Costing für die recyclinggerechte Produktgestaltung (vgl. *Schmidt/Trender* (1997), S. 17 ff.),

❑ mit der Integration von Entwicklungspartnern vor dem Hintergrund des Target Costing (vgl. *Müller* (1994), S. 1 ff.),

❑ mit der Verringerung von Garantiekosten mit Hilfe des Target Costing (vgl. *Eversheim et al.* (1997), S. 588 ff.),

❑ mit der Zielkostenplanung auf Basis der Erfahrungskurve (vgl. *Betz* (1998), S. 249 ff.; *Betz* (1995), S. 609 ff.) oder

❑ mit der Fixkostenproblematik innerhalb des Target Costing (vgl. *Stahl* (1995), S. 113 ff.).

Sie stellen nach Einschätzung des Autors jedoch keinen Beitrag zur konzeptionellen Weiterentwicklung des Target Costing in Deutschland dar. Deshalb sei an dieser Stelle nur auf die entsprechenden Quellen verwiesen.

Daneben wurde auch versucht, die Grundmethodik des Target Costing auf das Gesamtunternehmen im Sinne eines „Target Management" zu übertragen, um den Zusammenhang zwischen ergebnisorientierter Führung und prozeßorientierter Organisationsstruktur zu erklären (vgl. *Bullinger/Lott* (1997), S. 9 ff.). Dieser Ansatz hat sich bisher jedoch nicht durchsetzen können.

### 3.4. Abgeleiteter Forschungsbedarf aus empirischer Sicht

Target Costing wird in deutschen Unternehmen nunmehr seit rund 10 Jahren angewendet. Die Verbreitung nimmt laut den Ergebnissen der bislang durchgeführten empirischen Untersuchungen weiter stark zu. Wie in den vorherigen Kapiteln gezeigt, beschränkten sich diese Untersuchungen jedoch meist darauf, den Bekanntheitsgrad und die momentane und geplante Einsatzbreite zu ermitteln oder beschäftigten sich nur mit Einzelaspekten des Target Costing. Weiterhin ist festzustellen, daß teilweise die den Untersuchungen zugrundeliegenden, geringen Fallzahlen, die teilweise subjektiv gewählten Schichtungsmerkmale sowie branchenbezogenen Abgrenzungen die branchenübergreifende Repräsentativität der Aussagen einschränken (vgl. Kap. 3.2.3.; vgl. *Brede* (1994), *Graßhoff/Gräfe* (1997), *Ewald/Endebrock/Albrecht* (1998) sowie *Währisch* (1996), *Binder* (1997)). Die einzige Untersuchung, die sich detailliert und ausschließlich mit der Anwendung des Target Costing befaßt, basiert auf Intensivinterviews mit 10 Unternehmen im deutschsprachigen Raum (vgl. *Tani/Horváth/von Wangenheim* (1996)). Detaillierte, auf einer größeren Stichprobe basierende, empirische Befunde zur Gestaltung und Implementierung des Target Costing in Deutschland liegen bislang noch nicht vor.

Die beschriebenen Untersuchungen haben sich nur teilweise mit den in der Literatur beschriebenen Annahmen bzgl. des notwendigen Systemumfeldes beschäftigt (vgl. dazu Abb. 3-29). Die Untersuchungsergebnisse bieten noch keine Antwort auf die Frage, ob die Modellannahmen in der betriebswirtschaftlichen Fachliteratur in der unternehmerischen Praxis Gültigkeit haben. Zur Überpüfung dieser Aussage soll die Systemumfeld- und Systembasisabgrenzung nach *Seidenschwarz* zugrunde gelegt werden, da dessen Target Costing-Verständnis die Anwendungsvoraussetzungen und –spezifika in deutschen Unternehmen umfassend widergibt (vgl. *Seidenschwarz* (1993), S. 69 ff.). Es handelt sich dabei im einzelnen um die herrschende *Branchen-, Produkt- und Wettbewerbssituation*, die getroffene *Zielmarktbestimmung* und *Marktscgmentierung*, die *generelle strategische Stoßrichtung*, sowie die verfolgte *Marketingstrategie*, *Innovationsstrategie* und *Ressourcenstrategie*.

| Studie / Kriterium | Brede | Graßhoff/Gräfe | Währisch | Binder | Tani/Horváth/Wangenheim | Franz/Kajüter | Ewald/Endebrock/Albrecht |
|---|---|---|---|---|---|---|---|
| Untersuchungsobjekt | Zielkostenrechnung als eines von fünf Instrumenten des Prozeßorientierten Controlling | Stand des projektbezogene Kostenmanagements in der Produktentwicklung | Stand und Entwicklungstendenzen der Kosten- und Erlösrechnung | Technisch-wirtschaftlich integrierte Produktkostensteuerung | Target Costing-Anwendung in deutschsprachigen Unternehmen | Ziele und Verbreitung des modernen Kostenmanagements | Bedeutung von Produktkosten und Methoden der entwicklungs- und konstruktionsbegleitenden Kostenbeurteilung |
| Untersuchungsaspekt zum Target Costing | Allgemeiner Bekanntheitsgrad und Anwendungsdauer des Target Costing | Bekanntheitsgrad und Anwendungsstand des Target Costing als konzeptioneller Rahmen eines „proaktiven" Kostenmanagements | Target Costing als ein Instrument zur Zielpreisbestimmung | Target Costing als eine Methode des Kostenmanagements in Entwicklung und Konstruktion | Anwendungserfahrungen mit Target Costing im Vergleich zu japanischen Unternehmen | Bekanntheitsgrad, Einsatzgrad, -intensität und -dauer des Target Costing | Anwendungshäufigkeit von Target Costing und Wertanalyse |
| Methodik | Schriftliche Fragebogenuntersuchung in schweizer Großunternehmen | Schriftliche Fragebogenuntersuchung bei Entwicklungscontrollern von Serienherstellern | Schriftliche Fragebogenuntersuchung bei Leitern Rechnungswesen in Mitgliedsunternehmen des BDI | Schriftliche Fragebogenuntersuchung bei VDMA und ZVEI-Mitgliedern | Teilstrukturierte Interviews in Industrieunternehmen | Schriftliche Fragebogenuntersuchung in deutschen Großunternehmen | Schriftliche Fragebogenuntersuchung bei Konstruktionsleitern |
| Datenbasis | n = 45 | n = 52 | n = 153 | n = 112 | n = 10 | n = 89 | n = 28 |

*Abb. 3-29: Empirische Untersuchung zum Target Costing im deutschsprachigen Raum im Überblick*

Die meisten der beschriebenen empirischen Studien untersuchten den Target Costing-Einsatz in den ursprünglichen Anwenderbranchen, d.h. bei montageintensiven Serienherstellern. Zur jeweiligen Wettbewerbersituation machen die vorliegenden Untersuchungen keine Aussagen. Eine darüber hinausgehende Überprüfung der Anwendbarkeit des Target Costing-Ansatzes in neuen, bislang „untypischen" Branchen erfolgte nur anhand von Fallbeispielen und im Rahmen einzelner Forschungsprojekte (vgl. Kap. 3.1. und 3.3.). Der Einsatz bspw. für Leistungssysteme mit industriellen Dienstleistungen, in Kreditinstituten, Krankenhäusern oder für die Softwareentwicklung sind Beispiele, die laut Aussage japanischer Forscher bereits die Anwendungsbreite im Ursprungsland Japan übertreffen. Mittlerweile sind, ebenfalls im Gegensatz zum Urspungsland, auch erste Softwaretools zur teilweisen Unterstützung des Target Costing auf dem Markt erhältlich (vgl. *Schuh/Kaiser* (1997), S. 272; *Renner/Sauter* (1997), S. 64 ff.; *Gassmann/Boutellier* (1997), S. 28 ff.; *Klabunde et al.* (1997), S. 15 ff.).

Zu den übrigen, genannten Aspekten des Systemumfeldes des Target Costing wurden in den bislang durchgeführten empirischen Untersuchungen keine Befunde erhoben, da sie sich entweder nur mit dem Bekanntheitsgrad, Anwendungshäufigkeit oder einzelnen Teilaspekten beschäftigten.

Die methodisch-konzeptionellen Weiterentwicklungen in den letzten Jahren beschäftigten sich mit den Fragestellungen, auf die das traditionelle Target Costing-Konzept nach japanischem Verständnis aus Sicht deutscher Anwender nur unzureichende Antworten bot, bspw. zur Frage der instrumentellen Unterstützung des Marktvorbaus (vgl. Kap. 3.3.1.; vgl. *Fröhling/Zdora* (1997)), der konstruktionsbegleitenden Kalkulation im Target Costing (vgl. *Scholl* (1998)), der Verhaltenssteuerung oder Behandlung der hohen Gemeinkostenblöcke im Target Costing (vgl. *Riegler* (1996), *Mayer* (1993)).

Die empirische Target Costing-Forschung in Deutschland fußt im Vergleich zum Ursprungsland Japan hauptsächlich auf Fallstudien und Untersuchungen mit geringen Fallzahlen. Die Dauer der Anwendung und die dabei gesammelten Erfahrungen einerseits sowie die in den bisherigen Untersuchungen ermittelte und zu erwartende Steigerung der Anwendungshäufigkeit andererseits (vgl. *Franz/Kajüter* (1997), S. 487) weisen auf den Handlungsbedarf bezüglich der systematischen Erhebung empirischen Datenmaterials durch eine breit angelegte Untersuchung hin, die sich detailliert mit der Anwendung des Target Costing-Konzeptes beschäftigt. Zielsetzung einer solchen Erhebung sollte sein, die bei der Gestaltung des Target Costing in der Praxis herrschenden Rahmenbedingungen und Anwendungsspezifika im Sinne von Systemumfeldbedingungen zu überprüfen und existierende Probleme zu erkennen (vgl. auch die in Kapitel 2.9. genannten Problemaspekte aus methodisch-konzeptioneller Sicht). Außerdem sollte eine solche Erhebung die Zielsetzung verfolgen, Ansatzpunkte für den aus Sicht der Praxis notwendigen Weiterentwicklungsbedarf des Target Costing zu erkennen. Nur dann können Anwendungsprobleme gelöst werden, für die bisher von der Theorie noch keine oder nur unzureichende Antworten geboten wurden (vgl. dazu auch *Franz/Kajüter* (1997), S. 501). Eine empirische Bestandsaufnahme ist somit eine Voraussetzung für die praxisorientierte Weiterentwicklung des Target Costing-Konzeptes. Aufbauend auf einer detaillierten empirischen Untersuchung können Empfehlungen zur Gestaltung und Implementierung von Target Costing-Systemen abgeleitet werden, die die Anwendungsvoraussetzungen in deutschen Unternehmen berücksichtigen

Die nachfolgend dargestellte empirische Untersuchung in deutschen Großunternehmen aller Branchen soll diese identifizierte Lücke schließen. Zusätzlich erfolgt ein teilweiser Vergleich der Untersuchungsergebnisse mit den Ergebnissen der jüngsten Untersuchung in japanischen Unternehmen, der das Verständnis und die Interpretationsfähigkeit der deutschen Befunde erhöhen soll.

# 4. Forschungskonzeption und Bezugsrahmen der Stuttgarter Studie

Aufbauend auf den in den vorherigen Kapiteln erläuterten theoretischen Grundlagen zum Objektbereich dieser Untersuchung sollen nun die Zusammenhänge hinsichtlich einer kontextbedingten Gestaltung und Implementierung entwickelt und dazu Hypothesen formuliert werden. Dazu werden in diesem Kapitel zunächst die dieser Studie zugrunde liegende Forschungskonzeption, der forschungslogische Ablauf sowie der verwendete organisationstheoretische Forschungsansatz dargestellt (vgl. Abb. 4-1). Anschließend wird der dem gesamten Forschungsprogramm und darauf aufbauend der dieser Studie zugrunde liegende Bezugsrahmen zur Untersuchung des Target Costing in deutschen Großunternehmen erläutert. Mit Hilfe dieser Konzeption der empirischen Untersuchung sollen die Überlegungen einer Überprüfung an der Realität unterzogen werden. Im Mittelpunkt steht die Zielsetzung, Erkenntnisse zu gewinnen, die der Unternehmenspraxis hilfreiche Unterstützung bei der Gestaltung und der Implementierung des Target Costing bieten. Aufgrund des Forschungsstandes zum Target Costing in Deutschland scheint es dem Verfasser nicht möglich, Erfolgsfaktoren für die Anwendung des Target Costing zu ermitteln, sondern zunächst den State-of-the-Art zu erheben. Der Schwerpunkt der Untersuchung liegt also auf der deskriptiven Darstellung des Standes des Target Costing in deutschen Großunternehmen, auf dessen Basis zukünftig im Rahmen weiterer empirischer Untersuchungen Korrelationen zu Einflußfaktoren identifiziert werden können. In diesem Punkt steht die Target Costing-Forschung in Deutschland noch am Anfang.

Trotz des in Kapitel 2.6. beschriebenen integrativen Verständnisses von Target Costing und Kaizen Costing ist letzteres nicht Gegenstand der Untersuchung, da von einem noch geringen Anwendungsstand des Kaizen Costing in deutschen Unternehmen ausgegangen wird (vgl. dazu *Monden/Hamada* (1991), S. 33; *Lamla* (1996)). Die auf Grundlage der empirischen Ergebnisse abgeleiteten Handlungsempfehlungen zur Gestaltung und Implementierung sollen die Einführung und laufende Anwendung des Target Costing in der Unternehmenspraxis unterstützen und vorantreiben.

### 4.1. Forschungskonzeption und forschungslogischer Ablauf

Da eine der wesentlichen Zielsetzungen dieses Forschungsprojektes die Ermittlung möglichst repräsentativer Ergebnisse darstellt, wurde die empirische Querschnittsanalyse als hierfür geeignete Forschungskonzeption ausgewählt. Für die Auswahl sprechen neben den zeitlichen auch die finanziellen Restriktionen des Forschungsprojektes. Aus diesem Grund schied auch die Durchführung einer multiplen Längsschnittanalyse aus, wie sie beispielsweise im Ursprungsland des Objektbereiches Target Costing zur Zeit durchgeführt wird (vgl. die Studie von *Tani u.a.* in Kapitel 3.2.1.3.).

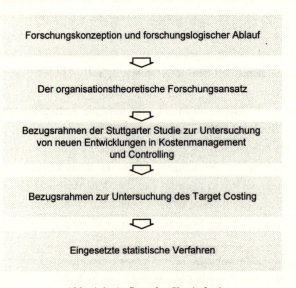

*Abb. 4-1: Aufbau des Kapitels 4*

Um den Untersuchungsgegenstand weitreichend zu erfassen und geeignete Hypothesen ableiten zu können, wurden vor Durchführung der Querschnittsanalyse ergänzende explorative Studien vorgenommen. Hierfür wurden teilstrukturierte Experteninterviews sowie Dokumentenanalysen bei mehreren großen deutschen Industrieunternehmen durchgeführt, die als besonders fortschrittlich auf dem Gebiet des Target Costing gelten.

Als Datenerhebungsmethode der Querschnittsanalyse wurde die schriftliche Befragung mit Hilfe eines standardisierten Fragebogens verwendet. Auf diese Weise konnte unter vertretbarem zeitlichen und finanziellen Aufwand ein relativ hoher Stichprobenumfang erzielt werden (zur ausführlichen Darstellung von Vor- und Nachteilen der schriftlichen Befragung vgl. *Kromrey* (1994), S. 285 ff.). Durch einen klaren Fragebogenaufbau, einem geringen Fragebogenumfang und einer zweistufigen

Vorgehensweise an die befragten Unternehmen sollte verhindert werden, daß die versendeten Fragebögen nur unzureichend beantwortet werden (vgl. dazu Kap. 5.1.).

Der Vorgehensweise liegt der forschungslogische Ablauf zugrunde. Er unterteilt sich generell in die Phasen Problembenennung, Gegenstandsbenennung, Durchführung (Anwendung von Forschungsmethoden), Analyse (Auswertungsverfahren) und Verwendung der Ergebnisse (vgl. *Friedrichs* (1990), S. 50 ff.).

Die Problem- und Gegenstandsbenennung bildet den sog. Entdeckungszusammenhang des Forschungsvorhabens. In dieser Phase sollen die Gründe für die Durchführung und das Ziel der Untersuchung sowie die Hypothesen aufgestellt werden. Der Begründungszusammenhang besteht aus den Phasen Durchführung und Analyse, wobei angewandte Forschungsregeln und Instrumente meist mit EDV-Unterstützung zum Einsatz kommen, um Theorien und Hypothesen möglichst exakt und objektiv zu prüfen. Die Verwendung der Ergebnisse bildet schließlich den Verwertungszusammenhang der Untersuchung (vgl. ausführlich bei *Atteslander* (1993), S. 72 ff. und *Friedrichs* (1990), S. 50 ff.).

## 4.2. Der organisationstheoretische Forschungsansatz

Das vorliegende Forschungsprojekt soll im Sinne eines pragmatischen Wissenschaftsziels in einem zielgerichteten Prozeß der Erkenntnisgewinnung praxeologische Aussagen als generelle Orientierungshilfen zur Lösung praktischer Problemstellungen für Unternehmen zur Verfügung stellen. Durch die Abstraktion und Verallgemeinerung der Aussagen auf eine Vielzahl ähnlicher und vergleichbarer Problemstellungen erhalten sie erst einen wissenschaftlichen Charakter. In der Praxis bestehende individuelle Problemlösungen derart zu ökonomisieren stellt den praktischen Sinn wissenschaftlicher Forschung dar (vgl. *Wild* (1966), S. 84 ff.; *Grochla* (1972); *Kubicek* (1975)).

Da alle Unternehmen sich in ihrem Kontext und ihren Situationseigenschaften (im Bezug auf das zu gestaltende System, die relevanten Umweltsegmente und die personellen Aufgabenträger) mehr oder weniger stark unterscheiden, gibt es keine allgemeingültigen Gestaltungsempfehlungen, die in allen Unternehmen zum gleichen Erfolg führen. Die unternehmensspezifischen Gegebenheiten haben einen großen Einfluß auf die Wirksamkeit getroffener Maßnahmen. Es muß deshalb überprüft werden, ob zwei Fälle vergleichbar sind und ob die in einem Unternehmen erfolgreich angewandten Vorgehensweisen auch in anderen Unternehmen eingesetzt werden können.

Der situative bzw. kontingenztheoretische Ansatz geht deshalb davon aus, daß Organisationen durch die „Situation" („Kontext"), in dem sie sich befinden, charakterisiert werden. Die jeweilige Strukturform eines Systems soll situationsabhängig erklärt werden. Unterschiede in der Organisationsstruktur von Unternehmen resultieren demnach daraus, daß diese sich auf ihre spezifische Situation einstellen. Die situative Analyse wirtschaftlicher Handlungen unterstützt somit eine differenzierte, praxisnahe Betrachtungsweise betriebswirtschaftlicher Problem- und Fragestellungen (vgl. *Kieser/Kubicek* (1983) und *Staehle* (1973)). Die praxeologische Aufgabe des situativen Ansatzes ist es, alternative Handlungsmöglichkeiten zu entwickeln und zu bestimmen, in welcher Situation welche Alternative welche Problemlösung bietet (vgl. *Armbrecht* (1992), S. 131).

Auch in dem hier vorgestellten empirischen Forschungsprojekt wird die Annahme der Kontextabhängigkeit von Unternehmen, wie in zahlreichen weiteren empirischen Forschungsvorhaben der Betriebswirtschaftslehre, als zweckmäßiger Ansatz angesehen. Diese Ausführungen sollen hier genügen, da der situative Ansatz in der Literatur bereits umfassend dargestellt, analysiert und begründet wurde (vgl. dazu *Staehle* (1973), *Schreyögg* (1978), *Kubicek* (1980), *Kieser/Kubicek* (1983).

Der empirisch zu ermittelnde Beziehungszusammenhang zwischen dem Target Costing-System und den Kontextfaktoren darf nicht mißverstanden werden als Versuch, eine kausale oder deterministische Interdependenz zu ermitteln (vgl. dazu *Kieser/Kubicek* (1977), S. 192 ff.; *Schreyögg* (1978), S. 297). Eine exakte Analyse der Ursache-Wirkungs-Zusammenhänge, die alle relevanten Determinanten umfaßt, ist aufgrund der unüberschaubar großen Menge an Einflußfaktoren und deren Beziehungen untereinander nicht möglich. Hinzu kommen neben den „harten" situativen Faktoren auch „weiche", die Psyche der Entscheidungsträger kennzeichnende Einflußfaktoren, wie z.B. persönliche Einstellungen, Neigungen, Emotionen. Deshalb soll mit dem situativen Forschungsansatz versucht werden, eine Beziehung zwischen den situationsbeschreibenden Merkmalen eines Unternehmens und der Gestaltung und Implementierung des Target Costing aufzuzeigen.

### 4.3. Der Bezugsrahmen der Stuttgarter Studie zur Untersuchung von neuen Entwicklungen in Kostenmanagement und Controlling

#### 4.3.1. Zur Notwendigkeit und Bedeutung des Bezugsrahmens für die empirische Forschung

Im verfahrenstechnischen Teil empirischer Forschungsprojekte werden nach der Festlegung des Forschungsdesigns die Auswahl- und Erhebungsverfahren sowie die

Datenaufbereitungs- und -auswertungsmethoden bestimmt. Vor der Ableitung praxeologischer Aussagen muß sich der Forscher jedoch konkrete Vorstellungen über die zu gewinnenden Aussagen in Form von Hypothesen verschaffen, um zu vermeiden, daß das Ergebnis eines empirischen Forschungsprojektes am Ende nur eine Ansammlung empirischer Daten darstellt (vgl. *Kubicek* (1975), S. 34 ff.). Empirische Forschung besteht somit aus einem ständigen Wechselspiel zwischen zu treffenden gedanklichen Annahmen und deren Überprüfung an den erhobenen empirischen Daten (vgl. *Wild* (1967), S. 589). Erst dadurch wird ein gezielter, planmäßiger und systematischer Erkenntnisgewinnungsprozeß möglich. Den Ausgangspunkt eines empirischen Forschungsvorhabens bildet die Aufstellung eines Bezugsrahmens. Er stellt die verwendeten theoretischen Grundbegriffe des Theoriegebildes und die zwischen ihnen angenommenen Beziehungen in Form von möglichen Ursachen und erwarteten Konsequenzen explizit und geschlossen dar (vgl. *Kubicek* (1975), S. 37). Somit wird das zu erforschende Problem abgegrenzt, indem die Bestandteile und die Randbedingungen der empirischen Erhebung aufgestellt werden (vgl. *Kirsch* (1971), S. 241 f.). Auf dieser Basis kann letztlich entschieden werden, welche Daten zur Überprüfung der erwarteten Beziehungen erhoben werden müssen und wie Ergebnisse zu interpretieren sind. Dem Bezugsrahmen kommt somit eine bedeutende Selektions- und Steuerungsfunktion zu, da er dem Forscher als Interpretationsmuster dient, das ein besseres Verständnis der realen Zusammenhänge ermöglicht (vgl. *Kubicek* (1975), S. 39); *Schmidt* (1972)).

### 4.3.2. Module eines Bezugsrahmens

Der Bezugsrahmen eines empirischen Forschungsprojektes muß alle für das Forschungsobjekt relevanten Variablen und deren mögliche Beziehungen enthalten. Ein Teil der relevanten Variablen kann durch einen anderen Teil der Variablen erklärt werden. Die meisten Größen erscheinen dabei als unabhängige Variable und gleichzeitig als abhängige Variable (vgl. *Kubicek* (1975), S. 116). Ob eine Variable als abhängig oder unabhängig gilt, hängt von den jeweils im Rahmen von Einzelfragestellungen betrachteten Größen ab. Stets unabhängige Variablen sind die sog. exogenen Variablen, die als autonome Größen innerhalb des Modells nicht erklärt werden sollen.

Welche Variable in einem Forschungsprojekt als unabhängig und welche als abhängig bezeichnet wird, hängt nicht von den Variablen ab, sondern von den Hypothesen (vgl. *Friedrichs* (1990), S. 95). Dementsprechend müssen Hypothesen über die Zusammenhänge zwischen den als unabhängig definierten untereinander oder den als abhängig definierten Variablen untereinander auftreten.

Bei der Einteilung der in einem Bezugsrahmen verwendeten Variablen kann der Forscher ihm geeignet erscheinende Gruppierungen vornehmen. Bei Untersuchungen in Unternehmen erfolgt häufig eine Gruppierung in Umweltfaktoren einerseits und Unternehmensfaktoren andererseits, die auch im folgenden gelten soll. Dabei können Unternehmensfaktoren von den Unternehmen selbst beeinflußt werden. Sie beschreiben die für die Untersuchung geltende generelle Unternehmensstruktur. Die Umweltfaktoren kennzeichnen die Austauschbeziehungen zwischen dem Unternehmen und seiner Umgebung. Da sie außerhalb des Unternehmens liegen können sie von diesem nicht oder nur bedingt beeinflußt oder prognostiziert werden (vgl. *Hoffman* (1980), S. 14 ff. und S. 135 ff.).

Die situativen Einflußfaktoren bilden im Rahmen der empirischen Untersuchung in der Regel die unabhängigen Variablen (Instrumentalvariablen), während die organisationalen Phänomene als abhängige Variablen (Ergebnisvariablen) angesehen werden. Da die Qualität der zu treffenden Aussagen positiv mit dem Differenzierungsgrad der Kausalanalyse korreliert, werden zusätzlich noch modifizierend wirkende „intervenierende" Variablen betrachtet, die eine (positiv oder negativ) verstärkende Wirkung auf den Zusammenhang zwischen den abhängigen und unabhängigen Variablen besitzen (vgl. *Armbrecht* (1992), S. 131).

Da das Ergebnis der empirischen Forschung bei der Aufstellung des Bezugsrahmens nicht bekannt sein kann, müssen die erwarteten Beziehungszusammenhänge sowohl für Änderungen als auch für die Entdeckung neuer Zusammenhänge offen sein. Unter forschungsökonomischen Aspekten sollte die Hypothesenformulierung auf Basis der über das zu untersuchende Problem vorhandenen Literatur sowie im Bezug auf konkrete, praktische Probleme durchgeführt werden. Auf diese Weise ist gewährleistet, daß bereits vorhandenes Wissen genutzt und aus gemachten Fehlern gelernt wird (vgl. *Hoffman* (1980), S. 15). Dieser Aspekt wurde auch bei diesem Forschungsprojekt berücksichtigt.

### 4.3.3. Hypothesenaufstellung und -überprüfung im Rahmen empirischer Querschnittsanalysen

Eine Hypothese ist eine Aussage, in der angegeben wird, wie sich eine Menge von Objekten auf zwei oder mehr Variablen sowie auf deren Ausprägungen verteilt (vgl. *Friedrichs* (1990), S. 103). Die Aufstellung der Hypothesen stellt eine Verknüpfung von Definitionen dar, in deren Rahmen die Zuordnung von Merkmalen, die die späteren Variablen mit einer bestimmten Zahl von Ausprägungen darstellen, zu den Objekten stattfindet.

Der Informationsgehalt von Hypothesen ist z.T. sehr unterschiedlich. Er hängt von mehreren Kriterien ab (vgl. im folgenden *Friedrichs* (1990), S. 104):

❑ Menge der Objekte, für die die Hypothese gelten soll, z.B. alle Mitarbeiter des Unternehmens, alle Mitarbeiter der Abteilung „Rechnungswesen", alle Mitarbeiter des Projektteams.

❑ Zahl der Ausprägungen, z.B. nur „kein - gering - hoch" oder „keine - sehr gering - gering-durchschnittlich - hoch - sehr hoch".

❑ Detailliertheit der Verteilungen, z.B. nur „detailliert" oder „sehr detailliert".

❑ Spezifikation der Randbedingungen, unter denen die Hypothese gelten soll.

Mit der Zahl der Ausprägungen der Variablen in einer Hypothese läßt sich der Informationsgehalt erhöhen, ebenso wie durch die Exaktheit der Begriffsdefinitionen, die Art der Operationalisierungen, die Skalenqualität und die Art der statistischen Auswertung.

Die in den Hypothesen enthaltenen Beziehungen zwischen den Variablen können wie folgt eingeteilt werden (vgl. *Zetterberg* (1973), S. 104 ff.): deterministisch oder statistisch, reversibel oder irreversibel, aufeinanderfolgend oder gleichzeitig, hinreichend oder bedingt sowie notwendig oder substituierbar.

Die Überprüfung der Hypothese erfolgt anhand der durch die Aussage der Hypothese bezeichneten Objektmenge. Die Hypothese legt also die Menge von Elementen fest, die die Basis für die Stichproben darstellt.

Die Ausrichtung einer empirischen Untersuchung kann beschreibend (deskriptiv) oder analytisch (Hypothesen prüfend) sein. Sie hängt davon ab, welche Kenntnis über den zu untersuchenden Objektbereich bereits vorliegt. Analytische Studien setzen beschreibende Studien voraus, denn in beschreibenden Studien werden Kenntnisse über bisher unbekannte oder nur wenig bekannte Objektbereiche gewonnen. Dabei ist die Auswahl der Variablen eher intuitiv, d.h. die Annahmen sind vage, wenngleich sie eine wichtige Grundlage für weitere Studien und für die Hypothesenformulierung sind.

Im Rahmen dieses Forschungsprogrammes wurden die Hypothesensysteme der unterschiedlichen Teilprojekte zunächst getrennt voneinander aufgestellt. Dies geschah deshalb, um die z.T. unterschiedlichen Zielsetzungen der Untersuchungsbereiche konsequent zu berücksichtigen. Nach Aufstellung der Hypothesensysteme werden diese auf Überschneidungen, Kongruenzen oder Widersprüche überprüft.

### 4.3.4. Der Bezugsrahmen des Forschungsprogrammes

Der für das Forschungsprogramm des Lehrstuhls Controlling der Universität Stuttgart erarbeitete gemeinsame Bezugsrahmen dient zur Integration und Einordnung der einzelnen Forschungsvorhaben. Er soll eine einheitliche Operationalisierung der grundlegenden, über alle Teilprojekte hinweg gültigen Variablen sicherstellen und bildet somit die Variablenbasis der daraus abgeleiteten Untersuchungen. Die speziellen Bezugsrahmen der einzelnen Forschungsvorhaben ordnen sich in den Gesamtbezugsrahmen ein. Als Gesamtkonzeption verkörpert er den Zusammenhang zwischen den jeweiligen Forschungsgebieten. Dabei verfolgt die Studie eine doppelte Zielsetzung (vgl. *Arnaout u.a.* (1997)):

❑ Sie soll den Anwendungsstand in der deutschen Praxis zu vier neuen, nach Auffassung der Forscher wesentlichen, Themenfeldern im Controlling umfassend analysieren.

❑ Darüber hinaus sollen die integrativen Querverbindungen zwischen den vier analysierten Themenfeldern untersucht werden.

Der entwickelte Bezugsrahmen bietet einen Gesamtrahmen für vier Teilforschungsvorhaben, die sich folgenden Themen zur Erforschung ihres jeweiligen Umsetzungsstandes in der deutschen Unternehmenspraxis widmen:

1. Target Costing (vgl. Kapitel 2)

2. Prozeßkostenmanagement (vgl. stellvertretend für den methodischen Stand *Horváth u.a.* (1993) sowie *Stoi* (1999)).

3. Performance Measurement (vgl. stellvertretend für den methodischen Stand der Dinge *Neely u.a.* (1995); *Klingebiel* (1996); *Gleich* (1997)).

4. Controlling für bewegliche Strukturen (vgl. zu dessen Einordnung *Seidenschwarz* (1997), S. 57).

Um eine einheitliche Operationalisierung der grundlegenden, über alle Teilprojekte hinweg gültigen Variablen und Begrifflichkeiten sicherzustellen, wurde deshalb für alle Forschungsprojekte ein gemeinsamer Bezugsrahmen erarbeitet. Dieser dient der Integration und Einordnung der einzelnen Forschungsvorhaben und bildet die Variablenbasis der daraus abgeleiteten Untersuchungen.

Die speziellen Bezugsrahmen der einzelnen Teilforschungsvorhaben ordnen sich in den Gesamtbezugsrahmen ein. Als Gesamtkonzeption verkörpert er den Zusammenhang zwischen den jeweiligen Forschungsgebieten. Der Aufbau des gemeinsamen Bezugsrahmens wurde in einem Forschungsbericht eingehend beschrieben (vgl. *Arnaout/Gleich/Seidenschwarz/Stoi* (1997)) und ist in Abb. 4-2 dargestellt.

Der Bezugsrahmen der Stuttgarter Studie basiert, in Anlehnung an den organisationstheoretischen Forschungsansatz, auf drei Modulen: Dem Modul „Unternehmensfaktoren", dem Modul „Umweltfaktoren" sowie dem Modul „Führungs- und Controllingsystem" (vgl. Abb. 4-2).

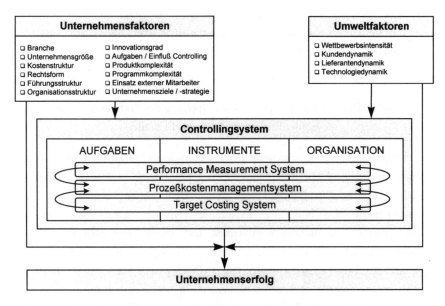

*Abb. 4-2: Gemeinsamer Bezugsrahmen der Stuttgarter Studie*
*(vgl. Arnaout/Gleich/Seidenschwarz/Stoi (1997), S. 6)*

Den externen Kontext repräsentieren die Umweltfaktoren, den internen Kontext die Unternehmensfaktoren. Unter Kontext versteht man dabei ein offenes Konzept, dem abhängig von der jeweiligen Problemstellung Faktoren bzw. Variablen zuzuordnen sind, die zueinander in Beziehung stehen. Innerhalb des Controllingsystems wird neben dem Target Costing auch die Prozeßkostenrechnung und das Prozeßkostenmanagement als Abbildungs- und Steuerungsinstrument sowie das System des Performance Measurements im Unternehmen untersucht. Das Gesamtsystem des Controlling stellt den Rahmen für die Unternehmenssteuerung dar. Da nach Auffassung des Forscherteams die Beweglichkeit (im Sinne schneller und flexibler) das geforderte Hauptmerkmal von Organisationsstrukturen heute darstellt, wurde sie als 4. Forschungsthema als spezifische Ausrichtung des Controlling hervorgehoben (vgl. dazu auch *Arnaout u.a.* (1997)).

Durch den dem gesamten Forschungsprogramm und der Einzelstudie zugrunde liegenden Gesamtbezugsrahmen wurde versucht, die wesentlichen Bestandteile der Gesamtsituation in der Unternehmenspraxis zu erfassen und zu strukturieren. Ein Schwerpunkt liegt jedoch trotzdem auf dem Entdeckungszusammenhang, um die

Zusammenhänge zwischen dem Konzept des untersuchten Objektbereiches und der Umsetzung in der Realität näher zu ergründen (vgl. *Kubicek* (1975), S. 46). Der Gesamtbezugsrahmen und damit auch der Einzelbezugsrahmen geht von vermuteten Zusammenhängen aus, nicht bloß von Behauptungen (vgl. *Kubicek* (1977), S. 17 f.). Durch die durch die Untersuchung gefundenen Ausprägungen und Zusammenhänge werden der Gesamt- und der Einzelbezugsrahmen weiter präzisiert. Außerdem wird über die Verteilung und die Varianz der Variablen ebenfalls weiter Aufschluß gewonnen (vgl. *Szyperski/Müller-Böling* (1981), S. 181).

### 4.3.5. Der Bezugsrahmen der Untersuchung des Standes und der Implementierung des Target Costing

Der Bezugsrahmen zur Untersuchung der Gestaltung und Implementierung des Target Costing in der deutschen Unternehmenspraxis ordnet sich in den Gesamtbezugsrahmen des Forschungsprogrammes ein. Den ersten Schwerpunkt des Untersuchungsmodells bildet die explorative Hypothesengenerierung über den Zusammenhang von unternehmensinternen und unternehmensexternen Einflußfaktoren und den einzelnen Gestaltungs- und Implementierungsfaktoren von Systemen des Target Costing in der Praxis. Den zweiten Schwerpunkt bildet die Hypothesenüberprüfung über den Zusammenhang von unternehmensinternen und unternehmensexternen Einflußfaktoren und den einzelnen Gestaltungs- und Implementierungsfaktoren von Target Costing-Systemen sowie über die Wirkung von Target Costing-Systemen.

Hierbei ist zu beachten, daß die Target Costing-Forschung in Deutschland im Sinne der vier Präzisierungsstufen kausaler Annahmen (1. Annahme einer Beziehung ⇨ 2. Richtung der Beeinflussung ⇨ 3. Vorzeichen der Beziehung ⇨ 4. Stärke der Zusammenhänge) bei der Formulierung von Annahmen über kausale Beziehungen erst am Anfang steht (vgl. *Kubicek* (1975), S. 117). Aus diesem Grund ist es forschungsstrategisch wenig sinnvoll, innerhalb dieser ersten Untersuchung ihrer Art sofort Hypothesen über die Stärke von Korrelationskoeffizienten aufstellen und testen zu wollen. Zunächst sollten die Strukturen der Beeinflussungsbeziehungen analysiert werden.

Die Konzeptionalisierung und Operationalisierung des problemrelevanten Kontexts bildet die Grundlage der empirischen Untersuchung über die Gestaltung und Implementierung von Systemen des Target Costing in der Praxis.

Wie bereits in Kapitel 3 dargestellt, existiert besonders im Ursprungsland Japan mittlerweile eine Reihe von empirischen Untersuchungen zur Anwendung des Target Costing. Trotz der in den letzten Jahren stark gestiegenen praktischen Verbreitung des

Target Costing auch in deutschen Unternehmen und Veröffentlichungen zu konzeptionellen Weiterentwicklungen liegen bislang kaum empirische Befunde zur Gestaltung und zur Implementierung in der deutschen Unternehmenspraxis vor. Aus diesem Grund kann bei der Wahl des Bezugsrahmens des Target Costing nicht auf eindeutige Hypothesen über Kontextzusammenhänge im deutschen Unternehmensumfeld zurückgegriffen. Ansatzpunkte liefern nur die bereits vorliegenden Untersuchungen im Ausland.

Vor Aufstellung der im Rahmen dieses Forschungsprojekts zu überprüfenden Hypothesen und der Ausgestaltung des Fragebogens wurden deshalb im Zeitraum von Juli 1996 bis Juli 1997 bei mehreren Unternehmen, die dem Autor als Anwender des Target Costing bekannt waren, Experteninterviews durchgeführt *(Daimler-Benz AG, Hewlett Packard GmbH, Datev e.G., Alcatel SEL AG, Dr.-Ing. h.c. F. Porsche AG, Siemens AG)* Ob jemand als Experte gilt, ist vor allem vom jeweiligen Forschungsinteresse abhängig. Experten tragen Verantwortung für den Entwurf, die Implementierung oder die Kontrolle einer Problemlösung oder verfügen über privilligierten Zugang zu Informationen über Personen oder Entscheidungsprozesse. Die Experten sind für den Forscher als Funktionsträger innerhalb eines organisatorischen oder institutionellen Kontextes von Interesse. Gegenstand des Experteninterviews sind die damit verbundenen Zuständigkeiten, Aufgaben, Tätigkeiten und die aus diesen gewonnenen exklusiven Erfahrungen und Wissensbestände (vgl. *Meuser/Nagel* (1991), S. 443 ff.).

Forschungslogisch wird mit dem Einsatz von Experteninterviews das Interesse verfolgt, Strukturen und Strukturzusammenhänge des Expertenwissens und -handelns zu analysieren. Das Experteninterview stellt somit bei diesem Forschungsprojekt einen Meilenstein auf dem Wege zur Hauptuntersuchung dar. Die Interviews wurden partiell ausgewertet, um Themen und Hypothesen für die weiteren Untersuchungsschritte zu bestimmen und zu validieren und um die Ausgestaltung des Fragebogens zu unterstützen. Zur Datenerhebung wurde ein teilstrukturiertes Leitfadeninterview verwendet, da dies sowohl dem thematisch begrenzten Interesse des Forschers, als auch dem Expertenstatus gerecht wird. Die Ausrichtung an einem Interviewleitfaden schließt aus, daß sich das Gespräch in nicht für das Forschungsinteresse relevanten Themen verliert und erlaubt dem Experten zugleich seine Sichtweise darzustellen. Zudem sichert der Interviewleitfaden die weitgehende Vergleichbarkeit, da er das Gespräch auf die interessierenden Themen fokussiert (vgl. *Meuser/Nagel* (1991), S. 447 ff.). Gesprächspartner waren kaufmännische Führungspersonen, bspw. die Leiter der Abteilungen Rechnungswesen und/oder Controlling, da von diesen Personen in der Regel die Initiative für die Einführung des Target Costing ausging und in den hier dargestellten Fällen auch die Projektverantwortung angesiedelt war.

Die in den Experteninterviews ermittelte Problematik in der praktischen Anwendung des Target Costing besteht generell darin, daß die Grundprinzipen, Methoden und Instrumente der Target Costing-Systeme je nach Unternehmenssituation selektiv angewendet werden. Einige Elemente und begleitende Instrumente treten dabei immer auf, wie z.B. die Retrograde Kalkulation, die Spaltung der ermittelten Zielkosten auf Produktelemente oder die Durchführung von Kostenschätzungen und konstruktionsbegleitenden Kalkulationen. Einige Elemente werden in den Unternehmen selten realisiert, wie z.B. die Schaffung der notwendigen organisatorischen Voraussetzungen oder die Einbindung der Zulieferer in die Target Costing-Aktivitäten. Der Einsatz der Instrumente bzw. die Ausgestaltung der Phasen des Target Costing orientieren sich in den betrachteten Unternehmen immer an der spezifischen Unternehmenssituation.

Eine weitere Problematik bei der empirischen Durchdringung des Target Costing besteht darin, daß Target Costing kein vollkommen neues Konzept ist, sondern existierende Methoden und Instrumente des Kostenmanagements zu einem schlüssigen Gesamtkonzept integriert (vgl. *Horváth u.a.* (1993), S. 3). Eine Klassifikation der Unternehmen in Anwender und Nicht-Anwender ist daher schwierig. Aus diesem Grund wurde die Grundstruktur des Untersuchungsmodells nicht an den Phasen des Target Costing wie in Kapitel 2.7. beschrieben oder den Produktentwicklungsphasen ausgerichtet, da diese von Unternehmen zu Unternehmen unterschiedlich definiert sind und eine Vergleichbarkeit der Antworten im Fragebogen dadurch beeinträchtigt werden würde.

Die Erfassung der Gestaltung und Implementierung des Target Costing erfolgte deshalb anhand eines Untersuchungsmodells, das als ein Spektrum möglicher Anwendungsintensitäten des Target Costing konzipiert ist. Zielsetzung ist es, mit Hilfe der festgelegten Variablen die unterschiedlichen Ausprägungsformen der Gestaltung des Target Costing zu identifizieren und ggfs. zu typologisieren. Das Untersuchungsmodell basiert auf den Elementen des Target Costing, wie sie in Abb. 4-3 dargestellt sind. Es sind diejenigen Elemente, anhand denen eine Unterscheidung der Ausgestaltung des Systems durchgeführt werden kann und die die Realisierung der 6 Grundprinzipien von Target Costing-Systemen nach *Ansari/Bell/CAM-I* (vgl. Kapitel 2.9.) widerspiegeln. Sie stellen die Kernelemente dar, die wiederum unterschiedlich stark differenziert ausgestaltet werden können.

Dazu wurden Hypothesen abgeleitet, deren Überprüfung zu Handlungsempfehlungen für die Implementierung und Gestaltung des Target Costing in deutschen Unternehmen führen sollen. Zu beantwortende Fragestellungen sind in diesem Zusammenhang:

❑ Aus welchen wesentlichen Elementen bestehen die Target Costing-Systeme in
   deutschen Unternehmen ?

❑ Von welchen unternehmensinternen und -externen Kontextfaktoren ist die Ausgestaltung dieser Target Costing-Systeme abhängig?

❑ Welche Auswirkungen auf die Effektivität sind mit dem Einsatz der Elemente der
Target Costing-Systeme verbunden?

Zur Untersuchung des Standes und der Implementierung des Target Costing in
deutschen Großunternehmen (Bem.: aufgrund der häufigeren Verwendung und zur
besseren Verständlichkeit des Untersuchungsobjektes bei den befragten Unternehmen
wurde der Begriff *Target Costing* statt *Marktorientiertes Zielkostenmanagement*
gewählt) bringt das Untersuchungsmodell die wesentlichen Elemente eines Target
Costing-Systems und die wesentlichen Einflußfaktoren in Zusammenhang (vgl.
*Arnaout/Stoi* (1997)).

Die identifizierten Elemente von Target Costing-Systemen wurden aus den theoretischen Ansätzen, den veröffentlichten praktischen Beispielen, den beobachteten Elementen im Rahmen der explorativen Fallstudien sowie unter Berücksichtigung der
Charakteristika des Target Costing abgeleitet. Die Elemente sind die:

❑ Marktorientierte Preis- und Zielkostenfindung: ein wesentliches Merkmal des
Target Costing ist, daß die ermittelten Marktpreise die erlaubten Kosten bestimmen („Price-led Costing") und daß die Funktionen des zu entwickelnden Produktes
am Kunden ermittelt werden („Focus on Customers"). Ob die Preisfindung durch
die befragten Unternehmen marktorientiert erfolgt und wie daraus abgeleitet die
Zielkostenfindung stattfindet, soll mit diesem ersten Element des Target Costing
untersucht werden.

❑ Retrograde Kalkulation: Die Retrograde Kalkulation stellt ein Kernelement des
Target Costing dar. Durch dieses Element wird die Hauptfrage „Was darf ein
Produkt kosten?" in der Anwendungspraxis umgesetzt. Sie ist ebenfalls Indikator
für die Marktpreisorientierung, es können aber auch Hinweise auf die Lebens-
zyklus- und die Wertschöpfungskettenorientierung („Life Cycle Orientation" und
„Value Chain Involvement") abgeleitet werden.

❑ Zielkostenspaltung: Auch die Zielkostenspaltung ist ein weiteres Kernelement des
Target Costing. Zusammen mit der Retrograden Kalkulation stellt es sozusagen die
Grundstufe der Target Costing-Anwendung dar. Wenn diese beiden Elemente in
einem Unternehmen praktiziert werden, spricht man häufig schon von der
Anwendung des Target Costing (vgl. dazu auch die genannten Fallbeispiele in
Kapitel 3.1.). Das Element Zielkostenspaltung liefert Hinweise zur Erfüllung der
Grundprinzipien „Focus on Customers" und „Cross-Functional Involvement".

❑ Funktionsübergreifende Teamstrukturen und Prozesse: Die Konzeption, Entwicklung und Konstruktion eines Produktes durch ein interdisziplinär besetztes Team,

dessen Zusammensetzung sich je nach Problemstellung und Entwicklungsphase auch ändern kann, ist ebenfalls ein charakteristisches Merkmal des Target Costing („Cross-Functional Involvement"). Mit diesem Element soll auch der Schwerpunkt der Target Costing-Aktivitäten („Focus on Design") ermittelt. Dieses Element kann in der Unternehmenspraxis unterschiedlich intensiv ausgestaltet sein. Eine konsequente und durchgängig verantwortliche Teamorganisation ist ein Indikator für ein entwickeltes Target Costing-System.

❑ Methoden und Instrumente zur Zielkostenerreichung: Sie wurden bereits in Kapitel 2.7.3. erläutert.

❑ Zuliefererintegration: Mit diesem Element soll die Einbeziehung von Lieferanten und Kundenunternehmen in das Target Cosing-System der befragten Unternehmen ermittelt werden („Value Chain Involvement").

Die Prinzipien „Focus on Design" und „Life Cycle Orientation" stellen durchgängige Prinzipen des Target Costing dar, die sich im Grunde in der Ausgestaltung aller Elemente ausdrückt.

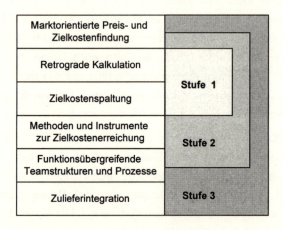

*Abb. 4-3: Anwendungsstufen des Target Costing*

Besonders die explorativen Fallbeispiele zeigten, daß die untersuchten Target Costing-Systeme und die Ausgestaltung der Elemente darin in drei Anwendungsstufen eingeteilt werden können, die auch eine zeitliche Entwicklung darstellen (vgl. Abb. 4-3). Die erste Anwendungsstufe umfaßt nur die Retrograde Kalkulation und die Zielkostenspaltung als Kernelemente eines Target Costing-Systems. Weiterentwickelte Systeme weisen eine methodische und instrumentelle Unterstützung der Zielkostenerreichung z.B. durch Kostenschätzverfahren oder Benchmarking, eine marktorientierte Preis- und Zielkostenableitung sowie eine die Target Costing-

Aktivitäten unterstützende Teamorganisation und funktionsübergreifende Prozesse auf. Da hinsichtlich der marktorientierten Preis- und Zielkostenfindung, der funktionsübergreifenden Teamstrukturen und Prozesse unterschiedlich intensive Ausprägungen und Anwendungen existieren, gehören die weiterentwickelteren Formen zusammen mit der Zulieferintegration zur 3. Anwendungsstufe.

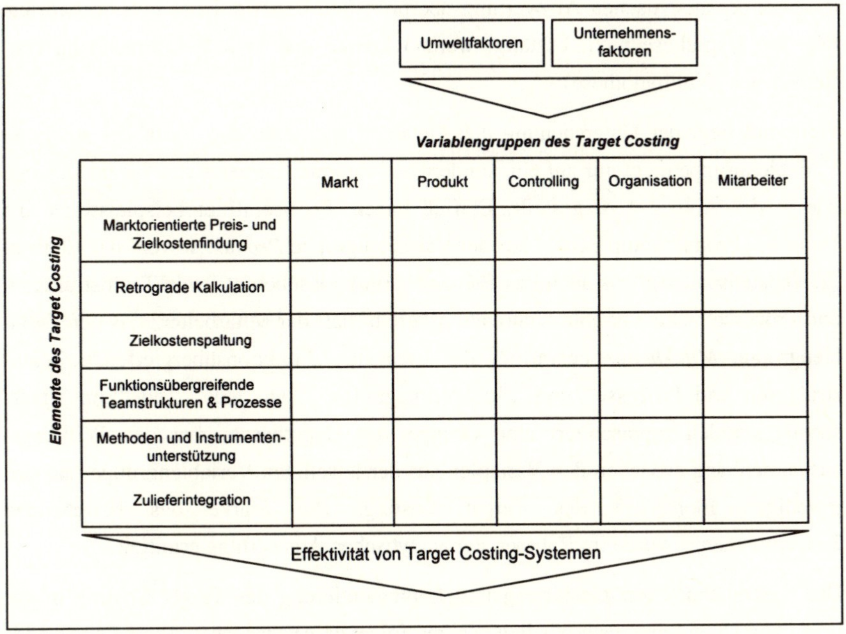

| | | Markt | Produkt | Controlling | Organisation | Mitarbeiter |
|---|---|---|---|---|---|---|
| | Marktorientierte Preis- und Zielkostenfindung | | | | | |
| | Retrograde Kalkulation | | | | | |
| | Zielkostenspaltung | | | | | |
| | Funktionsübergreifende Teamstrukturen & Prozesse | | | | | |
| | Methoden und Instrumentenunterstützung | | | | | |
| | Zulieferintegration | | | | | |

Umweltfaktoren · Unternehmensfaktoren

*Variablengruppen des Target Costing*

*Elemente des Target Costing*

Effektivität von Target Costing-Systemen

*Abb. 4-4: Elemente des Target Costing und Variablengruppen des Untersuchungsmodells*

Zur Ermittlung des Zusammenhanges zwischen Unternehmens- und Umweltfaktoren und den Elementen des Target Costing werden die Variablen zur Komplexitätsreduktion des Untersuchungsmodells in Gruppen eingeteilt. Dabei wurden in Anlehnung an *Jentzsch/Weidt* fünf Variablengruppen unterschieden, nämlich marktspezifische Variablen, produktspezifische Variablen, controllingspezifische Variablen, mitarbeiterspezifische Variablen und organisatorische Variablen (vgl. dazu *Jentzsch/Weidt* (1995), S. 367 ff. und *Jentzsch/Weidt* (1996), S. 243 ff.). Die im Bezugsrahmen des gesamten Forschungsprogrammes identifizierten Umwelt- und Unternehmensfaktoren wurden für das Untersuchungsmodell der Teilstudie Target Costing ebenfalls in diese 5 Variablengruppen eingeteilt (eine Übersicht über die Variablen der Variablengruppen befindet sich in Anhang B).

### 4.3.6. Ausgangshypothesen zur Untersuchung des Standes und der Implementierung des Target Costing

Dem Untersuchungsmodell liegt die Annahme zugrunde, daß zwischen den Variablen aus der Variablengruppe und den Variablen zur Messung der Elemente des Target Costing ein Zusammenhang besteht (Alternativhypothese). Diese wurde dann im Rahmen der analytischen Auswertung überprüft und bestätigt bzw. ggfs. verworfen, falls die Hypothese nicht bestätigt werden konnte und kein Zusammenhang feststellbar war (Nullhypothese).

Weiterhin liegt der Untersuchung die Annahme zugrunde, daß Variablen aus einer Variablengruppe nicht nur auf ein, sondern auf mehrere Elemente des Target Costing, wie in der Abb. 4-4 dargestellt, Einfluß haben. So beeinflußt beispielsweise die Variable „Produktkomplexität" aus der Variablengruppe *Produkt* sowohl das Element „Zielkostenspaltung" als auch das Element „Funktionsübergreifende Teamstrukturen und Prozesse". Die Variable „Innovationsbereitschaft der Mitarbeiter" aus der Variablengruppe *Mitarbeiter* beeinflußt die Elemente „Funktionsübergreifende Teamstrukturen und Prozesse" und „Zulieferintegration". D.h. jede „Zelle" im Untersuchungsmodell repräsentiert eine Gruppe von Hypothesen über den Wirkungszusammenhang zwischen den Variablen aus der jeweiligen Variablengruppe und den jeweiligen Elementen des Target Costing. Die Stärke des bestehenden Zusammenhangs wurde im Rahmen der analytischen Auswertung ermittelt.

Der Untersuchung zur Gestaltung und Implementierung des Target Costing in der deutschen Unternehmenspraxis liegen somit folgende Ausgangshypothesen zugrunde:

❑ Ausgangshypothese I:

„Die Ausgestaltung des Target Costing in der deutschen Unternehmenspraxis unterscheidet sich in ihren wesentlichen Elementen voneinander."

❑ Ausgangshypothese II:

„Die Ausgestaltung der wesentlichen Elemente hängt von den das Target Costing charakterisierenden Variablengruppen ab."

❑ Ausgangshypothese III:

„Bei den Elementen des Target Costing besteht ein signifikanter Unterschied bzgl. der Effektivität der Target Costing-Anwendung."

Zur Untersuchung der Ausgangshypothesen ist es erforderlich, Einzel- bzw. Arbeitshypothesen zu formulieren und zu überprüfen. Aus Gründen der Übersichtlichkeit und Verständlichkeit werden die aus den Ausgangshypothesen abgeleiteten Einzelhypothesen und deren Überprüfung in Kapitel 6 dargestellt. Die quantitativen Ergebnisse der statistischen Auswertung finden sich im Anhang B.

Zur Messung der Elemente der Target Costing-Systeme werden jeweils bestimmte Variablen verwendet (vgl. dazu die jeweiligen Unterkapitel in Kapitel 6). Sie stellen im ersten Untersuchungsschritt gemäß Ausgangshypothese I zunächst Ergebnisvariablen dar. Zur Überprüfung der Ausgangshypothese II werden die angesprochenen Hypothesengruppen in jeder Zelle des Untersuchungsmodells analysiert. Dabei stellen die Variablen aus den Variablengruppen bei der Betrachtung eines jeweiligen Elementes des Target Costing die unabhängigen Variablen dar, die Variablen der Elemente des Target Costing sind die abhängigen (vgl. *Friedrichs* (1990), S. 94 ff.; vgl. Abb. 4-5).

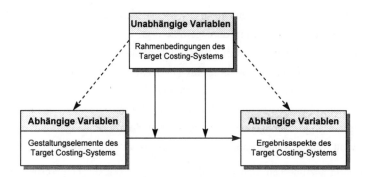

*Abb. 4-5: Beziehungszusammenhang der verwendeten Variablen (in Anlehnung an Posselt (1986), S. 88)*

### 4.4. Eingesetzte statistische Verfahren

Die Analyse der erhobenen Daten unterteilt sich in die statische Beschreibung der Beobachtungs- und Befragungsdaten (sog. deskriptive Statistik) und die Überprüfung von Hypothesen (sog. analytische Statistik). Für die Analyse der Daten und die Darstellung der Ergebnisse sind das Skalenniveau der Daten, die Anzahl der Variablen, die Zahl der möglichen Nennungen bei bestimmten Fragen und die Zahl und Verbundenheit von Stichproben bedeutend.[1]

In der vorliegenden Untersuchung wurden ausschließlich deskriptive und bivariate analytische Verfahren eingesetzt (zu weiteren statistischen Auswertungsverfahren vgl.

---

[1] *Zu den verschiedenen Methoden der PC-gestützten Datenanalyse vgl. Hilbert/Bankhofer (1996), S. 685 ff.*

*Atteslander* (1993); *Voß* (1997); *Backhaus u.a.* (2000)). Auf den Einsatz multivariater Verfahren wurde in dieser Untersuchung verzichtet. Gegen den Einsatz strukturen-prüfender Verfahren spricht vor allem die Tatsache, daß es sich um die erste Unter-suchung der Anwendung und Implementierung des Target Costing in Deutschland handelt, die sich erst auf der 1. Präzisierungsstufe kausaler Annahmen über die Gestaltung von Target Costing-Systemen befindet. Das Forschungsziel liegt zunächst in der erstmaligen Erhebung empirischer Befunde. Eine Überprüfung von bereits in anderen Untersuchungen ermittelten Strukturen ist nicht möglich. Ein weiterer Grund ist die im Vergleich zur erwarteten Anzahl relativ geringe Anzahl der zurück-gesandten Fragebögen. Schließlich ist die Struktur der Stichprobe hinsichtlich der Branchenzugehörigkeit nicht repräsentativ für die Grundgesamtheit, weshalb keine Aussagen die Grundgesamtheit betreffend getroffen wurden.

Zur Feststellung von Zusammenhängen bei Mehrfeldertafeln wurden zunächst Chi-Quadrat-Tests mit Kreuztabellen durchgeführt (vgl. dazu auch *Atteslander* (1993); *Laatz* (1993); *Voß* (1997); *Kromrey* (1994)). Für nominalskalierte Variablen erfolgte die Messung mit *Cramer´s V*, da dieser im Vergleich zum Phi-Koeffizient die über 2 hinausgehende Spalten- und Zeilenzahl berücksichtigt. Im Vergleich zum Kontin-genzkoeffizient C hängt der unterhalb von 1 liegende Maximalwert auch nicht von der Größe der zugrundeliegenden Tabelle ab. Bei Zusammenhängen auf ordinalem Skalenniveau wurden Rangkorrelationen nach *Spearman* durchgeführt.

Es ist wichtig anzumerken, daß durch den Einsatz der statistischen Verfahren keine Kausalzusammenhänge ermittelt werden. Ursache-Wirkungs-Beziehungen zu formu-lieren, bleibt den theoretischen Überlegungen im Rahmen der Forschungskonzeption vorbehalten. Signifikanztests besitzen dann keine Aussagekraft, wenn die Hypothesen nicht vor der Untersuchung und unabhängig von den Daten formuliert werden, an denen sie getestet werden sollen. Je mehr Signifikanztests verwendet werden, um so mehr werden per Zufall signifikant. Ohne die vorherige Formulierung von Hypo-thesen sind Signifikanztests sinnlos. Signifikanz stellt jedoch keinen Ersatz für Rele-vanz dar. Diese kann nur durch die Überlegungen des Forschers, die über die Anwen-dung der Statistik hinausgehen erreicht werden. Die Relevanz von Zusammenhängen (oder Unterschieden) muß in sozialwissenschaftlichen Untersuchungen die Signifikanz ergänzen.

Neben der Interpretation der empirischen Ergebnisse innerhalb dieser Untersuchung soll auch ein Vergleich und eine Verknüpfung der Ergebnisse und Folgerungen aus der Untersuchung mit bestehenden Theorien und den Forschungsergebnissen einer japanischen Vergleichsstudie erfolgen. Dazu würden Mittelwertvergleiche und Ver-gleiche der beiden unabhängigen Stichproben auf Basis des U-Tests von *Mann/Whitney* weitere Interpretationsmöglichkeiten bieten. Leider lagen dem Ver-

fasser jedoch nicht die Urdaten, sondern nur die Ergebnisdaten der Vergleichs-
untersuchungen vor, so daß weitere statistische Untersuchungen nicht möglich waren.
Nicht genügend gesicherte Resultate wurden als solche auch bezeichnet.

Bei der Berechnung der Korrelationswerte wurden folgende Signifikanzniveaus und
Symbolisierungen verwendet (vgl. Abb. 4-6).

| Irrtumswahr-scheinlichkeit | $p > 0,1$ | $0,05 < p \leq 0,1$ | $0,01 < p \leq 0,05$ | $p \leq 0,01$ |
|---|---|---|---|---|
| **Bedeutung** | nicht signifikant | tendenziell signifikant | signifikant | sehr signifikant |
| **Symbolik** | keine Indizierung | * | ** | *** |

*Abb. 4-6: Signifikanzniveaus und deren Symbolisierung*

Um die Güte der durchgeführten Überprüfungen zu erhöhen, ist es auch möglich,
nominal skalierte Variablen durch metrisch skalierte zu ersetzen. Dazu wird jede
Ausprägung einer nominal skalierten Variablen als eigenständige, dichotome Variable
mit den Ausprägungen 0 und 1 umkodiert, d.h. künstlich dichotomisiert. Damit kann
z.B. der Korrelationskoeffizient von *Bravais/Pearson* eingesetzt werden, der somit
eine universelle Maßzahl zur Bemessung der Stärke statistischer Zusammenhänge
wird (vgl. *Voß* (1997), S. 158 f.). Die künstliche Dichotomisierung wurde jedoch in
der vorliegenden Auswertung nicht angewendet, da sich dadurch die Güte und
Zuverlässigkeit der Auswertungen nicht hätte steigern lassen können. Genauso wurde
darauf verzichtet, ordinalskalierte Variablen, die mit Hilfe von Likert-Skalen ausge-
drückt wurden, als intervallskalierte Variablen zu interpretieren, da es sich bei den
ordinalskalierten Variablen in der Regel um subjektive Einschätzungen des Befragten
handelte. Arithmetische Mittelwerte wurden dennoch berechnet (vgl. dazu
*Atteslander* (1993), S. 257).[2]

Über die Annahme oder Ablehnung einer Hypothese entscheidet das Signifikanz-
niveau unter Berücksichtigung der Stärke des ermittelten Zusammenhanges. Der
Nachweis statistischer Zusammenhänge ist in der empirischen Sozialforschung jedoch
nur selten eindeutig möglich. Aus diesem Grund kann die Annahme einer Hypothese
voll, bedingt oder nur tendenziell erfolgen. Einen Überblick über die verwendeten
Abstufungen zur Bestätigung einer Hypothese und die dafür verwendeten Symbole
gibt die folgende Abb. 4-7.

| | Bestätigt | bedingt bestätigt | tendenziell bestätigt | nicht bestätigt |
|---|---|---|---|---|
| **Bedeutung** | Zusammenhang kann mit hoher Sicherheit bestätigt werden; Nullhypothese wird verworfen | Zusammenhang kann bestätigt werden | Zusammenhang kann nur schwach bestätigt werden | Zusammenhang kann nicht nachgewiesen werden; Nullhypothese wird bestätigt |
| **Symbolik** | +++ | ++ | + | o |

*Abb. 4-7: Abstufungen der Bestätigung einer Hypothese und deren Symbolisierung*

Die Bewertung der Höhe der ermittelten Korrelationswerte zeigt die folgende Abbildung (vgl. Abb. 4-8).

| bis 0,2 | 0,2 bis 0,5 | 0,5 bis 0,7 | über 0,7 |
|---|---|---|---|
| keine Korrelation | geringe Korrelation | mittlere Korrelation | hohe Korrelation |

*Abb. 4-8: Abstufungen zur verbalen Beschreibung der Größe des Betrages der Korrelationskoeffizienten (vgl. Bühl/Zöfel (1996), S. 298)*

## 5. Ergebnisse der empirischen Untersuchung

Im folgenden Kapitel wird zunächst die Untersuchungsmethodik und die Vorgehensweise der empirischen Querschnittsanalyse dargestellt. Danach werden die Rücklaufquoten der einzelnen Erhebungsstufen erläutert und eine Beurteilung der
Repräsentativität des Untersuchungsumfanges durchgeführt. Anschließend werden die
Ergebnisse zum Stand und zur Implementierung des Target Costing in der deutschen
Unternehmenspraxis vorgestellt, erläutert und die Bedeutung der Einflußfaktoren
untersucht (vgl. Abb. 5-1).

Durch diese Vorgehensweise soll zum einen die konzeptionelle Darstellung des
Target Costing in Kapitel 2 um empirische Befunde ergänzt werden. Zum anderen
sollen Ansatzpunkte zur Ableitung von Empfehlungen zur Gestaltung und
Implementierung des Target Costing in deutschen Unternehmen gegeben werden.
Schließlich soll im Rahmen dieser Untersuchung auch ein Vergleich einzelner
Ergebnisse mit den Ergebnissen der von *Tani u.a.* 1996 durchgeführten Studie in
japanischen Großunternehmen erfolgen (vgl. dazu auch Kapitel 3.2.1.3.). Da die
japanische Studie hauptsächlich die Zielsetzung einer deskriptiven Auswertung
verfolgt, kann der Vergleich mit den deutschen Befunden nur auf diesem beschreibenden Niveau bleiben.

Auf Basis der empirischen Ergebnisse sollen anschließend die Ergebnisse vor dem
Hintergrund der aufgestellten Hypothesen interpretiert und Handlungsempfehlungen
abgeleitet werden. Dazu werden am Ende dieses Kapitels die empirischen Befunde
zusammengefaßt und eine Bewertung der Gültigkeit der zugrunde liegenden
Ausgangshypothesen durchgeführt. Darauf aufbauend werden Empfehlungen für die
Gestaltung und Implementierung des Target Costing abgeleitet.

### 5.1. Untersuchungsmethodik und Vorgehensweise

Wie in Kapitel 4.1. beschrieben wurde für die vorliegende Studie die Form der empirischen Querschnittsanalyse gewählt, die mit Hilfe eines standardisierten Fragebogens
im Rahmen einer schriftlichen Befragung realisiert wurde. Die dem Fragebogen
zugrundeliegenden Hypothesen wurden auf Basis einer Literaturanalyse sowie von

Experteninterviews und Dokumentenanalysen in deutschen und japanischen Industrieunternehmen erarbeitet.

Untersuchungsobjekt des Forschungsprojektes waren Großunternehmen aller Branchen mit Sitz in der Bundesrepublik Deutschland, da davon ausgegangen wurde, daß Großunternehmen ein größeres Interesse an modernen Kostenmanagementansätzen haben und demnach mit einer größeren Verbreitung des Target Costing in diesen Unternehmen gerechnet werden konnte (vgl. dazu auch die Ergebnisse anderer Untersuchungen in Kapitel 3.2.3.). Als Abgrenzungskriterium für Großunternehmen wurde die Mitarbeiterzahl (> 1.000) ausgewählt.

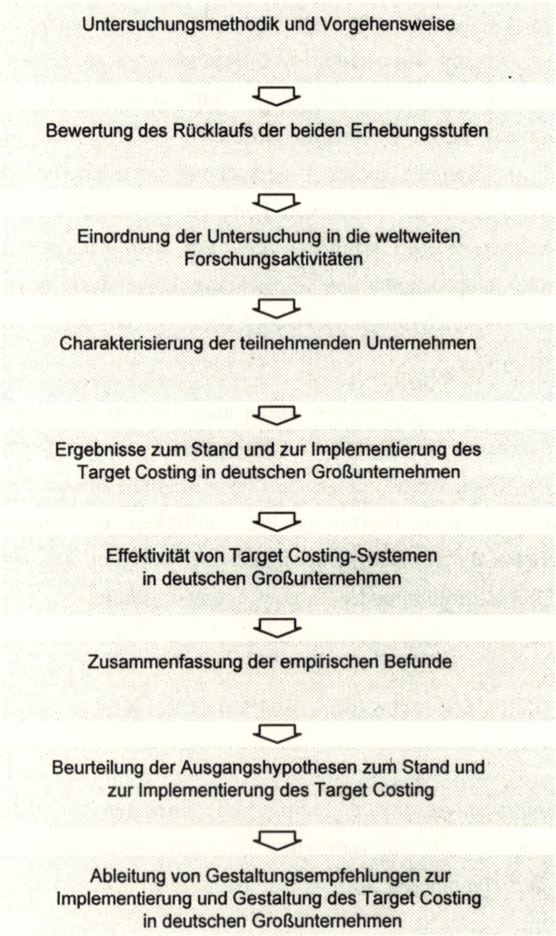

Untersuchungsmethodik und Vorgehensweise

Bewertung des Rücklaufs der beiden Erhebungsstufen

Einordnung der Untersuchung in die weltweiten Forschungsaktivitäten

Charakterisierung der teilnehmenden Unternehmen

Ergebnisse zum Stand und zur Implementierung des Target Costing in deutschen Großunternehmen

Effektivität von Target Costing-Systemen in deutschen Großunternehmen

Zusammenfassung der empirischen Befunde

Beurteilung der Ausgangshypothesen zum Stand und zur Implementierung des Target Costing

Ableitung von Gestaltungsempfehlungen zur Implementierung und Gestaltung des Target Costing in deutschen Großunternehmen

*Abb. 5-1: Aufbau des Kapitels 5*

Da die Rücklaufquote bei schriftlichen Befragungen in der Regel ein nicht zu unter-schätzendes Problem darstellt, wurde die Studie zweistufig durchgeführt.[1] In der ersten Stufe wurde jeweils der Leiter Controlling/Rechnungswesen/Finanzen deut-scher Unternehmen mit mehr als 1.000 Beschäftigten (insgesamt 2490 Unternehmen) im September 1997 angeschrieben. Die Adressierung und der Versand erfolgte in Zusammenarbeit mit einem Direktmarketingunternehmen. Das Anschreiben enthielt einen Kontaktbrief mit der Beschreibung des Forschungsprogrammes, den Defini-tionen der Untersuchungsthemen sowie einen einseitigen Fragebogen, der in wenigen Minuten auszufüllen war und per Fax an das Forscherteam zurückgesendet werden konnte. Auf diesem Fragebogen sollte angegeben werden, an welchen Teilprojekten das Unternehmen teilnehmen möchte und aus welchen Gründen es sich an bestimmten Teilstudien nicht beteiligt. Mit diesem Schritt sollten Gründe für die Nichtteilnahme an der Gesamt- und an Teiluntersuchungen erhoben werden, die bei einer einstufigen Vorgehensweise in der Regel nicht ermittelt werden können. Außer-dem konnten so schon vor der Versendung des eigentlichen Teilfragebogens eine maximale Zahl der teilnehmenden Unternehmen abgeschätzt und die Adressaten des Fragebogens für die zweite Erhebungsstufe ermittelt werden. Durch den sehr geringen Aufwand beim Befragten sollte eine befriedigende Rücklaufquote und eine repräsen-tative Aussage über den Verbreitungsgrad der untersuchten Ansätze erzielt werden.

Den interessierten Unternehmen wurden ab Mitte November 1997 die Teilfragebögen zu den jeweiligen Forschungsprojekten zusammen mit einem allgemeinen Frage-bogenteil zur Erfassung der allgemeinen Unternehmenscharakteristika zugesandt (vgl. Anhang A). Die Teilfragebögen wurden vorher inhaltlich und formal aufeinander abgestimmt und enthielten Querfragen zu den jeweils übrigen Untersuchungsthemen. Außerdem wurden alle Fragebögen vor Durchführung der Untersuchung einem umfassenden Pretest mit Teilnehmern der Experteninterviews, anderen Forschern und Testunternehmen unterzogen und dementsprechend überarbeitet. Der Pretest diente dazu, das Erhebungsinstrument auf seine Tauglichkeit hin zu testen und zu prüfen, inwieweit sich die beabsichtigten Hypothesenprüfungen durchführen lassen. Auch wenn die Zahl der Untersuchungsobjekte im Pretest wesentlich kleiner ist als in der Hauptuntersuchung, kann bei komplexen Untersuchungen die Unterlassung eines Pretests zu gravierenden Auswertungsproblemen führen (vgl. *Atteslander* (1993), S. 332 ff.).

Durch den Versand der Teilfragebögen an bereits informierte Adressaten sollte eine höhere Rücklaufquote in der zweiten Befragungsstufe sichergestellt werden. Außer-dem konnte so gewährleistet werden, daß die Unternehmen nur die Fragebögen

---

[1] *Zu den Problemen und Möglichkeiten zur Steigerung der Rücklaufquote bei schriftlichen Befragungen vgl. Friedrichs (1990), S. 237 ff.)*

erhielten, für die sie sich interessierten, ohne vom Umfang der Gesamtuntersuchung abgeschreckt zu werden. Als Anreiz zur Teilnahme wurden alle Teilnehmer zu einem eintägigen Ergebnis-Workshop an der Universität Stuttgart eingeladen und erhielten eine Vorab-Auswertung der Ergebnisse. Der Rücklauf der Fragebögen wurde im März 1998 abgeschlossen.

Nach einer ersten Vorauswertung der zurückgesandten Fragebögen wurden in einem Workshop Ende April 1998 an der Universität Stuttgart rund 100 Teilnehmern des empirischen Forschungsprogrammes die vorläufigen Ergebnisse vorgestellt und in Arbeitsgruppen intensiv diskutiert. Zielsetzung des Workshops war es, die gewonnenen Befunde auch aus Sicht der Praxis zu beurteilen und zu interpretieren. Für die Forscher war dadurch eine Validierung der gefundenen Ergebnisse und erarbeiteten Implementierungsempfehlungen möglich. Daneben wurden die Befunde auch auf Workshops in Japan und den USA vorgestellt und mit Wissenschaftlern sowie Unternehmensvertretern aus den jeweiligen Ländern diskutiert und teilweise verglichen, um zu einer ergänzenden und vertiefenden Beurteilung der Ergebnisse aus Sicht ausländischer Experten zu gelangen. Die im Rahmen dieser Workshops diskutierten Aspekte sind in die vorliegende Darstellung der Untersuchungsergebnisse mit eingeflossen, um die Praxisorientierung und internationale Sichtweise der vorliegenden Studie sicherzustellen.[2]

Die detaillierte Datenauswertung der zurückgesandten Fragebögen erfolgte im 2. und 3. Quartal 1998 mit Hilfe des Statistik-Programmes SPSS 7.5.

### 5.2. Bewertung des Rücklaufs der beiden Erhebungsstufen und der japanischen Vergleichsstudie

Insgesamt antworteten 268 Unternehmen, d.h. 10,76% der insgesamt angeschriebenen 2490 Unternehmen. Von diesen 268 Unternehmen nahmen

❑ 46 Unternehmen (17,2%) an keiner Studie,

❑ 67 Unternehmen (35%) an einer Studie,

---

[2] *Bem.: Um Vergleiche zwischen der Anwendung des Target Costing in Japan, den USA und Deutschland durchführen zu können, wurde bei dem vorliegenden Forschungsprojekt auf die Vergleichbarkeit der Vorgehensweise und der unterstellten Zusammenhänge mit dem Forschungsprojekt der Kobe Business School und des Consortium for Advanced Manufacturing-International geachtet und eine Abstimmung der eingesetzten Fragebögen vorgenommen. Dazu wurden im Herbst 1997 und im Sommer 1998 vom Verfasser mehrere Forschungsreisen nach Japan und den USA unternommen. In diesem Zusammenhang sei Prof. Takeyuki Tani, Ph.D. und seinem Forscherteam von der Kobe Business School sowie Prof. Il-Woon Kim, Ph.D. von der University of Akron, Prof. Dr. Shahid L. Ansari von der California State University at Northridge und Prof. Dan Swenson, Ph.D. von der University of Idaho für die Zusammenarbeit gedankt.*

❏ 88 Unternehmen (32,8%) an zwei Teilstudien,

❏ 41 Unternehmen (15,3%) an drei Teilstudien und

❏ 26 Unternehmen (9,7%) an allen vier Teilstudien teil.

Die Verteilung der interessierten Unternehmen auf die einzelnen Teilstudien zeigt Abb. 5-2.

Die Verteilung der 268 Unternehmen auf die Teilstudie Target Costing sieht wie folgt aus: 110 (50,9%) Unternehmen sagten zu, an der Studie teilzunehmen und bekamen den Fragebogen zugeschickt. 71 Unternehmen (32,9%) äußerten kein Interesse an der Teilnahme. 2 Unternehmen (0,9%) gaben an, den Einsatz des Target Costing in ihrem Unternehmen bereits geprüft, aber für nicht vorteilhaft befunden zu haben. Immerhin 24 Unternehmen (11,1%) gaben an, daß der Einsatz des Target Costing im Unternehmen zur Zeit geprüft werde. In weiteren 6 Unternehmen (2,8%) war die Einführung bereits geplant und 3 Unternehmen (1,4%) war das Konzept des Target Costing nicht bekannt.

| | Prozeßorientierte Kostenrechnung | Target Costing | Performance Measurement | Controlling bew. Strukturen |
|---|---|---|---|---|
| Summe | 268 | 268 | 268 | 268 |
| Interessenten | 125 | 110 | 128 | 107 |
| kein Interesse | 54 | 71 | 55 | 61 |
| geprüft und als nicht vorteilhaft befunden | 8 | 2 | 0 | 0 |
| wird zur Zeit geprüft | 18 | 24 | 11 | 12 |
| Einführung geplant | 7 | 6 | 4 | 0 |
| eingeführt, aber Einsatz wieder beendet | 4 | 3 | 0 | 0 |
| Thematik unbekannt | 1 | 3 | 14 | 27 |
| Fragebogen erhalten, aber nicht ausgefüllt | 39 | 39 | 44 | 32 |
| keine Angabe | 51 | 52 | 56 | 61 |
| Auswertbarer Fragebogenrücklauf | 86 | 68 | 84 | 75 |

*Abb. 5-2: Verteilung der Teilnehmer der Stuttgarter Studie auf die Teilprojekte*

Auch wenn eine hohe Anzahl der Unternehmen keinerlei Angaben machten bzw. kein Interesse an der Teilnahme überhaupt zeigten, kann festgehalten werden, daß das Konzept des Target Costing zusammen mit der prozeßorientierten Kostenrechnung den höchsten Bekanntheitsgrad hat. Auch sind für diese beiden Themen die meisten Einführungen geplant (Target Costing 6 Unternehmen, prozeßorientierte Kostenrechnung 7 Unternehmen, Performance Measurement 4 Unternehmen). 24 Unternehmen prüfen zur Zeit den Einsatz des Target Costing, so daß hier mit einer zunehmenden Verbreitung gerechnet werden kann. Besonders das Teilprojekt „Controlling beweglicher Strukturen" ist unter dieser Bezeichnung vielen Unternehmen unbekannt.[3]

In der ersten Erhebungsstufe wurde nach den Gründen für eine Nichtteilnahme an den jeweiligen Teilstudien gefragt. In 51 Fällen wurden Angaben zur Nichtteilnahme an der Teilstudie Target Costing gemacht. Die Begründungen reichten von der mangelnden Einsatzfähigkeit in der jeweiligen Branche (11 Unternehmen, z.B. Versicherungen, Einzelhandel, Energiewirtschaft, Anlagenbau), der fehlenden Unterstützung oder noch ausstehenden Entscheidung durch die Geschäftsleitung (4 Unternehmen) bis zur Einschätzung, es handele sich um ein zu „operatives" Konzept oder es sei zur Unternehmenssteuerung nicht erforderlich (8 Unternehmen). In den meisten Fällen war jedoch der momentane Zeitmangel oder mangelnde Personalkapazitäten der Grund dafür, daß Target Costing nicht angewendet würde (21 Unternehmen).

Zurückgesandt wurden 68 auswertbare Fragebögen. Damit beläuft sich die Rücklaufquote bezogen auf die 110 verschickten Fragebögen auf 61,8%. Bezogen auf die Gesamtzahl der Unternehmen, die am empirischen Forschungsprogramm teilgenommen haben, ergibt sich eine Teilnahmequote von 25,4%, bezogen auf die Anzahl der insgesamt angeschriebenen Unternehmen von 2,7%. Diese Zahl erscheint sehr gering. Es ist jedoch zu berücksichtigen, daß sich das Auswahlkriterium von „>1000 Mitarbeiter" aus der Zielsetzung des gesamten Forschungsprogrammes ergab, neue Entwicklungen in Kostenmanagement und Controlling zu untersuchen. Wie der Vergleich der Branchenverteilung der Grundgesamtheit und der an der Teilstudie Target Costing teilnehmenden Unternehmen zeigt, sind die Branchen, in denen Target Costing angewendet wird, nicht repräsentativ.

Im Unterschied zu anderen Untersuchungen haben sich an dieser Studie ausschließlich Unternehmen beteiligt, die Target Costing bereits einsetzen und dies nicht erst beabsichtigen. So stellte *Brede* in seiner Studie fest, daß 27% der Unternehmen Target Costing im Einsatz haben, *Währisch* ermittelte eine branchenübergreifende Anwendungsquote von 25,2%. *Ewald/Endebrock/Albrecht* identifizierten bei 39% einen häufigen und bei 25% nur einen gelegentlichen Target Costing-Einsatz, *Franz/Kajüter* einen Einsatzgrad von 54%. Hierbei sind jeweils noch die Höhe der Anzahl der Nennungen zu berücksichtigen (vgl. Kapitel 3.2.3.).

---

[3] *Zur Beurteilung der Rücklaufquoten der übrigen drei Teilstudien vgl. Stoi (1999) sowie die zum Zeitpunkt der Fertigstellung der vorliegenden Arbeit noch unveröffentlichten Ergebnisdokumentationen von Gleich und Seidenschwarz.*

Aufgrund der unterschiedlichen Angaben über die Gründe der Nichtteilnahme an der Untersuchung in der ersten Erhebungsstufe lassen sich keine generellen Aussagen über den Verbreitungsgrad des Target Costing in deutschen Großunternehmen machen. Unter Berücksichtigung der bereits durchgeführten Untersuchungen zum Target Costing und der Einschätzung von Fach-Experten und des Verfassers selbst ist im Rahmen der Grundgesamtheit von einer deutlich geringeren Zahl von Unternehmen auszugehen, die Target Costing tatsächlich anwenden. Ein Grund dafür, daß die tatsächliche Teilnehmerzahl bei 68 liegt, ist auch darin zusehen, daß die angeschriebenen Unternehmen durch die mögliche Auswahl zwischen den 4 Themen des Forschungsprogrammes sich überwiegend für die Teilnahme an nur einer oder zwei Teilstudien entschieden, was auch von Teilnehmern des Ergebnisworkshops bestätigt wurde.

Trotzdem ist die Target Costing-Anwenderzahl, die dieser Studie zugrunde liegt, höher als bei den übrigen Untersuchungen (vgl. dazu die Angaben in Kapitel 3). Außerdem wurde nicht nur nach dem Bekanntheitsgrad oder dem geplanten Einsatz des Target Costing gefragt, sondern nach den Anwendungs- und Implementierungserfahrungen im Unternehmen. Demzufolge kann von einem innovativen und wertvollen Beitrag der vorliegenden Ergebnisse zum Anwendungsverständnis und der wissenschaftlichen Weiterentwicklung des Target Costing in Deutschland ausgegangen werden.

Im Rahmen einer langjährigen Forschungskooperation des Lehrstuhls Controlling der Universität Stuttgart mit der Kobe Business School seit Anfang der neunziger Jahre wurde bereits im Jahre 1996 ein Vergleich zwischen dem Einsatz des Target Costing in Japan und in Deutschland durchgeführt. Damals wurden die Ergebnisse der 1991 in Japan durchgeführten Fragebogenuntersuchung mit den Ergebnissen von 10 Interviews in Unternehmen des deutschsprachigen Raumes verglichen (vgl. *Tani/Horváth/v.Wangenheim* (1996) sowie zu den Ergebnissen und der Einschränkung der Aussagefähigkeit Kapitel 3.2.3.6.).

Zielsetzung der von *Tani u.a.* durchgeführten Untersuchungen ist es, im Rahmen einer Längsschnittanalyse die Anwendung des Target Costing in japanischen Großunternehmen zu untersuchen. Dabei steht im Mittelpunkt, auf Basis logischer Erklärungen Aussagen über die Effektivität und die Effizienz des Einsatzes des Target Costing zu treffen. Auf Basis dieser logischer Erklärungen sind dann in der Zukunft weitere statistische Analysen möglich.

In der zweiten Befragung wurden Mitte Oktober 1996 zwei Fragebögen gleichzeitig an 692 an der Tokyo Stock Exchange notierte japanische Unternehmen versandt, Einsendeschluß war Mitte November 1996. Die Adressen stammten aus verschiedenen Verzeichnissen mit den Adressen japanischer Unternehmen. Adressaten waren die Leiter Rechnungswesen/Controlling, die den Fragebogen an die betreffenden Mitarbeiter im Unternehmen weiterleiten sollten. Der erste Fragebogen richtete sich an den sog. „System Designer" des Target Costing-Systems im Unternehmen und umfaßte 34 Fragen. Der zweite Fragebogen war an den Leiter der Produktentwicklung adressiert und behandelte ausschließlich Fragen zur Produktentwicklung im Unternehmen. Er befaßte sich nicht mit Fragen zum Target Costing und konnte demnach auch von Nicht-Anwendern ausgefüllt werden. Durch diese Vorgehensweise sollten neben den Erkenntnissen zur Anwendung des Target Costing Unterschiede der Produktentwicklung bei Anwendern und Nicht-Anwendern erfaßt werden.

Der erste Fragebogen wurde von insgesamt 125 Unternehmen zurückgeschickt, der zweite Fragebogen von 117 Unternehmen (vgl. Abb. 5-3). Insgesamt 101 Unternehmen haben beide Fragebögen ausgefüllt und zurückgeschickt, so daß die Gesamtzahl der antwortenden Unternehmen bei 141 liegt. Die Rücklaufquoten ergeben sich demnach wie folgt:

| | Anzahl | Rücklaufquote |
|---|---|---|
| Fragebogen 1: System Designer Target Costing-System | 125 | 18,1 % |
| Fragebogen 2: Leiter der Produktentwicklung | 117 | 16,9 % |
| Fragebogen 1 und Fragebogen 2 | 101 | 14,6 % |
| Rücklaufquote insgesamt | 141 | 20,4 % |

*Abb. 5-3: Rücklaufquoten der japanischen Vergleichsstudie*

### 5.3. Charakterisierung der teilnehmenden Unternehmen

### 5.3.1. Allgemeine Unternehmensdaten

Allen Teilnehmern des Forschungsprogramms wurde neben den Fragebögen zu den Teilstudien ein allgemeiner Fragebogen zu den allgemeinen Unternehmensdaten (vgl. Anhang A) zugesandt, mit dem die Umwelt- und Unternehmensdaten zur Charakterisierung der teilnehmenden Unternehmen erhoben werden sollten. Nach den Angaben in diesem Fragebogen lassen sich die teilnehmenden Unternehmen folgendermaßen charakterisieren:

❑ **Unternehmenstyp**

Die Hälfte der 68 zurückgesandten Fragebögen stammt von Geschäfteinheiten eines Konzerns, 13 Unternehmen (19,1%) gaben an, ein Tochterunternehmen zu sein (vgl.

Abb. 5-4). Von konzernunabhängigen Unternehmen wurden nur 10 Fragebögen (14,7%), von Muttergesellschaften und Konzernen 11 Fragebögen (16,2%) ausgefüllt.

| Unternehmenstyp | Anteil (Anzahl) |
|---|---|
| Konzernunabhängiges Unternehmen | 14,7 % (10) |
| Muttergesellschaft | 16,2 % (11) |
| Tochtergesellschaft | 19,1 % (13) |
| Selbständige Geschäftseinheit eines Konzerns | 50,0 % (34) |
| Σ | 100 % (68) |

*Abb. 5-4 : Teilnehmende Unternehmen nach Unternehmenstyp*

❑ **Mitarbeiterzahl**

Der Großteil der antwortenden Unternehmen hat zwischen 1000 und 2000 Mitarbeiter (42,4%), insgesamt haben 62,1% der antwortenden Unternehmen weniger als 5000 Mitarbeiter (vgl. Abb. 5-5). In den explorativen Fallstudien ergab sich, daß die Anwendungsverantwortung in den Unternehmen sehr häufig auf Geschäftsbereichsebene liegt. Insofern ist die ermittelte Größenverteilung charakteristisch für die Anwendung des Target Costing. 22,7% der Unternehmen haben mehr als 10000 Mitarbeiter, dabei handelt es sich i.d.R. um Muttergesellschaften. Die Verteilung sieht wie folgt aus:

| | 1000-2000 | 2001-3000 | 3001-5000 | 5001-10000 | > 10000 |
|---|---|---|---|---|---|
| n | 28 | 6 | 7 | 10 | 15 |
| % | 42,4 % | 9,1 % | 10,6 % | 15,2 % | 22,7 % |

*Abb. 5-5: Anzahl der Mitarbeiter (n=66)*

❑ **Umsatz und Umsatzentwicklung**

Wie aus der Abbildung ersichtlich, verteilen sich die Unternehmen relativ gleichmäßig auf die einzelnen Umsatzgrößenklassen (vgl. Abb. 5-6).

| | < 250 Mio. | 250-500 Mio. | 0,5-1 Mrd. | 1-2 Mrd. | 2-5 Mrd. | 5-10 Mrd. | > 10 Mrd. |
|---|---|---|---|---|---|---|---|
| n | 12 | 11 | 8 | 14 | 11 | 5 | 7 |
| % | 17,6 % | 16,2 % | 11,8 % | 20,6 % | 16,2 % | 7,4 % | 10,3 % |

*Abb. 5-6: Umsatzverteilung (n=68)*

Die Umsatzentwicklung pro Jahr in den letzten drei Jahren wurde von 92,5% der antwortenden Unternehmen als nicht rückläufig bezeichnet (vgl. Abb. 5-7). 40,9% bezeichnen die Umsatzentwicklung als steigend und 19,7% sogar als stark steigend.

| | stark rückläufig | rückläufig | konstant | steigend | stark steigend |
|---|---|---|---|---|---|
| n | 3 | 2 | 21 | 27 | 13 |
| % | 4,6 % | 3,0 % | 31,8 % | 40,9 % | 19,7 % |

*Abb. 5-7: Umsatzentwicklung (n=66)*

## ❑ Profitabilität und Marktstellung

34,8% der antwortenden Unternehmen gaben an, daß sie sich im Vergleich zum Wettbewerb durch eine hohe bis sehr hohe Profitabilität ausweisen (vgl. Abb. 5-8). Über die Hälfte der Unternehmen erzielt jedoch nur eine durchschnittliche Profitabilität im Vergleich zum Wettbewerb. Bei keinem der Unternehmen liegt eine sehr geringe Profitabilität im Vergleich zum Wettbewerb vor. 45% der Teilnehmer sind zudem nach eigener Aussage in ihrer Branche marktführend, 42% marktmitbestimmend (vgl. Abb. 5-9).

| | Sehr gering | gering | durchschnittlich | hoch | sehr hoch |
|---|---|---|---|---|---|
| n | 0 | 7 | 36 | 16 | 7 |
| % | 0 % | 10,6 % | 54,5 % | 24,2 % | 10,6 % |

*Abb. 5-8: Profitabilität im Vergleich zum Wettbewerb (n=66)*

| | marktführend | marktmitbestimmend | nicht marktmitbestimmend |
|---|---|---|---|
| n | 30 | 28 | 9 |
| % | 44,8 % | 41,8 % | 13,4 % |

*Abb. 5-9: Marktstellung (n= 67)*

Die Umsatzentwicklung, Profitabilität und Marktstellung der teilnehmenden Unternehmen läßt darauf schließen, daß sich überwiegend wachsende und marktführende Unternehmen an dieser Untersuchung beteiligt haben.

## ❏ Branche

Die Branchenverteilung der teilnehmenden Unternehmen entspricht nicht der Branchenverteilung der angeschriebenen Großunternehmen mit mehr als 1000 Mitarbeitern. Sie ist aber typisch für die Target Costing-Anwendung (vgl. Abb. 5-10). 23,5% der Unternehmen stammen aus dem Maschinenbau/Metallbau, 13,2% aus der Elektrotechnik-/Elektronikbranche und 26,5% aus der Automobilindustrie, den ursprünglichen Anwenderbranchen des Target Costing. Dadurch wird einerseits die Aussagefähigkeit über die Anwendung des Target Costing in Deutschland branchenübergreifend etwas eingeschränkt. Andererseits ist die Branchenherkunft charakteristisch für das Konzept des Target Costing und läßt einen Rückschluß auf die typischen Target Costing-Anwender zu.

Ein Vergleich der Branchenverteilung der deutschen Unternehmen mit den Teilnehmern der japanischen Studie zeigt eine ähnliche Struktur bei den ursprünglichen Anwenderbranchen. Im Gegensatz zu Deutschland ist in Japan die Anwendung des Target Costing jedoch hauptsächlich auf die Industriebranchen beschränkt. Die Übertragung bspw. auf die Dienstleistungsbranche hat kaum stattgefunden, jedenfalls nicht unter dem Begriff Target Costing. Deshalb ist sie auch nicht Gegenstand der Untersuchung von *Tani u.a.*, die die Anwendung bei Dienstleistungen als eine typische Weiterentwicklung in Deutschland bewerten. Japanische Dienstleistungsunternehmen, sowohl institutionelle (bspw. Banken und Versicherungen) als auch industrielle (bspw. Wartungs- und Reparaturservice eines Aufzugsherstellers), setzen dagegen bspw. Konzepte ein, die auf der Wertanalyse aufbauen (bspw. *Hitachi Credit Corporation, Hitachi Building Systems Engineering and Service Co. Ltd., NEC Finance*).

## ❏ Wettbewerbsintensität

Bei den untersuchten Unternehmen herrscht eine hohe Wettbewerbsintensität bzgl. des Qualitätsniveaus und der Produktpreise vor (vgl. Abb. 5-11). Die Einschätzung der Wettbewerbsintensität hinsichtlich der Anzahl der Wettbewerber und deren Veränderung ist eher mittelmäßig bis gering. Dieses Antwortbild läßt den Schluß zu, daß bei den untersuchten Unternehmen produktspezifische Aspekte die Wettbewerbsintensität bestimmen. Inwieweit diese produktspezifischen Aspekte für die Anwendung des Target Costing entscheidend sind, wird nachfolgend untersucht.

## ❏ Strategie

Über 10% der antwortenden Unternehmen verfolgen offenbar keine der Strategiealternativen, die zur Auswahl standen (vgl. Abb. 5-12). Über 21% versuchen eine Nischenstrategie zu verfolgen. Einer Kostenführerschafts- oder Differenzierungsstrategie folgen 13,6% bzw. 12,1% der Unternehmen. Über 40% bezeichnen ihre strategische Stoßrichtung als Outpacing-Strategie (vgl. dazu auch Kapitel 2.1.). Diese Antwortalternative ist besonders im Rahmen des Target Costing von besonderer Bedeutung.[4]

| Branche | Deutschland | | Japan | |
|---|---|---|---|---|
| | n | % | n | % |
| Maschinenbau/Metallbau | 16 | 23,5 % | 38 | 27,0 % |
| Elektrotechnik/Elektronik | 9 | 13,2 % | 25 | 17,7 % |
| Automobil | 18 | 26,5 % | 26 | 18,4 % |
| Chemie/Pharma | 3 | 4,4 % | 21 | 14,9 % |
| Textil/Bekleidung/Leder | 1 | 1,5 % | 10 | 7,1 % |
| Energie/Elektrizität/Wasser | 4 | 5,9 % | 2 | 1,4 % |
| Bau/Steine/Erden | 2 | 2,9 % | 2 | 1,4 % |
| Nahrungsmittel | 4 | 5,9 % | 6 | 4,3 % |
| Papier | 0 | 0 % | 3 | 2,1 % |
| Plastik | 0 | 0 % | 3 | 2,1 % |
| Handel/Banken/Versicherungen | 3 | 4,4 % | 0 | 0 % |
| Sonstige Dienstleistungen | 8 | 11,8 % | 0 | 0 % |
| andere Industrien | 0 | 0 % | 5 | 3,6 % |
| Σ | 68 | 100 % | 141 | 100 % |

*Abb. 5-10: Branchenzugehörigkeit*

---

[4] *Bem.: Da bei der Konzeption des Fragebogens von den Verfassern angenommen wurde, daß eine kommentarlose Angabe dieser Antwortalternative zu Fehlinterpretationen geführt hätte, wurde sie um den Komentar „Leistungs- und Kostenführerschaft" ergänzt.*

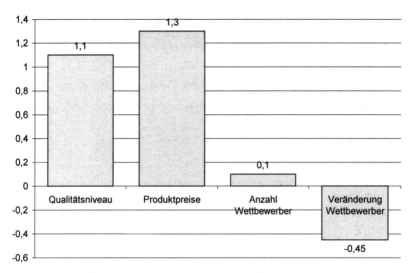

*Bewertung auf einer Skala von „-2"=sehr gering bis „2"=sehr hoch*

*Abb. 5-11: Durchschnittswerte der Wettbewerbsintensität\* (n=67)*

Wichtig für die weitere Auswertung ist der Aspekt, daß fast die Hälfte (48,1%) der Unternehmen, die die Outpacing-Strategie verfolgen, sich als marktführend und 40,7% als marktmitbestimmend bezeichnen. Zwei Drittel der Unternehmen mit Kostenführerschaftsstrategie sind marktführend, die Hälfte der Unternehmen mit Differenzierungsstrategie marktmitbestimmend (vgl. Abb. 5-13).

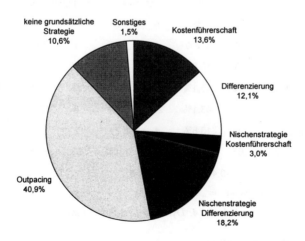

*Abb. 5-12: Unternehmensstrategie (n=66)*

| | Σ | marktführend | | markt-mitbestimmend | | nicht markt-mitbestimmend | |
|---|---|---|---|---|---|---|---|
| | | n | % | n | % | n | % |
| Kostenführerschaft | 9 | 6 | 66,6 % | 3 | 33,3 % | 0 | 0,0 % |
| Differenzierung | 8 | 4 | 50,0 % | 4 | 50,0 % | 0 | 0,0 % |
| Nischenstrategie Kostenführerschaft | 2 | 0 | 0,0 % | 1 | 50,0 % | 1 | 50,0 % |
| Nischenstrategie Differenzierung | 12 | 3 | 25,0 % | 6 | 50,0 % | 3 | 25,0 % |
| Outpacing | 27 | 13 | 48,1 % | 11 | 40,7 % | 3 | 11,1 % |
| keine Strategie | 7 | 3 | 42,9 % | 3 | 42,9 % | 1 | 14,3 % |
| Sonstige | 1 | 0 | 0,0 % | 0 | 0,0 % | 1 | 100 % |

*Abb. 5-13: Marktstellung in Abhängigkeit der Strategie*

❑ **Dynamik und Diskontinuität**

Die Dynamik und die Diskontinuität der Fertigungs-/Verfahrenstechnik und der Produkttechnologie, d.h. die Schnelligkeit und Häufigkeit von Änderungen, wird höher eingeschätzt als die der Kunden- und Lieferantenstruktur (vgl. Abb. 5-14). Auch dieses Ergebnis weist darauf hin, daß gerade produktspezifische Aspekte eine besondere Rolle für die Wettbewerbssituation spielen.

| | Kunden-struktur | | Lieferanten-struktur | | Verfahrens-/Fertigungstech. | | Produkt-technologie | |
|---|---|---|---|---|---|---|---|---|
| | n | % | n | % | n | % | n | % |
| sehr hoch | 4 | 6,2% | 1 | 1,5% | 1 | 1,6% | 6 | 9,7% |
| hoch | 9 | 13,8% | 6 | 9,2% | 24 | 38,1% | 31 | 50% |
| durchschnittlich | 15 | 23,1% | 28 | 43,1% | 28 | 44,4% | 18 | 29% |
| gering | 28 | 43,1% | 26 | 40% | 8 | 12,7% | 4 | 6,5% |
| sehr gering | 9 | 13,8% | 4 | 6,2% | 2 | 3,2% | 3 | 4,8% |
| Summe | 65 | 100% | 65 | 100% | 63 | 100% | 62 | 100% |
| ∅ | -0,45 | | -0,40 | | 0,22 | | 0,53 | |

*Bewertung auf einer Skala von „-2"=sehr gering bis „2"=sehr hoch*

*Abb. 5-14: Dynamik und Diskontinuität **

❑ **Gemeinkostensituation**

Die Gemeinkostensituation beeinflußt ebenfalls die Anwendung neuer Methoden des Kostenmanagements, wie dem Prozeßkostenmanagement und dem Target Costing.

50% der Unternehmen haben einen Gemeinkostenanteil an den Gesamtkosten von über 35% (vgl. Abb. 5-15).

| | < 5 % | 5-10 | 10-20 | 20-35 | 35-50 | 50-75 | >75 |
|---|---|---|---|---|---|---|---|
| n | 1 | 3 | 11 | 15 | 19 | 10 | 1 |
| % | 1,7 % | 5 % | 18,3 % | 25 % | 31,7 % | 16,6 % | 1,7 % |

*Abb. 5-15: Gemeinkostenanteil in Prozent der Gesamtkosten (n=60)*

❑ **Produktprogramm- und Produktkomplexität**

Die Produktprogrammkomplexität bzgl. der Anzahl der Produktlinien wird von 59,4% der antwortenden Unternehmen als hoch bis sehr hoch eingeschätzt (vgl. Abb. 5-16). Dennoch gaben die Unternehmen eine hohe bis sehr hohe Ähnlichkeit der Produktlinien an (43,75%). Der Durchschnittswert der Einschätzung bzgl. der Anzahl der Produktlinien liegt bei 0,52, bzgl. der Ähnlichkeit der Produktlinien bei 0,11.

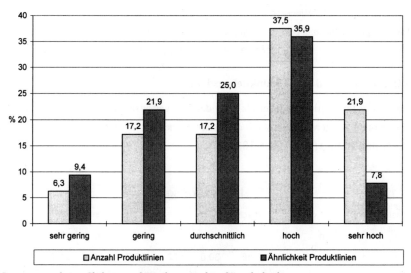

*\*Bewertung auf einer Skala von „-2"=sehr gering bis „2"=sehr hoch*

*Abb. 5-16: Produktprogrammkomplexität hinsichtlich*
*Anzahl und Ähnlichkeit der Produktlinien\* (n=64)*

Die Produktkomplexität wird von über 34% der Unternehmen als sehr hoch und von über 28% als hoch eingestuft (vgl. Abb. 5-17). Die Komplexität der Kundenbeziehung wird von über 47% als hoch und von knapp 20% als sehr hoch eingeschätzt. Im Vergleich zur Kundenkomplexität schätzten deutlich mehr Unternehmen, nämlich 15,63% im Vergleich zu 3,17%, die Produktkomplexität als gering

ein. Der Durchschnittswert der Einschätzung der Produktkomplexität liegt bei 0,75,
bzgl. der Kundenkomplexität bei 0,76.

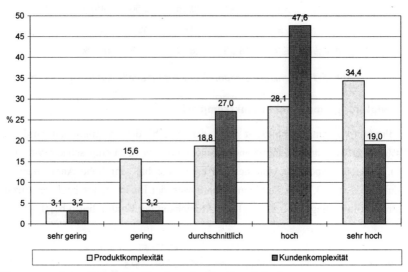

*Bewertung auf einer Skala von „-2"=sehr gering bis „2"=sehr hoch*

*Abb. 5-17: Produktkomplexität* (n=64)*

❑ **Innovationsgrad und Produktlebensdauer**

Sowohl die Produktlebensdauer als auch der Innovationsgrad zwischen den Produktgenerationen wurden vom Großteil der Unternehmen als hoch bis sehr hoch eingestuft
(58,3% und 70,5%) (vgl. Abb. 5-18).

| **Innovationsgrad** | | | | | | | | | | |
|---|---|---|---|---|---|---|---|---|---|---|
| sehr gering | | gering | | durchschnittlich | | hoch | | sehr hoch | | Σ |
| n | % | n | % | n | % | n | % | n | % | n |
| 1 | 1,7 | 6 | 10,0 | 18 | 30,0 | 22 | 36,7 | 13 | 21,7 | 60 |
| **Produktlebensdauer** | | | | | | | | | | |
| sehr gering | | gering | | durchschnittlich | | hoch | | sehr hoch) | | Σ |
| n | % | n | % | n | % | n | % | n | % | n |
| 2 | 3,3 | 3 | 4,9 | 13 | 21,3 | 24 | 39,3 | 19 | 31,2 | 61 |

*Bewertung auf einer Skala von „-2"=sehr gering bis „2"=sehr hoch*

*Abb. 5-18: Produktmerkmale* (Mehrfachnennungen)*

❑ **Einfluß der Controller und Hierarchieebene des Controlling**

Von 51,6% der antwortenden Unternehmen wurde die Bedeutung des Controllers für die strategische Planung als hoch bis sehr hoch eingeschätzt, 10,6% schätzten die Bedeutung als gering und sehr gering ein, 37,9% bezeichneten sie als durchschnittlich (vgl. Abb. 5-19). D.h., daß nur in gut 10% der Unternehmen der Einfluß des Controlling auf die strategische Planung schwach ist.

|   | sehr gering | gering | durch-schnittlich | hoch | sehr hoch | Σ |
|---|---|---|---|---|---|---|
| n | 1 | 6 | 25 | 24 | 10 | 66 |
| % | 1,5 % | 9,1 % | 37,9 % | 36,4 % | 15,2 % | 100 % |

*Abb. 5-19: Einfluß des Controllers auf die strategische Planung*

Bei 40% (39,1%) der antwortenden Unternehmen ist die Controllingfunktion auf der 1. Führungsebene angesiedelt, bei 48,4% der Unternehmen auf der 2. Ebene. Nur bei 12,5% ist von einer geringeren Bedeutung des Controlling durch die organisatorische Ansiedlung auf der 3. Führungsebene auszugehen (vgl. Abb. 5-20).

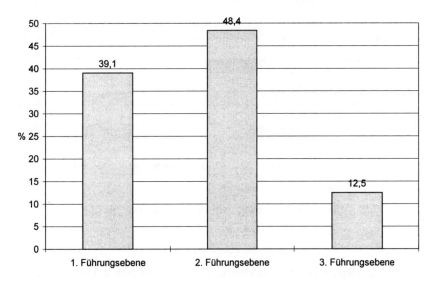

*Abb. 5-20: Hierarchische Stellung des Controlling (n=64)*

❑ **Innovationsunterstützende Aspekte**

Wie in Kapitel 2.4.1. beschrieben sind die Unternehmenskultur und die Teamfähigkeit der Mitarbeiter für den Erfolg der Target Costing-Anwendung entscheidend.

Deshalb wurden auch Merkmale erhoben, die die innovationsunterstützenden Merkmale der Unternehmen beschreiben.

Die Entscheidungseinbindung der Mitarbeiter wurde von 36,5% und die personifizierte Verantwortung für Kostensenkungen von 34,9% der antwortenden Unternehmen als gut bis sehr im Vergleich zu den Wettbewerbern bezeichnet (vgl. Abb. 5-21). Die Anreizsysteme im Unternehmen zur Kosteneinsparung wurden immerhin von 38,1%, die Effektivität des betrieblichen Vorschlagswesens von 34,4% der, in der Regel nicht marktmitbestimmenden, Unternehmen als schlecht oder eher schlecht eingestuft. Dem entgegen bezeichnen 64,1% die Innovationsbereitschaft Ihrer Mitarbeiter und 57,8% die Teamorientierung der Mitarbeiter als eher gut bis gut im Vergleich zu den Wettbewerbern. Dieses Ergebnis läßt darauf schließen, daß eine Teamorientierung in einer Vielzahl der Unternehmen vorhanden, daß die herrschenden Anreizmechanismen zur Unterstützung der Leistungsbereitschaft der Mitarbeiter aber noch verbesserungsbedürftig sind.

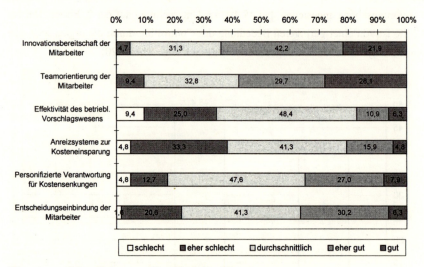

*Bewertung auf einer Skala von „-2"=schlecht bis „2"=gut*

*Abb. 5-21: Innovationsunterstützende Aspekte (n=64)*

### 5.3.2. Allgemeine Charakterisierung der Target Costing-Anwendung

Neben der allgemeinen Unternehmensdaten wurden Variablen erhoben, die die Target Costing-Anwendung allgemein charakterisieren. Es handelt sich dabei um Variablen aus den fünf Variablengruppen, deren Einfluß auf die Elemente des Target Costing im Rahmen der analytischen Auswertung untersucht wurde.

❏ **Anwendungsdauer und Anwendungsbreite**

Wie Abb. 5-22 zeigt, wird Target Costing in den befragten deutschen Großunternehmen seit Ende der achtziger Jahre eingesetzt. Kleinere Implementierungssprünge gab es 1990 und 1993, als das Konzept des „Target Costing" verstärkt in der Fachwelt (bspw. in der Fachliteratur und auf Konferenzen) behandelt wurde. Die durchschnittliche Anwendungsdauer beträgt bezogen auf das Jahresende 1998 4,2 Jahre. Die Anwendung erfolgt zum größten Teil auf Projektebene und für ausgewählte Produkte. Der Anteil von Unternehmen, in denen Target Costing in bestimmten Abteilungen oder Unternehmensbereichen angewendet wird, fällt im Verhältnis zur projekt- und produktspezifischen Anwendung eher klein aus. In über 20% der Unternehmen wird Target Costing bereits unternehmensweit angewendet. Dazu gehören auch einige der Pilotanwender in Deutschland, die Target Costing zuvor nur auf Projekt- oder Produktebene angewendet haben.

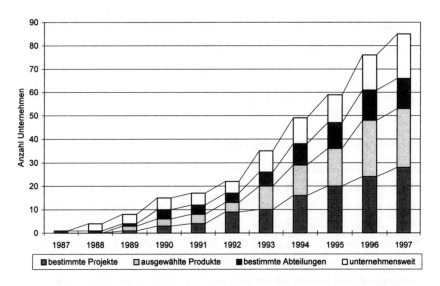

*Abb. 5-22: Verbreitung und Anwendungsdauer des Target Costing in deutschen Großunternehmen (n = 68; Mehrfachnennungen)*

Ein Vergleich mit der Verbreitung der Target Costing-Anwendung in japanischen Unternehmen zeigt, daß dort ein unternehmensweiter Einsatz sogar in 45% der Unternehmen praktiziert wird (vgl. Abb. 5-23). Auch die bereichs- oder abteilungsspezifische Anwendung kommt häufiger vor als in Deutschland. Ein projektspezifischer Einsatz findet nur in einem Fünftel der Fälle statt.

❑ **Unterzogene Varianten**

Bezüglich der Einsatzbreite im Unternehmen gaben 56,2 % an, daß Target Costing für alle Varianten angewendet wird, die übrigen Unternehmen (43,8 %) wenden Target Costing nur auf ausgewählte Standardvarianten an. Die Anzahl der Varianten schwankt dabei zwischen 1 und 6000, 81,7 % der Unternehmen gaben eine Variantenzahl kleiner 9 an. Die Anzahl der Standardvarianten liegt zwischen 1 und 200, bei 80 % der Unternehmen ist sie < 10.

| Anwendungsbreite | Deutschland | | Japan | |
|---|---|---|---|---|
| | n | % (bezogen auf n=68) | n | % |
| unternehmensweit | 19 | 27,9 % | 45 | 45 % |
| nur in bestimmten Abteilungen oder Bereichen | 13 | 19,1 % | 35 | 35 % |
| in bestimmten Projekten | 28 | 41,2 % | 20 | 20 % |
| für bestimmte Produkte | 25 | 36,8 % | | |
| Σ | 85 | 125 % | 100 | 100 % |

*Abb. 5-23: Vergleich der Verbreitung des Target Costing in deutschen und japanischen Großunternehmen (Mehrfachnennungen)*

❑ **Einführungs- und Anwendungsziele**

Die Ziele „Kostensenkungen", „Erhöhung der Kostentransparenz", „Beeinflussung der Kostenstrukturen" sowie „Vorverlagerung der Kostenbeeinflussungszeitpunkte" sind die wichtigsten Ziele für die Einführung des Target Costing (vgl. Abb. 5-24). Neben diesen *kostenorientierten* Zielen werden die *F&E-bezogenen* Ziele „Verkürzung der Entwicklungszeit" und „Koordination der Entwicklungstätigkeiten" als weniger bedeutend eingeschätzt. Eine ähnlich hohe Bedeutung wie den kosten-orientierten Zielen kommt jedoch auch der „Verstärkung der Markt- und Kunden-orientierung in der Produktentwicklung" zu, der eigentlichen Zielsetzung des Target Costing überhaupt. Daneben sind auch die *produktbezogenen* Ziele „Qualitätsverbesserungen", „Verringerung der Produktkomplexität" und „Ver-ringerung der Produktprogrammkomplexität" von Bedeutung, die ähnlich hoch wie die *F&E-bezogenen* Ziele eingestuft werden. Mit dem Einsatz des Target Costing wird eine Vielzahl von Zielsetzungen verfolgt, wobei die direkte Beeinflussung der Kostensituation des Unternehmens dominiert.

| | Bei Einführung | | | Heute | | |
|---|---|---|---|---|---|---|
| | n | ∅ | σ | n | ∅ | σ |
| Kostensenkungen | 63 | 1,86 | 0,47 | 59 | 1,92 | 0,34 |
| Erhöhung der Kostentransparenz | 63 | 1,44 | 0,88 | 59 | 1,54 | 0,82 |
| Beeinflussung der Kostenstrukturen | 63 | 1,48 | 0,76 | 59 | 1,66 | 0,63 |
| Verringerung der Produktkomplexität | 62 | 0,84 | 0,87 | 57 | 0,81 | 0,83 |
| Verringerung der Programmkomplexität | 62 | 0,47 | 0,74 | 57 | 0,51 | 0,73 |
| Qualitätsverbesserungen | 61 | 0,66 | 0,77 | 56 | 0,73 | 0,80 |
| Erhöhung der Markt-/Kundenorientierung in der Produktentwicklung | 61 | 1,43 | 0,78 | 58 | 1,57 | 0,70 |
| Vorverlagerung der Kostenbeeinflussungs-zeitpunkte | 63 | 1,30 | 0,87 | 58 | 1,50 | 0,78 |
| Verkürzung der Entwicklungszeit | 60 | 0,72 | 0,85 | 55 | 0,93 | 0,86 |
| Koordination der Entwicklungstätigkeiten | 59 | 0,66 | 0,82 | 55 | 0,78 | 0,85 |

*\*Bewertung auf einer Skala von 0 = „keine Bedeutung" bis 2 = „sehr hohe Bedeutung"*

*Abb. 5-24: Bedeutung der Zielsetzungen bei Einführung und Anwendung des Target Costing\**

Ein Vergleich der Bedeutung ausgewählter Zielsetzungen bei Einführung des Target Costing in deutschen und japanischen Unternehmen zeigt, daß die Verbesserung der Markt-/Kundenorientierung in der Produktentwicklung im Vergleich zu den übrigen Zielen in Deutschland eine höhere Bedeutung hat als in japanischen Unternehmen (vgl. Abb. 5-25). Dort dominiert ebenfalls das Ziel der Erreichung von Kosten-senkungen. Außerdem wurden Qualitätsverbesserungen als bedeutsamer eingeschätzt als die Entwicklungszeitverkürzung.

| Zielsetzung | Deutschland | | | Japan\* | | |
|---|---|---|---|---|---|---|
| | n | ∅ | σ | n | ∅ | σ |
| Kostensenkungen | 63 | 1,86 | 0,47 | 89 | 6,38 | 1,03 |
| Erhöhung der Markt-/Kundenorientierung in der Produktentwicklung | 61 | 1,43 | 0,78 | 89 | 5,01 | 1,59 |
| Qualitätsverbesserungen | 61 | 0,66 | 0,77 | 87 | 5,02 | 1,64 |
| Verkürzung der Entwicklungszeit | 60 | 0,72 | 0,72 | 89 | 4,71 | 1,69 |

*\*Bewertung in Japan auf einer Skala von 1 = „keine Bedeutung" bis 7 = „sehr hohe Bedeutung")*

*Abb. 5-25: Bedeutung der Zielsetzungen bei Einführung des Target Costing in deutschen und japanischen Unternehmen*

Für die laufende Anwendung des Target Costing hat sich die Reihenfolge der Bedeutung der Zielsetzungen in deutschen Unternehmen nicht geändert, die Durchschnittswerte liegen in Deutschland und in Japan jedoch über den Werten bei Einführung des Target Costing (vgl. Abb. 5-26). In Japan ist die Erhöhung der Markt-/Kundenorientierung in der Produktentwicklung in der laufenden Anwendung deutlich wichtiger als bei Einführung.

| Zielsetzung | Deutschland | | | Japan* | | |
|---|---|---|---|---|---|---|
| | n | ∅ | σ | n | ∅ | σ |
| Kostensenkungen | 59 | 1,92 | 0,34 | 96 | 6,69 | 0,62 |
| Erhöhung der Markt-/Kundenorientierung in der Produktentwicklung | 58 | 1,57 | 0,70 | 93 | 6,09 | 1,23 |
| Qualitätsverbesserungen | 56 | 0,73 | 0,80 | 90 | 5,76 | 1,39 |
| Verkürzung der Entwicklungszeit | 55 | 0,93 | 0,86 | 94 | 5,48 | 1,62 |

*Bewertung in Japan auf einer Skala von 1 = „keine Bedeutung" bis 7 = „sehr hohe Bedeutung")*

Abb. 5-26: Bedeutung der Zielsetzungen bei laufender Anwendung des Target Costing in deutschen und japanischen Unternehmen

Die Unterschiede der deutschen und japanischen Antworten können auf die unterschiedliche Anwendungsdauer und damit den „Reifegrad" der betrachteten Target Costing-Systeme zurückgeführt werden. Die Verbesserung der Markt-/Kundenorientierung in der Produktentwicklung und die Verkürzung der Entwicklungszeit gewinnen mit längerer Anwendungsdauer stärker an Bedeutung als Qualitätsverbesserungen. Beide Zielsetzungen tragen zur Verbesserung der Gewinnsituation bei, indem bspw. die Verkürzung von Entwicklungszeiten auch zu Kostensenkungen führen kann.

Die Bedeutung der Ziele hängt teilweise vom Innovationsgrad zweier aufeinander folgender Produktgenerationen ab. So wurden die Ziele „Beeinflussung der Kostenstrukturen", „Verstärkung der Markt- und Kundenorientierung in der Produktentwicklung", „Verkürzung der Entwicklungszeit", „Koordination der Entwicklungstätigkeiten" sowie „Qualitätsverbesserungen" von Unternehmen, die einen hohen Innovationsgrad zwischen jeweiligen Produktgenerationen angaben, bedeutender eingeschätzt als von Unternehmen mit geringerem Innovationsgrad. Innovative Unternehmen scheinen demnach Target Costing stärker im Hinblick auf F&E-bezogene Zielsetzungen einzusetzen.

❏ **Begleitende Maßnahmen**

In fast allen Unternehmen wurde die Einführung des Target Costing durch weitere Methoden und Kostensenkungsmaßnahmen unterschiedlichster Art begleitet. Sie reichen vom Einsatz der Prozeßkostenrechnung, Gemeinkostensenkungsprogrammen, und Kaizenaktivitäten über Reorganisationen des Entwicklungsbereiches, Verbesserungen des Vorschlagswesens und der Anreizsysteme bis zur verstärkten Einbindung der Zulieferer in den Produktentwicklungsprozeß und neue Beschaffungs-konzepte wie Global Sourcing. Eine besondere Häufigkeit oder Regelmäßigkeit der weiteren Methoden in Zusammenhang mit dem Target Costing-Einsatz besteht nicht.

❏ **Target Costing-Leiter**

In japanischen Unternehmen wurde Target Costing ursprünglich von Entwicklungs-ingenieuren angewendet, die i.d.R. mit dem Konzept der Wertanalyse vertraut waren. Im Vergleich dazu ist in den meisten Fällen in Deutschland der Controllingbereich für die Einführung des Target Costing verantwortlich, wie auch die Experteninterviews ergaben. Über die Hälfte (55,1%) der heutigen Target Costing-Leiter in den Unter-nehmen stammen aus dem Controlling (vgl. Abb. 5-27). Zu gleichen Anteilen (je 12,2%) stammen die Leiter aus den Bereichen Marketing und Entwicklung. Die übrigen gut 20% der Unternehmen verteilen sich auf die übrigen Funktionsbereiche, wobei die Geschäftsführung bzw. Geschäftsführungsmitglieder mit 6,1% gleich häufig vertreten sind wie Mitarbeiter aus der Produktplanung.

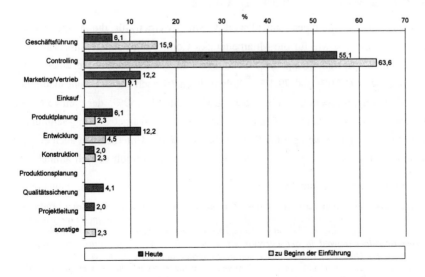

*Abb. 5-27: Fachliche Herkunft des Target Costing-Verantwortlichen*
($n_{heute}=49$, $n_{Bei\ Einführung}=44$)

Die Verantwortung für das Target Costing hat sich von Beginn der Einführung bis heute verschoben. So stammten zu Beginn der Einführung sogar 63,6% der Target Costing-Leiter aus dem Controllingbereich, 15,9% gehörten der Geschäftsführung an. Die Einführungsphase des Target Costing erhält in den Unternehmen also Top-Management-Unterstützung. Der Rückgang der Verantwortung für das Target Costing bei den Mitarbeitern aus dem Controlling und der Geschäftsführung ging zugunsten der Entwicklungsmitarbeiter aus der Produktplanung und Entwicklung sowie aus dem Marketing/Vertrieb und der Qualitätssicherung.

❑ **Bedeutung der Funktionsbereiche bei der Einführung und laufender Koordination des Target Costing**

Den Mitgliedern der Geschäftsführung sowie den Mitarbeiter aus dem Controlling kommt die größte Bedeutung bei der Einführung des Target Costing im Unternehmen zu. Eine in etwa gleich große Bedeutung kommt den Funktionsbereichen Marketing und Entwicklung zu. Während die Bedeutung der Geschäftsführung und des Marketing von der Einführung zur laufenden Koordination abnimmt, steigt sie bei allen übrigen Funktionsbereichen zum Teil deutlich an. Dies ist erwartungsgemäß besonders bei den technischen Bereichen wie Entwicklung, Konstruktion, Produktionsplanung, Produktion und Qualitätssicherung der Fall. Eine auffallend geringere Bedeutung wird neben einigen internen Funktionsbereichen den externen Beratern beigemessen. Diese nimmt in der laufenden Koordination weiter sehr stark ab (vgl. Abb. 5-28).

❑ **Mitarbeiterschulungen zum Target Costing**

Die häufigsten Schulungen zum Target Costing werden für die Mitglieder der Geschäftsführung sowie für die Mitarbeiter des Controlling durchgeführt (vgl. Abb. 5-29). Am häufigsten finden diese Schulungen in der Planungsphase eines neuen Produktes statt (67,6% und 79,4%).[5] Relativ hoch ist auch die Schulungshäufigkeit für Marketingmitarbeiter, wobei der größte Anteil (50% der antwortenden Unternehmen) ebenfalls in der Planungsphase stattfindet. Target Costing-Schulungen für Entwickler finden weniger häufig statt, bei 55,9% der Unternehmen auch erst mit Beginn der Entwicklungsphase. Bei den Konstrukteuren verhält es sich ähnlich, nur

---

[5] *Bem.: Bei der Anwendung des Target Costing ist es wesentlich, in welcher Phase der Produktentwicklung welche Aktivitäten stattfinden. Aus diesem Grund wurde im Fragebogen nach verschiedenen Phasen des Produktentwicklungsprozesses unterschieden. Diese Unterscheidung nach Phasen ist jedoch sowohl in der Literatur als auch in der Unternehmenspraxis zum Teil sehr unterschiedlich. Die dieser Untersuchung zugrunde liegende Einteilung orientiert sich an der in der VDI-Richtlinie 2221 „Methodik zum Entwickeln und Konstruieren technischer Systeme und Produkte" beschriebenen Einteilung, die im wesentlichen mit der in der japanischen und amerikanischen Vergleichstudie verwendeten Einteilung in die Phasen „Konzeption/Produktplanung", „Entwicklung", „Konstruktion" und „Produktionsplanung" übereinstimmt (vgl. VDI (Hrsg., (1993); Fisher (1995), S. 53); Tani, u.a. (1994)).*

daß die Schulungen verstärkt in der Konstruktionsphase durchgeführt werden. Ca. 12% der antwortenden Unternehmen bestätigten, daß die Mitarbeiter aus der Produktion auch schon in der Planungs-, Entwicklungs- und Konstruktionsphase in die Grundlagen des Target Costing eingeführt werden. Dieser Wert ist aber dennoch als sehr gering einzuschätzen. Genauso wie Schulungen für Mitarbeiter der Zulieferer. Hier zeigt sich, daß nur die wenigsten Unternehmen unternehmensübergreifende Schulungen auch für die Zulieferer anbieten.

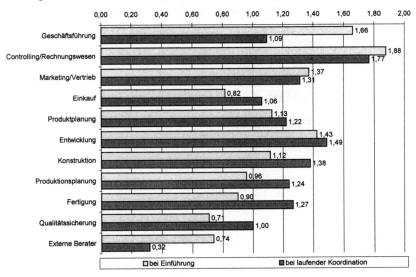

*Bewertung auf einer Skala von 0 = „keine Bedeutung" bis 2 = „große Bedeutung"*

*Abb. 5-28: Bedeutung der Funktionsbereiche bei der Einführung und laufenden Koordination (Mehrfachnennungen)*

## 5.4. Ergebnisse zum Stand und zur Implementierung des Target Costing in deutschen Großunternehmen

In den nachfolgenden Kapiteln werden die deskriptiven und analytischen Ergebnisse der Untersuchung zum Stand und zur Implementierung des Target Costing in der deutschen Unternehmenspraxis vorgestellt. Dazu wird gemäß dem Untersuchungsmodell jeweils der Einfluß der Variablen aus den Variablengruppen auf die Elemente des Target Costing untersucht. Die im Rahmen der analytischen Auswertung ermittelten Daten werden aus Gründen der Übersichtlichkeit und Lesbarkeit im Anhang B tabellarisch aufgeführt.

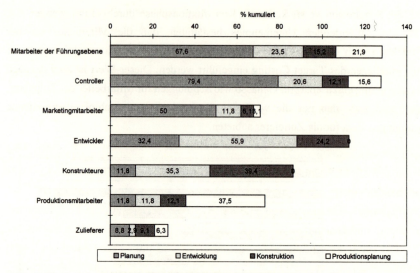

*Abb. 5-29: Schulungen zum Target Costing in den Phasen der Produktentwicklung*
*(n=34; Mehrfachnennungen)*

Der zur Erhebung dieser Befunde verwendete Fragebogen bestand außer dem allgemeinen Fragebogenteil aus vier Abschnitten, nämlich (vgl. Anhang A):

Abschnitt 1. Allgemeine Fragen zum Target Costing

Abschnitt 2. Fragen zur Gestaltung des Target Costing-Systems

Abschnitt 3. Fragen zur Implementierung des Target Costing

Abschnitt 4. Fragen zur Effektivität des Target Costing.

Dieser Aufbau wurde gewählt, um den Adressaten ein einfaches Ausfüllen und Nachvollziehen der Fragestrategie zu ermöglichen. Die Darstellung der Ergebnisse soll jedoch nicht in dieser Reihenfolge, sondern gemäß dem Aufbau des Untersuchungsmodells entsprechend den Elementen des Target Costing erfolgen.

Abbildung 5-30 zeigt die Schrittfolge der statistischen Auswertung gemäß den zugrunde liegenden Ausgangshypothesen (vgl. Abb. 5-30). Dem 1. Auswertungsschritt liegt die Ausgangshypothese zugrunde, daß die Ausgestaltung der wesentlichen Elemente von den das Target Costing charakterisierenden Variablengruppen abhängt. Die zur Messung der jeweiligen Elemente verwendeten Variablen sind in den Kapiteln angegeben.

Im 2. Auswertungschritt wird für jedes Element bzw. für jede zur Charakterisierung der Elemente verwendete Variable der Einfluß der Variablen aus den Variablengruppen des Target Costing untersucht. Dafür wurde ein Analysegitter entworfen, das jeweils den Zusammenhang zwischen der abhängigen und unabhängigen Variable angibt. Im Text wird jeweils auf die entsprechenden Analysegitter im Anhang B verwiesen, die mit einer Hypothesennummer bezeichnet sind.

Die beeinflussenden Faktoren wurden dazu in insgesamt fünf Variablengruppen eingeteilt. In diesen Variablengruppen befinden sich teilweise auch Unternehmens- und Umweltvariablen zur Messung der allgemeinen Unternehmenscharakteristika aus dem allgemeinen Fragebogenteil.[6]

In der Variablengruppe „Markt" sind diejenigen Variablen zusammengefaßt, mit denen sich die Marktsituation, in dem sich ein Unternehmen befindet, abbilden läßt. Es handelt sich dabei um die Variablen „Umsatz", „Umsatzentwicklung", „Profitabilität", „Marktstellung", „Branche", „Wettbewerbsintensität", „Strategie", „Dynamik und Diskontinuität" sowie „Leistungsstruktur". Mit der Variablengruppe „Produkt" soll der Einfluß der Produktmerkmale auf die Ausgestaltung des Target Costing ermittelt werden. Die Variablen sind die „Produktprogrammkomplexität", „Produktkomplexität", „weitere Produktmerkmale (Innovationsgrad und Produkt-lebensdauer)", sowie die dem Target Costing unterzogenen „Varianten". In der Variablengruppe „Organisation" wurden die organisationsbeschreibenden Variablen „Unternehmenstyp", „Anzahl der Mitarbeiter" und „Leiter Target Costing" zusam-mengefaßt. Mit der Variablengruppe „Controlling" werden die „Controlling-hierarchieebene", der „Einfluß des Controlling auf die strategische Planung", die „Anwendungsbreite", die „Anwendungsdauer" und die „Ziele des Target Costing-Einsatzes" überprüft.[7] Die Variablengruppe „Mitarbeiter" schließlich soll den Einfluß mitarbeiterspezifischer Aspekte auf die Gestaltung und Implementierung des Target Costing ermitteln. Diese Gruppe umfaßt die Variablen „Einfluß der Mitarbeiter", „Target Costing-Schulungen" sowie „Innovationsunterstützende Aspekte". In den Ergebnistabellen sind auch jeweils die Variablencodes („V X") angegeben.

---

[6] *Die Strukturierung der Variablengruppen korrespondiert mit einer Systematisierung von Jentsch/Weidt (vgl. Jentzsch/Weidt (1995) und (1996)), die für die Einführung des Target Costing in Unternehmen eine Analysesystematik entworfen haben.*

[7] *Bem.: Die Variable „Ziele des Target Costing-Einsatzes" wurde in die Variablengruppe „Con-trolling" aufgenommen, da, wie später zu zeigen ist, dem Controlling die größte Bedeutung für die Target Costing-Einführung und -Anwendung zukommt.*

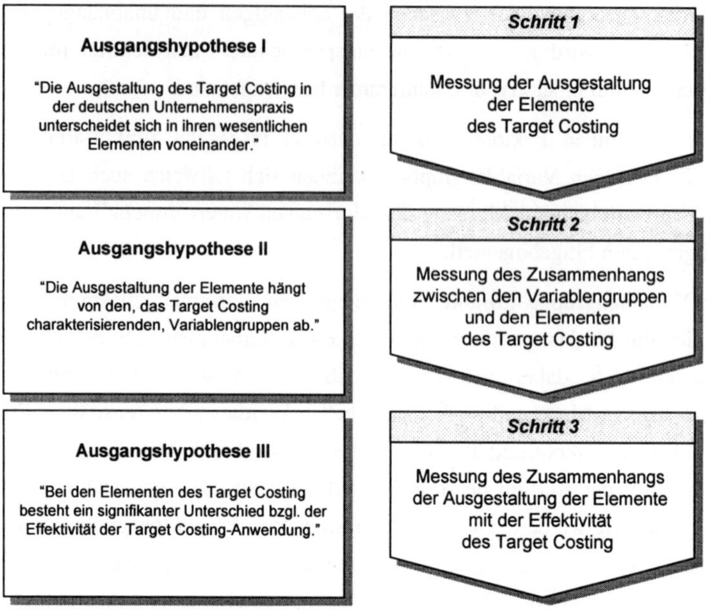

| **Ausgangshypothese I** | **Schritt 1** |
|---|---|
| "Die Ausgestaltung des Target Costing in der deutschen Unternehmenspraxis unterscheidet sich in ihren wesentlichen Elementen voneinander." | Messung der Ausgestaltung der Elemente des Target Costing |
| **Ausgangshypothese II** | **Schritt 2** |
| "Die Ausgestaltung der Elemente hängt von den, das Target Costing charakterisierenden, Variablengruppen ab." | Messung des Zusammenhangs zwischen den Variablengruppen und den Elementen des Target Costing |
| **Ausgangshypothese III** | **Schritt 3** |
| "Bei den Elementen des Target Costing besteht ein signifikanter Unterschied bzgl. der Effektivität der Target Costing-Anwendung." | Messung des Zusammenhangs der Ausgestaltung der Elemente mit der Effektivität des Target Costing |

*Abb. 5-30: Vorgehensweise in der Auswertung*

Im 3. Auswertungsschritt schließlich wurde der Zusammenhang zwischen den Elementen des Target Costing und den Effektivitätsvariablen (Variablen „Effektivität", „Unternehmenserfolg", „Probleme", „Erfolgs des Abnehmers", „Erfolg des Zulieferers", „Gründe für Nichterreichung der Zielkosten") untersucht.

Insgesamt soll die Auswertung des empirischen Datenmaterials mehrere Zwecke erfüllen:

❑ Erkennen der deskriptiven Befunde und Beschreibung der Bandbreite der Anwendung des Target Costing in der Unternehmenspraxis.

❑ Ermittlung und Analyse von Zusammenhängen zwischen den Variablen des Target Costing-Systems.

❑ Ermittlung und Analyse von Zusammenhängen zwischen den Merkmalen des Untersuchungsobjektes Target Costing und den unternehmens- und umweltspezifischen Einflußfaktoren.

In den folgenden Kapiteln werden auch Ergebnisse der jüngsten Untersuchung von *Tani u.a.* in japanischen Großunternehmen vorgestellt und den Ergebnissen der vorliegenden deutschen Untersuchung gegenübergestellt, um Gemeinsamkeiten und Unterschiede ableiten zu können.

### 5.4.1. Marktorientierte Preis- und Zielkostenfindung

Das Target Costing-Element „Marktorientierte Preisfindung" wird mit Hilfe der Variablen „Informationsstand vor Einführung des Target Costing" (V4), „Art der Zielkostenfestlegung" (V13), „Anspruchsniveau der Zielkostenvorgabe" (V14), „Änderungsgründe der Zielkostenvorgabe" (V16) und „Erreichbarkeit der Zielkostenvorgabe" (V17) gemessen.

### 5.4.1.1. Ausgestaltung des Elementes

❑ **Informationsstand vor Einführung des Target Costing**

Der Informationsstand bzgl. der Markt- und Wettbewerbsbedingungen vor Einführung des Target Costing wird im Rahmen dieser Untersuchung als ein wesentlicher Aspekt zur Charakterisierung der Target Costing-Anwendung angesehen (vgl. Abb. 5-31). Die Abstimmung der Target Costing-Aktivitäten mit den strategischen Zielsetzungen des Unternehmens, die Art der Preis- und Zielkostenfindung hängen entscheidend von den Kenntnissen der Kundenanforderungen an das Produkt, der Preisvorstellungen der Kunden, der Produktfunktionen der eigenen und der auf dem Markt angebotenen Konkurrenzprodukte ab.

| | Kunden-wünsche | | Produkt-funktionen | | Preis-wünsche | | Konkurrenz-produkte | | Erlös-schätzungen | |
|---|---|---|---|---|---|---|---|---|---|---|
| | n | % | n | % | n | % | n | % | n | % |
| gut | 10 | 16,1 | 21 | 35,6 | 11 | 18,0 | 12 | 19,7 | 5 | 8,3 |
| eher gut | 20 | 32,3 | 24 | 40,7 | 24 | 39,3 | 24 | 39,3 | 17 | 28,3 |
| durch-schnittlich | 27 | 43,6 | 12 | 20,3 | 17 | 27,8 | 15 | 24,6 | 19 | 31,7 |
| eher schlecht | 5 | 8,1 | 2 | 3,3 | 8 | 13,1 | 9 | 14,8 | 16 | 26,7 |
| schlecht | 0 | 0 | 0 | 0 | 1 | 1,6 | 1 | 1,6 | 3 | 5,0 |
| Σ | 62 | | 59 | | 61 | | 61 | | 60 | |
| ∅ | | 0,56 | | 1,08 | | 0,59 | | 0,61 | | -0,08 |

*Beurteilung auf einer Skala von -2=„schlecht" bis 2=„gut"*

*Abb. 5-31: Informationsstand vor Einführung des Target Costing\**

Wie Abbildung 5-31 zeigt, wurde die Kenntnis der Kundenwünsche zwar von 48,4% der Befragten als eher gut bis gut eingestuft, immerhin 43,6% gaben jedoch an, sie sei nur durchschnittlich gewesen. Nur bei 8,1% ist die Kenntnis der Kundenwünsche schlecht. Die Kenntnis der Produktfunktionen ist erwartungsgemäß besser. Hier sagten 76,3%, daß die Kenntnis der Produktfunktionen vor Einführung des Target Costing eher gut bis gut gewesen ist. Bei 14,7% der Unternehmen war die Kenntnis der Preiswünsche eher schlecht bis schlecht, bei 57,4% eher gut bis gut gewesen. Die Einschätzung der Kenntnis der Konkurrenzprodukte entspricht damit der Einschätzung der Preiswünsche. Die Genauigkeit der Erlösschätzungen in den Unternehmen ist nicht zufriedenstellend. 63,3% offenbarten einen schlechten bis durchschnittlichen Informationsstand bzgl. der Erlösschätzungen der Produkte, 36,7% einen eher guten bis guten.

### ❑ Zielkostenfestlegung

In der Untersuchung gaben 47% der Unternehmen an, die Zielkostenfestlegung erfolgt in Höhe der vom Markt erlaubten Kosten („Market into Company") (vgl. Abb. 5-32). Bei weiteren 12% erfolgt die Festlegung der Zielkosten „Out of Competitor", d.h. ausgerichtet an der Kostensituation der Wettbewerber. 8% der Unternehmen legen die Zielkosten ausgehend von der Kostensituation des Unternehmens („Out of Company") fest, 22% auf Basis der bisherigen Standardkosten und der zu erwartenden Kostensenkungsrate („Out of Standard Costs"). Bei 11% der Unternehmen ist die Zielkostenhöhe das Ergebnis eines Abstimmungsprozesses zwischen den vom Markt erlaubten Kosten und den aus Unternehmenssicht erreichbaren Zielkosten („Into and Out of Company"). Es kann vermutet werden, daß der Schwerpunkt eher auf der Fortschreibung der bisherigen Kostensituation liegt. Diese Variante wird auch in der Literatur als Regelfall bezeichnet, auch wenn das Ergebnis auf eine andere Praxis in den Unternehmen hindeutet (vgl. stellvertretend *Ewert* (1997), S. 316).

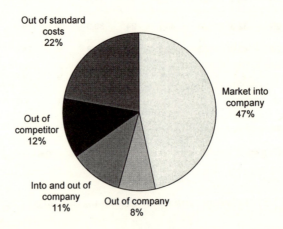

*Abb. 5-32: Zielkostenfestlegung in deutschen Unternehmen (n = 60)*

Im Vergleich mit der Art der Zielkostenfestlegung in japanischen Unternehmen ergeben sich folgende Unterschiede (vgl. Abb. 5-33):

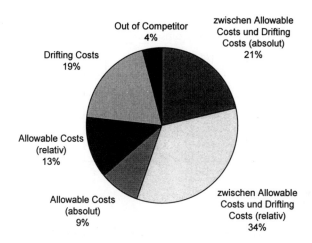

*Abb. 5-33: Zielkostenfestlegung in japanischen Unternehmen (n = 94)*

Nur 22% der japanischen Unternehmen legen die Allowable Costs als Zielkosten fest, entweder in relativen Werten als Umsatzrendite oder als absoluten Kostenbetrag. Dieser Anteil ist nur knapp halb so hoch wie in deutschen Unternehmen. Der Anteil der Festlegung auf Basis der prognostizierten Standardkosten („Drifting Costs") ist annähernd so hoch wie in deutschen Unternehmen (19%). Eine konkurrenzorientierte Zielkostenfestlegung erfolgt hingegen deutlich seltener (4%). Es überwiegt mit 55% die Zielkostenfestlegung zwischen den Allowable Costs und den ermittelten Drifting Costs. Die Zahlen entsprechen denen vorheriger Untersuchungen in Japan. Bspw. setzten 57% von 106 befragten Unternehmen das Kombinationsverfahren ein (vgl. *Kobayashi* (1992)). Der Vorteil des kombinierten Verfahrens liegt darin, daß er zur Koordination zwischen Vertrieb, Konstruktion, Produktion und Rechnungswesen beiträgt.

❏ **Anspruchsniveau der Zielkostenvorgabe**

51,7% der befragten Unternehmen schätzen das Anspruchsniveau der Zielkosten-vorgabe als hoch ein (vgl. Abb. 5-34). Jedoch meinten nur 5%, daß ausschließlich mit innovativen Ideen die Zielkostenvorgabe zu erreichen wäre. Immerhin 36,7% sind der Meinung, daß die Zielkostenvorgabe eher mit den herrschenden technologischen Möglichkeiten erreicht werden kann. Bei 6,7% ist die Zielkostenvorgabe auf jeden Fall mit dem aktuellen technologischen Standard zu erreichen.

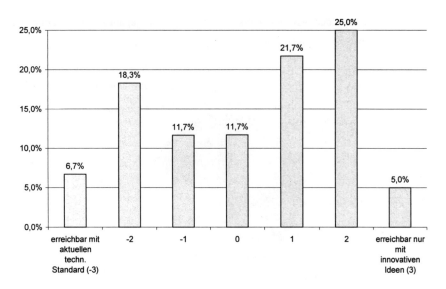

*Abb. 5-34: Einschätzung des Anspruchsniveaus der Zielkostenvorgabe (n =60)*

Bei der Einschätzung des Anspruchsniveaus gibt es offensichtlich zwei Gruppen von Unternehmen. Die Hälfte der Unternehmen sieht die Notwendigkeit neuartiger Technologien zur Zielkostenerreichung, ein gutes Drittel der Unternehmen erachtet technologische Innovationen als nicht notwendig. Ursache dafür könnte sein, daß entweder das Anspruchsniveau der Zielkostenvorgabe nicht so hoch ist, wie es sein könnte, oder daß das Hauptproblem zur Zielkostenerreichung nicht in der Produkt- und Prozeßtechnologie, sondern in anderen Bereichen liegt.

Der Vergleich mit den japanischen Befunden zeigt, daß der Mittelwert bei deutschen Unternehmen geringer ist als bei der japanischen Untersuchung und eine höhere Standardabweichung aufweist (vgl. Abb. 5-35). Für japanische Unternehmen sind demzufolge also stärker technologische Innovationen zur Zielkostenerreichung notwendig als in deutschen Unternehmen.

| Deutschland* | | | Japan | | |
|---|---|---|---|---|---|
| n | ∅ | σ | n | ∅ | σ |
| 60 | 4,18 | 1,77 | 97 | 5,04 | 1,05 |

*\*Die ursprüngliche Bewertung in Deutschland auf einer Skala von -3 bis +3 wurde wie in der japanischen Untersuchung in eine Skala von 1 bis 7 umkodiert.*

*Abb. 5-35: Einschätzung des Anspruchsniveaus der Zielkostenvorgabe in Deutschland und Japan im Vergleich*

## ❑ Änderung der Zielkostenvorgabe

Wie aus der Abbildung 5-36 ersichtlich, führen bei 36,4% der antwortenden Unternehmen Probleme bei der Erreichung der Zielkostenvorgabe dazu, daß sie im Laufe des Produktentwicklungsprozesses häufig bzw. sehr häufig geändert wird. In 90,9% aller Unternehmen führt diese Ursache überhaupt zu Änderungen der Zielkostenvorgabe. Ein noch häufigerer Grund sind nachträgliche Entwurfsänderungen. Sie führen bei insgesamt 92,5% der Unternehmen zu Änderungen der Zielkostenvorgabe, bei fast der Hälfte (49,1%) der Unternehmen zu häufigen bzw. sehr häufigen Änderungen. Auch die Aufforderung durch Abnehmerunternehmen, Kosten weiter zu senken, ist für Zulieferunternehmen eine häufige Ursache für die Änderungen der Zielkostenvorgaben (87,7% der Unternehmen), bei 47,4% sogar häufig bis sehr häufig. Die drohende Gefährdung des Markteintrittszeitpunktes ist auf Basis der vorliegenden Befunde weniger bedeutend. Sie führt nur bei einem Viertel (25,9%) zu häufigen bis sehr häufigen Änderungen, bei 59,3% der Unternehmen zu geringeren Anpassungen der Zielkostenvorgabe. Diese Ergebnisse relativieren das Antwortbild zur Zielkostenfestlegung und zum Anspruchsniveau der Zielkostenvorgabe und ergänzen die Ergebnisse der Vergleichsuntersuchung von *Tani/Horváth/von Wangenheim* um die Erkenntnis, daß sich deutsche Unternehmen nur scheinbar konsequenter an den Marktpreisen ausrichten (vgl. Kap. 3.2.3.5.).

| Änderungen | Probleme bei der Zielkosten- erreichung | | Entwurfs- änderungen | | Gefährdung des Markteintritts- zeitpunktes | | Aufforderungen zur Kosten- senkung durch den Kunden | |
|---|---|---|---|---|---|---|---|---|
| | n | % | n | % | n | % | n | % |
| keine | 5 | 9,1 | 4 | 7,5˙ | 8 | 14,8 | 7 | 12,3 |
| sehr geringe | 13 | 23,6 | 11 | 20,8 | 15 | 27,8 | 7 | 12,3 |
| geringe | 17 | 30,9 | 12 | 22,6 | 17 | 31,5 | 16 | 28,1 |
| häufige | 15 | 27,3 | 17 | 32,1 | 12 | 22,2 | 18 | 31,6 |
| sehr häufige | 5 | 9,1 | 9 | 17˙ | 2 | 3,7 | 9 | 15,8 |
| Σ | 55 | 100 % | 53 | 100 % | 54 | 100 % | 57 | 100 % |

*Abb. 5-36: Gründe für Änderungen der Zielkostenvorgabe in deutschen Unternehmen*

Auch hier läßt sich ein Vergleich zur japanischen Praxis anstellen (vgl. Abb. 5-37):

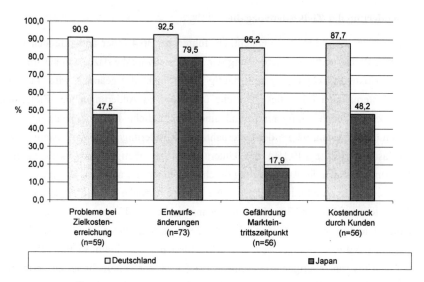

*Abb. 5-37: Änderungen der Zielkostenvorgabe in deutschen und japanischen*
*Unternehmen*

In deutschen Unternehmen finden in jeweils über 80% der Unternehmen Änderungen der Zielkostenvorgaben aus den genannten Gründen statt. Während Entwurfs-änderungen zu einem späteren Zeitpunkt im Produktentwicklungsprozeß auch in Japan für viele Unternehmen ein Problem darstellen, liegt in Deutschland der Anteil der betroffenen Unternehmen bei allen Ursachen deutlich höher als in Japan.

Es kann festgehalten werden, daß der Großteil der Unternehmen (fast 60%) zunächst zwar eine marktorientierte Zielkostenfindung praktiziert, diese Zielkosten anschließ-end aber aufgrund verschiedener interner und externer Ursachen wieder geändert werden. Bis auf die Ursache „Kostendruck durch den Kunden" bedingen alle Ursachen eine Lockerung der ursprünglichen Vorgabe. Die geäußerte anspruchsvolle Marktorientierung wird durch dieses Ergebnis relativiert. Es kann somit nur von einer bedingt marktorientierten Zielkostenverfolgung bzw. –einhaltung gesprochen werden.

Die Ursache dafür, daß häufige Änderungen der Zielkostenvorgabe im Vergleich zu Japan stattfinden, liegt auch in der längeren Anwendungserfahrung japanischer Unter-nehmen. Aufgrund der Vielzahl von Produktprojekten, bei denen Zielkosten ermittelt und häufig auch nicht erreicht wurden, wird bereits im vornhinein versucht, eine realistische, aber erreichbare Zielkostenvorgabe festzulegen, deren Verbindlichkeit im Laufe der Produktentwicklung sehr hoch ist und die nur selten verändert wird. Sie liegt häufig zwischen den Allowable Costs und den Drifting Costs. In vielen deutschen Unternehmen wird noch zu Beginn eines Entwicklungsprojektes eine anspruchsvolle, marktorientierte Zielkostenvorgabe festgelegt, die im Laufe des

Produktentwicklungsprozesses jedoch mehrfach geändert und damit „abgeschwächt" wird, da sie sich als nicht erreichbar erweist.

### 5.4.1.2. Zusammenhang zwischen den Variablengruppen und der Marktorientierten Preis- und Zielkostenfindung

❑ **Marktspezifische Einflußfaktoren der Marktorientierten Preis- und Zielkostenfindung**

Die Umsatzhöhe weist einen positiven Zusammenhang mit der Genauigkeit der Erlösschätzungen sowie den Kenntnissen der Konkurrenzprodukte auf (vgl. im folgenden Anhang B, Hyp. M-1). Umsatzstarke Unternehmen praktizieren auch häufiger die Zielkostenfestlegung in Form des „Out of Company" bzw. „Into and Out of Company". Zwischen der Umsatzhöhe und dem Anspruchsniveau der Zielkostenvorgabe ergab sich kein Zusammenhang, dafür aber zwischen der Umsatzhöhe und den Gründen, die zu einer Änderung der Zielkostenvorgabe führen können. Unternehmen mit hohen Umsätzen gaben deutlich seltener an, daß Probleme bei der Zielkostenerreichung oder Kostensenkungsaufforderungen durch den Kunden zu einer Änderung der Zielkostenvorgabe führten. Ein geringer Zusammenhang besteht zwischen der Einschätzung der Erreichbarkeit der Zielkostenvorgabe und der Umsatzhöhe. Demnach schätzen kleinere Unternehmen die Erreichbarkeit deutlich besser ein als große Unternehmen.

Ein starker positiver Zusammenhang besteht zwischen der Profitabilität im Vergleich zur Branche und dem Kenntnisstand der Kundenwünsche. Demnach haben Unternehmen, die heute im Vergleich zu den Konkurrenten eine höhere Profitabilität haben, die Kenntnis ihrer Kundenwünsche signifikant besser eingeschätzt (vgl. im folgenden Anhang B, Hyp. M-2). Zwischen der Profitabilität und der Art der Zielkostenfestlegung, dem Anspruchsniveau der Zielkostenvorgabe und den Änderungsgründen der Zielkostenvorgabe konnte dagegen kein Zusammenhang festgestellt werden. Jedoch schätzen profitablere Unternehmen die Erreichbarkeit der Zielkostenvorgabe besser ein als weniger profitable Unternehmen.

Ein schwach positiver Zusammenhang besteht zwischen der Marktstellung und der Kenntnis der Kundenwünsche sowie der Genauigkeit der Erlösschätzungen (vgl. im folgenden Anhang B, Hyp. M-3). Einige Ursachen für die Anpassung der Zielkostenvorgabe treten bei marktbestimmenden Unternehmen häufiger auf als bei den übrigen Unternehmen. So sind die Gefährdung des Markteintrittszeitpunktes und auftretende Designveränderungen in marktführenden Unternehmen häufiger Ursache dafür, die Zielkostenvorgabe abzuändern.

Branchenspezifische Zusammenhänge mit der marktorientierten Preis- und Zielkostenfindung konnten nicht ermittelt werden. Dagegen hat die Einschätzung der Wettbewerbsintensität im Vergleich zur Konkurrenz einen großen Einfluß auf die Art der Zielkostenfestlegung (vgl. im folgenden Anhang B, Hyp. M-4). In einem wettbewerbsintensiven Umfeld mit einer hohen Konkurrentenanzahl erfolgt die Zielkostenfestlegung häufig „Into and Out of Company". Bei einer starken Veränderung der Wettbewerber und Wettbewerberanzahl werden die Zielkosten jedoch eher basierend auf den Kalkulationen des eigenen Unternehmens, d.h. „Out of Company" festgelegt.

Unternehmen, die gleichzeitig eine Kosten- und Leistungsführerschaft verfolgen, schätzen die Kenntnis der gewünschten Produktfunktionen, Produktpreise und Konkurrenzprodukte deutlich positiver ein als Unternehmen, die die übrigen Strategien verfolgen (vgl. im folgenden Anhang B, Hyp. M-5; vgl. Abb. 5-38). Stärker ist der Einfluß der strategischen Zielsetzung auf die Art der Zielkostenfestlegung. Die stärksten Zusammenhänge bestehen für die Antwortalternativen „Market-into-Company" sowie „Out of Company". Der Großteil der Unternehmen gab an, die Zielkosten streng von den am Markt erlaubten Preisen abzuleiten. Dabei entfielen auf die Outpacing-Strategie mehr als doppelt so viele Unternehmen als bei den übrigen Strategiealternativen. Bei der Variante „Out of Company" verhält es sich umgekehrt, sie wurde von den meisten Unternehmen nicht angegeben. Auch hier erfolgte die häufigste Ablehnung durch die Unternehmen mit Outpacing-Strategie.

| Strategie | Market into Company | |
|---|---|---|
| | n | % |
| Kostenführerschaft | 7 | 16,7 % |
| Differenzierung | 6 | 14,3 % |
| Nischenstrategie Differenzierung | 7 | 16,7 % |
| Outpacing | 14 | 33,3 % |
| keine Strategie | 7 | 16,7 % |
| sonstige | 1 | 2,3 % |
| Σ | 42 | 100 % |

*Abb. 5-38: Marktorientierte Zielkostenfestlegung nach Strategien*

Unternehmen mit Outpacing-Strategie schätzen auch beim Anspruchsniveau der Zielkostenvorgabe die Notwendigkeit innovativer Ideen und Neuentwicklungen deutlich wichtiger ein.

Die Dynamik und Diskontinuität der Produkt- und Produktionstechnologie steht in starkem Zusammenhang mit den Ursachen für die Änderung der Zielkostenvorgaben (vgl. im folgenden Anhang B, Hyp. M-6). Demnach sind bei Unternehmen mit hoher Dynamik und Diskontinuität besonders die Veränderungen von Designspezifikationen für die Anpassung der Zielkostenvorgabe verantwortlich.

Je höher der Anteil der Gemeinkosten an den Gesamtkosten ist, desto schlechter wird der Informationsstand vor Einführung des Target Costing eingeschätzt. Am stärksten fiel diese Korrelation für die Genauigkeit der Erlösschätzungen aus (vgl. im folgenden Anhang B, Hyp. M-7).

Je höher der Wertschöpfungsanteil ist, desto häufiger wird die Methode „Market into Company" zur Zielkostenfestlegung angewendet, die Variante „Out of Company" wird ausschließlich von Unternehmen mit einer Wertschöpfungstiefe von <30% angewendet.

❏ **Produktspezifische Einflußfaktoren der Marktorientierten Preis- und Zielkostenfindung**

Bei der Untersuchung der produktspezifischen Einflußfaktoren konnte ein Zusammenhang zwischen der Produktkomplexität und der Zielkostenfestlegung festgestellt werden (vgl. im folgenden Anhang B, Hyp. M-8). Je höher die Komplexität der Kundenbeziehung ist, desto häufiger setzen Unternehmen die Zielkosten „Out of Company" fest. Damit scheint die Kundenkomplexität ein Hindernis für die marktorientierte Zielkostenfestlegung darzustellen. Das Anspruchsniveau der Zielkostenvorgabe wird trotzdem als höher eingeschätzt.

Mit steigender Produktlebensdauer nehmen die Aufforderungen von Kundenunternehmen zur Kostensenkung als Ursache für Änderungen der Zielkostenvorgabe ab (vgl. im folgenden Anhang B, Hyp. M-9). Dies deutet darauf hin, daß gerade bei langen Zulieferer-Abnehmer-Beziehungen ein kooperatives Kostenmanagement stattfindet.

Die Variantenauswahl hat nur einen geringen Einfluß auf die marktorientierte Preis- und Zielkostenfindung (vgl. im folgenden Anhang B, Hyp. M-10). So ergab sich entgegen der Erwartung zum Informationsstand insgesamt nur eine schwach positive Korrelation, außer zwischen der Kenntnis der Preiswünsche bei Unternehmen, die Target Costing nur für ausgewählte Varianten einsetzen.

Die Variantenauswahl hat aber Einfluß auf die Einschätzung des Anspruchsniveaus der Zielkostenvorgabe, denn bei ausgewählten Varianten wird zwar das Anspruchsniveau als höher eingestuft, die Erreichbarkeit der Zielkosten aber auch deutlich besser eingeschätzt. Es handelt sich dabei sowohl um Unternehmen, die Target Costing schon länger anwenden, als auch um Unternehmen, die ein Pilotprojekt durchführen. Demnach erscheint Pilotanwendern das Anspruchsniveau also relativ hoch. Eine Konzentrierung auf ausgewählte Varianten scheint darüber hinaus die Zielkostenverfolgung und Erreichung anspruchsvoller Vorgaben zu unterstützen.

❑ **Organisatorische Einflußfaktoren der Marktorientierten Preis- und Zielkostenfindung**

Die Einflußfaktoren aus der Variablengruppe „Organisation" haben ebenfalls einen Einfluß auf die marktorientierte Preis- und Zielkostenfindung (vgl. im folgenden Anhang B, Hyp. M-11). Die Korrelation der Einschätzung der Kenntnis der Kundenwünsche und der Genauigkeit der Erlösschätzungen mit der Mitarbeiteranzahl bestätigt, daß für Großunternehmen mit mehr als 10.000 Mitarbeitern die Kenntnis der Produktfunktionen, die Kenntnis der Preiswünsche und der Konkurrenzprodukte ein Problem darstellt.[8] In diesen Unternehmen erfolgt die Zielkostenfestlegung auch deutlich häufiger „Out of Company", „Into and Out of Company" und „Out of Standard Costs". Aufforderungen zu Kostensenkungen durch Kunden sind für sie ebenso wenig ausschlaggebend wie Probleme bei der Zielkostenerreichung. Bei diesem Antwortbild sollte jedoch die starke Marktposition der Unternehmen berücksichtigt werden.

❑ **Mitarbeiterspezifische Einflußfaktoren der Marktorientierten Preis- und Zielkostenfindung**

Die frühe Einbindung der Mitarbeiter aus Marketing/Vertrieb und Einkauf hat eine positive Auswirkung auf die Ausrichtung der Zielkostenfestlegung an den Markterfordernissen (vgl. im folgenden Anhang B, Hyp. M-12). Von 35 Unternehmen, bei denen der Einfluß der Mitarbeiter aus Marketing/Vertrieb in der Phase der Planung/ Konzeption groß ist, legen 30 die Zielkosten „Market into Company" fest. Der Einfluß der Konstrukteure und der Controllingmitarbeiter in der Phase der Produktplanung führt häufig dazu, daß die Zielkosten „Out of Standard Costs" festgelegt werden. Bestätigende Ergebnisse fanden sich, wenn der Einfluß der Mitarbeiter in der Phase der Entwicklung groß war. Frühe Schulungen für Mitarbeiter der Führungsebene und des Controlling gehen mit einer häufigen Zielkostenfestlegung „Market-into-Company" einher (vgl. im folgenden Anhang B, Hyp. M-13).

---

[8] *Bem.: Zur Erhöhung der Fallzahlen wurde die Variable „Mitarbeiteranzahl" in die drei Kategorien „<2000", „2000-10000" und „>10000" umkodiert.*

❏ **Controllingspezifische Einflußfaktoren der Marktorientierten Preis- und Zielkostenfindung**

Je höher die hierarchische Stellung des Controlling im Unternehmen ist, desto besser wird der Informationsstand bzgl. der Preiswünsche sowie der Genauigkeit der Erlösschätzungen eingeschätzt (vgl. Abb. 5-39; vgl. im folgenden Anhang B, Hyp. M-14). Weiterhin beeinflußt sie die Art der Zielkostenfestlegung. So erfolgte die Zielkostenfestlegung „Market into Company" vornehmlich bei Unternehmen, bei denen das Controlling auf der 1. und 2. Führungsebene angesiedelt ist. Bei allen übrigen Varianten der Zielkostenfestlegung ist die Verteilung je nach Führungsebene deutlicher, bei der zweithäufigsten Variante „Out of Standard Costs" sogar umgekehrt.

| | Hierarchische Ebene des Controlling | | |
|---|---|---|---|
| Zielkostenfestlegung | 1. Führungs-ebene | 2. Führungs-ebene | 3. Führungs-ebene |
| Market into Company | 17 | 18 | 4 |
| Out of Company | 2 | 1 | 3 |
| Into and Out of Company | 2 | 5 | 1 |
| Out of Competitor | 3 | 8 | 0 |
| Out of Standard Costs | 6 | 10 | 1 |

*Abb. 5-39: Zielkostenfestlegung in Abhängigkeit der Controlling-Hierarchie*

### 5.4.2. Retrograde Kalkulation

Das Target Costing-Element „Retrograde Kalkulation" wird mit den Variablen „Funktionen der Retrograden Kalkulation" (V11), „Einflußfaktoren der Zielrendite" (V12) und „Kostenarten" (V15) abgebildet.

### 5.4.2.1. Ausgestaltung des Elementes

❏ **Funktionen der Retrograden Kalkulation**

Die Unternehmen verfolgen mit der Retrograden Kalkulation z.T. unterschiedliche Zielsetzungen. 65% der antwortenden Unternehmen gaben an, die Funktion „Ableitung der Zielkosten vom Marktpreis" habe eine sehr große Bedeutung, 25% stuften die Bedeutung als hoch ein (vgl. Abb. 5-40). Somit kann sie auch als

Hauptfunktion bezeichnet werden. Die zweithöchste Bedeutung wurde der Funktion „Fokussierung der Zielkostenerreichung auf das Gesamtprodukt" beigemessen, die von 83% der Unternehmen als groß bis sehr groß eingestuft wurde. Die Funktionen „Ausrichtung der Kalkulation an Wettbewerbern" und „Herunterbrechen der Zielkostenvorgabe" erhielten ähnlich hohe Einschätzungen mit einem Durchschnittswert von 0,93 bzw. 0,85. Jeweils über 74% bzw. 70% der befragten Unternehmen maßen diesen Funktionen große bis sehr große Bedeutung bei.

| | sehr gering | gering | durch-schnitt-lich | groß | sehr groß | |
|---|---|---|---|---|---|---|
| | % | % | % | % | % | ∅ |
| Ableiten der Zielkosten vom Marktpreis | 1,7 | 6,7 | 1,7 | 25,0 | 65,0 | 1,45 |
| Ausrichtung der Kalkulation an Wettbewerbern | 5,2 | 8,6 | 12,1 | 36,2 | 37,9 | 0,93 |
| Unbedingte Absicherung der Zielrendite | 3,3 | 10,0 | 23,3 | 41,7 | 21,7 | 0,68 |
| Ermittlung der beeinflußbaren Kosten | 1,7 | 15,3 | 27,1 | 42,4 | 13,6 | 0,51 |
| Hinterfragen von Unternehmensstrukturen | 6,9 | 27,6 | 41,4 | 17,3 | 6,9 | -0,10 |
| Herunterbrechen der Zielkostenvorgabe | 0,0 | 10,0 | 20,0 | 45,0 | 25,0 | 0,85 |
| Fokussierung auf Gesamtprodukt | 0,0 | 3,4 | 13,6 | 50,6 | 32,2 | 1,12 |

*Bewertung auf einer Skala von -2 = „sehr gering" bis 2 = „sehr groß"*

*Abb. 5-40: Funktionen der Retrograden Kalkulation* (n = 60)*

Die übrigen Funktionen, die zur Auswahl standen, wurden als weniger bedeutend eingestuft, nämlich die „Unbedingte Absicherung der Zielrendite" mit einem Durchschnittswert von 0,68 und die „Ermittlung der beeinflußbaren Kosten" mit 0,51. Die geringste Bedeutung hat die Funktion „Hinterfragen von Unternehmensstrukturen" mit einem Durchschnittswert von -0,1.

❑ **Einflußfaktoren auf die Zielrendite**

Wie aus Abbildung 5-41 ersichtlich schätzen 91,2% der antwortenden Unternehmen die Renditeerwartungen als wichtigsten Einflußfaktor auf die Retrograde Kalkulation ein. Der zweitwichtigste Einflußfaktor ist die „Erreichung einer angestrebten Wettbewerbssituation" (70,7% „große" und „sehr große" Bedeutung). Ähnlich bedeutend wurden die Einflußfaktoren „Langfristige Portfolioplanung" (54,4% „große" und „sehr große" Bedeutung) und „Risikoabsicherung" (43,9% „große" und „sehr große"

Bedeutung) eingestuft. 22,8% bzw. 29,8% der Unternehmen gaben an, daß diese Einflußfaktoren nur geringe und sehr geringe Bedeutung hätten.

| | Rendite-erwartungen | | Langfristige Portfolio-planung | | Risiko-absicherung | | Angestrebte konkurrenzo. Marktposition | |
|---|---|---|---|---|---|---|---|---|
| | n | % | n | % | n | % | n | % |
| sehr groß | 22 | 38,6 | 4 | 7,0 | 0 | 0 | 12 | 20,7 |
| groß | 30 | 52,6 | 27 | 47,4 | 25 | 43,9 | 29 | 50,0 |
| durchschnittlich | 1 | 1,8 | 13 | 22,8 | 15 | 26,3 | 7 | 12,1 |
| gering | 3 | 5,3 | 12 | 21,1 | 17 | 29,8 | 8 | 13,8 |
| sehr gering | 1 | 1,8 | 1 | 1,8 | 0 | 0 | 2 | 3,4 |
| Σ | 57 | 100 | 57 | 100 | 57 | 100 | 58 | 100 |
| Ø | 1,21 | | 0,37 | | 0,14 | | 0,71 | |

*Bewertung auf einer Skala von -2 = „sehr gering" bis 2 = „sehr groß"*

*Abb. 5-41: Einfluß auf die Zielrendite\**

Bei der überwiegenden Mehrheit der Unternehmen herrscht also nicht eine risikoorientierte Sicherheitseinstellung, sondern eine eher langfristige und an den Marktgegebenheiten ausgerichtete Sichtweise bei der Durchführung der Retrograden Kalkulation vor, in deren Mittelpunkt die Renditeerwartungen stehen.

## ❑ Kostenarten in der Retrograden Kalkulation

Einen wichtigen Hinweis auf den Entwicklungsstand eines Target Costing-Systems geben die in der Retrograden Kalkulation bereits berücksichtigten Kostenarten, die unter Kostensenkungsgesichtspunkten betrachtet werden. Da sich erst beim Aufbau der Retrograden Kalkulation zeigt, bei welchen Kostenarten und Kostenanteilen bisher nur eine unzureichende Transparenz im Unternehmen vorliegt bzw. welche Kostenarten noch gar nicht berücksichtigt wurden, unterliegt das Schema einem ständigen Ergänzungs- und Detaillierungsprozeß.

Wie aus der Abb. 5-42 ersichtlich, berücksichtigen alle antwortenden Unternehmen die Material- und Fertigungseinzelkosten sowie die Kosten für Zulieferteile. Über 90% der Unternehmen schließen ebenfalls die Material- und Fertigungsgemeinkosten sowie Verwaltungs- und Vertriebskosten in der Retrograden Kalkulation ein. Damit sind die Positionen aus der traditionellen Herstell- bzw. Selbstkostenkalkulation abgedeckt.

Hoch ist auch der Anteil der Unternehmen, die ihre Logistikkosten (67,7%), Entwicklungskosten (81,6%) sowie Qualitätssicherungskosten (77,6%) den Target

Costing-Aktivitäten unterziehen. Die heute noch nicht in der Retrograden Kalkulation berücksichtigten Kostenarten sollen nach Angaben der Unternehmen zukünftig erfolgen.

Auffällig ist, daß gerade die Kostenarten, deren Berücksichtigung für eine ausgeprägte Lebenszyklusorientierung im Rahmen des Target Costing sprechen würde, heute noch nicht in der Retrograden Kalkulation berücksichtigt werden und nur wenige Unternehmen dies zukünftig beabsichtigen. So werden Entsorgungskosten nur von gut einem Fünftel, Betriebskosten und Wartungskosten von nur gut einem Drittel der Unternehmen heute schon betrachtet.

Interessant ist in diesem Zusammenhang auch, welche Kostenarten bereits als Prozeßkosten in die Retrograde Kalkulation einfließen. Wie in Kapitel 2.7.3. dargestellt, wird nach dem Verständnis des marktorientierten Zielkostenmangements das Target Costing-Konzept in Deutschland durch weitere, den deutschen Unternehmenskontext berücksichtigende Instrumente, ergänzt. Dazu gehört der kombinierte Einsatz der Prozeßkostenrechnung im Rahmen des Target Costing, der eine erhöhte Gemeinkostentransparenz sowie eine Gemeinkostenplanung ermöglichen soll, um den Gesamtkostenanteil, der im Target Costing berücksichtigt wird, zu maximieren (vgl. *Horváth/Niemand/Wolbold* (1993), S. 21).

Ein Drittel der antwortenden Unternehmen berücksichtigt die Materialgemeinkosten, die Fertigungsgemeinkosten sowie die Logistikkosten bereits als Prozeßkosten in der Retrograden Kalkulation. Ein knappes Fünftel schließt sogar weitere Kostenarten als Prozeßkosten ein: Entwicklungskosten (30%), Versuchskosten (32,3%), Verwaltungskosten (22,4%), Vertriebskosten (25%) sowie Qualitätssicherungskosten (34,2%). Ein Vergleich mit den Befunden aus japanischen Unternehmen zeigt, daß diese Anteile im Vergleich zu japanischen Unternehmen in Deutschland höher ist (vgl. Abb. 5-43).

Insgesamt kann festgehalten werden, daß die Retrograde Kalkulation bei einem Großteil der Unternehmen relativ weit entwickelt ist und einen Großteil der relevanten Kostenarten umfaßt. In einer Vielzahl der antwortenden Unternehmen wird auch schon die Prozeßkostenrechnung zur Ergänzung der Retrograden Kalkulation eingesetzt. Die Absicht zur Erweiterung und Verfeinerung der Kalkulation und zur Erhöhung des im Target Costing berücksichtigten Gesamtkostenanteils ist relativ hoch.

| Kostenart | Σ | Deutschland | | | | | |
|---|---|---|---|---|---|---|---|
| | | heute | | davon als Prozeßkosten | | zukünftig | |
| | | n | % | n | % | n | % |
| Materialeinzelkosten | 60 | 60 | 100 | - | - | - | - |
| Materialgemeinkosten | 53 | 50 | 94,3 | 17 | 34,0 | 3 | 5,7 |
| Fertigungseinzelkosten | 60 | 60 | 100 | - | - | - | - |
| Fertigungsgemeinkosten | 56 | 52 | 92,9 | 18 | 34,6 | 4 | 7,1 |
| Kosten für Zulieferteile | 56 | 56 | 100 | - | - | - | - |
| Entwicklungskosten | 49 | 40 | 81,6 | 12 | 30,0 | 9 | 18,4 |
| Versuchskosten | 42 | 31 | 73,8 | 10 | 32,3 | 11 | 26,2 |
| Logistikkosten | 53 | 46 | 67,6 | 18 | 39,1 | 7 | 13,2 |
| Verwaltungskosten | 53 | 49 | 92,5 | 11 | 22,4 | 4 | 7,5 |
| Vertriebskosten | 52 | 48 | 92,3 | 12 | 25,0 | 4 | 7,7 |
| Qualitätssicherungskosten | 49 | 38 | 77,6 | 13 | 34,2 | 11 | 22,4 |
| Garantiekosten | 39 | 25 | 64,1 | 6 | 24,0 | 14 | 35,9 |
| Entsorgungskosten | 18 | 4 | 22,2 | - | - | 14 | 77,8 |
| Betriebskosten | 19 | 7 | 36,8 | - | - | 12 | 63,2 |
| Wartungskosten | 17 | 6 | 35,3 | - | - | 11 | 64,7 |

*Abb. 5-42: Berücksichtigte Kostenarten in der Retrograden Kalkulation in deutschen Unternehmen*

## 5.4.2.2. Zusammenhang zwischen den Variablengruppen und der Ausgestaltung der Retrograden Kalkulation

❑ **Marktspezifische Einflußfaktoren der Retrograden Kalkulation**

Die Höhe des Umsatzes und die Umsatzentwicklung haben nur geringen Einfluß auf die Funktionen der Retrograden Kalkulation und die Einflußfaktoren der Zielrendite (vgl. im folgenden Anhang B, Hyp. R-1 und R-2). Die Funktion „Hinterfragen der aktuellen Unternehmensstrukturen" scheint jedoch für umsatzstarke und -wachsende Unternehmen bedeutender als für kleinere Unternehmen zu sein. Sie erhoffen sich dadurch Erkenntnisse für die Optimierung der Unternehmensstrukturen.

| | Japan | | | |
| --- | --- | --- | --- | --- |
| | heute | | zukünftig | |
| Kostenart | n | % | n | % |
| Materialeinzelkosten | 96 | 98,9 | 12 | 12,4 |
| Fertigungseinzelkosten | 96 | 98,9 | 11 | 11,3 |
| Fertigungsgemeinkosten | 67 | 69,1 | 21 | 21,6 |
| Kosten für Zulieferteile | 95 | 97,9 | 11 | 11,3 |
| Werkzeugkosten | 79 | 81,4 | 12 | 21,6 |
| Entwicklungskosten | 49 | 50,5 | 27 | 27,8 |
| Forschungskosten | 22 | 22,7 | 28 | 28,9 |
| Versuchskosten | 52 | 53,6 | 23 | 23,7 |
| Logistikkosten | 54 | 55,7 | 36 | 37,1 |
| Qualitätssicherungskosten | 32 | 32,9 | 28 | 28,9 |
| Garantiekosten | 24 | 24,7 | 36 | 37,1 |
| Entsorgungskosten | 7 | 7,2 | 34 | 35,1 |
| Betriebskosten | 25 | 25,8 | 23 | 23,7 |
| Wartungskosten | 19 | 19,6 | 25 | 25,8 |

*Abb. 5-43: Berücksichtigte Kostenarten in der Retrograden Kalkulation in japanischen Unternehmen (n=97)*

Marktführende und marktmitbestimmende Unternehmen messen der Funktion „Unbedingte Absicherung der Zielrendite" größere Bedeutung bei als nicht marktbestimmende Unternehmen (vgl. im folgenden Anhang B, Hyp. R-3). Dieser Zusammenhang wird durch die Einschätzung der Einflußfaktoren auf die Zielrendite bestätigt, bei dem die marktführenden und marktbestimmenden Unternehmen die Renditeerwartungen als bedeutender einstuften.

Branchenspezifische Besonderheiten der Retrograden Kalkulation konnten aufgrund zu geringer Fallzahlen nicht festgestellt werden.

Unternehmen, die eine Outpacing-Strategie verfolgen, schätzen das „Ableiten der Zielkosten vom Marktpreis" bedeutender ein als die Unternehmen, die die übrigen Strategien verfolgen (vgl. im folgenden Anhang B, Hyp. R-4). Die „Absicherung der Zielgewinnrate" ist für Unternehmen mit der Strategie der Kostenführerschaft und des Outpacing ebenfalls von höherer Bedeutung als für die übrigen Unternehmen. Die Erfüllung der Renditeerwartungen hat für Unternehmen mit Kostenführerschaftsstrategie die größte Bedeutung. Die Funktion der Risikoabsicherung wird von den Unternehmen mit Outpacing-Strategie unbedeutender eingestuft.

Bei der Einschätzung der Wettbewerbsintensität wurde die Hypothese bestätigt, daß die Wettbewerbsintensität die Zielsetzung der Retrograden Kalkulation beeinflußt (vgl. im folgenden Anhang B, Hyp. R-5). So sehen Unternehmen, die sich in einem hohen Preiswettbewerb befinden, eine Hauptfunktion in der Absicherung der Zielrendite. Entsprechend richten Unternehmen in Märkten mit hoher Wettbewerberzahl ihre Kalkulation verstärkt an den Preisen der Wettbewerber aus. Zwischen den Einflußfaktoren der Zielrendite und der Wettbewerbsintensität konnte kein Zusammenhang festgestellt werden.

Die Dynamik und Diskontinuität der Umwelt hat entgegen der Erwartung keinen Einfluß auf die verfolgten Funktionen der Retrograden Kalkulation sowie die Einflußfaktoren der Zielrendite. Dies gilt auch für die Leistungsstruktur. Der einzige Zusammenhang ergab sich zwischen der Verantwortung für die Glieder der Prozeßkette und der Funktion „Fokussierung Zielkostenerreichung auf das Gesamtprodukt". Diese Funktion ist besonders für Unternehmen und Geschäftsbereiche, die auch für die Vermarktung ihrer Produkte verantwortlich sind, von deutlich höherer Bedeutung als für diejenigen, die nicht frei am Markt auftreten (vgl. im folgenden Anhang B, Hyp. R-6).

❑ **Produktspezifische Einflußfaktoren der Retrograden Kalkulation**

Ein Einfluß der Produktprogrammkomplexität auf die Retrograde Kalkulation besteht nicht. Damit konnte die Hypothese nicht bestätigt werden, daß bei Unternehmen mit einer hohen Produktlinienzahl und geringer Ähnlichkeit der Produktlinien die Portfolioausrichtung und die angestrebte Marktposition bedeutender sind als bei den übrigen Unternehmen (vgl. im folgenden Anhang B, Hyp. R-7). Auch mit den in der Retrograden Kalkulation berücksichtigten Kostenarten konnte kein Zusammenhang festgestellt werden. Unternehmen messen der Retrograden Kalkulation jedoch die Hauptfunktion bei, bei einer hohen Produktkomplexität die vom Team beeinflußbaren Kosten steuern zu können. Dabei verfolgen sie in erster Linie das Ziel, eine Risikoabsicherung zur Erreichung der Zielrendite zu gewährleisten (vgl. im folgenden Anhang B, Hyp. R-8).

Zwischen den Produktmerkmalen „Produktlebensdauer" und „Innovationsgrad zwischen den Produktgenerationen" und den in der Retrograden Kalkulation berücksichtigten Kostenarten sowie den übrigen Variablen der Retrograden Kalkulation besteht kein Zusammenhang. Damit konnte die Hypothese, daß mit zunehmender Produktlebensdauer die Retrograde Kalkulation eine stärkere Lebenszyklusorientierung aufweist, nicht bestätigt werden. Die Ausgestaltung der Retrograden Kalkulation hängt auch nicht davon ab, ob Target Costing nur für ausgewählte Standardvarianten oder für alle Varianten bzw. Modelle eingesetzt wird.

Sowohl beim Einsatz bei allen Varianten als auch für ausgewählte Varianten liegt der Fokus auf der Zielkostenerreichung für das Gesamtprodukt. Bei ausgewählten Varianten haben die Renditeerwartungen die höchste Bedeutung als Einflußfaktor auf die Zielrendite (vgl. R-8).

❑ **Organisatorische Einflußfaktoren der Retrograden Kalkulation**

Ein Einfluß des Unternehmenstyps auf die Funktionen der Retrograden Kalkulation konnte nicht ermittelt werden (vgl.- R-10). Auffallend ist die große Bedeutung der Risikoabsicherung für die antwortenden Geschäftseinheiten. Für die übrigen Unternehmenstypen hat dieser Aspekt keine besondere Bedeutung. Weiterhin ist für mitarbeiterstarke Unternehmen bedeutsam, durch die Retrograde Kalkulation Hinweise auf Ineffizienzen der momentanen Unternehmensstruktur zu erhalten (vgl. R-11).

Bestätigt wurde die Hypothese, daß die fachliche Prägung bzw. Verantwortung des Leiters der Target Costing-Aktivitäten in einem Unternehmen die Funktionen der Retrograden Kalkulation beeinflußt. Die Ermittlung der vom Target Costing-Team direkt beeinflußbaren Kosten wurde in Unternehmen, in denen der Target Costing-Leiter aus dem Controlling stammt, wichtiger eingestuft als von allen übrigen (vgl. R-12).[9] Außerdem schätzen sie die Renditeerwartungen als Einflußfaktor der Zielrendite ebenfalls bedeutender ein. Jedoch wird unter der Verantwortung finanz- bzw. controllinggeprägter Mitarbeiter die Retrograde Kalkulation nicht umfassender oder differenzierter ausgestaltet.

❑ **Mitarbeiterspezifische Einflußfaktoren der Retrograden Kalkulation**

Von den mitarbeiterspezifischen Faktoren geht insgesamt ein großer Einfluß auf die Retrograde Kalkulation aus. Ein positiver Zusammenhang besteht bspw. zwischen dem Einfluß der Mitarbeiter aus den verschiedenen Funktionsbereichen in den Phasen der Produktentwicklung und den Funktionen der Retrograden Kalkulation (vgl. R-13). Hier zeigte sich einerseits, daß die Bedeutung der Mitarbeiter in der Phase der Planung und Konzeption für die Retrograde Kalkulation weniger ausschlaggebend ist. Mitarbeiter aus dem Einkauf haben nur für die Ableitung der Zielkosten vom Marktpreis eine Bedeutung.

Bei einem hohen Einfluß der Konstrukteure und der Controllingmitarbeiter gewinnt neben der Ableitung der Zielkosten vor allem die Aufspaltung der Zielkostenvorgabe an Bedeutung. Für die Controller dominiert das Ziel der „Fokussierung der Zielkostenerreichung auf das Gesamtprodukt".

---

[9] *Bem.: Zur Erhöhung der Fallzahlen wurde die Variable „Target Costing-Leiter" umkodiert in die drei Kategorien „Geschäftsführung", „Kaufmännischer Bereich" und „Technischer Bereich".*

Die Zusammenhänge sind in den Phasen der Konstruktion und der Produktions-planung noch stärker. Bei großem Einfluß der Produktionsplanung dominiert das Ziel der „Ermittlung der vom Team beeinflußbaren Kosten". Gerade in dieser Phase ist es für die Zielkostenerreichung und für weitere Kostensenkungsmaßnahmen von großer Bedeutung, Transparenz über die Kostenbeeinflussungsmöglichkeiten zu haben. Für die Mitarbeiter aus der Fertigung geht es darüber hinaus auch darum, die bestehenden Unternehmensstrukturen zu hinterfragen, um Verbesserungsmöglichkeiten identifizieren zu können. Insgesamt besteht ein positiver Zusammenhang zwischen den technischen Funktionen wie F&E, Konstruktion, Produktionsplanung, Fertigung und dem Herunterbrechen der Zielkostenvorgabe, der Zielkostenerreichung des Gesamtproduktes und der Ermittlung der vom Team beeinflußbaren Kosten.

Von einer verhaltensbeeinflussenden Wirkung frühzeitiger Schulungen und Vorbereitung aller Mitarbeiter in den frühen Phasen der Produktentwicklung auf die Zielsetzungen der Retrograden Kalkulation kann auf Basis der vorliegenden Ergeb-nisse nicht gesprochen werden (vgl. R-14). Ein Zusammenhang ergab sich nur bzgl. der Mitarbeiter aus dem Controlling. Bei deren frühzeitiger Schulung gewinnen die wettbewerbsorientierte Produktkalkulation, die Zielkostenspaltung und die Kenntnis der von den Target Costing-Teammitgliedern beeinflußbaren Kosten eine höhere Bedeutung als bei Unternehmen, die keine Vorbereitung in Form von Schulungen durchführen. Dabei muß wie bereits gezeigt die maßgebliche Rolle des Controlling bei der Einführung des Target Costing in deutschen Unternehmen berücksichtigt werden. Auch scheint die Vorbereitung der Entwicklungsingenieure und Konstruk-teure in dem Punkt der wettbewerbsorientierten Kostengestaltung bedeutend zu sein.

Da die in dieser Untersuchung überprüften Einflußfaktoren auf die Zielrendite sowohl kurzfristige und langfristige Zielsetzungen umfassen, wurde unterstellt, daß mit früh-zeitigen Schulungen der Führungsebene der Schwerpunkt der Einflußfaktoren der Zielrendite sich auf die langfristigen, strategischen Aspekte verlagert. Diese Hypo-these konnte nur teilweise bestätigt werden. Bei Unternehmen, in denen die Führungsebene bereits in der Phase der Planung/Konzeption und der Entwicklung geschult werden, ist die konkurrenzorientierte Marktposition der wichtigste Einflußfaktor auf die Zielrendite. Für Unternehmen, in denen die Controlling-mitarbeiter früh geschult wurden, ist die Risikoabsicherung der bedeutendste Einflußfaktor.

### ❑ Controllingspezifische Einflußfaktoren der Retrograden Kalkulation

Der Einfluß des Controlling auf die strategische Planung im Unternehmen beeinflußt die mit der Retrograden Kalkulation verfolgten Funktionen und die Einschätzung der Bedeutung der Einflußfaktoren auf die Zielrendite entgegen der aufgestellten Hypothese nicht (vgl. R-15).

Ein Zusammenhang besteht dagegen erwartungsgemäß zwischen der Unternehmens-ebene, auf der das Controlling hierarchisch angesiedelt ist, und den maßgeblichen Einflußfaktoren auf die Zielrendite. Bei auf 1. oder 2. Unternehmensebene ange-siedeltem Controllingbereich wird die angestrebte Zielrendite deutlich häufiger und bedeutender als Einflußfaktor eingestuft, die übrigen Einflußfaktoren werden weniger häufig als sehr bedeutend bzw. auch häufig als unbedeutender eingeschätzt.

Zwischen der Anwendungsbreite im Unternehmen und den Funktionen der Retro-graden Kalkulation ergaben sich starke Zusammenhänge (vgl. R-16). Beim Einsatz in Projekten dominieren eindeutig die Zielsetzungen „Ableitung der Zielkosten vom Marktpreis" sowie „Absicherung der Zielgewinnrate". Beim produktbezogenen Ein-satz sind es die „konkurrenzorientierte Ausrichtung der Kalkulation", das „Herunter-brechen der Zielkostenvorgabe" und die „Ermittlung der vom Team beeinflußbaren Kosten" vor dem Hintergrund der angestrebten Zielkostenerreichung beim Gesamt-produkt. Diese Funktionen gelten ebenfalls beim Einsatz in bestimmten Abteilungen, wobei hier die Bedeutung der Zielgewinnrate als Leistungskriterium für die Bereichs-steuerung eine zusätzliche Bedeutung erhält. Beim unternehmensweiten Einsatz schließlich dominiert die Funktion des „Hinterfragen aktueller Unternehmens-strukturen", was auf eine langfristige, umfassende Zielsetzung des Einsatzes des Target Costing hindeutet, die auch organisatorische Maßnahmen mit einschließt.

Nach den vorliegenden Befunden gibt es keinen Zusammenhang zwischen der Dauer der Anwendung des Target Costing im Unternehmen und den mit der Retrograden Kalkulation verfolgten Zielsetzungen. Ein Zusammenhang zwischen den in der Retrograden Kalkulation berücksichtigten Kostenarten und der Anwendungsbreite und -dauer besteht ebenfalls nicht (vgl. Abb. 5-44). Demnach kann die Hypothese, daß bei der unternehmensweiten Anwendung des Target Costing der mit der Retrograden Kalkulation erfaßte Kostenanteil höher ist als bei bspw. projekt-bezogenem Einsatz, nicht bestätigt werden.

| Kostenarten | Σ | Anwendungsbreite und Anwendungsdauer | | | | | | | |
|---|---|---|---|---|---|---|---|---|---|
| | | in Projekten | | für Produkte | | in Abteilungen | | unternehmensweit | |
| | | n | % | n | % | n | % | n | % |
| Materialeinzelkosten | 60 | 25 | 41,7 | 22 | 36,7 | 11 | 18,3 | 16 | 26,7 |
| Materialgemeinkosten | 53 | 21 | 39,6 | 17 | 32,1 | 9 | 16,9 | 15 | 28,3 |
| Fertigungslöhne | 60 | 26 | 43,3 | 22 | 36,7 | 11 | 18,3 | 16 | 26,7 |
| Fertigungsgemeinkosten | 56 | 24 | 42,9 | 20 | 35,7 | 11 | 19,6 | 14 | 0,25 |
| Kosten für Zulieferteile | 56 | 23 | 41,1 | 20 | 35,7 | 10 | 17,9 | 15 | 26,8 |
| Entwicklungskosten | 49 | 21 | 42,9 | 17 | 34,7 | 10 | 20,4 | 14 | 28,6 |
| Kosten für Versuchsserien | 42 | 18 | 42,9 | 16 | 38,1 | 8 | 19,0 | 11 | 26,2 |
| Logistikkosten | 53 | 25 | 47,2 | 19 | 35,8 | 12 | 22,6 | 14 | 26,4 |
| Verwaltungskosten | 53 | 23 | 43,4 | 17 | 32,1 | 10 | 18,9 | 16 | 30,2 |
| Vertriebskosten | 52 | 24 | 46,1 | 17 | 32,7 | 10 | 19,2 | 15 | 28,8 |
| Qualitätssicherungskosten | 49 | 23 | 46,9 | 16 | 32,6 | 10 | 20,4 | 14 | 28,6 |
| Garantiekosten | 39 | 18 | 46,1 | 10 | 25,6 | 8 | 20,5 | 12 | 30,8 |
| Entsorgungskosten des Kunden | 18 | 13 | 72,2 | 6 | 33,3 | 3 | 16,7 | 3 | 16,7 |
| Betriebskosten des Kunden | 19 | 12 | 63,1 | 8 | 42,1 | 4 | 21,0 | 4 | 21,0 |
| Wartungskosten des Kunden | 17 | 9 | 52,9 | 7 | 41,2 | 2 | 11,8 | 4 | 23,5 |

*Abb. 5-44: Kostenarten in der Retrograden Kalkulation in Abhängigkeit der Anwendungsbreite*

Ein Zusammenhang besteht zwischen den Target Costing-Zielen „Verstärkung der Markt- und Kundenorientierung in der Produktentwicklung" und „Vorverlagerung der Kostenbeeinflussungszeitpunkte" bei Einführung des Target Costing und den Funktionen der Retrograden Kalkulation. Die Ableitung der Zielkosten vom Marktpreis und die Fokussierung auf die Zielkostenerreichung für das Gesamtprodukt stellen in diesem Zusammenhang die wichtigsten Funktionen dar. Die Erreichung der angestrebten, konkurrenzorientierten Marktposition korreliert ebenfalls positiv mit der angestrebten Markt- und Kundenorientierung in der Produktentwicklung und der Vorverlagerung der Kostenbeeinflussungsmöglichkeiten bei Einführung des Target Costing sowie mit der Verkürzung der Entwicklungszeit und der Koordination der Entwicklungstätigkeiten bei der heutigen Anwendung.

Die angestrebte Markt- und Kundenorientierung in der Produktentwicklung korreliert positiv mit der Ableitung der Zielkosten vom Marktpreis sowie mit der Absicherung der Zielgewinnrate (vgl. R-17). Gleiches gilt für die „Vorverlagerung der Kostenbeeinflussungszeitpunkte" und dem Herunterbrechen der Zielkostenvorgabe sowie der Fokussierung der Zielkostenerreichung auf das Gesamtprodukt. Für beide Zielsetzungen dominiert auch die angestrebte konkurrenzorientierte Marktposition als Haupteinflußfaktor der Zielrendite.

### 5.4.3. Zielkostenspaltung

Das Target Costing-Element Zielkostenspaltung wird mit der Variablen „Zielkostenspaltung" (V18) abgebildet.

#### 5.4.3.1. Ausgestaltung des Elementes

❑ **Zielkostenspaltung**

Um die in der Praxis angewandten Möglichkeiten der Zielkostenspaltung zu erheben, wurde nach der Bezugsebene der Zielkostenspaltung gefragt. Bei jeweils über 80% der antwortenden Unternehmen findet eine Zielkostenspaltung auf Funktionen und Baugruppen statt, bei 78,3% auch auf Komponenten (vgl. Abb. 5-45). Deutlich ist, daß im ersten Fall bei über 50% und im zweiten bei jeweils über 70% die Entscheidung der Zielkostenspaltung im Team gefällt wird. Bereits in 62,8% der Unternehmen findet eine Zielkostenspaltung auf Prozesse statt. Dies ist auf den schon angesprochenen gleichzeitigen Einsatz der Prozeßkostenrechnung und des Target Costing in den befragten Unternehmen zurückzuführen. Eine kostenartenspezifische und bereichsspezifische Betrachtung der Zielkosten findet in 70,5% bzw. 58,5% der Unternehmen statt.

Die Zielkostenspaltung auf Funktionen erfolgt in deutschen Unternehmen im Vergleich zur japanischen Praxis deutlich öfter. In Japan dominiert eine komponenten- und teilebezogene sowie eine kostenartenbezogene Zielkostenspaltung. Die Antwortalternative Baugruppen war in der japanischen Studie nicht vorgesehen ebenso wie die Antwortalternative Prozesse, die aufgrund der fehlenden Voraussetzungen im Rechnungswesen bislang nicht relevant ist.

| Bezugsebene | Deutschland | | | Japan | | |
|---|---|---|---|---|---|---|
| | Σ | n | % | Σ | n | % |
| Funktionen | 47 | 38 | 80,9 | 81 | 49 | 60,5 |
| Baugruppen | 46 | 37 | 80,4 | - | - | - |
| Komponenten | 46 | 36 | 78,3 | 79 | 59 | 74,7 |
| Einzelteile | 41 | 26 | 63,4 | 83 | 65 | 78,3 |
| Prozesse | 43 | 27 | 62,8 | - | - | - |
| Kostenarten | 44 | 31 | 70,5 | 83 | 56 | 67,5 |
| Bereiche | 41 | 24 | 58,5 | 77 | 33 | 42,9 |

*Abb. 5-45: Zielkostenspaltung in deutschen und japanischen Unternehmen*

## 5.4.3.2. Zusammenhang zwischen den Variablengruppen und der Ausgestaltung der Zielkostenspaltung

❑ **Marktspezifische Einflußfaktoren der Zielkostenspaltung**

Wie aus folgender Abbildung ersichtlich, wird in der Automobilindustrie und in der elektrotechnischen und elektronischen Industrie häufig eine Zielkostenspaltung auf alle Bezugsebenen praktiziert (vgl. Abb. 5-46). In der Maschinen- und Metallbaubranche dominiert die funktions-, baugruppen- und komponenten-spezifische Zielkostenspaltung (vgl. im folgenden Anhang B, Hyp. S-1). In den Unternehmen der Chemiebranche und der Handels-/Banken-/Versicherungsbranche erfolgt die Zielkostenspaltung auf Funktionen und Prozesse, wie es der Prozesscharakter dieser Branchen auch erwarten ließ.

Ein wichtiger Einflußfaktor der Zielkostenspaltung ist der Gemeinkostenanteil als Aspekt der Leistungsstruktur (vgl. im folgenden Anhang B, Hyp. S-2). Eine Ziel-kostenspaltung findet bei hohem Gemeinkostenanteil (50-75% an den Gesamtkosten) und mittlerem Gemeinkostenanteil (35-50%) häufiger statt als bei geringem Gemein-kostenanteil.

❑ **Produktspezifische Einflußfaktoren der Zielkostenspaltung**

Auf Basis der vorliegenden Befunde konnten zwischen den produktspezifischen Einflußfaktoren und der Zielkostenspaltung geringe Zusammenhänge ermittelt werden (vgl. im folgenden Anhang B, Hyp. S-3). Bei hoher Produktprogramm-komplexität bzw. hoher Anzahl der Produktlinien findet eine Spaltung bevorzugt auf Prozesse statt. Bei hoher Produktkomplexität findet häufiger die Zielkostenspaltung auf Baugruppen und Komponenten statt, um eine ausreichende Zielkostentransparenz zu erzielen (vgl. im folgenden Anhang B, Hyp. S-4). Eine hohe Komplexität der Kundenschnittstelle korreliert mit einer häufigeren Spaltung auf Kostenarten, eine geringere Komplexität der Kundenschnittstelle auf Bereiche und Prozesse.

| | n | Funk-tionen | Bau-grup-pen | Kompo-nenten | Einzel-teile | Prozes-se | Kosten-arten | Berei-che |
|---|---|---|---|---|---|---|---|---|
| Branche | | % | % | % | % | % | % | % |
| Maschinenbau/ Metallbau | 16 | 81,2 | 87,5 | 81,2 | 50,0 | 18,7 | 43,7 | 25,0 |
| Elektrotechnik/ Elektronik | 9 | 66,7 | 55,5 | 55,5 | 55,5 | 44,4 | 55,5 | 44,4 |
| Automobil | 18 | 55,5 | 66,6 | 66,6 | 38,9 | 44,4 | 55,5 | 44,4 |
| Chemie/Pharma | 3 | 33,3 | - | - | - | 33,3 | - | - |
| Textil/Bekleidung/ Leder | 1 | 100 | 100 | 100 | 100 | 100 | 100 | 100 |
| Energie | 4 | 75,0 | 50,0 | 50,0 | 50,0 | 100 | 100 | 100 |
| Bau/Steine/Erden | 2 | - | - | - | - | 50,0 | 50,0 | - |
| Nahrungs-/ Genußmittel | 4 | 25,0 | 25,0 | 25,0 | 25,0 | 50,0 | 50,0 | 25,0 |
| Handel/Banken/ Versicherungen | 3 | 33,3 | - | - | - | 66,6 | - | - |
| Sonstige Dienstleistungen | 8 | 37,5 | 25,0 | 25,0 | 25,0 | 25,0 | 12,5 | 12,5 |

*Abb. 5-46: Bezugsebenen der Zielkostenspaltung nach Branchen (Mehrfachnennungen)*

Die Produktlebensdauer beeinflußt die Zielkostenspaltung nicht, dagegen besteht ein Zusammenhang mit dem Innovationsgrad einzelner Produktgenerationen (vgl. im folgenden Anhang B, Hyp. S-5). Bei einem hohen Innovationsgrad der Produkt-generationen findet häufiger eine baugruppenspezifische, aber auch kostenarten- und prozeßspezifische Zielkostenspaltung statt. Mit höherer Anzahl der Varianten, für die Target Costing eingesetzt wird, erhöht sich der Detaillierungsgrad der Zielkosten-spaltung jedoch nicht.

Von einem Einfluß der organisationsspezifischen und mitarbeiterspezifischen Variablen auf die Ausgestaltung der Zielkostenspaltung wurde in dieser Untersuchung nicht ausgegangen.

❏ **Controllingspezifische Einflußfaktoren der Zielkostenspaltung**

Die Hypothese, daß bei langjährigen Anwendern des Target Costing die Zielkosten-spaltung detaillierter, d.h. bezüglich mehrerer Bezugsgrößen erfolgt als bei Unternehmen, die Target Costing erst seit kurzem anwenden, konnte nicht bestätigt werden (vgl. Abb. 5-47). Bei abteilungs- und projektbezogenem Einsatz entsprechen sich die Häufigkeiten vor und ab dem Jahr 1993. Ebenfalls entsprechend sind die Häufigkeitssummen für die Zielkostenspaltung vor und nach 1993. Bevorzugte Bezugsebenen sind Funktionen, Baugruppen, Komponenten und Kostenarten. D.h. die Anzahl der Bezugsebenen ist nicht abhängig von der Dauer der Anwendung.

| Spaltung auf | Projekte | | Produkte | | Abteilung | | Unternehmen | | Σ vor 93 | Σ ab 93 |
|---|---|---|---|---|---|---|---|---|---|---|
| | vor 93 | ab 93 | vor 93 | ab 93 | vor 93 | ab 93 | vor 93 | ab 93 | | |
| Funktionen | 9 | 10 | 6 | 10 | 4 | 5 | 3 | 8 | 22 | 33 |
| Baugruppen | 7 | 9 | 4 | 11 | 5 | 4 | 4 | 7 | 20 | 31 |
| Komponenten | 8 | 9 | 3 | 10 | 4 | 3 | 4 | 7 | 19 | 29 |
| Einzelteile | 7 | 6 | 3 | 7 | 4 | 2 | 3 | 5 | 17 | 20 |
| Prozesse | 8 | 8 | 4 | 6 | 4 | 2 | 1 | 7 | 17 | 23 |
| Kostenarten | 8 | 7 | 4 | 10 | 4 | 4 | 4 | 8 | 20 | 29 |
| Bereiche | 7 | 4 | 4 | 5 | 4 | 2 | 5 | 6 | 20 | 17 |

*Abb. 5-47: Zielkostenspaltung in Abhängigkeit der Anwendungsbreite*

### 5.4.4. Funktionsübergreifende Teamstrukturen und Prozesse

Das Target Costing-Element „Funktionsübergreifende Teamstrukturen und Prozesse" wird mit den Variablen „Implementierungsverantwortung" (V28), „Aufgaben der Target Costing-Teams" (V32), „Einsatzzeitpunkt" (V7), „Verfolgung Zielkostenerreichung" (V23), „Schrittfolge der Implementierung" (V30), „Bedeutung der Funktionsbereiche" (V33) und „Organisatorische Änderungen" (V37) abgebildet.

#### 5.4.4.1. Ausgestaltung des Elementes

❑ **Implementierungsverantwortung**

Für die Festlegung der Implementierungsverantwortung gibt es aus Sicht der Praxis i.d.R. drei grundsätzliche Möglichkeiten: Die Verantwortung für die Einführung liegt bei einer verantwortlichen Abteilung bzw. einem Stab, deren bzw. dessen Hauptfunktion die methodische Unterstützung zu Fragen des Target Costing im Unternehmen ist. Dies ist die für japanische Unternehmen oft übliche und weit verbreitete Form (sog. „Target Costing-Office" oder „Target Costing-Staff"; vgl. stellvertretend *Monden* (1999), S. 25 ff.). Eine zweite Möglichkeit ist, die Verantwortung für die methodische Einführung und Entwicklung dem Target Costing-Projektteam zu übertragen. D.h. die Teammitglieder, die Target Costing in einem Produktentwicklungsprojekt anwenden, tragen gleichzeitig die Verantwortung, daß die notwendigen Schritte zur Vorbereitung der Anwendung, der Schulung, der Information der betroffenen Mitarbeiter etc. erfolgt. Die dritte Möglichkeit ist, daß die Verantwortung für die Einführung des Target Costing einer bestimmten Person, z.B. dem verantwortlichen Projektleiter oder dem Produktmanager obliegt. Die Implementierungsverantwortung kann außerdem nach der Verankerung auf verschiedenen organisatorischen Ebenen unterschieden werden, z.B. auf Gesamtunternehmensebene, auf Ebene der Geschäftsbereiche oder auf Werksebene, je nachdem, welche Anwendungsbreite besteht und welche Bedeutung dem Target Costing im Unternehmen zukommt (vgl. Abb. 5-48).

| | | Gesamtunter-nehmen | | Geschäftsbereich | | Werk | |
|---|---|---|---|---|---|---|---|
| Verantwortung bei | Σ | n | % | n | % | n | % |
| Target Costing-Stab oder -Abteilung | 16 | 9 | 56,3 | 5 | 31,2 | 2 | 12,5 |
| Projektteam | 32 | 4 | 12,5 | 25 | 78,1 | 3 | 9,4 |
| Produktmanager/ Projektleiter | 34 | 6 | 17,6 | 24 | 70,6 | 4 | 11,8 |
| Σ | 82 | 19 | | 54 | | 9 | |

*Abb. 5-48: Implementierungsverantwortung (Mehrfachnennungen)*

Nur bei 16 Unternehmen liegt die Verantwortung für die Implementierung organisatorisch bei einer Abteilung oder einem Stab. Diese befinden sich bei 56,3% der Unternehmen auf Geschäftsführungsebene, bei 31,2% auf Ebene der Geschäftseinheiten sowie bei 12,5% auf der Ebene der Werke. Am häufigsten obliegt die Implementierungsverantwortung den Projektteams selbst (12,5% auf Geschäftsführungsebene, 78,1% auf der Ebene der Geschäftseinheiten) und den Produktmanagern und Projektleitern (17,6% auf Geschäftsführungsebene, 70,6% auf der Ebene der Geschäftseinheiten).

❑ **Aufgaben der Target Costing-Teams**

Wie erwartet liegt die Implementierungsverantwortung in einem großen Teil der Fällen bei den Target Costing-Teams oder beim Produktmanager/Projektleiter. Deshalb wurde in einer zweiten Frage nach den sich aus der Implementierungsverantwortung ergebenen Aufgaben der Target Costing-Teams gefragt. Dieser Frage liegt die Hypothese zugrunde, daß in den meisten Unternehmen den Target Costing-Teams neben den Projektmanagementaufgaben auch Implementierungsaufgaben zukommen. Das Ergebnis zeigt, daß drei Aufgaben besonders wichtig sind, nämlich die Verbreitung des Target Costing-Konzepts im Unternehmen, die Unterstützung der Koordination bei der Zielkostenspaltung und die Planung von Design- und Kostenreviews (vgl. Abb. 5-49). Eine relativ geringe Bedeutung kommt der Erarbeitung eines Entwicklungshandbuches und Erarbeitung eines Target Costing-Handbuches zu. Dies sind i.d.R. typische Aufgaben der Target Costing-Abteilungen oder -Stäben, wie sie in japanischen Unternehmen anzutreffen sind.

| | n | ∅ | σ |
|---|---|---|---|
| Verbreitung des Target Costing-Konzepts | 53 | 2,49 | 1,35 |
| Target Costing-Schulung/-Ausbildung | 53 | 1,92 | 1,28 |
| Koordinationsaufgaben der Zielkostenspaltung | 48 | 2,42 | 1,66 |
| Planung von Design- und Kostenreviews | 51 | 2,61 | 1,54 |
| Erarbeitung eines Entwicklungshandbuches | 50 | 1,34 | 1,56 |
| Erarbeitung eines Target Costing-Handbuches | 50 | 1,50 | 1,72 |

*Bewertung auf einer Skala von 0 = „nicht bedeutend" bis 4 = „sehr bedeutend"*

*Abb. 5-49: Bedeutung der Aufgaben der Target Costing-Teams**

❏ **Einsatzzeitpunkt des Target Costing**

In 82% der befragten Unternehmen setzt das Target Costing bereits in der Phase der Planung/Konzeption ein, bei 16% in der Entwicklungsphase (vgl. Abb. 5-50). Beim Vergleich der deutschen Befunde mit den Ergebnissen der japanischen Untersuchung fällt auf, daß das Target Costing in Japan erst später im Produktentwicklungsprozeß zu beginnen scheint. Dabei ist aber zu beachten, daß aufgrund der längeren Anwendungserfahrung japanischer Unternehmen von einem weiterentwickelteren Target Costing-Verständnis ausgegangen werden kann. Dies gilt insbesondere für die die Zulielfererintegration und die funktionsübergreifende Teamorganisation, die in japanischen Unternehmen eine selbstverständliche Praxis darstellen. Im Gegensatz zu Deutschland wird deshalb auch die Zielkostenfindung in einem neuen Pro-duktentwicklungsprojekt in japanischen Unternehmen nicht als Arbeitsschritt des Target Costing-Prozesses, sondern als mittlerweile routinemäßige Aufgabe der Kostenplanung verstanden. Nach deutschem Verständnis ist die Zielkostenfindung die erste Phase des Target Costing-Prozesses. Demnach scheint das Target Costing in Deutschland schon früher einzusetzen als in Japan, auch wenn nach Aussage japanischer Experten das Target Costing faktisch in jedem Fall früher einsetzt, als es der Vergleich mit den deutschen Befunden vermuten läßt.

| | Deutschland | | Japan | |
|---|---|---|---|---|
| in der Phase der | n | % | n | % |
| Planung/Konzeption | 50 | 82 % | 9 | 9,3 % |
| Entwicklung | 10 | 16 % | 45 | 46,4 % |
| Produktionsplanung | 1 | 2 % | 43 | 44,3 % |
| Summe | 61 | 100 % | 97 | 100 % |

*Abb. 5-50: Einsatzzeitpunkt des Target Costing in Japan und Deutschland*

❏ **Verfolgung der Zielkostenerreichung**

Für eine dauerhaft effektive Zielkostenerreichung ist es entscheidend, wie lange im Produktentwicklungsprozeß die Zielkosten abgebildet, Zielkostenabweichungen ermittelt und Steuerungsmaßnahmen eingeleitet werden. Eine konsequente, lebenszyklusbegleitende Zielkostenverfolgung erstreckt sich sogar über den gesamten Produktentwicklungsprozeß, die Produktionsphase und die Nutzungs- bzw. Betriebsphase eines Produktes hinweg (vgl. hierzu die Ausführungen zum Kaizen Costing in Kapitel 2.6.).

| | n | % |
|---|---|---|
| Verfolgung bis zur Nullserie | 5 | 8,3 % |
| Verfolgung auch während der Produktion | 32 | 53,3 % |
| Weitere Kostensenkungsmaßnahmen während der Fertigung | 42 | 70,0 % |
| keine detaillierte Erfassung | 5 | 8,3 % |

*Abb. 5-51: Verfolgung und Abbildung der Zielkostenerreichung (n = 60)*

Abbildung 5-51 zeigt, daß die Zielkostenerreichung beim Großteil der antwortenden Unternehmen nicht nur bis zur Nullserie erfolgt, sondern bis in die Produktionsphase reicht. Zwar gaben jeweils 8,3% der Unternehmen an, daß sie die Zielkostenerreichung nur bis zur Nullserie verfolgen bzw. keine detaillierte Erfassung der realisierten Kostensenkung während des Produktentwicklungsprozesses vornehmen. Über die Hälfte der Unternehmen (53,3%) bestätigt jedoch, daß die Zielkostenerreichung auch während der Fertigungsphase abgebildet wird. Sogar über zwei Drittel (70%) lassen den Kostensenkungsaktivitäten in der Produktentwicklungsphase weitere Kostensenkungsmaßnahmen während der Produktionsphase folgen.

Wenn Zielkosten während der Entwicklungsphase eines Produktes nicht erreicht werden, sollten die Ursachen für die Nichterreichung ermittelt werden, um diese Probleme bei zukünftigen Projekten zu vermeiden. Die Ursachenermittlung wiederum kann verschiedenen Zwecken dienen wie z. B. der Identifizierung der Verantwortung („Schuldzuweisung") oder dem Lernen aus den bereits gemachten Fehlern für zukünftige Projekte.

| | Σ | nur in besonderen Fällen | | ständig | | nein | |
|---|---|---|---|---|---|---|---|
| | n | n | % | n | % | n | % |
| Ermittlung der Verantwortung | 50 | 1 | 2,0 | 10 | 20,0 | 39 | 78,0 |
| Selbstkontrolle | 52 | 14 | 26,9 | 27 | 51,9 | 11 | 21,2 |
| Feedback für zukünftige Target Costing-Projekte | 51 | 14 | 27,5 | 32 | 62,7 | 5 | 9,8 |
| Ermittlung des Kostensenkungsziel in der Fertigung | 53 | 11 | 20,8 | 25 | 47,2 | 17 | 32,0 |

*Abb. 5-52: Zweck der Ursachenermittlung bei Nichterreichung der Zielkosten*

Aus Abbildung 5-52 ist ersichtlich, daß eine ständige Ursachenerforschung bei der Nichterreichung von Zielkosten deutlich häufiger von den befragten Unternehmen praktiziert wird als eine nur fallweise Untersuchung. Nur ein Fünftel (20%) tut dies, um zu ermitteln, welche Mitarbeiter die Verantwortung für das Verfehlen des Kostenziels tragen. Den meisten Unternehmen geht es um die Selbstkontrolle (51,9%) und die Ermittlung des notwendigen Kostensenkungsziels in der Produktionsphase (47,2%). Der wichtigste Zweck besteht darin, aus den Ursachen für die Nichterreichung der Zielkosten zu lernen und sie als Feedback in zukünftige Target Costing-Projekte einfließen zu lassen (62,7%).

## ❏ Implementierungsschritte

Von besonderem Interesse bei der Untersuchung der Implementierung des Target Costing in den Unternehmen ist, in welchen Schritten sich die Einführung vollzieht und bei welchen Schritten die größten Probleme auftreten. Da bei der Konzeption des Fragebogens davon auszugehen war, daß sich die Einführung des Target Costing in den einzelnen Unternehmen mitunter stark unterscheiden könnte, wurde im Fragebogen eine standardisierte Schrittfolge vorgegeben (vgl. Abb. 5-53).

In den Unternehmen treten die meisten Probleme in den Schritten „Preisfindung" (90,6%) und „Zielkostencontrolling" (85,2%) auf. Im Schritt „Zielkostencontrolling" wurden jedoch 66,7% aller auftretenden Probleme nur als gering eingestuft. Die größten Probleme entstehen ebenfalls in der Phase „Preisfindung" (34%). Am höchsten ist der Anteil der großen Probleme im Schritt „Zielkostenspaltung" (37%).

Gerade bei diesem Anwendungsschritt treten bei knapp drei Vierteln der Unternehmen überhaupt Probleme auf, bei insgesamt 37 % als große Probleme. Die Implementierungsschritte mit den wenigsten und geringsten Problemen sind die Retrograde Kalkulation, die Konzeptgenerierung und die Alternativenbewertung.

Keiner der Implementierungsschritte wurde also als unproblematisch eingeschätzt. Die größten Probleme existieren bei der Preisfindung und der Zielkostenspaltung. Die wenigsten und geringsten Problem bereiten die Retrograde Kalkulation, Konzeptgenerierung und die Alternativenbewertung.

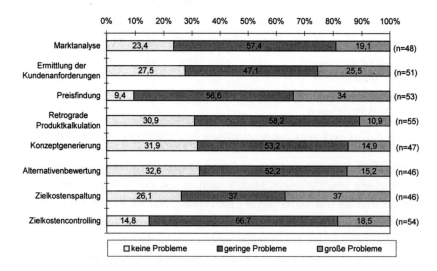

*Abb. 5-53: Implementierungsschritte und -probleme*

❑ **Bedeutung der Funktionsbereiche für die Implementierung**

Die größte Bedeutung für die Implementierung während der Planungsphase haben die Mitarbeiter aus den Bereichen Marketing/Vertrieb, Produktplanung sowie F&E. Große Bedeutung kommt erwartungsgemäß den jeweiligen Produktmanagern zu, deren Bedeutung jedoch mit fortschreitendem Produktentwicklungsprozeß stetig abnimmt (vgl. Abb. 5-54). In der Entwicklungsphase wird den Mitarbeitern aus Entwicklung und Konstruktion neben den Produktmanagern die größte Bedeutung beigemessen. Das Gleiche gilt für die Konstruktionsphase, wobei die Höhe der Bedeutung sich zwischen Mitarbeitern aus Entwicklung und Konstruktion umkehrt. Ebenfalls erwartungsgemäß ist das Antwortbild zur Bedeutung der Mitarbeiter in der Phase der Produktionsplanung. Hier haben die Produktionsplaner und die Mitarbeiter aus der Fertigung die größte Bedeutung.

Die Bedeutung der Mitarbeiter aus Marketing/Vertrieb nimmt während der Produktentwicklungsphase um ca. die Hälfte ab. Die Mitarbeiter aus dem Einkauf gewinnen bis zur Konstruktionsphase stetig an Bedeutung (von 0,94 bis 1,28). Der Einfluß der Produktplanung wird zu Beginn hoch eingeschätzt, nimmt während des Produktentwicklungsprozesses ab (von 1,67 bis 1,09) und in der Phase der Produktionsplanung/-vorbereitung wieder zu (auf 1,2). F&E-Mitarbeitern kommt während des gesamten Produktentwicklungsprozesses hohe Bedeutung zu.

Kennzeichnend ist die Bedeutung der Controllingmitarbeiter, die über die Phasen hinweg eine fast gleichbleibend hohe Bedeutung zugesprochen bekamen (Werte zwischen 1,21 und 1,38). Dabei ist natürlich zu berücksichtigen, daß die Fragebögen vornehmlich von Controllern ausgefüllt worden sind. Interessant ist ebenfalls die Ein-schätzung der Bedeutung der Qualitätssicherung, deren Bedeutung für das Target Costing während der Phasen der Produktentwicklung zunächst als gering (0,63) und dann stetig steigend bis relativ hoch in der Produktionsplanung eingeschätzt wird (1,31).

Der Vergleich der deutschen und japanischen Ergebnisse zeigt einen ähnlichen Ver-lauf der Implementierungsbedeutung für Marketing/Vertrieb, F&E und Einkauf. Die Bedeutung der Produktplanung scheint in deutschen Unternehmen höher zu sein als in japanischen Unternehmen.

Unterschiedlich hingegen ist die Einschätzung bei der Einbindung der Produktions-planung. Die Einschätzung der Bedeutung in den japanischen Unternehmen in den frühen Phasen der Produktentwicklung ist im Vergleich zu deutschen Unternehmen insgesamt höher. Die größten Unterschiede bei der Einschätzung der Bedeutung sind jedoch für das Controlling zu beobachten. Hier sind die Durchschnittswerte der japanischen Untersuchung trotz anderer Skalierung nicht nur deutlich geringer als bei den übrigen Funktionsbereichen. Auch die Bedeutung des Controlling wird in den frühen Phasen der Produktentwicklung in Deutschland höher eingeschätzt als in den späteren Phasen. In japanischen Unternehmen ist der Verlauf umgekehrt, d.h. die Bedeutung des Controlling nimmt erst ab der Konstruktionsphase zu. Auch bei der Bedeutung des Produktmanagers gibt es Unterschiede: Sie nimmt in deutschen Unternehmen im Laufe der Produktentwicklung kontinuierlich ab, in Japan dagegen kontinuierlich zu.

| | Deutschland* | | | Japan** | | |
|---|---|---|---|---|---|---|
| **Marketing/Vertrieb** | n | Ø | σ | n | Ø | σ |
| Planung | 52 | 1,60 | 0,57 | 93 | 5,45 | 1,81 |
| Entwicklung | 47 | 1,23 | 0,71 | 92 | 3,61 | 1,94 |
| Konstruktion | 45 | 0,73 | 0,71 | 91 | 2,73 | 1,99 |
| Produktionsplanung | 47 | 0,85 | 0,78 | 90 | 1,92 | 1,94 |
| **Einkauf** | n | Ø | σ | n | Ø | σ |
| Planung | 52 | 0,94 | 0,80 | 93 | 3,0 | 2,13 |
| Entwicklung | 49 | 1,20 | 0,81 | 93 | 3,63 | 2,16 |
| Konstruktion | 46 | 1,28 | 0,87 | 93 | 4,57 | 2,02 |
| Produktionsplanung | 47 | 1,00 | 0,82 | 92 | 4,02 | 2,19 |
| **Produktplanung** | n | Ø | σ | n | Ø | σ |
| Planung | 46 | 1,67 | 0,57 | 85 | 6,47 | 1,05 |
| Entwicklung | 46 | 1,20 | 0,74 | 83 | 5,19 | 1,71 |
| Konstruktion | 44 | 1,09 | 0,66 | 82 | 4,16 | 1,99 |
| Produktionsplanung | 44 | 1,20 | 0,79 | 82 | 3,15 | 2,19 |
| **F&E** | n | Ø | σ | n | Ø | σ |
| Planung | 46 | 1,63 | 0,67 | 91 | 5,83 | 1,75 |
| Entwicklung | 46 | 1,83 | 0,28 | 92 | 6,54 | 1,06 |
| Konstruktion | 44 | 1,61 | 0,59 | 90 | 5,81 | 1,31 |
| Produktionsplanung | 45 | 0,73 | 0,72 | 89 | 4,66 | 1,86 |
| **Konstruktion** | n | Ø | σ | n | Ø | σ |
| Planung | 48 | 1,31 | 0,79 | 88 | 4,55 | 2,03 |
| Entwicklung | 46 | 1,52 | 0,72 | 87 | 5,78 | 1,31 |
| Konstruktion | 45 | 1,82 | 0,47 | 86 | 6,73 | 0,62 |
| Produktionsplanung | 45 | 0,91 | 0,80 | 85 | 5,61 | 1,59 |
| **Produktionsplanung** | n | Ø | σ | n | Ø | σ |
| Planung | 50 | 0,72 | 0,71 | 92 | 3,28 | 2,19 |
| Entwicklung | 48 | 0,88 | 0,76 | 92 | 4,61 | 1,81 |
| Konstruktion | 46 | 1,17 | 0,76 | 91 | 5,79 | 1,16 |
| Produktionsplanung | 49 | 1,90 | 0,34 | 93 | 6,53 | 1,03 |

*Abb. 5-54: Bedeutung der Mitarbeiter aus den jeweiligen Funktionsbereichen für das Target Costing in den Phasen der Produktentwicklung*

| | Deutschland* | | | Japan** | | |
|---|---|---|---|---|---|---|
| **Produktion** | n | ∅ | σ | n | ∅ | σ |
| Planung | 50 | 0,66 | 0,69 | 93 | 1,90 | 1,99 |
| Entwicklung | 48 | 0,90 | 0,77 | 92 | 2,87 | 2,12 |
| Konstruktion | 45 | 1,09 | 0,73 | 92 | 4,65 | 1,85 |
| Produktionsplanung | 47 | 1,81 | 0,54 | 94 | 5,56 | 1,79 |
| **Controlling** | n | ∅ | σ | n | ∅ | σ |
| Planung | 53 | 1,32 | 0,64 | 93 | 1,71 | 2,10 |
| Entwicklung | 50 | 1,38 | 0,78 | 94 | 1,70 | 2,16 |
| Konstruktion | 47 | 1,21 | 0,82 | 94 | 1,87 | 2,35 |
| Produktionsplanung | 50 | 1,26 | 0,68 | 92 | 1,76 | 2,18 |
| **Qualitätssicherung** | n | ∅ | σ | n | ∅ | σ |
| Planung | 51 | 0,63 | 0,65 | 93 | 2,89 | 2,39 |
| Entwicklung | 48 | 0,96 | 0,72 | 94 | 3,84 | 2,17 |
| Konstruktion | 46 | 1,15 | 0,69 | 94 | 4,64 | 2,17 |
| Produktionsplanung | 49 | 1,31 | 0,65 | 92 | 4,76 | 2,14 |
| **Produktmanager** | n | ∅ | σ | n | ∅ | σ |
| Planung | 42 | 1,76 | 0,51 | 86 | 4,87 | 2,46 |
| Entwicklung | 39 | 1,67 | 0,47 | 84 | 5,02 | 2,15 |
| Konstruktion | 38 | 1,45 | 0,57 | 83 | 5,16 | 1,99 |
| Produktionsplanung | 40 | 1,23 | 0,64. | 82 | 5,34 | 1,97 |
| **Divisionsmanager** | n | ∅ | σ | n | ∅ | σ |
| Planung | 0,32 | 1,50 | 0,60 | 83 | 5,84 | 1,73 |
| Entwicklung | 0,30 | 1,17 | 0,68 | 81 | 5,02 | 1,82 |
| Konstruktion | 0,29 | 0,86 | 0,71 | 81 | 4,64 | 1,99 |
| Produktionsplanung | 0,31 | 1,00 | 0,73 | 79 | 4,58 | 2,17 |

*Beurteilung in Deutschland auf einer Skala von 0 = „keine Bedeutung" bis 2 = „sehr hohe Bedeutung"*
** *Beurteilung in Japan auf einer Skala von 0 = „keine Bedeutung" bis 7 = „sehr hohe Bedeutung"*

Abb. 5-54: Bedeutung der Mitarbeiter aus den jeweiligen Funktionsbereichen für das Target Costing in den Phasen der Produktentwicklung (Fortsetzung)

222        *Ergebnisse der Fragebogenuntersuchung*

❑ **Organisatorische Änderungen**

Organisatorische Aspekte spielen für die Einführung und Anwendung des Target Costing, wie in Kapitel 2 gezeigt, eine bedeutende Rolle. Dies gilt sowohl für die Projektteamorganisation als auch für die Organisation des Gesamtunternehmens oder von Teilbereichen wie bspw. die Veränderung von Fertigungsstrukturen, die aufgrund der Entscheidungen im Target Costing-Projekt notwendig werden könnten. Damit kann der Anwendung des Target Costing auch die Bedeutung eines Auslösers für organisatorischen Wandel im Unternehmen zukommen. Dieser kann sowohl Vorbedingung als auch Konsequenz der Anwendung des Target Costing sein.

Bei gut einem Fünftel der Unternehmen (21%) fanden vor der Implementierung des Target Costing strukturelle Veränderungen zur Vorbereitung auf die Einführung statt (vgl. Abb. 5-55). 7% der antwortenden Unternehmen paßten die Organisationsstruktur erst während der Implementierung an, 5% erst anschließend. Bei 67% der Unternehmen jedoch wurden weder vor, während noch nach der Einführung des Target Costing irgendwelche strukturellen Veränderungen durchgeführt.

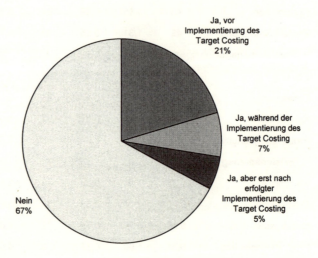

*Abb. 5-55: Strukturelle Veränderungen im Rahmen des Target Costing-Einsatzes (n =58)*

**5.4.4.2. Zusammenhang zwischen den Variablengruppen und der Ausgestaltung der Funktionsübergreifenden Teamstrukturen und Prozesse**

❑ **Marktspezifische Einflußfaktoren der Funktionsübergreifenden Teamstrukturen und Prozesse**

In Unternehmen unterschiedlicher Umsatzklassen gibt es keine Unterschiede hinsichtlich des Einsatzzeitpunktes der Target Costing-Aktivitäten. Die Umsatzhöhe korreliert negativ mit der Bedeutung der Mitarbeiter aus Konstruktion und Fertigung und positiv mit der Bedeutung der Mitarbeiter aus Marketing und Vertrieb in der Planungs-/Konzeptions- und der Entwicklungsphase. Gleiches gilt für die Bedeutung des Controlling (vgl. im folgenden Anhang B, Hyp. T-1).

Die Art der Verfolgung der Zielkostenerreichung fällt für die einzelnen Umsatzklassen ebenfalls nicht unterschiedlich aus (vgl. Abb. 5-56). Die Implementierungsverantwortung liegt besonders in kleineren Unternehmen bei den verantwortlichen Target Costing-Teams oder bei den verantwortlichen Projektleitern oder Produktmanagern. Diese Verantwortung üben sie auf Ebene der Geschäftseinheiten aus. Mit zunehmender Unternehmensgröße (höherer Umsatz) ist keine Tendenz erkennbar, wonach Stäbe oder sogar Abteilungen für die Implementierung des Target Costing zuständig sind. Lediglich bei den umsatzstärksten Unternehmen (Umsatz >10 Mrd. DM) liegt die Verantwortung bei den Produktmanagern bzw. Projektleitern auf Geschäftsführungsebene. Bei Großunternehmen ab DM 2 Mrd. Umsatz werden organisatorische Änderungen vor und während der Target Costing-Einführung häufiger durchgeführt als bei Unternehmen mit geringerem Umsatz. Die Umsatzentwicklung und die Profitabilität im Vergleich zum Wettbewerb beeinflussen die Funktionsübergreifenden Teamstrukturen und Prozesse nicht.

Zwischen der Marktstellung und den Implementierungsschritten sowie der Bedeutung der Target Costing-Teams konnten die vermuteten Zusammenhänge festgestellt werden (vgl. im folgenden Anhang B, Hyp. T-2). So haben überwiegend die marktführenden und marktmitbestimmenden Unternehmen in den Implementierungsschritten Marktanalyse und Preisfindung die größten Probleme. Eine Erklärung könnte sein, daß marktführende Unternehmen die Kunden- und Preiswünsche nicht per se besser kennen, sondern diese Aufgabe als Herausforderung auffassen. In marktführenden Unternehmen kommt den Target Costing-Teams darüber hinaus häufiger eine große Bedeutung bei der Mitarbeiter-Schulung, der Koordination der Zielkostenspaltung sowie bei der Planung von Design Reviews zu. Hinzu kommt, daß marktführende Unternehmen vor der Implementierung des Target Costing deutlich häufiger organisatorische Vorbereitungsmaßnahmen getroffen haben, marktmitbestimmende oder nicht marktführende Unternehmen haben dagegen deutlich weniger organisatorische Anpassungen vorgenommen.

| Verantwortung als Target Costing-Stäbe/Abteilungen | | | |
|---|---|---|---|
| auf der Ebene der<br>Umsatz | Geschäfts-<br>führung | Geschäfts-<br>einheiten | Werke |
| <250 Mio. bis 2 Mrd. | 5 | 3 | 1 |
| 2 Mrd. bis 10 Mrd. | 2 | 1 | 1 |
| > 10 Mrd. | 2 | 1 | - |
| **Verantwortung als Target Costing-Projektteams** | | | |
| auf der Ebene der<br>Umsatz | Geschäfts-<br>führung | Geschäfts-<br>einheiten | Werke |
| <250 Mio. bis 2 Mrd. | 2 | 21 | 3 |
| 2 Mrd. bis 10 Mrd. | 1 | 3 | - |
| > 10 Mrd. | 1 | 1 | - |
| **Verantwortung in Form von Produkt-/Projektmanagern** | | | |
| auf der Ebene der<br>Umsatz | Geschäfts-<br>führung | Geschäfts-<br>einheiten | Werke |
| <250 Mio. bis 2 Mrd. | 1 | 18 | 3 |
| 2 Mrd. bis 10 Mrd. | 1 | 5 | 1 |
| > 10 Mrd. | 4 | 1 | - |

*Abb. 5-56: Implementierungsverantwortung in Abhängigkeit der Umsatzhöhe*

Der Einsatzzeitpunkt des Target Costing im Produktentwicklungsprozeß ist unabhängig von der Unternehmensstrategie und der Wettbewerbsintensität (vgl. im folgenden Anhang B, Hyp. T-3). Dagegen existiert ein Zusammenhang mit der Einschätzung der Bedeutung einzelner Funktionsbereiche für die Implementierung. Bspw. wird die Bedeutung des Einkaufs bei hohem Qualitätswettbewerb sowie bei hohem Preiswettbewerb in den Phasen Konstruktion und Produktionsplanung sehr häufig als hoch und sehr hoch eingeschätzt. Der Konstruktion kommt eine hohe Bedeutung bei starkem Qualitätswettbewerb in den frühen Phasen der Produktentwicklung zu. Große Bedeutung hat auch das Controlling bei hohem Qualitätswettbewerb und Preiskampf in den Phasen Konstruktion und Produktions-planung.

Ein sehr hoher Qualitätswettbewerb wird überwiegend von Großunternehmen geäußert, so daß die Implementierungsverantwortung überwiegend auf Geschäfts-führungsebene als Stab angesiedelt ist. Bei durchschnittlichem und hohem Qualitäts-

wettbewerb liegt die Verantwortung bei den Target Costing-Teams bzw. Projekt-
managern auf Geschäftsbereichsebene. Die entsprechenden Korrelationskoeffizienten
sind jedoch aufgrund der geringen Fallzahl nur bedingt interpretierbar. Ähnliche oder
gegenteilige Zusammenhänge ergaben sich für die übrigen Ausprägungen der Wettbewerbsintensität nicht.

Ein hoher Qualitätswettbewerb korreliert positiv mit der Verbreitung des Target
Costing durch die Target Costing-Teams, der Ausbildung und Schulung kommt nur
eine mittlere Bedeutung zu. Ein starker Zusammenhang besteht zwischen Qualitäts-
wettbewerb und der Planung von Design Reviews und Kostenreviews. Von der Stärke
des Qualitätswettbewerbs geht auch ein Einfluß auf die Bedeutung der einzelnen
Unternehmensbereiche bei Einführung und laufender Koordination des Target
Costing aus. Hoher Qualitätswettbewerb führt dabei zu einer hohen Bedeutung des
Einkaufs und der Produktplanung während der Einführung des Target Costing.
Ansonsten beeinflußt der Qualitätswettbewerb die Bedeutung der Funktionsbereiche
nicht.

Dem Controlling kommt bei einem hohen Preiswettbewerb keine deutlich höhere
Bedeutung bei Einführung und Anwendung des Target Costing zu. Das Ergebnis
könnte damit erklärt werden, daß in Deutschland das Controlling ursprünglich die
Target Costing-Aktivitäten initiiert und Unterschiede bei der Einflußnahme und
Bedeutung daher nicht mehr als ausschlaggebend erkannt werden. Geringer Preis-
wettbewerb führt ebenfalls zu einer geringeren Einschätzung der Bedeutung des
Marketing und Vertriebs.

Ist die Dynamik und Diskontinuität bzgl. der Kundenstruktur gering, so liegt die
Implementierungsverantwortung bei Target Costing-Teams eher auf Ebene der
Geschäftseinheiten, mit steigender Dynamik werden sie auf Geschäftsführungsebene
angesiedelt (vgl. im folgenden Anhang B, Hyp. T-4).[10] Die Verantwortungs-
verankerung als Produktmanager/ Projektmanager liegt demgegenüber überwiegend
auf Geschäftsbereichsebene. Bei einer komplexen Kundensituation wird demnach
eine Top-down-Implementierung praktiziert, die aber in der Regel länger dauern
dürfte.

Bei hoher Dynamik und Diskontinuität hinsichtlich der Kundenstruktur kommt den
Target Costing-Teams hauptsächlich die Aufgabe der Verbreitung des Target Costing
im Unternehmen zu, bei hoher Lieferantendynamik liegt der Schwerpunkt bei der
Koordination der Zielkostenspaltung. Darüber hinaus ist bei einer hohen Dynamik
hinsichtlich der Verfahrens- und Fertigungstechnik erforderlich, Design Reviews und

---

[10] *Bem.: Die Variable „Dynamik und Diskontinuität" wurde zur Erhöhung der Fallzahlen in die
Antwortalternativen „gering", „durchschnittlich" und „hoch" umkodiert.*

Kostenreviews rechtzeitig zu planen. Eine hohe Lieferantendynamik führt außerdem dazu, daß die Mitarbeiter aus Einkauf, Produktplanung, Entwicklung und Konstruktion besonders bei der laufenden Koordination des Target Costing eine hohe Bedeutung besitzen. Bei dynamischen Veränderungen der Produkttechnologie wird zusätzlich die Bedeutung der Produktionsplanung von den teilnehmenden Unternehmen hervorgehoben.

Mit hohem Gemeinkostenanteil als Ausprägung der Leistungsstruktur korreliert die Einschätzung der Bedeutung einzelner Funktionsbereiche. Dies gilt insbesondere für die Bereiche F&E und Konstruktion in den entsprechenden Phasen der Produktentwicklung. Die meisten Nennungen liegen dabei bei einem Gemeinkostenanteil zwischen 20% und 50%.

❑ **Produktspezifische Einflußfaktoren der Funktionsübergreifenden Teamstrukturen und Prozesse**

Je größer die Anzahl und je geringer die Ähnlichkeit der Produktlinien, desto häufiger wird die Zielkostenerreichung auch während der Fertigung weiterverfolgt und es folgen weitere Kostensenkungsmaßnahmen während der Produktionsphase (vgl. im folgenden Anhang B, Hyp. T-5).

Zwischen der Produktkomplexität und den Variablen der Funktionsübergreifenden Teamstrukturen und -prozesse wurde nur ein geringer Zusammenhang identifiziert (vgl. im folgenden Anhang B, Hyp. T-6).[11] Unternehmen mit hoher Produktkomplexität und hoher Komplexität der Kundenschnittstelle gaben erwartungsgemäß an, daß besonders in den Phasen der Zielkostenspaltung und des Zielkostencontrolling die größten Probleme während der Einführung des Target Costing ergaben. Dieses Ergebnis bestätigt, daß besonders bei komplexen Produkten die Methodik des Target Costing große Schwierigkeiten bereitet. Auch scheinen bei Unternehmen mit hoher Produktkomplexität die Schwerpunkte der Aufgaben der Target Costing-Teams im Vergleich zu den übrigen Unternehmen unterschiedlich zu sein. Besonders die Aufgaben „Koordination bei der Zielkostenspaltung" und „Planung der Design Reviews/Kostenreviews" weisen eine starke positive Korrelation zur Produktkomplexität und zum Innovationsgrad zwischen den Produktgenerationen auf. Eine hohe Produktkomplexität führt außerdem dazu, daß gerade die Mitarbeiter aus den Bereichen Einkauf und Konstruktion besonders große Verantwortung bei der Einführung des Target Costing im Unternehmen haben. Dieses Ergebnis unterstreicht die Bedeutung und Notwendigkeit des Einsatzes des Target Costing gerade für komplexe und innovative Produkte.

---

[11] *Bem.: Zur Erhöhung der Fallzahlen wurde die Variable „Produktkomplexität" in die drei Kategorien „gering", „mittel" und „hoch" umkodiert.*

Die Produktmerkmale „Produktlebensdauer" und „Innovationsgrad der Produktgenerationen" beeinflussen die Variablen der Funktionsübergreifenden Teambildung
nur sehr gering (vgl. im folgenden Anhang B, Hyp. T-7). Lediglich mit der Bedeutung
der Unternehmensbereiche bei Einführung und Koordination des Target Costing
konnte ein Zusammenhang festgestellt werden. Demnach wird bei hoher Produktlebensdauer die Bedeutung der Geschäftsführung, des Marketing und Vertriebs und
des Einkaufs bei der Einführung des Target Costing als unbedeutend oder gering
bedeutend eingeschätzt. Dabei ist zu beachten, daß die Lebensdauer auch von der
Branche abhängt. In der Automobilindustrie mit langer Produktlebensdauer ist die
Bedeutung des Marketing bspw. höher als in der Elektrotechnikindustrie mit eher
geringer Produktlebensdauer. Dies wird durch die vorliegenden Daten auch bestätigt.

Der Entwicklung wird bzgl. beider Produktmerkmale hohe Bedeutung beigemessen.
Für die laufende Koordination ergibt sich, daß eine hohe Produktlebensdauer die
Bedeutung der Produktplanung erhöht, ebenso wie die der Fertigung. Die Geschäftsführung ist nach Angabe der Unternehmen für die laufende Koordination unbedeutend.

❑ **Organisatorische Einflußfaktoren der Funktionsübergreifenden**
   **Teamstrukturen und Prozesse**

Der vermutete Zusammenhang zwischen Unternehmenstyp und der Implementierungsverantwortung konnte aufgrund der zu geringen Fallzahl nicht nachgewiesen
werden, die Korrelationsmaße sind somit nur bedingt interpretierbar (vgl. im
folgenden Anhang B, Hyp. T-8). Dennoch läßt sich sagen, daß bei konzernunabhängigen Unternehmen mit hoher Mitarbeiterzahl die Implementierungsverantwortung meist bei Target Costing-Stäben oder -abteilungen auf Geschäftsbereichsebene liegt, bei Tochtergesellschaften und Geschäftsbereichen hauptsächlich
auf der Ebene der jeweiligen Geschäftsführung. Damit kommen, je nach Unternehmenstypus, auch den Target Costing-Teams unterschiedliche Aufgaben zu. Die
Stärke des Zusammenhangs ist ausschließlich auf die Antworten der Geschäftsbereiche zurückzuführen. Allerdings ist auch dieses Ergebnis aufgrund der geringen
Fallzahl nur bedingt interpretierbar. Es zeigt, daß die Teamfunktionen auf Geschäftsbereichsebene größere Bedeutung für die Anwendung des Target Costing besitzen.

Besonders in den Geschäftseinheiten wird der Konstruktionsabteilung häufig eine
große Bedeutung für die Einführung des Target Costing beigemessen. Auch ist in
diesem Unternehmenstyp die Bedeutung externer Berater am größten. Dies deutet
darauf hin, daß in den Fällen, in denen kein Target Costing-Stab oder -Abteilung
existiert, die Geschäftsbereiche auch externe Unterstützung einholen. In kleineren
japanischen (Tochter-) Unternehmen gibt es ebenfalls häufig keine eigene Target
Costing-Abteilung. Als Mitglieder in Unternehmensnetzwerken werden die Unter-

nehmen in diesen Fällen teilweise von den Muttergesellschaften oder großen Netz-
werkpartnern, mit denen Lieferbeziehungen existieren, bei der Target Costing-Einführung unterstützt. Wenn die Anzahl der Target Costing-Projekte ansteigt, übernehmen die Projektteams die Aufgaben einer Target Costing-Abteilung (wie z.B.
Schulungsmaßnahmen, Erarbeiten eines Target Costing-Handbuches etc.) und unterstützen die Ausweitung auf weitere Geschäftsbereiche. Eine weitere Möglichkeit ist,
daß die Geschäftsbereiche unabhängig voneinander ihre eigenen Target Costing-
Systeme installieren und weiterentwickeln.

❑ **Mitarbeiterspezifische Einflußfaktoren der Funktionsübergreifenden**
  **Teamstrukturen und Prozesse**

In Fällen, bei denen der Target Costing-Leiter aus den technischen Funktionen
stammt, wurde häufiger von den Unternehmen angegeben, daß große Probleme in der
Phase der Konzeptgenerierung und der Alternativenbewertung entstanden sind (vgl.
im folgenden Anhang B, Hyp. T-9).[12] Da die Art der Probleme nicht erfaßt wurde,
sind zwei Erklärungen denkbar: Die Probleme entstehen aufgrund des vorhandenen
technischen Know-hows und bestehen in der Produktkonzeptauswahl oder die
Probleme bestehen in der Abstimmung mit den übrigen Funktionsbereichen. Stammt
der Target Costing-Leiter aus dem kaufmännischen Bereich, so wird der Funktion
Controlling/Rechnungswesen am häufigsten eine große Bedeutung für die laufende
Koordination des Target Costing beigemessen. Diese Einschätzung erfolgte nicht,
wenn der Target Costing-Leiter aus dem technischen Bereich stammt. Der Einkauf hat
keine, das Marketing nur geringe Bedeutung für die laufende Koordination in den
Fällen, in denen der Target Costing-Leiter aus den kaufmännischen Funktionen
stammt.

In Unternehmen mit großer Bedeutung des Controlling in der Phase der Entwicklung
setzt das Target Costing deutlich häufiger schon in der Phase der Planung und Konzeption ein, in Unternehmen mit geringem Controllingeinfluß deutlich häufiger erst in
der Phase der Entwicklung (vgl. im folgenden Anhang B, Hyp. T-10). Ein hoher Einfluß des Einkaufs in den Phasen Planung/Konzeption und Entwicklung führt zu
geringen Problemen in der Phase der Preisfindung, ein großer Einfluß der F&E zu
großen Problemen beim Zielkostencontrolling.

Aufgrund zu geringer Fallzahlen konnte zwischen dem Einfluß der Mitarbeiter und
der Durchführung organisatorischer Veränderungen kein Zusammenhang festgestellt
werden. Die Hypothese, daß mit großem Einfluß der Divisionsmanager es eher zu
strukturellen Vorbereitungen kommt, konnte somit nicht bestätigt werden.

---

[12] *Bem.: Zur Erhöhung der Fallzahl wurde die Variable „Leiter Target Costing" in die drei
Kategorien „Geschäftsführung", „Kaufmännischer Bereich" und „Technischer Bereich" umkodiert.*

Mitarbeiterschulungen vor Einführung des Target Costing haben auch Einfluß auf die Ausgestaltung der Funktionsübergreifenden Strukturen und Prozesse (vgl. im folgenden Anhang B, Hyp. T-11). In fast allen Fällen, in denen die Target Costing-Anwendung bereits in der Planungs-/ Konzeptionsphase einsetzt, fanden auch Schulungen der Führungsebene und des Controlling statt. Ein positiver Zusammenhang besteht zwischen der Schulung der Produktionsmitarbeiter und der Verfolgung der Zielkostenerreichung noch während der Fertigungsphase sowie dem Einsatz weiterer Kostensenkungsmaßnahmen. Die frühzeitige Schulung von Controllingmitarbeitern schließt darüber hinaus große Probleme bei der Zielkostenspaltung nicht aus und führt sogar unerwartet häufig zu großen Problemen. Dies deutet darauf hin, daß auch andere Ursachen außer einem unzureichender Methodenkenntnisstand im Projektteam zu einer Beeinträchtigung der funktionsübergreifenden Zusammenarbeit in der Phase der Zielkostenspaltung verantwortlich sind.

Abbildung 5-57 zeigt die Anzahl der Unternehmen, die in den jeweiligen Phasen Schulungen durchgeführt haben. Einsatzphase ist dabei immer die Planungs-/ Konzeptionsphase. Schulungen der Mitarbeiter aus bestimmten Funktionsbereichen finden dabei immer in der entsprechenden Phase statt.

| Schulung der Mitarbeiter aus | in der Phase | | | |
| --- | --- | --- | --- | --- |
| | Planung/ Konzeption | Entwicklung | Konstruktion | Produktions-planung |
| Führungsebene | 19 | 6 | 4 | 6 |
| Controlling | 24 | 6 | 4 | 5 |
| Marketing | 15 | 3 | 1 | 1 |
| Entwicklung | 9 | 15. | 6 | 1 |
| Konstruktion | 3 | 11 | 10 | 0 |
| Produktion | 4 | 4 | 4 | 9 |
| Zulieferunternehmen | 3 | 4 | 3 | 2 |

*Abb. 5-57: Target Costing-Schulungen der Mitarbeiter*

Die frühe Schulung der Marketingmitarbeiter in der Phase der Planung/Konzeption und der Entwicklung geht deutlich einher mit weniger und geringeren Problemen in der Phase der Marktanalyse und der Ermittlung der Kundenanforderungen. Besonders bei der Alternativenbewertung kommt es aber dennoch häufig zu großen Problemen. Auch die frühzeitige Schulung der Entwicklungsmitarbeiter beschränkt die auftretenden Probleme in der Phase der Alternativenbewertung. Unternehmen, in denen die Konstrukteure geschult wurden, gaben deutlich häufiger geringe Probleme als erwartet an. Unternehmen, die keine Schulung der Konstrukteure durchführten, äußerten große Probleme in der Phase der Alternativenbewertung.

Die Schulungsaktivitäten weisen auch einen Zusammenhang mit der Bedeutung der Funktionsbereiche für die Implementierung des Target Costing auf. Offensichtlich werden in einigen Fällen die frühzeitigen Schulungen der Führungsebene und des Controlling durch externe Berater durchgeführt. Hinzuweisen ist bei diesem Ergebnis jedoch auf die geringen Fallzahlen. Je früher der Zeitpunkt der Schulung der Führungsebene, desto häufiger wurden auch organisatorische Änderungen schon vor Einführung des Target Costing durchgeführt. Dieses Ergebnis läßt darauf schließen, daß die Aufklärung des Top-Managements die notwendigen Vorbereitungen unterstützt.

Die innovationsunterstützenden Aspekte beeinflussen die Art der Verfolgung der Zielkostenerreichung. In Unternehmen mit hoher Teamorientierung der Mitarbeiter, Anreizsystemen zur Kostenereichung und personifizierter Verantwortung für Kostenerreichungen wird die Zielkostenerreichung bis in die Fertigungsphase verfolgt und von weiteren Kostensenkungsmaßnahmen begleitet (vgl. im folgenden Anhang B, Hyp. T-12).[13] Ein Zusammenhang besteht auch zwischen der Innovationsbereitschaft, Teamfähigkeit und Entscheidungseinbindung der Mitarbeiter und der Verankerung der Implementierungsverantwortung als Projektteams.

Die Koordination der Zielkostenspaltung durch die Target Costing-Teams findet vor allem bei den Unternehmen statt, in denen eine hohe Verantwortung für Kostensenkungen und Entscheidungseinbindung der Mitarbeiter vorherrscht. Die hohe Teamorientierung und Entscheidungseinbindung der Mitarbeiter unterstützt auch die Bedeutung der Mitarbeiter aus den technischen Funktionen bei der Einführung des Target Costing.

❑ **Controllingspezifische Einflußfaktoren der Funktionsübergreifenden Teamstrukturen und Prozesse**

Zwischen dem Einfluß des Controlling auf die Strategische Planung und dem Einfluß z.B. der Führungsebene oder des Controlling im Rahmen des Target Costing wurde kein Zusammenhang festgestellt (vgl. im folgenden Anhang B, Hyp. T-13).[14]

Die Controllinghierarchie steht zwar nicht in Zusammenhang mit den Implementierungsschritte und den damit verbundenen Problemen, ein positiver Zusammenhang besteht aber mit der Durchführung organisatorischer Anpassungen während und nach der Target Costing-Einführung (vgl. im folgenden Anhang B, Hyp. T-14).

---

[13] *Bem.: Zur Erhöhung der Fallzahlen wurde die Variable „Innovationsfördernde Aspekte" in die drei Kategorien „schlecht", „durchschnittlich" und „gut" umkodiert.*
[14] *Bem.: Zur Erhöhung der Fallzahlen wurde die Variable „Einfluß Controlling" in die drei Kategorien „gering", „durchschnittlich" und „hoch" umkodiert.*

Zwischen Anwendungsdauer und -breite sowie dem Einsatzzeitpunkt des Target Costing konnte kein Zusammenhang festgestellt werden. Je nach Anwendungsbreite gibt es aber Unterschiede im Bedeutungsgrad der einzelnen Funktionsbereiche in den Phasen der Produktentwicklung. In der Phase der Planung und Konzeption dominiert die Bedeutung des Marketing und Vertriebs über alle Formen der Anwendungsbreite hinweg und nimmt in den späteren Phasen ebenfalls bei jeder Form der Anwendung ab. Ein großer Einfluß der Entwickler wird bei Anwendung des Target Costing für bestimmte Produkte und in Abteilungen angegeben. Produktplaner haben großen Einfluß bei unternehmensweiter sowie erwartungsgemäß bei produktspezifischer Anwendung des Target Costing. Unabhängig von der Anwendungsbreite ist auch die Einschätzung der Bedeutung der Mitarbeiter aus der Entwicklung in den Phasen Entwicklung und Konstruktion. Konstrukteure haben besonders bei produktspezifischer Anwendung große Bedeutung. Die Einschätzung der Bedeutung der Controller ist bei allen Anwendungsbreiten hoch. Die Qualitätssicherung hat hohen Einfluß in den späten Phasen der Produktentwicklung. Der Einfluß der Produktmanager scheint in allen Phasen und Anwendungsbreiten bedeutsam, der der Divisions- bzw. Bereichsmanager hauptsächlich in der Planungs- und Konzeptionsphase.

Ein Zusammenhang zwischen der Implementierungsverantwortung und der Anwendungsdauer existiert nicht, wohl aber mit der Anwendungsbreite. Wird Target Costing nur auf bestimmte Produkte angewendet, so liegt die Implementierungsverantwortung beim Produktmanager, meist auf Werksebene, in den übrigen Anwendungsbereichen ist sie auch auf Geschäftsführungs- oder Geschäftsbereichsebene angesiedelt.

Typische Implementierungsprobleme in Abhängigkeit der Anwendungsbreite oder -dauer sind nicht zu beobachten. Weiterhin gibt es keinen Einfluß des Verbreitungsgrades auf die Bedeutung der Funktionsbereiche für die Einführung und die laufende Koordination des Target Costing oder auf die Durchführung organisatorischer Änderungen.

Eine längere und konsequentere Zielkostenverfolgung bei stärkerer Bedeutung der Ziele „Qualitätsverbesserungen", „Vorverlagerung der Kostenbeeinflussungszeitpunkte" sowie „Erreichen des optimalen Markteintrittszeitpunktes" konnte auf Basis des Datenmaterials nicht nachgewiesen werden. Auch unterscheiden sich die Aufgaben der Target Costing-Teams nur gering in Abhängigkeit der Bedeutung der Target Costing-Ziele heute und bei Einführung.

Die hohe Bedeutung der Produktionsplanung, der Fertigung und der Qualitätssicherung für die Erreichung der Ziele „Erhöhung der Kostentransparenz" und „Beeinflussung der Kostenstrukturen" wird von den Unternehmen erkannt. Um die „Koordination der Entwicklungstätigkeiten" zu verbessern haben überdurchschnittlich viele Unternehmen organisatorische Änderungen durchgeführt, hauptsächlich vor und während der Target Costing-Einführung. Bei diesem Ergebnis wird jedoch wieder auf die relativ geringe Fallzahl pro Zelle hingewiesen.

### 5.4.5. Methoden- und Instrumente zur Zielkostenerreichung

Die „Methoden- und Instrumente zur Zielkostenerreichung" sollen mit Hilfe der Variablen „Wertanalyse und Wertgestaltung" (V19), „Informationssysteme" (V20), „Cost Tables" (V21), „Aufbaukriterien Cost Tables" (V22), „Unterstützende Methoden und Instrumente" (V26) und „Nichtmonetäre Steuerungskennzahlen" (V27) abgebildet werden.

### 5.4.5.1. Ausgestaltung des Elementes

❑ **Wertanalyse und Wertgestaltung**

Auch wenn die Wertanalyse die Basis für die Entwicklung des Target Costing in Japan darstellt, ist sie nur ein Instrument neben zahlreichen weiteren im Target Costing-System (vgl. Kap. 2.7.3.). Sie kann in verschiedenen Phasen der Produktentwicklung mit unterschiedlichen Zielsetzungen durchgeführt werden, nämlich zur Identifizierung der Produktfunktionen, Priorisierung der Produkt- funktionen, Gewichtung der Produktfunktionen und Kostenverteilung auf die Produktfunktionen. Die erfragten Funktionen stehen für aufeinander aufbauende Anwendungsstufen der Wertanalyse.

In den Phasen der Produktplanung und der Entwicklung werden Wertanalysen am häufigsten durchgeführt, und zwar hauptsächlich mit dem Ziel der Festlegung (54,2% in der Produktplanung, 46,8% in der Entwicklung) und der Bewertung der zu erzie- lenden Produktfunktionen (42,6% in der Produktplanung, 40,4% in der Entwicklung) (vgl. Abb. 5-58). Ca. ein Viertel der Unternehmen verfolgt in diesen Phasen außer- dem die Zielsetzung der Erarbeitung eines Funktionsbaumes sowie der Kosten- spaltung auf Produktfunktionen. Die Bedeutung der Ermittlung und Bewertung der Produktfunktionen nimmt in der Phase der Produktionsplanung stark ab, hier gewinnt dafür die Kostenspaltung auf die Produktfunktionen an Bedeutung.

| Funktion | Produktplanung | | Entwicklung | | Produktions-planung/Einkauf | |
|---|---|---|---|---|---|---|
| | n | % | n | % | n | % |
| Festlegung der Produktfunktionen | 26 | 54,2 | 22 | 46,8 | 9 | 19,1 |
| Erarbeitung eines Funktionsbaums | 12 | 25,5 | 11 | 23,4 | 3 | 6,4 |
| Bewertung der Produktfunktionen | 20 | 42,6 | 19 | 40,4 | 10 | 21,3 |
| Kostenspaltung auf Produktfunktionen | 12 | 25,5 | 11 | 23,4 | 14 | 29,8 |

*Abb. 5-58: Funktion der Wertanalysen und Wertgestaltungen in den Phasen der Produktentwicklung (n = 47; Mehrfachnennungen)*

❏ **Informationssysteme**

Der Großteil der Unternehmen (39%) greift auf Material- und Preislisten als Kosten-informationsquellen zurück. Außerdem werden von 26% der Unternehmen Datenbanken eingesetzt, die die Kosteninformationen aus vergangenen Projekten für Kostenprognosen bereitstellen (vgl. Abb. 5-59). 12% der Unternehmen setzen spezielle Tools zur Zielkostenspaltung ein. Diese Tools sind in der Praxis häufig selbstentwickelte Werkzeuge auf Basis einer Standardsoftware. Nur der kleinste Teil der Unternehmen verwendet Fallstudiensammlungen sowie integrierte CAD-Kosten-informationssysteme. 13% der Unternehmen gaben an, daß sie keinerlei Informationssysteme zur Unterstützung des Target Costing einsetzen. Die EDV-technische Unterstützung des Target Costing ist also eher schwach, da bislang auf dem Markt erst wenige Systeme zur Unterstützung des Target Costing bspw. für die Retrograde Kalkulation, die Zielkostenspaltung oder die Zielkostenverfolgung angeboten werden (vgl. dazu *Renner/Sauter* (1997); *Schuh/Kaiser* (1997)).

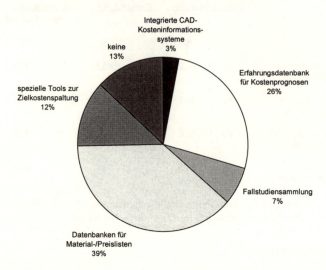

*Abb. 5-59: Einsatz von Informationssystemen (n=60; Mehrfachnennungen)*

❏ **Cost Tables**

Die 1. Untersuchung von *Tani u.a.* im Jahre 1991 ergab, daß Cost Tables in annähernd 90% der befragten japanischen Unternehmen eingesetzt werden. Diesem hohen Verbreitungsgrad in Japan steht nur ein geringer Verbreitungsgrad in Deutschland gegenüber. So setzte 1996 keiner der untersuchten europäischen Automobilhersteller Cost Tables ein (vgl. *Tani u.a.* (1996), S. 86). Auch heute noch setzt der überwiegende Teil der Unternehmen (64,91%) noch keine Cost Tables ein (vgl. Abb. 5-60). Knapp 30% der Unternehmen gaben an, auf Basis der Kosteninformationen früherer Produktgenerationen Kosteninformationsdatenbanken aufzubauen und einzusetzen. 5,26% verwenden sogar Cost Tables, die auf Kosteninformationen der Konkurrenz basieren (vgl. dazu auch Kap. 3.3.1.2.).

Neben der Einsatzhäufigkeit von Cost Tables ist auch von Interesse, nach welchen Kriterien diese Kosteninformationsdatenbanken aufgebaut sind (vgl. Abb. 5-61). Von den 20 Unternehmen, die Cost Tables einsetzen, wurden in der Regel mehrere Kriterien zum Aufbau bzw. zur Strukturierung der Cost Tables gewählt. Es handelt sich hauptsächlich um Materialalternativen sowie um die Unterscheidung nach Kostenarten. Knapp die Hälfte der Unternehmen (45%) differenziert die Cost Tables nach Mengenklassen oder nach Fertigungsalternativen. Nur der geringste Teil (20%) wählte auch Maschinenalternativen als Strukturierungskriterium der Cost Tables.

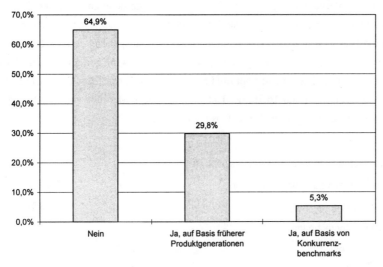

*Abb. 5-60: Einsatz von Cost Tables (n=57)*

| Aufbaukriterien von Cost Tables | n | % |
|---|---|---|
| Materialalternativen | 13 | 65,0 |
| Mengen/Losgrößen | 9 | 45,0 |
| Fertigungsalternativen | 9 | 45,0 |
| Maschinenalternativen | 4 | 20,0 |
| Kostenarten | 14 | 70,0 |

*Abb. 5-61: Aufbaukriterien von Cost Tables (n=20)*

❏ **Unterstützende Methoden und Instrumente**

Die meisten Unternehmen setzen mehrere Instrumente zur Unterstützung der Zielkostenerreichung gleichzeitig ein. So findet bei über vier Fünftel der antwortenden Unternehmen (86,6%) der Einsatz von Kostenschätzverfahren sowie Vorkalkulationen zur Unterstützung des Target Costing statt (vgl. Abb. 5-62). Dieses Ergebnis war einerseits zu erwarten, da sowohl in der Phase der Zielkostenfindung als auch der Zielkostenerreichung aktuelle und verläßliche Kosteninformationen notwendig sind. Andererseits überrascht, daß trotzdem über 13% der Unternehmen keine Kostenschätzungen vornimmt.

Knapp die Hälfte der Unternehmen setzt Target Costing in Verbindung mit Benchmarking (53,3%) und der Prozeßkostenrechnung (43,3%) ein. Wie bereits in Kapitel 2.7.3. beschrieben, deutet der kombinierte Einsatz dieser drei Methoden auf ein weit entwickeltes und marktorientiertes Kostenmanagementverständnis hin.

26,6% der Unternehmen gaben an, daß in ihren Unternehmen auch die Lebenszyklusrechnung eingesetzt wird. Die Umsetzung der Lebenszyklusorientierung des Target Costing scheint in den Unternehmen noch nicht ausgeprägt zu sein. Design for Manufacturing (DFM) und Design for Assembly (DFA) wird von 31,7% der Unternehmen eingesetzt. Die Antwort auf die Frage nach dem Einsatz des Quality Function Deployment zeigt, daß nur 16,7% der Unternehmen diese Methode zur Strukturierung der Kundenanforderungen im Target Costing einsetzen.

| Unterstützende Methoden und Instrumente | n | % |
|---|---|---|
| Kostenschätzungen/Vorkalkulationen | 52 | 86,6 % |
| Benchmarking | 32 | 53,3 % |
| Prozeßkostenrechnung | 26 | 43,3 % |
| Design to Cost | 25 | 41,7 % |
| Projektkostenrechnungen | 21 | 35,0 % |
| Design for Manufacturing / Design for Assembly | 19 | 31,7 % |
| Lebenszykluskostenrechnung | 16 | 26,6 % |
| Quality Function Deployment | 10 | 16,7 % |
| Rapid Prototyping | 6 | 10,0 % |

*Abb. 5-62: Begleitende Methoden und Instrumente (n=60)*

❑ **Nichtmonetäre Steuerungsgrößen**

Besonders der Einsatz nichtmonetärer Steuerungsgrößen ist im Management Accounting japanischer Unternehmen sehr verbreitet (vgl. *Hiromoto* (1989), S. 317 f.). Wichtige Kenngrößen sind bspw. maschinenbezogene Ausfallzeiten, Stillstandzeiten kapitalintensiver Anlagen, Durchlaufzeiten und Verbrauchsmengen, die Fehlerintensität bestimmter Fertigungsprozesse, die Anzahl fehlerhafter Teile und der Gutteile je Los oder Periode etc. Neben diesen internen Kenngrößen kommen auch externe, d.h. kundenorientierte Kenngrößen wie z.B. die Anzahl von Reklamationen, die Anzahl von Servicestunden aufgrund von Qualitätsmängeln pro Periode etc. zum Einsatz (vgl. *Fröhling/Wullenkord* (1991), S. 72; *Curtis* (1994), S. 18 ff.; *Hauser/Zettelmeyer* (1998), S. 32 ff.; vgl. auch das Fallbeispiel bei *Nixon* (1998) S. 329 ff.). Bei der Verwendung nichtmonetärer Zielgrößen wie z.B. plan- und außerplanmäßige Reparatur- und Nacharbeitsstunden steht häufig die Verhaltensbeeinflussung der Mitarbeiter im Vordergrund.

In Abstimmung mit dem Teilforschungsprojekt „Performance Measurement" des vorliegenden Forschungsprogrammes wurde danach gefragt, inwieweit nichtmonetäre Kennzahlen im Rahmen des Target Costing eingesetzt werden (vgl. auch *Stainer/*

*Nixon* (1997), S. 486 ff.). Ein häufiger Einsatz nichtmonetärer Steuerungsgrößen läßt auch auf die Bedeutung nichtmonetärer Zielsetzungen schließen.

| Nicht-monetäre Kennzahlen | n | % |
|---|---|---|
| Mengenbezogene Kennzahlen | 28 | 60,9 |
| Qualitätsbezogene Kennzahlen | 26 | 56,5 |
| Zeitbezogene Kennzahlen | 23 | 50,0 |
| Kundenzufriedenheitsbezogene Kennzahlen | 11 | 23,9 |
| Mitarbeiterbezogene Kennzahlen | 8 | 17,4 |

*Abb. 5-63: Einsatz nichtmonetärer Kennzahlen (n=46)*

Im Rahmen des Target Costing spielen gemäß der obigen Abbildung mehrere Arten nichtmonetärer Kennzahlen eine große Bedeutung (vgl. Abb. 5-63). So werden mengenbezogene Kennzahlen von 61%, qualitätsbezogene Kennzahlen von 57% und zeitbezogene Kennzahlen noch von 50% der Unternehmen angewendet. Von weitaus weniger Unternehmen werden kundenzufriedenheitsbezogene Kennzahlen (24%) oder mitarbeiterbezogene Kennzahlen eingesetzt (17%). Diese Art der Kennzahlen setzt eine moderne Auffassung der Steuerungskonzeption im Unternehmen voraus und ist heute noch in wenigen Unternehmen realisiert (vgl. dazu die bei Fertigstellung der vorliegenden Arbeit noch unveröffentlichten Untersuchungsergebnisse der Teilstudie „Performance Measurement").

### 5.4.5.2. Zusammenhang zwischen den Variablengruppen und den Methoden und Instrumenten zur Zielkostenerreichung

❑ **Marktspezifische Einflußfaktoren des Methoden- und Instrumenteneinsatzes**

Je höher die Profitabilität, desto häufiger ist der Einsatz des Quality Function Deployment und des Benchmarking zu beobachten (vgl. im folgenden Anhang B, Hyp. I-1). Dieses Ergebnis könnte darauf hinweisen, daß profitablere Unternehmen sich durch eine systematischere Erfassung und Verarbeitung der Kundenanforderungen auszeichnen (die übrigen Korrelationswerte der Profitabilität zu den Instrumenten sind aufgrund zu geringer Fallzahlen nur bedingt interpretierbar). Desweiteren ist zu beobachten, daß marktführende und marktbestimmende Unternehmen deutlich häufiger Design to Cost und Design for Manufacturing anwenden sowie Qualitätskennzahlen einsetzen als nicht marktbestimmende Unternehmen (vgl. im folgenden Anhang B, Hyp. I-2).

Die Höhe und Art der Wettbewerbsintensität hat ebenfalls Einfluß auf den Methoden- und Instrumenteneinsatz (vgl. im folgenden Anhang B, Hyp. I-3).[15] Bei hohem Qualitätswettbewerb setzen die Unternehmen häufiger Design for Manufacturing/ Design for Assembly ein als bei geringem Qualitätswettbewerb. Ein starker Einfluß auf den Einsatz von Kostenschätzverfahren, des Design to Cost und des Benchmarking geht vom Preiswettbewerb aus. Die beiden ersten, ohnehin weit verbreiteten Verfahren, werden mit zunehmendem Preiswettbewerb häufiger eingesetzt, das Benchmarking hingegen weniger. Der Preiswettbewerb führt demnach dazu, daß die interne Informationsversorgung entscheidender wird, da ein externer Vergleich mit Wettbewerbern oder anderen Unternehmen bzw. das Einholen externer Preisinformationen bei dieser Marktsituation schwieriger wird. Eine hohe Wettbewerbsintensität hinsichtlich der Wettbewerberzahl geht einher mit einem verstärkten Einsatz des Benchmarking und der Lebenszykluskostenrechnung.

In welchen Branchen die einzelnen Instrumente und Methoden vornehmlich ein- gesetzt werden, zeigt Abbildung 5-64.

Der vermutete Zusammenhang zwischen dem Einsatz nichtmonetärer Steuerungs- kennzahlen und der Wettbewerbsintensität konnte nur bedingt nachgewiesen werden. Eine hohe Zahl und eine starke Veränderung der Wettbewerber korreliert mit dem Einsatz von Qualitätskennzahlen, dagegen werden zeit- und kundenzufriedenheits- bezogene Kennzahlen überraschenderweise nicht häufiger verwendet.

Eine hohe Dynamik und Diskontinuität hinsichtlich der Verfahrens- und Fertigungs- technik und der Produkttechnologie steht entgegen der Vermutung nicht in Zusam- menhang mit einem stärkeren Einsatz von Informationssystemen zur Unterstützung des Target Costing und dem Einsatz von Cost Tables (vgl. im folgenden Anhang B, Hyp. I-4). Der Einsatz des Quality Function Deployment und des Design to Cost kor- relieren mit einer hohen Kundendynamik und -diskontinuität, ebenso wie der Einsatz des Design for Manufacturing / Design for Assembly bei hoher Lieferantendynamik. Ebenso korreliert eine hohe Dynamik der Fertigungs- und Verfahrenstechnik und der Produkttechnologie mit einem häufigeren Einsatz von Kostenschätzverfahren, Projektkostendeckungsrechnungen, Design to Cost und Benchmarking.[16]

Der Einsatz nichtmonetärer Kennzahlen wird bei hoher Dynamik und Diskontinuität gefördert, insbesondere der von kundenzufriedenheitsbezogenen Kennzahlen bei

---

[15] *Bem.: Zur Erhöhung der Fallzahlen wurde die Variable „Wettbewerbsintensität" in die drei Kategorien „gering", „mittel" und „hoch" umkodiert.*
[16] *Bem.: Zur Erhöhung der Fallzahlen wurde die Variable „Dynamik und Diskontinuität" in die Kategorien „gering", „durchschnittlich" und „hoch" umkodiert.*

hoher Kundendynamik und von qualitätsbezogenen Kennzahlen bei hoher Lieferantendynamik und hoher Produkttechnologiedynamik.

| Branche | Σ | Kosten-schätz-verfahren | | Projekt-kosten-rechnung | | Design to Cost | | Design for Manufac-turing | |
|---|---|---|---|---|---|---|---|---|---|
| | | n | % | n | % | n | % | n | % |
| Maschinenbau/Metallbau | 16 | 15 | 94 | 5 | 31 | 6 | 37 | 6 | 37 |
| Elektrotechnik/Elektronik | 9 | 7 | 78 | 3 | 33 | 5 | 56 | 4 | 44 |
| Automobil | 18 | 14 | 78 | 8 | 44 | 10 | 56 | 6 | 33 |
| Textil/Bekleidung/Leder | 1 | 1 | 100 | - | - | - | - | 1 | 100 |
| Chemie/Pharma | 3 | 1 | 33 | - | - | - | - | - | - |
| Energie | 4 | 3 | 75 | 1 | 25 | - | - | - | - |
| Bau/Steine/Erden | 2 | 1 | 50 | - | - | - | - | - | - |
| Nahrung/Genuß | 4 | 2 | 50 | 2 | 50 | - | - | - | - |
| Handel/Banken/Versicherungen | 3 | 2 | 67 | - | - | - | - | - | - |
| Sonstige Dienstleistungen | 8 | 6 | 75 | 2 | 25 | 4 | 50 | 2 | 25 |

| Branche | Σ | Quality Function Deploy-ment | | Rapid Proto-typing | | Prozeß-kosten-rechnung | | Bench-marking | | Lebens-zyklus-kosten-rechnung | |
|---|---|---|---|---|---|---|---|---|---|---|---|
| | n | n | % | n | % | n | % | n | % | n | % |
| Maschinenbau/Metallbau | 16 | 2 | 13 | 1 | 6 | 6 | 38 | 7 | 44 | 4 | 25 |
| Elektrotechnik/Elektronik | 9 | 2 | 22 | 1 | 11 | 4 | 44 | 6 | 67 | 5 | 56 |
| Automobil | 18 | 5 | 28 | 3 | 17 | 6 | 33 | 9 | 50 | 4 | 22 |
| Textil/Bekleidung/Leder | 1 | - | - | - | - | 1 | 100 | - | - | 1 | 100 |
| Chemie/Pharma | 3 | - | - | - | - | - | - | - | - | - | - |
| Energie | 4 | - | - | - | - | 3 | 75 | 3 | 75 | - | - |
| Bau/Steine/Erden | 2 | - | - | - | - | - | - | - | - | - | - |
| Nahrung/Genuß | 4 | - | - | - | - | 1 | 25 | 2 | 50 | - | - |
| Handel/Banken/Versicherungen | 3 | - | - | - | - | - | - | 1 | 33 | - | - |
| Sonstige Dienstleistungen | 8 | 1 | 13 | 1 | 13 | 5 | 63 | 4 | 50 | 1 | 13 |

*Abb. 5-64: Methoden- und Instrumenteneinsatz in Abhängigkeit der Branche*

❑ **Produktspezifische Einflußfaktoren des Methoden- und Instrumenten-einsatzes**

Die Feststellung eines Zusammenhanges zwischen der Produktprogrammkomplexität und dem Instrumenteneinsatz zur Zielkostenerreichung ist aufgrund der geringen

Fallzahlen nicht möglich. Die Höhe der Produktkomplexität korreliert positiv mit der Anwendung der Wertanalyse in der Entwicklungsphase und dem Einsatz von Cost Tables (vgl. im folgenden Anhang B, Hyp. I-5).[17] Außerdem wird bei hoher Produktkomplexität häufiger im Unternehmen Design to Cost und Design for Manufacturing angewendet. Die Häufigkeit des Einsatzes der Prozeßkostenrechnung nimmt ab, je höher die Produktkomplexität ist (vgl. im folgenden Anhang B, Hyp. I-6).

Ein hoher Innovationsgrad der jeweiligen Produktgenerationen scheint den Einsatz von Wertanalysen und von Cost Tables nicht zu fördern (vgl. im folgenden Anhang B, Hyp. I-7).[18] Je höher der Innovationsgrad, desto häufiger werden jedoch Projektkostenrechnungen und Lebenszykluskostenrechnungen eingesetzt. In diesen Fällen finden auch vermehrt Benchmarkingprojekte statt.

Kundenzufriedenheitsbezogene Kennzahlen werden bei hoher Produktlebensdauer deutlich seltener eingesetzt als bei kurzer Produktlebensdauer. Die hohe Innovativität der Produktgenerationen fördert hingegen den Einsatz qualitätsbezogener Kennzahlen.

Der Einsatz der Prozeßkostenrechnung scheint wesentlich von der Anzahl der Varianten abzuhängen, für die Target Costing eingesetzt wird. Je höher die Anzahl der Varianten, desto häufiger wird die Prozeßkostenrechnung zur Schaffung der notwendigen Gemeinkostentransparenz eingesetzt (vgl. im folgenden Anhang B, Hyp. I-8).

❑ **Organisatorische Einflußfaktoren des Methoden- und Instrumenteneinsatzes**

Der Einfluß organisationsspezifischer Einflußfaktoren beschränkt sich auf die Unternehmensgröße und die fachliche Herkunft des Target Costing-Verantwortlichen (vgl. im folgenden Anhang B, Hyp. I-9).[19] Projektkostenrechnungen, Design to Cost, Design for Manufacturing/ Design for Assembly und Benchmarking werden relativ häufiger in Großunternehmen mit mehr als 10.000 Mitarbeitern eingesetzt als in kleineren Unternehmen. Ein vergleichbarer Einfluß war auch für den Einsatz nichtmonetärer Kennzahlen unterstellt worden, der jedoch aufgrund zu geringer Fallzahlen nicht nachgewiesen werden konnte.

---

[17] *Bem.: Zur Erhöhung der Fallzahlen wurde die Variable „Produktkomplexität" in die Kategorien „gering", „durchschnittlich" und „hoch" umkodiert.*
[18] *Bem.: Zur Erhöhung der Fallzahlen wurde die Variable „Produktmerkmale" in die Kategorien „gering", „durchschnittlich" und „hoch" umkodiert.*
[19] *Bem.: Zur Erhöhung der Fallzahlen wurde die Variable „Mitarbeiteranzahl" in die Kategorien „1000-2000", „2000-10.000" und „>10000" umkodiert.*

Die fachliche Herkunft des Target Costing-Leiters, bei der zwischen den drei Alternativen Geschäftsführung, kaufmännischer Bereich und technischer Bereich unterschieden wurde, hat keinen Einfluß auf den Einsatzzeitpunkt von Wertanalysen oder den Einsatz von Informationssystemen (vgl. im folgenden Anhang B, Hyp. I-10). Target Costing-Leiter aus kaufmännischen Funktionen (Controlling, Marketing, Vertrieb und Einkauf) scheinen aber einen Einfluß darauf zu haben, daß Projektkostenrechnungen, die Prozeßkostenrechnung, Lebenszykluskostenrechnungen und das Benchmarking häufiger zur Unterstützung der Zielkostenerreichung eingesetzt werden.

❑ **Mitarbeiterspezifische Einflußfaktoren des Methoden- und Instrumenteneinsatzes**

Die frühe Einflußnahme von Mitarbeitern aus den verschiedenen Funktionsbereichen in den frühen Phasen der Produktentwicklung bestimmt teilweise den Instrumenteneinsatz zur Unterstützung der Zielkostenerreichung. Die Mitarbeiter aus F&E und Konstruktion sorgen dafür, daß Methoden wie das Design to Cost, Design for Manufacturing/Design for Assembly frühzeitig im Produktentwicklungsprozeß eingesetzt werden. Der große Einfluß des Marketing/Vertriebs geht mit dem verstärkten Einsatz der Prozeßkostenrechnung, Lebenszyklusrechnung und dem Benchmarking einher (vgl. im folgenden Anhang B, Hyp. I-11).

❑ **Controllingspezifische Einflußfaktoren des Methoden- und Instrumenteneinsatzes**

Der Einfluß des Controlling auf die strategische Planung ist für den Methoden- und Instrumenteneinsatz zur Unterstützung der Zielkostenerreichung mit entscheidend.[20] Ein großer Einfluß des Controlling auf die Strategische Planung korreliert positiv mit einem häufigeren Einsatz von Projektkostenrechnungen, der Prozeßkostenrechnung, des Benchmarking und von Lebenszykluskostenrechnungen. (vgl. im folgenden Anhang B, Hyp. I-12).

Von der Anwendungsdauer des Target Costing ist der Einsatz von Informationssystemen oder Cost Tables entgegen der Vermutung unabhängig. Die Anwendungsdauer ist ebenfalls kein Einflußfaktor für den Einsatz nichtmonetärer Kennzahlen (vgl. im folgenden Anhang B, Hyp-I-13). Kostenschätzverfahren und Vorkalkulationen kommen verstärkt bei projekt- und produktspezifischem Target Costing zum Einsatz, genauso wie Projektkostenrechnungen (vgl. Abb. 5-65). Unter Berücksichtigung des Verbreitungsgrades kann aber festgestellt werden, daß die Prozeßkostenrechnung und das Benchmarking auch bereichsbezogen und unterneh-

---

[20] *Bem.: Zur Erhöhung der Fallzahlen wurde die Variable „Einfluß Controlling" in die drei Kategorien „gering", „mittel" und „hoch" umkodiert.*

mensweit eingesetzt werden, besonders bei längerer Anwendungsdauer. Sie sind offensichtlich Merkmale der instrumentellen Ergänzung fortschrittlicherer Target Costing-Systeme.

| | in bestimmten Projekten | | für ausgewähl-te Produkte | | in bestimmten Abteilungen | | unternehmens-weit | |
|---|---|---|---|---|---|---|---|---|
| | vor 1995 | nach 1995 | vor 1995 | nach 1995 | vor 1995 | nach 1995 | vor 1995 | nach 1995 |
| Kostenschätzungen/ Vorkalkulationen | 14 | 8 | 11 | 11 | 8 | 4 | 6 | 7 |
| Projektkosten-rechnungen | 5 | 5 | 2 | 5 | 2 | 2 | 4 | 1 |
| Prozeßkosten-rechnung | 5 | 6 | 6 | 6 | 4 | 1 | 3 | 4 |
| Benchmarking | 9 | 5 | 5 | 6 | 6 | 3 | 5 | 3 |
| Lebenszyklus-kostenrechnung | 4 | 5 | 5 | 2 | 2 | 2 | 1 | 2 |

*Abb. 5-65: Methoden- und Instrumenteneinsatz in Abhängigkeit der Anwendungsbreite und -dauer*

### 5.4.6. Zuliefererintegration

Die Zuliefererintegration im Rahmen des Target Costing stellt in japanischen Unternehmen eine weitverbreitete Praxis dar. Sie ermöglicht den japanischen Großunternehmen die Beherrschung der hohen Produktionskomplexität aufgrund hoher Produktvielfalt und kurzer Produktlebenszyklen. Insbesondere die Fertigung von Massenprodukten und Komponenten älterer Modelle werden fremdvergeben. Aus Teilezulieferern wurden somit im Laufe der Zeit Systemzulieferer (zur Entwicklung der Zulieferkooperationen in Japan vgl. *Nishiguchi/Brookfield* (1997), S. 89 ff.; vgl. auch *Lingscheid/Weigand* (1994) und die dort aufgeführten empirischen Untersuchungen).

Die Zuliefererintegration in deutschen Unternehmen soll mit Hilfe der Variablen „Bedeutung des Kundenwunsches" (V 34), „Einbindung der Kunden" (V 35) und „Einbindung der Zulieferer" (V 36) gemessen werden.

### 5.4.6.1. Ausgestaltung des Elementes

❏ **Wunsch des Abnehmerunternehmens**

Für über 60% der antwortenden Unternehmen ist der Wunsch von Abnehmerunternehmen für die Einführung des Target Costing unbedeutend (vgl. Abb. 5-66). Auf der Meßskala von -3=„nicht ausschlaggebend" bis +3=„wurde vom Abnehmer initiiert" beträgt der Mittelwert -1,77. Das Ergebnis deutet dennoch darauf hin, daß das unternehmensübergreifende Target Costing-Verständnis zur Zeit noch schwach ausgeprägt ist.

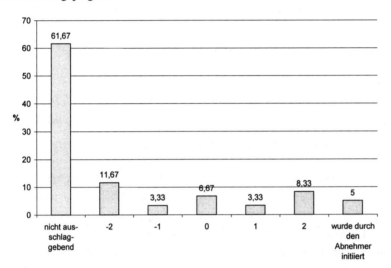

*\*Bewertung auf einer Skala von -3 = „nicht ausschlaggebend" bis 3 = „von Abnehmer initiiert"*

*Abb. 5-66: Bedeutung des Wunsches des Abnehmerunternehmens für die Einführung des Target Costing\* (n=60)*

❏ **Kunden-/Zuliefererintegration**

Auf die Frage nach der Integration der Kunden in das Target Costing-System schränkten 14 von 57 Unternehmen zunächst ein, daß sie keine Zulieferunternehmen seien. Bei den übrigen Unternehmen findet in 50,8% der Fälle keine Integration, bei 24,6% eine teilweise Einbindung statt (vgl. Abb. 5-67). Dieses Ergebnis bestätigt, daß die Praxis unternehmensübergreifender Target Costing-Systeme bei deutschen Zulieferunternehmen noch schwach ausgeprägt ist. Überraschend ist, daß sich die Werte der japanischen Untersuchung nur gering von denen der deutschen Befragung unterscheiden. Hier sind aus Sicht der Zulieferer nur 35,1% der Unternehmen teilweise und 37,1% überhaupt nicht in das Target Costing-System ihrer Kundenunternehmen eingebunden. Auffallend ist, daß in Deutschland die Einbindung schon ab der Phase der Planung/Konzeption erfolgt (78,5%). Bei japanischen Zulieferern findet die

Integration nur in einem Fünftel der Unternehmen ab der Planung/Konzeption, bei 70,6% erst ab der Entwicklungsphase statt.

| Abnehmerintegration | Deutschland | | Japan | |
|---|---|---|---|---|
| | n | % | n | % |
| teilweise | 14 | 24,6 % (=100%) | 34 | 35,1 % (=100%) |
| davon ab der Phase der Planung/Konzeption | (11) | (78,5 %) | (7) | (20,6 %) |
| davon ab der Phase der Entwicklung | (3) | (21,5 %) | (24) | (70,6 %) |
| davon ab der Phase der Konstruktion | (0) | (0 %) | (1) | (2,9 %) |
| nein | 29 | 50,8 % | 36 | 37,1 % |
| wir sind keine Zulieferer | 14 | 24,6 % | 27 | 27,8 % |
| Σ | 57 | 100 % | 97 | 100 % |

*Abb. 5-67: Abnehmerintegration im Target Costing*

Aus Sicht der Abnehmerunternehmen ergibt sich für die Zuliefererintegration ein ähnliches Ergebnis (vgl. Abb. 5-68). Während über die Hälfte der Unternehmen angab, daß die Zulieferer nicht in das Target Costing eingebunden sind, findet bei 48,3% der Unternehmen eine Kooperation statt. Bei drei Vierteln der eingebundenen Zulieferer erfolgt die Kooperation nur bei den wichtigsten Produkten. Bis auf 3 Unternehmen der Elektrotechnikbranche handelt es sich dabei zu fast gleichen Teilen um Unternehmen der Automobilindustrie und des Maschinenbaus. In Japan liegt dieser Anteil etwas höher. Auch hier ist bemerkenswert, daß eine Zuliefereinbindung in deutschen Unternehmen meist schon ab der Phase der Planung/Konzeption einsetzt, in japanischen Unternehmen in 52,5% der Fälle ab der Entwicklungsphase und in 36,0% ab der Konstruktionsphase.

Zusammenfassend kann festgestellt werden, daß aus Sicht der Abnehmerunternehmen eine Integration der Zulieferer deutlich häufiger stattfindet als aus Sicht der Zulieferer. Dies ist wahrscheinlich auch darauf zurückzuführen, daß marktbestimmende Abnehmerunternehmen wie z.B. Automobilhersteller, von ihren Zulieferern eine Kooperation erwarten oder sogar verlangen. Aus Sicht der Zulieferer ist eine Einbindung der Abnehmerunternehmen schwieriger, wenn sie über die reine Zielpreisbestimmung hinausgehen soll.

| Zuliefererintegration | Deutschland | | Japan | |
|---|---|---|---|---|
| | n | % | n | % |
| vollständig | 7 | 12,1 % | 11 | 11,4 % |
| ja, aber nur bei den wichtigsten Produkten | 21 | 36,2 % | 50 | 52,1 % |
| Zwischensumme | 28 | (=100 %) | 61 | (=100 %) |
|    davon ab der Phase der Planung/Konzeption | (12) | (42,9 %) | (7) | (11,5 %) |
|    davon ab der Phase der Entwicklung | (6) | (21,4%) | (32) | (52,5 %) |
|    davon ab der Phase der Konstruktion | (3) | (10,7 %) | (22) | (36,0 %) |
| nein | 30 | 51,7 % | 35 | 36,5 % |
| Σ | 58 | 100 % | 96 | 100 % |

*Abb. 5-68: Zuliefererintegration im Target Costing*

❑ **Aufteilung der Target Costing-Erfolge**

Wie gezeigt ist die wertschöpfungsübergreifende Target Costing-Kooperation von Zulieferern und Abnehmern in deutschen Unternehmen bislang schwach ausgeprägt. Wenn im Rahmen einer solchen Kooperation ein auf die Kundenanforderungen ausgerichteter Produktentwicklungsprozeß gemeinsam realisiert wurde und effektiv Kosten gesenkt werden konnten, ist von Interesse, wem die erzielten Erfolge zugute kommen. Unter Erfolg soll dabei die Erfüllung der mit dem Target Costing-Einsatz verfolgten Zielsetzungen verstanden werden.

Wie aus der Abbildung 5-69 ersichtlich, kommen aus Sicht der Zulieferunternehmen fast bei der Hälfte der antwortenden Unternehmen die Target Costing-Erfolge ausschließlich dem Zulieferer zugute. Bei rund einem Viertel der Unternehmen werden sie gleichmäßig aufgeteilt und bei 17,1% gemäß einem vorher vereinbarten Schlüssel verteilt. Bemerkenswert ist, daß bei 11,4% der Zulieferer die Einsparungen ausschließlich dem abnehmenden Unternehmen zugute kommen. Diese Tatsache kann sowohl auf ein kooperativ vereinbartes als auch auf ein vom Abnehmer dominiertes Verhältnis zurückzuführen sein. Im Vergleich zu japanischen Unternehmen ist auffallend, daß die durch den Zulieferer realisierten Kostensenkungen in fast der Hälfte der Fälle auch dem Abnehmerunternehmen zugute kommen. Und sogar in 29% der Fälle kommen sie ausschließlich den Abnehmern zugute.[21]

---

[21] *Von 1962 bis 1983 hat sich der Anteil konsentiver Preisvereinbarungen zwischen Zulieferern und Abnehmern in der japanischen Industrie von 31,9 % auf 83,4 % erhöht. Der Anteil einseitiger*

| als Zulieferer | Deutschland | | Japan | |
|---|---|---|---|---|
| | n | % | n | % |
| Kostensenkungen kommen nur unserem Unternehmen zugute | 16 | 45,8 % | 1 | 3,2 % |
| Kostensenkungen kommen zu 50% uns und unserem Abnehmer bzw. Zulieferer zugute | 9 | 25,7 % | 7 | 22,6 % |
| Kostensenkungen werden nach einem vereinbarten Schlüssel aufgeteilt | 6 | 17,1 % | 14 | 45,2 % |
| Kostensenkungen kommen nur unserem Abnehmer bzw. Zulieferer zugute | 4 | 11,4 % | 9 | 29 % |
| Σ | 35 | 100 % | 31 | 100 % |

*Abb. 5-69: Aufteilung der Target Costing-Erfolge aus Zuliefersicht*

Aus Sicht der Abnehmer ergibt sich ein anderes Bild. Hier profitieren 31,8% ausschließlich von den Target Costing-Erfolgen, 27,3% teilen sie gleichmäßig mit ihren Zulieferern. Bei den meisten Unternehmen (36,4%) werden sie jedoch auch nach einem vorher vereinbarten Schlüssel aufgeteilt, weniger als 5% lassen sie gänzlich den Zulieferern zukommen. Die von Zulieferunternehmen erzielten Kostensenkungen kommen in fast der Hälfte der Fälle dem eigenen Unternehmen zugute, ansonsten werden sie mit dem Abnehmer aufgeteilt. In fast 70% (68,2%) der Fälle kommen die Kostensenkungen von Abnehmerunternehmen auch zum Teil den Zulieferern zugute.

Auch aus Abnehmersicht zeigt sich, daß in Japan Kostensenkungen nach Vereinbarung aufgeteilt und in einem Viertel der Fälle sogar ausschließlich dem Zulieferer zugute kommen (vgl. Abb. 5-70).

---

*Preisfestsetzungen durch den Abnehmer hat sich von 23,4 % auf 5,5 % verringert, ebenso wie der Anteil einseitiger Preisfestsetzungen unter Berücksichtigung der Preisvorschläge der Zulieferer (von 35,9 % auf 10,5 % ) (vgl. Nishiguchi/Brookfield (1997), S 93).*

| | Deutschland | | Japan | |
|---|---|---|---|---|
| **als Abnehmer** | **n** | **%** | **n** | **%** |
| Kostensenkungen kommen nur unserem Unternehmen zugute | 7 | 31,8 % | 3 | 5,3 % |
| Kostensenkungen kommen zu 50% uns und unserem Abnehmer bzw. Zulieferer zugute | 6 | 27,3 % | 15 | 26,8 % |
| Kostensenkungen werden nach einem vereinbarten Schlüssel aufgeteilt | 8 | 36,4 % | 24 | 42,9 % |
| Kostensenkungen kommen nur unserem Abnehmer bzw. Zulieferer zugute | 1 | 4,5 % | 14 | 25 % |
| Σ | 22 | 100 % | 56 | 100 % |

*Abb. 5-70: Aufteilung der Target Costing-Erfolge aus Abnehmersicht*

### 5.4.6.2. Zusammenhang zwischen den Variablengruppen und der Zuliefererintegration

❑ **Marktspezifische Einflußfaktoren der Zuliefererintegration**

Die Zuliefererintegration wird nicht von der Unternehmensgröße, sondern im wesentlichen von der Profitabilität und Marktstellung des Unternehmens beeinflußt. Entscheidend ist dabei aus Sicht der Zulieferer nicht der Kundenwunsch, sondern ob es sich grundsätzlich um ein Zuliefer- oder Abnehmerunternehmen handelt (vgl. im folgenden Anhang B, Hyp. Z-1). Unternehmen mit geringer oder durchschnittlicher Profitabilität sind selten in die Target Costing-Aktivitäten ihrer Abnehmer integriert. Die Unternehmen, die als Zulieferer ab der Planungsphase eingebunden sind, bezeichnen sich dagegen als überdurchschnittlich profitabel.

Trotz der geringen Fallzahlen kann auch festgehalten werden, daß besonders die im Vergleich zum Wettbewerb profitableren und marktführenden Unternehmen als Abnehmerunternehmen eine Integration ihrer Zulieferer praktizieren, die in der Planungsphase einsetzt (vgl. im folgenden Anhang B, Hyp. Z-2).[22] Dies sind hauptsächlich Unternehmen aus den Branchen Maschinenbau/Metallbau, Elektrotechnik/Elektronik und Automobil, also aus den ursprünglichen Anwenderbranchen des Target Costing. In diesen Branchen findet auch aus Zuliefersicht bereits eine Zuliefererintegration statt (vgl. Abb. 5-71).

---

[22] *Bem.: Die Variable „Profitabilität" wurde zur Erhöhung der Fallzahlen in die drei Kategorien „hoch", „mittel" und „gering" umkodiert.*

| Branche | Σ | aus Abnehmersicht | | | | aus Zuliefersicht | |
|---|---|---|---|---|---|---|---|
| | | vollständige Integration | | teilweise Integration | | teilweise Integration | |
| | | n | % | n | % | n | % |
| Maschinenbau/Metallbau | 16 | 2 | 12,5 | 10 | 62,5 | 3 | 18,7 |
| Elektrotechnik/Elektronik | 9 | 1 | 11,1 | 5 | 55,6 | 5 | 55,6 |
| Automobil | 18 | 3 | 16,7 | 9 | 50,0 | 10 | 55,6 |

*Abb. 5-71: Zuliefererintegration aus Abnehmersicht und Zuliefersicht in ausgewählten Branchen*

Je höher die Dynamik der Kundenstruktur, desto seltener findet aus Zuliefersicht eine Integration statt.[23] Je höher die Dynamik der Fertigungstechnik und der Produkttechnologie eingeschätzt wird, desto häufiger werden Zulieferunternehmen integriert (vgl. im folgenden Anhang B, Hyp. Z-3).

❑ **Produktspezifische Einflußfaktoren der Zuliefererintegration**

Aufgrund der geringen Fallzahlen konnte ein Zusammenhang zwischen der Produkt- und Produktprogrammkomplexität und der Zuliefererintegration nicht nachgewiesen werden (vgl. im folgenden Anhang B, Hyp. Z-4). Dennoch konnte ermittelt werden, daß mit der Anzahl der Produktlinien und der Komplexität des Produktes die Einbindung der Zulieferer aus Abnehmersicht häufiger stattfindet (vgl. im folgenden Anhang B, Hyp. Z-5).[24] Darüber hinaus ist mit zunehmender Produktlebensdauer der Wunsch des Abnehmerunternehmens für die Einführung des Target Costing bei Zulieferunternehmen zunehmend ausschlaggebend (vgl. im folgenden Anhang B, Hyp. Z-6).

❑ **Organisatorische Einflußfaktoren der Zuliefererintegration**

Eine vollständige Integration der Zulieferer in das Target Costing-System der Abnehmer erfolgt überwiegend bei Großunternehmen mit mehr als 10000 Mitarbeitern, die teilweise Integration durch Unternehmen mit 2000-10000 Mitarbeitern (vgl. im folgenden Anhang B, Hyp. Z-7).

---

[23] *Bem.: Die Variable „Dynamik & Diskontinuität" wurde zur Erhöhung der Fallzahlen in die drei Kategorien „hoch", „durchschnittlich, und „gering" umkodiert.*
[24] *Bem.: Die Variablen „Produktprogrammkomplexität" und „Produktkomplexität" wurden zur Erhöhung der Fallzahlen in die drei Kategorien „hoch", „durchschnittlich" und „gering" umkodiert.*

❑ **Controllingspezifische Einflußfaktoren der Zuliefererintegration**

Eine Zuliefererintegration aus Abnehmersicht erfolgt hauptsächlich, wenn das Target Costing-Ziel „Vorverlagerung der Kostenbeeinflussungszeitpunkte" große Bedeutung bei der Einführung des Target Costing hat (vgl. im folgenden Anhang B, Hyp. Z-8).

## 5.5. Effektivität des Target Costing-Einsatzes in deutschen Großunternehmen

Die Effektivität des Target Costing-Einsatzes wird mit den Variablen „Effektivität" (V38), „Auswirkung auf den Unternehmenserfolg" (V39), „Schwachstellen des Target Costing-Einsatzes" (V40) und „Effektivität der Zuliefererintegration aus Zuliefersicht und Abnehmersicht" (V42, V43) abgebildet.

### 5.5.1. Untersuchungsergebnisse zur Effektivität

❑ **Effektivität**

Wie aus der Abbildung 5-72 ersichtlich, ist die Einschätzung der Effektivität des Target Costing-Einsatzes bzgl. der verfolgten Zielsetzungen „Kostensenkungen", „Erhöhung der Kostentransparenz" und „Beeinflussung der Kostenstrukturen" sehr hoch. Auch bzgl. der entwicklungsorientierten Ziele „Erhöhung der Markt-/Kundenorientierung in der Produktentwicklung" und „Vorverlagerung der Kostenbeeinflussungszeitpunkte" scheint das Target Costing nach Einschätzung der Unternehmen effektiv zu sein.

Ähnlich der Bedeutung der Zielsetzungen des Einsatzes des Target Costing wurden die kostenorientierten Ziele als überdurchschnittlich effektiv eingeschätzt. Als eher neutral wurde die Effektivität des Target Costing bezüglich der produktorientierten Zielsetzungen und der Verkürzung der Entwicklungszeit eingeschätzt. Ein entsprechender Zusammenhang aus Abnehmersicht konnte nicht ermittelt werden.

| Zielsetzung | Deutschland | | | Japan | | |
|---|---|---|---|---|---|---|
| | n | Ø | σ | n | Ø | σ |
| Kostensenkungen | 62 | 1,21 | 0,66 | 95 | 5,25 | 1,05 |
| Erhöhung der Kostentransparenz | 62 | 1,19 | 0,76 | - | - | - |
| Beeinflussung der Kostenstrukturen | 62 | 1,03 | 0,79 | - | - | - |
| Verringerung der Produktkomplexität | 60 | 0,18 | 0,91 | - | - | - |
| Verringerung der Programmkomplexität | 60 | -0,03 | 0,86 | - | - | - |
| Qualitätsverbesserungen | 60 | -0,08 | 0,65 | 93 | 4,63 | 1,26 |
| Erhöhung der Markt-/Kundenorientierung in der Produktentwicklung | 59 | 1,08 | 0,86 | 93 | 4,46 | 1,33 |
| Vorverlagerung der Kostenbeeinflussungs-zeitpunkte | 61 | 0,97 | 0,89 | - | - | - |
| Verkürzung der Entwicklungszeit | 59 | 0,12 | 0,72 | 92 | 4,19 | 1,29 |
| Koordination der Entwicklungstätigkeiten | 60 | 0,23 | 0,81 | - | - | - |

*Bewertung auf einer Skala von -2 = „gar nicht zufriedenstellend" bis 2 = „sehr zufriedenstellend"*

Abb. 5-72: Zufriedenheit mit der Effektivität des Target Costing*

Ein Vergleich der Bedeutung einzelner Zielsetzungen des Target Costing-Einsatzes und der Einschätzung der Effektivität bzgl. dieser Ziele auf Basis der Rangreihenfolge zeigt nur geringe Abweichungen (vgl. Abb. 5-73).

❑ **Auswirkung auf den Unternehmenserfolg**

Wie der Pretest des Fragebogens zeigte, sind die Unternehmen nicht bereit, die durchschnittlich absolute oder relative Höhe der erzielten Kosteneinsparungen im Fragebogen zu nennen. Deshalb wurde in der vorliegenden Untersuchung auf diese Frage verzichtet und stattdessen nach der Einschätzung der Auswirkung des Target Costing-Einsatzes auf die Steigerung des Unternehmenserfolges gefragt (vgl. Abb. 5-73). Sie wurde von 60,7% der antwortenden Unternehmen als hoch, von 21,3% sogar als sehr hoch eingestuft (vgl. Abb. 5-74). Insgesamt 18,0% der Unternehmen betrachteten den Einfluß als neutral bis sehr gering. Damit kann von einem hohen Beitrag des Target Costing-Einsatzes auf den Unternehmenserfolg und von einer hohen Zufriedenheit der Anwender ausgegangen werden.

| Zielsetzung | Effektivität** | | | Bedeutung bei Einführung* | | | Bedeutung heute* | | |
|---|---|---|---|---|---|---|---|---|---|
| | n | ∅ | Rang | | ∅ | Rang | | ∅ | Rang |
| Kostensenkungen | 62 | 1,21 | (1) | 1,86 | | (1) | 1,92 | | (1) |
| Erhöhung der Kostentransparenz | 62 | 1,19 | (2) | 1,44 | | (3) | 1,54 | | (4) |
| Beeinflussung der Kostenstrukturen | 62 | 1,03 | (4) | 1,48 | | (2) | 1,66 | | (2) |
| Erhöhung der Markt-/Kundenorientierung in der Produktentwicklung | 59 | 1,08 | (3) | 1,43 | | (4) | 1,57 | | (3) |
| Vorverlagerung der Kostenbeeinflussungs-zeitpunkte | 61 | 0,97 | (5) | 1,30 | | (5) | 1,50 | | (5) |
| Verkürzung der Entwicklungszeit | 59 | 0,12 | (8) | 0,72 | | (7) | 0,51 | | (10) |
| Koordination der Entwicklungstätigkeiten | 60 | 0,23 | (6) | 0,66 | | (8) | 0,78 | | (8) |
| Verringerung der Produktkomplexität | 60 | 0,18 | (7) | 0,84 | | (6) | 0,73 | | (9) |
| Verringerung der Programmkomplexität | 60 | -0,03 | (9) | 0,47 | | (10) | 0,93 | | (6) |
| Qualitätsverbesserun-gen | 60 | -0,08 | (10) | 0,66 | | (8) | 0,81 | | (7) |

*Bewertung auf einer Skala von 0 = „keine Bedeutung" bis +2 = „sehr hohe Bedeutung"*
**Bewertung auf einer Skala von -2 = „gar nicht zufriedenstellend" bis +2 = „sehr zufriedenstellend"*

Abb. 5-73: Vergleich der Bedeutung und der Einschätzung der Effektivität des Target Costing hinsichtlich der Zielsetzungen

❏ **Schwachstellen**

Auf die Frage nach Problemen mit der Anwendung und Schwachstellen im System des Target Costing ergaben sich folgende Ergebnisse (vgl. Abb. 5-75): Über 40% sehen eine Gefahr des Over-Engineering durch den Einsatz des Target Costing. Dieses Ergebnis überrascht insoweit, als daß Over-Engineering, also die Überfunktionalität eines Produktes bzw. die Umsetzung von Produktfunktionen durch zu komplexe konstruktive Lösungen, gerade durch den wertanalytischen Grundansatz des Target Costing vermieden werden soll. Die Zielkostenvorgaben für Baugruppen oder Komponenten sollen den Gestaltungsrahmen der konstruktiven Lösungsansätze auf ein vom Markt honoriertes Niveau im vorhinein begrenzt werden. Diese Antwort wurde signifikant häufiger von Unternehmen geäußert, die die Dynamik und Diskontinuität ihres Wettbewerbsumfeldes als besonders hoch eingeschätzt haben. Der Verfasser vermutet deshalb, daß das Problem des Over-Engineering bei der

Beantwortung auf den Einsatz des Target Costing selbst bezogen wurde. Unternehmen in einem sehr dynamischen Wettbewerbsumfeld würden demnach den Einsatz des Target Costing für Produktentwicklungsprojekte für zu aufwendig und komplex halten.

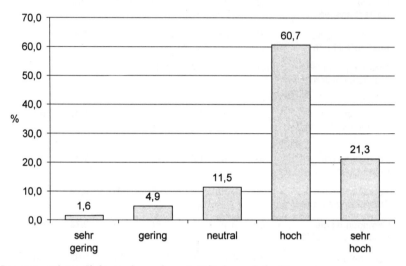

*Bewertung auf einer Skala von -2 = „sehr gering" bis 2 = „sehr hoch"*

*Abb. 5-74: Auswirkung des Target Costing-Einsatzes auf die Steigerung des Unternehmenserfolges (n =61; $\varnothing$=0,95, $\sigma$=0,83)*

Bei über 20% der Unternehmen wurden Schwachstellen genannt, die im Zusammenhang mit der Akzeptanz und dem notwendigen Methoden-Know-how stehen. Diese Aussage korreliert mit einem weiteren Ergebnis, nach dem die gleichen Unternehmen ihre Anreizsysteme zur Kosteneinsparung als eher schlecht bzw. schlecht eingeschätzt haben.

Über ein Viertel der Unternehmen nannten fehlende strategische Marktinformationen als eine wesentliche Schwachstelle des Target Costing in der momentanen Ausgestaltung. Auch wenn dieser Wert eher gering erscheint, so ist auffällig, daß genau diese Unternehmen in einer vorherigen Frage die Kenntnis der Preiswünsche ihrer Kunden als gut bis sehr gut eingeschätzt haben. Diese Korrelation könnte einerseits bedeuten, daß die Unternehmen einer Fehleinschätzung über die Preiswünsche unterliegen, andererseits kann das Ergebnis auch dahin interpretiert werden, daß einige Unternehmen einen besonders hohen Anspruch bezüglich der relevanten Marktinformationen haben.

| Schwachstellen | n | % |
|---|---|---|
| Tendenz zum Over-Engineering | 25 | 43,1 % |
| Fehlende Informationen zu neuen Technologien | 21 | 36,2 % |
| Verknüpfung mit Instrumenten zur Zielkostenerreichung | 21 | 36,2 % |
| Gleichzeitige Berücksichtigung von Kosten, Zeit u. Qualität | 20 | 34,5 % |
| Unzureichende Ausprägung der konstruktionsbegl. Kalkulation | 18 | 31,0 % |
| Einbindung der Zulieferer | 18 | 31,0 % |
| Interdisziplinäre Barrieren | 15 | 25,9 % |
| Fehlende strategische Marktinformationen | 15 | 25,9 % |
| Akzeptanz des Target Costing durch die Mitarbeiter | 13 | 22,4 % |
| Fehlende organisatorische Voraussetzungen | 13 | 22,4 % |
| Know-how der Mitarbeiter | 13 | 22,4 % |
| Mangelnde Kenntnis der Markt-/Kundenwünsche | 10 | 17,2 % |
| Mangelnde Informationen zur aktuellen Kostensituation | 10 | 17,2 % |
| Target Costing Prozeß zu komplex | 6 | 10,3 % |

*Abb. 5-75: Probleme und Schwachstellen beim Einsatz des Target Costing (Mehrfachnennungen; n=58)*

Die Schwachstelle „Mangelnde Kenntnis der Markt- bzw. Kundenwünsche" wurde zwar von rund 17% der Unternehmen geäußert, interessanterweise aber genau von denjenigen, die in einer vorherigen Frage eben diese Kenntnis von Markterfordernissen und Kundenwünschen als schlecht eingeschätzt haben.

Rund 10% der Unternehmen gaben an, der Target Costing-Prozeß an sich sei zu komplex. Dieses Ergebnis zeigt, daß insgesamt bzgl. des Target Costing-Konzeptes und dessen Praktikabilität nur wenig Probleme existieren.

❑ **Effektivität der Zuliefererintegration aus Zuliefersicht und aus Abnehmersicht**

Die Einschätzung der Effektivität der Zuliefererintegration aus Zuliefer- und aus Abnehmersicht ist ein weiterer Bestandteil der Untersuchung der Target Costing-Effektivität. Die Durchschnittswerte differieren hinsichtlich der einzelnen Zielaspekte zum Teil sehr stark (vgl. Abb. 5-76). So wird z.B. bzgl. der Steigerung der Kundenzufriedenheit die Effektivität des Target Costing aus Zuliefersicht geringer eingeschätzt als aus Abnehmersicht, die in der Integration ihrer Zulieferer offensichtlich eine effektive Möglichkeit sehen, die Zufriedenheit ihrer Kunden zu steigern.

| Zielsetzungen | als Zulieferer | | | als Abnehmer | | |
|---|---|---|---|---|---|---|
| | n | ∅ | σ | n | ∅ | σ |
| Kostensenkungen | 37 | 0,51 | 0,77 | 24 | 0,71 | 1,08 |
| Steigerung der Kundenzufriedenheit | 33 | 0,21 | 0,60 | 24 | 0,83 | 0,64 |
| Verstärkung Markt-/Kundenorientierung | 35 | 0,29 | 0,75 | 24 | 0,54 | 0,98 |
| Vorverlagerung der Kostenbeeinflussungszeitpunkte | 34 | 0,53 | 1,02 | 24 | 0,38 | 1,10 |
| Verringerung der Produktkomplexität | 34 | 0,24 | 0,65 | 24 | 0,29 | 0,62 |
| Verringerung der Programmkomplexität | 34 | 0,06 | 0,49 | 24 | 0,13 | 0,34 |
| Qualitätsverbesserungen | 34 | 0,41 | 0,70 | 24 | 0,38 | 0,49 |
| Verkürzung der Entwicklungszeit | 34 | 0,47 | 0,71 | 24 | 0,42 | 0,58 |
| Koordination der Entwicklungstätigkeiten | 35 | 0,26 | 0,61 | 24 | 0,33 | 0,64 |
| Technologietransfer zum Zulieferer/Abnehmer | 34 | 0,32 | 0,68 | 24 | 0,13 | 0,61 |
| Technologietransfer vom Zulieferer/Abnehmer | 34 | 0,24 | 0,70 | 23 | 0,17 | 0,72 |

*Bewertung auf einer Skala von -2 = „gar nicht zufriedenstellend" bis +2 = „sehr zufriedenstellend"*

Abb. 5-76: Einschätzung der Effektivität der Zuliefererintegration aus Zuliefer- und Abnehmersicht*

### 5.5.2. Zusammenhang zwischen der Ausgestaltung der Elemente des Target Costing und der Effektivität des Target Costing-Einsatzes

Aufgrund der geringen Fallzahlen konnte der erwartete Zusammenhang zwischen der Art der Zielkostenfestlegung und der Einschätzung der Effektivität des Target Costing-Einsatzes nicht nachgewiesen werden. Unternehmen, die Zielkosten „Market into Company" festlegen, haben eine hohe Effektivität hinsichtlich der angestrebten Kostensenkungen, Beeinflussung der Kostenstrukturen, der Verstärkung der Markt- und Kundenorientierung in der Produktentwicklung, der Vorverlagerung der Kostenbeeinflussungszeitpunkte geäußert (vgl. E-1).

Je häufiger Aufforderungen durch den Kunden zu weiteren Kostensenkungen auftreten, desto geringer wurde die Effektivität hinsichtlich der Beeinflussung der Kostenstrukturen eingeschätzt. Dem Target Costing wird daneben eine hohe Effektivität hinsichtlich der Koordination der Entwicklungstätigkeiten zugesprochen, insbesondere, wenn es aufgrund der Gefährdung des Markteintrittszeitpunktes zu Änderungen der Zielkostenvorgaben kommt.

Das Anspruchsniveau der Zielkostenvorgabe und der Einfluß auf den Unternehmenserfolg korrelieren positiv miteinander (vgl. E-2). Dieses Ergebnis deutet darauf hin, daß die Bemühungen zur Steigerung des Unternehmenserfolgs umso effektiver sind, je anspruchsvoller das Zielkostenniveau zu Beginn der Target Costing-Aktivitäten erscheint.

Ein gesicherter Zusammenhang zwischen dem Informationsstand vor Einführung des Target Costing und den Schwachstellen „fehlende strategische Marktinformationen" und „mangelnde Kenntnis der Markt- und Kundenwünsche" konnte aufgrund zu geringer Fallzahlen nicht nachgewiesen werden.

Die Art der Zielkostenfestlegung weist einen starken Zusammenhang mit den Problemen im Rahmen des Target Costing auf (vgl. E-3). Bei fehlenden strategischen Marktinformationen werden die Zielkosten sehr häufig an Konkurrenzunternehmen ausgerichtet („Out of Competitor"). Bei fehlenden Informationen zu neuen Technologien orientieren sich die Unternehmen häufiger an den eigenen Standardkosten. Unternehmen, die ihre Zielkosten „Market into Company" festlegen, beklagen dahingegen die gleichzeitige Berücksichtigung von Zeit, Kosten und Qualität als großes Problem. Unternehmen mit einem sehr hohen Anspruchsniveau der Zielkostenvorgabe beklagen häufig einen Informationsmangel über neue Technologien und deren Kostenwirkungen.

Besonders die Unternehmen, bei denen Target Costing-Teams die Aufgabe der Verbreitung des Target Costing im Unternehmen zukommt, äußern einen großen Einfluß des Target Costing auf den Unternehmenserfolg (vgl. E-4).

Die Einschätzung der Effektivität des Target Costing-Einsatzes hängt teilweise vom Methoden- und Instrumenteneinsatz ab. Die Erhöhung der Kostentransparenz wird bspw. positiver beurteilt, wenn bspw. Erfahrungsdatenbanken und Material- und Preislisten eingesetzt werden (vgl. E-5).[25] Nur für einige Instrumente und Methoden konnten aussagekräftige Korrelationswerte ermittelt werden. Sie deuten aber dennoch auf eine grundsätzliche Effektivität der einzelnen Methoden bezüglich der verfolgten Zielsetzung hin. Zur Verkürzung der Entwicklungszeit und zur Erreichung des optimalen Markteintrittszeitpunktes werden bspw. verstärkt Rapid Prototyping und die Lebenszykluskostenrechnung eingesetzt. Bei angestrebten Qualitätsverbesserungen kommt ebenfalls das Rapid Prototyping und das Quality Function Deployment zum Einsatz. Die Verringerung der Produktentwicklungszeit unterstützen

---

[25] *Bem.: Die Variable „Effektivität" wurde zur Erhöhung der Fallzahlen in die drei Kategorien „nicht zufriedenstellend", „neutral" und „zufriedenstellend" umkodiert.*

das Design to Cost und das Quality Function Deployment. Die Prozeßkostenrechnung und die Lebenszykluskostenrechnung werden häufig eingesetzt, wenn die Beeinflussung der Kostenstrukturen angestrebt wird.

Der Einsatz zeitbezogener, qualitätsbezogener und kundenzufriedenheitsbezogener Kennzahlen geht mit einer hohen Effektivitätseinschätzung bezüglich der Verkürzung der Entwicklungszeit, der Qualitätsverbesserungen und der Verstärkung der Markt- und Kundenorientierung in der Produktentwicklung einher (vgl. E-6). Unternehmen, bei denen die Target Costing-Aktivitäten bereits in der Planungsphase einsetzen, sind darüber hinaus häufiger mit der Effektivität hinsichtlich der Vorverlagerung der Kostenbeeinflussungszeitpunkte und der Verkürzung der Entwicklungszeit zufrieden als Unternehmen, die erst in der in der Entwicklungs- oder Konstruktionsphase beginnen.

Die Zuliefererintegration aus Abnehmersicht beeinflußt die Effektivität des Target Costing-Einsatzes ebenfalls. Bei einer Integration der Zulieferer wird die Koordination der Entwicklungstätigkeiten als sehr effektiv eingeschätzt. Dies ist auch bei der Kooperation nur bei den wichtigsten Produkten hinsichtlich der Zielsetzung der Verringerung der Produktkomplexität der Fall (E-7). Unternehmen, die ihre Zulieferer nicht einbinden, beklagen deutlich häufiger Probleme bei der Verkürzung der Entwicklungszeit, bei der Verringerung der Programmkomplexität und der Koordination der Entwicklungstätigkeiten.

### 5.6. Zusammenfassung und Beurteilung der empirischen Befunde

### 5.6.1. Zusammenfassung der empirischen Befunde

Aus der deskriptiven Auswertung wurde ersichtlich, daß es bei der Gestaltung und Implementierung des Target Costing in den befragten deutschen Großunternehmen zum Teil deutliche Unterschiede gibt. Diese Unterschiede stehen teilweise mit den in den Variablengruppen zusammengefaßten Einflußfaktoren in Zusammenhang.

**Allgemeine Ergebnisse zur Anwendung des Target Costing**

Target Costing wird seit Ende der 80er Jahre hauptsächlich in montageintensiven Branchen mit Serienfertigung wie dem Automobilbau, dem Maschinen- und Anlagenbau und der Elektrotechnik und Elektronikbranche mit hoher Produkt- und Produktprogrammkomplexität eingesetzt. Die durchschnittliche Anwendungsdauer beträgt bezogen auf das Jahresende 1998 4,2 Jahre. Darüber hinaus gibt es Erfahrungen in weiteren Industriebranchen sowie im Dienstleistungsbereich, insbesondere mit Berücksichtigung von industriellen Dienstleistungen im Target Costing.

Die meisten Target Costing-Anwender, die sich an der Untersuchung beteiligt haben, befinden sich in einem hohen Qualitäts- und Preiswettbewerb, sind hauptsächlich marktführend oder marktmitbestimmend und weisen im Vergleich zum Wettbewerb dennoch eine durchschnittliche bis überdurchschnittliche Profitabilität auf. Die Verbreitungsgrade im Unternehmen sind unterschiedlich. Nach Pilotprojekten erfolgt häufig eine Ausweitung auf ganze Bereiche und Abteilungen oder auf das Gesamtunternehmen. Pilotprojekte stellen demnach eine Vorstufe dar.

Die verfolgten Zielsetzungen lassen sich in kostenorientierte, produktorientierte und F&E-orientierte Ziele unterscheiden. Ähnlich wie in der japanischen Unternehmenspraxis dominieren die kostenorientierten Ziele. Dies liegt auch daran, daß Target Costing in deutschen Unternehmen ein „Controlling-Thema" ist, in über 50% der Unternehmen stammt der Leiter Target Costing aus dem Controllingbereich.

Es finden zwar häufig Schulungen zum Target Costing in den befragten Unternehmen statt, diese betreffen zunächst aber nur die Geschäftsführung und Controllingmitarbeiter. Schulungen für Mitarbeiter des Marketing und aus der Produktion finden deutlich seltener statt. Eine kooperative Vorbereitung auf die Target Costing-Anwendung zusammen mit den Zulieferern wird nur von sehr wenigen Unternehmen praktiziert.

**Ergebnisse zur marktorientierten Preis- und Zielkostenfindung**

Es werden alle Verfahren zur Zielkostenfestlegung eingesetzt. Bei fast der Hälfte der Unternehmen erfolgt sie zunächst „Market into Company". Dabei handelt es sich meist um Großunternehmen, die einer hohen Wettbewerbsintensität ausgesetzt sind und die eine Outpacing-Strategie verfolgen. Knapp 20% legen die Zielkosten zwischen den vom Markt erlaubten und den geschätzten Kosten oder abhängig von den technischen Möglichkeiten fest. 22% orientieren sich an ihrem Standard-kostenniveau. Die übrigen Unternehmen richten sich an der Konkurrenz aus. Mit längerer Anwendungsdauer werden die Zielkosten zunehmend „Out of Company" oder „Out of Standard Costs" festgelegt. Dies kann auf bereits realisierte Kosten-senkungen und eine längere Erfahrung mit der Erreichbarkeit der Zielkosten zurückgeführt werden.

In jeweils über 80% der Unternehmen wird die urspüngliche Zielkostenvorgabe aufgrund verschiedener Ursachen wieder geändert, bei jeweils rund einem Drittel gibt es häufige bis sehr häufige Änderungen aufgrund von Entwurfsänderungen, Entwicklungszeitproblemen oder anderen Problemen bei der Zielkostenerreichung. Bei den größeren Unternehmen finden weniger Änderungen der Zielkostenvorgabe statt. Es kann demnach nur von einer eingeschränkt marktorientierten Zielkosten-findung gesprochen werden.

Bei der Einschätzung des Anspruchsniveaus der Zielkostenvorgabe gibt es zwei Gruppen von Unternehmen: Größere Unternehmen mit hoher Wettbewerbsintensität betrachten das Zielkostenniveau als innovativ und anspruchsvoll, die andere Hälfte hält das Anspruchniveau mit herkömmlichen Lösungen und Technologien für erreichbar. Bei letzteren handelt es sich häufig um kleinere Unternehmen, die Target Costing nur für ausgewählte Varianten einsetzen.

**Ergebnisse zur Retrograden Kalkulation**

Mit der Retrograden Kalkulation werden verschiedene Funktionen verfolgt. Die Ableitung der Zielkosten steht dabei im Vordergrund. Weitere wichtige Funktionen sind die Ausrichtung der Kalkulation am Wettbewerb und das Herunterbrechen der Zielkostenvorgabe. Die wenigsten, i.d.R. nur die größten Unternehmen, verfolgen mit der Retrograden Kalkulation die Absicht, auch die bestehenden Unternehmens-strukturen zu analysieren und zu hinterfragen.

Der wichtigste Einflußfaktor auf die Retrograde Kalkulation ist neben den Renditeerwartungen auch die angestrebte Wettbewerbssituation im Markt. Besonders für marktführende Unternehmen geht es darum, die angestrebte Zielrendite zu gewährleisten, da sie sich meist in einem starken Preiswettbewerb befinden. In diesen Unternehmen ist der Einfluß des Controlling besonders hoch.

Die Retrograde Kalkulation ist in vielen Unternehmen bereits sehr differenziert und umfassend. Die in der klassischen Herstellkostenkalkulation berücksichtigten Kostenpositionen werden zu über 90 % in der Retrograden Kalkulation berücksichtigt. Auch Entwicklungs-, Versuchs-, Logistik-, Qualitätssicherungs- und Garantiekosten werden heute schon von jeweils mindestens zwei Dritteln der Unternehmen berücksichtigt. In vielen Fällen werden auch Prozeßkosten in der Retrograden Kalkulation berücksichtigt. Die heute noch wenig berücksichtigten lebenszyklusbezogenen Kostenanteile sollen in der Zukunft verstärkt in die Retrograde Kalkulation einbezogen werden. Die Kostenartendifferenzierung der Retrograden Kalkulation hängt weder von der Produktlebensdauer, der Anwendungsdauer, der Anzahl der unterzogenen Varianten oder dem Einfluß des Controlling ab.

**Ergebnisse zur Zielkostenspaltung**

Die Zielkostenspaltung erfolgt in den Unternehmen jeweils auf mehrere Bezugsebenen, z.B. auf Funktionen, Baugruppen, Komponenten und Kostenarten. Im Gegensatz zu japanischen Unternehmen findet in rund 40% der Unternehmen auch eine prozeßbezogene Zielkostenspaltung statt, insbesondere im Automobilbau und in der Elektrotechnikbranche. Je höher der Gemeinkostenanteil und die Produkt- und Produktprogrammkomplexität, desto differenzierter fällt die Zielkostenspaltung aus. Mit höherem Innovationsgrad des Produktes werden die Zielkosten auf mehr Bezugsebenen gespalten als bei geringerem Innovationsgrad.

**Ergebnisse zu Funktionsübergreifenden Teamstrukturen und Prozessen**

Die Target Costing-Projekte werden durch interdisziplinär zusammengesetzte Teams durchgeführt. Diesen Teams bzw. den verantwortlichen Projekt- oder Produktmanagern obliegt auch häufig die Implementierungsverantwortung, in drei Viertel der Fälle auf Geschäftsbereichsebene. Neben den inhaltlichen Aufgaben kommen den Target Costing-Teams also auch Aufgaben der Vorbereitung, Schulung, Verbreitung und Standardisierung des Target Costing-Konzeptes im Unternehmen zu.

Bei der Anwendung des Target Costing im Gesamtunternehmen liegt die Implementierungsverantwortung häufig bei einem Target Costing-Stab oder einer Abteilung, teilweise finden sich Target Costing-Stäbe oder -Abteilungen auch auf Geschäftsbereichs- oder Werksebene.

Bei der Einführung des Target Costing kommt den Mitarbeiter aus den Bereichen Marketing und Vertrieb eine große Bedeutung zu, die laufende Koordination wird maßgeblich von den technischen Funktionen wie der Entwicklung, Konstruktion oder Produktionsplanung unterstützt. Die größte Bedeutung über alle Phasen der Produktentwicklung kommt dem Controlling zu. Besonders in der Einführungsphase ist die Unterstützung der Geschäftsführung von großer Bedeutung.

In den meisten Unternehmen setzen die Target Costing-Aktivitäten bereits in der Planungs- und Konzeptionsphase eines Entwicklungsprojektes ein. Die Zielkosten-erreichung wird dabei nicht nur bis zum Produktionsbeginn, sondern auch während der Produktionphase weiterverfolgt. In 70% der Unternehmen finden weitere Kosten-senkungsmaßnahmen während der Fertigung statt.

Bei der Implementierung des Target Costing treten die größten Probleme bei der Preisfindung und der Zielkostenspaltung auf. Diese wurden überwiegend von den marktführenden und marktmitbestimmenden Unternehmen geäußert, wobei meist eine hohe Produktkomplexität und Kundenkomplexität herrscht. Nicht die größten, aber die häufigsten Probleme bestehen in der Zielkostenerreichung. Die wenigsten und geringsten Probleme haben die Unternehmen bei der Retrograden Kalkulation und bei der Bewertung von Lösungskonzepten. Die gesamten Probleme können durch frühzeitige Schulungen zwar nicht vollkommen vermieden, jedoch in den meisten Fällen deutlich verringert werden.

Die größte Bedeutung bei der Einführung des Target Costing haben aus Sicht der Unternehmen die Mitarbeiter aus Marketing/Vertrieb, F&E sowie der Produkt-planung. Besonders in Unternehmen mit hoher Wettbewerbsintensität haben die Mitarbeiter aus Marketing und Vertrieb schon in den frühen Phasen der Produkt-entwicklung einen großen Einfluß auf die Produktentwicklung und somit auch auf die Target Costing-Aktivitäten als in Unternehmen mit geringerer Wettbewerbsintensität. Diese Bedeutung verändert sich teilweise in den Phasen der Produktentwicklung. Dem Controlling wird über alle Phasen der Produktentwicklung eine hohe Bedeutung für das Target Costing zugesprochen.

Zwei Drittel der Unternehmen haben im Rahmen der Target Costing-Anwendung keine organisatorischen Veränderungen vorgenommen. Bei zwei Dritteln der übrigen Unternehmen, bei denen es sich um die umsatzstärksten, marktführenden und marktmitbestimmenden Unternehmen handelt, fanden organisatorische Anpassungen bereits vor der Target Costing-Einführung statt.

**Ergebnisse zur Methoden- und Instrumentenunterstützung**

Wertanalysen finden in allen Phasen des Produktentwicklungsprozesses statt. Während der Produktplanung und der Entwicklung steht die Festlegung und Gewichtung der Produktfunktionen im Vordergrund, in der Phase der Produktions-planung und des Einkaufs hat die Unterstützung der Zielkostenspaltung große Bedeutung.

Zur Zeit setzen die Unternehmen hauptsächlich Kostendatenbanken für Prognosen sowie Material- und Preislisten zur Unterstützung der Zielkostenfindung- und -erreichung ein. Nur gut 10% besitzen ein Tool zur Zielkostenspaltung, nur 3%

integrierte CAD-Systeme, die auch Kostendaten vorhalten. 13% haben keinerlei informationstechnische Unterstützung.

Die in gut 90% der japanischen Unternehmen zur Unterstützung des Target Costing eingesetzten Cost Tables sind zur Zeit in deutschen Großunternehmen wenig verbreitet. Lediglich ein Drittel der Unternehmen hält sie bereits vor. Diese sind meist nach mehreren Strukturierungsmerkmalen aufgebaut.

Kostenschätzverfahren und Vorkalkulationen werden in fast 90% der Unternehmen zur Unterstützung des Target Costing eingesetzt. Benchmarking, die Prozeßkostenrechnung und Design to Cost haben ebenfalls einen hohen Verbreitungsgrad. Nichtmonetäre Kennzahlen haben im Rahmen des Target Costing eine große Bedeutung und werden von knapp der Hälfte der Unternehmen eingesetzt.

**Ergebnisse zur Zuliefererintegration**

Die Zulieferintegration auch im Rahmen des Target Costing, sowohl aus Sicht der Zulieferer und aus Sicht der Abnehmer, wird in den untersuchten deutschen Unternehmen bislang erst in wenigen Fällen praktiziert. Die häufigsten Kooperationsbeispiele existieren im Automobilbau, im Maschinenbau und der Elektrotechnischen Industrie, wobei die Initiative zur Target Costing-Kooperation i.d.R. von den Abnehmerunternehmen ausgeht. Aus Zuliefersicht scheint der Abnehmerwunsch kaum ausschlaggebend zu sein. Aus Zuliefersicht kommen in knapp der Hälfte der Fälle die Kosteneinsparungen durch die Target Costing-Kooperation nur den Zulieferern zugute, in der anderen Hälfte der Fälle werden die Erfolge aufgeteilt. Aus Abnehmersicht partizipieren die Zulieferer sogar in zwei Drittel der Fälle an den gemeinsamen Kosteneinsparungen.

### 5.6.2. Ergebnisbeurteilung

### 5.6.2.1. Beurteilung der Ausgangshypothese zur Ausprägung der Elemente des Target Costing

Auf Basis der deskriptiven und analytischen Auswertung kann zusammenfassend festgestellt werden, daß es deutliche Unterschiede in der Ausgestaltung der Elemente des Target Costing in deutschen Großunternehmen gibt. Die Unterschiede bestehen vor allem in der marktorientierten Preis- und Zielkostenfindung, den funktionsübergreifenden Teamstrukturen und Prozessen, dem Methoden- und Instrumenteneinsatz zur Zielkostenerreichung und der Zuliefererintegration. Somit kann die Ausgangshypothese I, nach der sich die Ausgestaltung des Target Costing in der deutschen Unternehmenspraxis in seinen wesentlichen Elementen voneinander unterscheidet, bestätigt werden.

### 5.6.2.2. Beurteilung der Ausgangshypothese zum Einfluß der Variablengruppen des Target Costing

Die Ausgestaltung der Elemente des Target Costing wird von Faktoren beeinflußt, die sich in fünf Gruppen einordnen lassen. Es handelt sich um marktspezifische, produktspezifische, organisationsspezifische, mitarbeiterspezifische und controlling-spezifische Einflußfaktoren.[1] Diese Variablengruppen beeinflussen die Elemente des Target Costing in unterschiedlicher Stärke. Die folgenden Abbildungen zeigen als Zusammenfassung der Ergebnisse der Überprüfung aller betrachteten Einzelhypothesen die Zusammenhänge der Variablen aus den Variablengruppen mit den Elementvariablen des Target Costing (vgl. im folgenden jeweils die Abbildungen 5-77 bis 5-81).[2]

Die Marktorientierte Preis- und Zielkostenfindung wird hauptsächlich von den marktspezifischen Einflußfaktoren, insbesondere der Unternehmensgröße, der Unternehmensstrategie, der Marktstellung, und der Leistungsstruktur des Unternehmens beeinflußt. Großen Einfluß hat auch die Produktkomplexität aus der Gruppe der produktspezifischen Variablen und der Einfluß und die Bedeutung des Controlling als controllingspezifische Einflußfaktoren.

Die Ausgestaltung der Retrograden Kalkulation hängt ab von der Unternehmensgröße nach Umsatz, der Marktstellung und der Unternehmensstrategie. Daneben beeinflussen die Anzahl der Varianten als produktspezifischer Faktor, der Einfluß der Mitarbeiter und die Vorbereitung auf die Target Costing-Einführung als mitarbeiterspezifische Variablen und die verfolgten Zielsetzungen und die Anwendungsbreite im Unternehmen die Retrograde Kalkulation, insbesondere die verfolgten Funktionen und die Einflußfaktoren auf die Zielrendite.

Die Zielkostenspaltung wird fast ausschließlich von den produktspezifischen Faktoren, wie der Produktprogramm- und Produktkomplexität sowie dem Innovationsgrad zwischen Produktgenerationen beeinflußt.

---

[1] *Die in den Ergebnistabellen mit „A" bezeichneten Variablen sind die im Bezugsrahmen des gesamten Forschungsprogrammes definierten Unternehmens- und Umweltfaktoren.*
[2] *Die Bewertung der Stärke des Zusammenhangs erfolgt anhand folgender Symbolisierung: +++=„Zusammenhang kann mit hoher Sicherheit bestätigt werden; Nullhypothese wird verworfen", ++=„Zusammenhang kann bestätigt werden", +=„Zusammenhang kann nur schwach bestätigt werden", o=„Zusammenhang kann nicht nachgewiesen werden; Nullhypothese wird bestätigt"*

| | Umsatz (A3) | Umsatzent-wicklung (A4) | Profita-bilität (A5) | Markt-stellung (A6) | Branche (A7) |
|---|---|---|---|---|---|
| **Markto. Preis- und Zielkostenfindung** | | | | | |
| Informationsstand (V4) | +++ | | ++ | o | |
| Zielkostenfestlegung (V13) | ++ | | | | |
| Anspruchsniveau Zielkostenvorgabe (V14) | | | | + | |
| Änderung Zielkostenvorgabe (V16) | ++ | | | + | |
| **Retrograde Kalkulation** | | | | | |
| Funktionen Retrograde Kalkulation (V11) | + | + | | + | |
| Einflußfaktoren Zielrendite (V12) | | + | | + | |
| **Funktionsü. Teamstrukturen & Prozesse** | | | | | |
| Implementierungsverantwortung (V28) | + | | | | |
| Implementierungsschritte & -probleme (V30) | | | | o | |
| Aufgaben der Target Costing Teams (V32) | o | | | + | |
| Bedeutung der Funktionsbereiche (V33) | o | | | | |
| Organisatorische Änderungen (V37) | + | | | + | |
| **Methoden und Instrumente** | | | | | |
| Begleitende Methoden und Instrumente (V26) | | | + | o | |
| Nichtfinanzielle Steuerungskennzahlen (V27) | | | | o | |
| **Zulieferintegration** | | | | | |
| Bedeutung Kundenwunsch (V34) | | | o | | |
| Einbindung Kunden (V35) | | | ++ | | |
| Einbindung Zulieferer (V36) | | | + | + | |

| | Wettbewerbs-intensität (A8) | Strategie (A9) | Dynamik& Diskontinuität (A10) | Leistungs-struktur (A11) |
|---|---|---|---|---|
| **Markto. Preis- und Zielkostenfindung** | | | | |
| Informationsstand (V4) | | ++ | | ++ |
| Zielkostenfestlegung (V13) | + | ++ | | + |
| Anspruchsniveau Zielkostenvorgabe (V14) | | + | | |
| Änderung Zielkostenvorgabe (V16) | | | o | |
| **Retrograde Kalkulation** | | | | |
| Funktionen Retrograde Kalkulation (V11) | o | + | | + |
| Einflußfaktoren Zielrendite (V12) | | + | | |
| **Zielkostenspaltung** | | | | |
| Zielkostenspaltung (V18) | | | | + |
| **Funktionsü. Teamstrukturen & Prozesse** | | | | |
| Einsatzzeitpunkt (V7) | o | | ++ | |
| Implementierungsverantwortung (V28) | + | | | |
| Implementierungsschritte & -probleme (V30) | | | ++ | |
| Bedeutung der Funktionsbereiche (V33) | | | ++ | |
| **Methoden und Instrumente** | | | | |
| Informationssysteme (V20) | | | o | |
| Cost Tables (V21) | | | o | |
| Begleitende Methoden und Instrumente (V26) | o | | + | |
| Nichtmonetäre Steuerungskennzahlen (V27) | + | | ++ | |
| **Zulieferintegration** | | | | |
| Einbindung Kunden (V35) | | | + | |
| Einbindung Zulieferer (V36) | | | o | |

*Abb. 5-77: Einfluß der Variablengruppe „Markt" auf die Elemente des Target Costing*

| | Programm-komplexität (A12) | Produkt-komplexität (A13) | Produkt-merkmale (V6) | Varianten-auswahl (V8) |
|---|---|---|---|---|
| **Markto. Preis- und Zielkostenfindung** | | | | |
| Informationsstand (V4) | | | | + |
| Zielkostenfestlegung (V13) | | + | | |
| Anspruchsniveau Zielkostenvorgabe (V14) | | ++ | | + |
| Änderung Zielkostenvorgabe (V16) | | | + | |
| **Retrograde Kalkulation** | | | | |
| Funktionen Retrograde Kalkulation (V11) | o | o | | + |
| Einflußfaktoren Zielrendite (V12) | o | o | | + |
| **Zielkostenspaltung** | | | | |
| Zielkostenspaltung (V18) | + | + | + | |
| **Funktionsü. Teamstrukturen & Prozesse** | | | | |
| Verfolgung Zielkostenerreichung (V23) | + | | | |
| Schrittfolge der Implementierung (V30) | | + | | |
| Aufgaben der Target Costing Teams (V32) | | ++ | ++ | |
| Bedeutung der Funktionsbereiche (V33) | | + | + | |
| **Methoden und Instrumente** | | | | |
| Wertanalysen (V19) | | + | | |
| Cost Tables (V21) | | + | | |
| Begleitende Methoden und Instrumente (V26) | ++ | + | ++ | + |
| Nichtmonetäre Steuerungskennzahlen (V27) | | + | | |
| **Zulieferintegration** | | | | |
| Bedeutung Kundenwunsch (V34) | | | + | |
| Einbindung Zulieferer (V36) | o | o | + | |

*Abb. 5-78: Einfluß der Variablengruppe „Produkt" auf die Elemente des Target Costing*

| | Unterneh-menstyp (A1) | Anzahl Mitarbeiter (A2) | Leiter Target Costing (V29) |
|---|---|---|---|
| **Markto. Preis- und Zielkostenfindung** | | | |
| Informationsstand (V4) | | + | |
| Zielkostenfestlegung (V13) | | + | |
| Änderung Zielkostenvorgabe (V16) | | + | |
| **Retrograde Kalkulation** | | | |
| Funktionen Retrograde Kalkulation (V11) | | ++ | + |
| Einflußfaktoren Zielrendite (V12) | + | | + |
| **Funktionsü. Teamstrukturen & Prozesse** | | | |
| Verfolgung Zielkostenerreichung (V23) | + | | |
| Implementierungsverantwortung (V28) | + | | |
| Schrittfolge der Implementierung (V30) | + | | o |
| Aufgaben der Target Costing Teams (V32) | + | | |
| Bedeutung der Funktionsbereiche (V33) | o | | o |
| **Methoden und Instrumente** | | | |
| Begleitende Methoden und Instrumente (V26) | | + | ++ |
| **Zulieferintegration** | | | |
| Einbindung Zulieferer (V36) | | ++ | |

*Abb. 5-79: Einfluß der Variablengruppe „Organisation" auf die Elemente des Target Costing*

Alle Variablengruppen weisen einen Zusammenhang mit den Funktionsübergreifenden Teamstrukturen und Prozessen auf. Für die Implementierung sind die Diskontinuität und Dynamik der Unternehmensumwelt entscheidend. Die Einflußmöglichkeiten und die Bedeutung der beteiligten Mitarbeiter hängen von produktspezifischen Faktoren, hauptsächlich aber von der Vorbereitung und den innovationsunterstützenden Aspekten ab. Große Bedeutung für die Implementierung hat das Controlling.

Der Einsatz von Methoden und Instrumenten zur Zielkostenerreichung hängt neben der Wettbewerbsintensität und Dynamik der Unternehmensumwelt hauptsächlich von produktspezifischen Faktoren ab. Aber auch die Unternehmensgröße und der Einfluß der Target Costing-Leitung beeinflussen, welche Methoden zum Einsatz kommen.

Ob eine Zuliefererintegration im Target Costing stattfindet, hängt schließlich von den marktspezifischen Gegebenheiten, dem Innovationsgrad und der Produktlebensdauer sowie der Größe des Abnehmerunternehmens ab. Entscheidend sind jedoch die mit dem Einsatz des Target Costing verfolgten Zielsetzungen.

Zusammenfassend kann festgehalten werden, daß die Ausgestaltung der Elemente des Target Costing von den das Target Costing charakterisierenden Variablengruppen abhängt. Somit kann auch die Ausgangshypothese II bestätigt werden. Das bedeutet weiterhin, daß bei der Anwendung des Target Costing in jedem Unternehmen von einer anderen Ausgangssituation ausgegangen werden und deshalb eine unternehmensspezifische Konzeption für die Einführung konzipiert werden muß. Es gibt nicht *ein* Standardkonzept des Target Costing, das in allen Unternehmen einsetzbar ist. Vielmehr ist es entscheidend, die einzelnen Elemente des Target Costing in Abhängigkeit der ermittelten Einflußfaktoren zu planen und unternehmensindividuell umzusetzen. Die Gestaltung und Implementierung muß also auf die umwelt- und unternehmensspezifischen Rahmenbedingungen abgestimmt werden.

| | Einfluß Mitarbeiter (V10) | Schulungen (V31) | Innovations- unterstütz. Aspekte (V5) |
|---|---|---|---|
| **Markto. Preis- und Zielkostenfindung** | | | |
| Informationsstand (V4) | o | | |
| Zielkostenfestlegung (V13) | ++ | o | |
| Anspruchsniveau Zielkostenvorgabe (V14) | | + | |
| **Retrograde Kalkulation** | | | |
| Funktionen Retrograde Kalkulation (V11) | ++ | + | |
| Einflußfaktoren Zielrendite (V12) | | ++ | |
| **Funktionsü. Teamstrukturen & Prozesse** | | | |
| Einsatzzeitpunkt (V7) | ++ | | |
| Verfolgung Zielkostenerreichung (V23) | | o | + |
| Implementierungsverantwortung (V28) | | | + |
| Schrittfolge der Implementierung (V30) | ++ | + | |
| Aufgaben der Target Costing Teams (V32) | | | ++ |
| Bedeutung der Funktionsbereiche (V33) | | + | ++ |
| Organisatorische Änderungen (V37) | | + | |
| **Methoden und Instrumente** | | | |
| Begleitende Methoden und Instrumente (V26) | ++ | | |

*Abb. 5-80: Einfluß der Variablengruppe „Mitarbeiter" auf die Elemente des Target Costing*

| | Anwend- ungsbreite & -dauer (V1) | Target Costing- Ziele (V2) | Einfluß Controlling (A14) | Controlling- hierarchie (A15) |
|---|---|---|---|---|
| **Markto. Preis- und Zielkostenfindung** | | | | |
| Informationsstand (V4) | | | ++ | + |
| Zielkostenfestlegung (V13) | | | | o |
| **Retrograde Kalkulation** | | | | |
| Funktionen Retrograde Kalkulation (V11) | ++ | + | | |
| Einflußfaktoren Zielrendite (V12) | | ++ | | + |
| **Funktionsü. Teamstrukturen & Prozesse** | | | | |
| Schrittfolge der Implementierung (V30) | | | + | o |
| Aufgaben der Target Costing Teams (V32) | | | ++ | |
| Organisatorische Änderungen (V37) | | | | + |
| **Methoden und Instrumente** | | | | |
| Informationssysteme (V20) | o | | | |
| Begleitende Methoden und Instrumente (V26) | o | | + | |
| Nichtmonetäre Steuerungskennzahlen (V27) | o | | | |
| **Zulieferintegration** | | | | |
| Einbindung Zulieferer (V36) | | + | | |
| Aufteilung Target Costing-Erfolge (V41) | | + | | |

*Abb. 5-81: Einfluß der Variablengruppe „Controlling" auf die Elemente des Target Costing*

**5.6.2.3. Beurteilung der Ausgangshypothese zur Effektivität des Target Costing**

Die Zufriedenheit mit dem Target Costing-Einsatz bezüglich der verfolgten Zielsetzungen ist in deutschen Großunternehmen sehr hoch. Die Auswirkungen auf den Unternehmenserfolg werden von über 80% der Unternehmen als hoch bis sehr hoch eingeschätzt. Dennoch wird von den Unternehmen immer noch eine Vielzahl von Schwachstellen und Problemen ausgemacht. Die meisten Probleme betreffen den ausreichenden Kenntnis- und Wissensstand zur Anwendung des Target Costing und Probleme der Einführung. Die Effektivität des Konzeptes an sich wird nicht in Frage gestellt.

| | Effektivität (V38) | Unternehmens - erfolg (V39) | Schwach- stellen (V40) |
|---|:---:|:---:|:---:|
| **Markto. Preis- und Zielkostenfindung** | | | |
| Zielkostenfestlegung (V13) | ++ | | + |
| Anspruchsniveau Zielkostenvorgabe (V14) | ++ | | ++ |
| Änderung Zielkostenvorgabe (V16) | | | |
| **Funktions. Teamstrukturen & Prozesse** | | | |
| Einsatzzeitpunkt (V7) | + | | |
| Aufgaben der Target Costing Teams (V32) | | ++ | |
| **Methoden und Instrumente** | | | |
| Informationssysteme (V20) | + | | |
| Begleitende Methoden und Instrumente (V26) | + | | |
| Nichtfinanzielle Steuerungskennzahlen (V27) | + | | |
| **Zulieferintegration** | | | |
| Einbindung Zulieferer (V36) | + | | |

*Abb. 5-82: Zusammenhang der Variablengruppe „Effektivität" mit den Elementen des Target Costing*

Ein Zusammenhang zwischen der Einschätzung der Effektivität besteht bzgl. fast aller Elemente des Target Costing. Nur die rechnerischen Elemente wie die Retrograde Kalkulation sowie die Zielkostenspaltung spielen für die Einschätzung der Effektivität keine Rolle. Der effektive Einsatz hängt hauptsächlich davon ab, wie frühzeitig die Target Costing-Aktivitäten im Produktentwicklungsprozeß einsetzen und wie konsequent marktorientiert die Zielpreis- und -kostenermittlung stattfindet. Auch der Methoden- und Instrumenteneinsatz beeinflußt die Zufriedenheit der Anwendung im Unternehmen. Aufgrund der geringen Fallzahlen konnte ein umfassender und eindeutiger Zusammenhang zwischen den Elementen des Target Costing und der Effektivität nicht nachgewiesen werden. Die Ausgangshypothese III kann somit nicht bestätigt werden.

### 5.6.2.4. Gesamtbeurteilung der Target Costing-Anwendung anhand der Grundprinzipien des Target Costing

Wie im ersten Teil des Kapitels 5 beschrieben existieren zwischen der Anwendung des Target Costing in deutschen und japanischen Unternehmen einige Unterschiede, aber auch Gemeinsamkeiten. Die Unterschiede basieren im wesentlichen auf den unterschiedlichen Anwendungsvoraussetzungen des Target Costing in den beiden Kulturkreisen.[3]

Bei der Auswertung und Beurteilung der Befunde wurden jedoch einige Aspekte identifiziert, bei denen in beiden Ländern zwischen der theoretischen Darstellung und der praktischen Anwendung des Target Costing Unterschiede bestehen. Diese Unterschiede sollen gemäß der Charakterisierung des Target Costing in Kapitel 2 anhand der 6 Grundprinzipien des Target Costing dargestellt werden (vgl. dazu auch *Kato* (1996), S. 229 f.; *Kato* (1998), S. 1-9):

❑ Grundprinzipien 1 und 2: „Price led Costing" und „Focus on Customers"

Trotz der marktorienterten Preis- und Kostenableitung im Target Costing legen 30% der deutschen Unternehmen und fast ein Fünftel der japanischen Unternehmen die Zielkosten „Out of Standard Costs" oder „Out of Company" fest. Sowohl in deutschen als auch in japanischen Unternehmen können in den meisten Fällen die Allowable Costs nicht als Target Costs realisiert werden.

Entsprechend der Zielsetzung des Target Costing, die Markt- und Kundenorientierung der Produktentwicklung zu erhöhen, war vor Einführung des Target Costing bei einigen deutschen Unternehmen die Kenntnis der Markt- und Kundenwünsche noch verbesserungsfähig. In japanischen Unternehmen ist darüber hinaus nach Meinung von Fachexperten in jüngster Vergangenheit ein Trend zu Organisationsstrukturen in der Produktentwicklung zu erkennen, die sich eher an technischen Kriterien orientieren (vgl. z.B. die neue F&E-Organisationsstruktur von *Toyota* (vgl. *Monden* (1999), S. 30 f.).

❑ Grundprinzip 3: „Focus on Design"

In über 80% der deutschen Unternehmen setzen die Target Costing-Aktivitäten bereits in der Planungsphase ein. Dennoch treten anschließend eine Vielzahl von Ursachen für Entwurfsänderungen, auch kurz vor und während der Produktionsphase, ein. Erst gut die Hälfte der japanischen Unternehmen beginnt bereits in der

---

[3] *Zu aktuellen Veränderungen der japanischen Arbeitsmarktsituation (z.B. Verschiebung der Branchenschwerpunkte, Fluktuationsrate, Arbeitslosenrate, Arbeitsbedingungen) und des japanischen Wertesystems (z.B. Motivation, Senioritätsprinzip, Individualisierung) vgl. Schanz/Döring (1998), S. 916 ff.*

Planungsphase mit den Target Costing-Aktivitäten. Dies führt häufig auch zu Belastungen bzw. der Verschlechterung der Zulieferbeziehungen. Die häufigsten Entwurfsänderungen geschehen dort in der Phase der Detailkonstruktion, ausgelöst durch Probleme, die von der Arbeitsvorbereitung dem Vertrieb und den Werken erst zu spät erkannt werden.

❑ Grundprinzip 4: „Cross-Functional Involvement"

Nach Aussage japanischer Experten dominieren trotz der Interdisziplinarität der Teamstrukturen und der geforderten Verantwortungsbereitschaft der Mitarbeiter im Target Costing in japanischen Unternehmen häufig die F&E-Manager den Target Costing-Prozeß. Außerdem ist eine starke Verschiebung der Einflußmöglichkeiten der Teammitglieder aus den verschiedenen Funktionsbereichen während des Target Costing-Prozesses zu beobachten. In deutschen Unternehmen dominieren die Controllingmitarbeiter den Target Costing-Prozeß und sorgen für die Verfolgung und Erreichung der kostenorientierten Zielsetzungen des Target Costing-Einsatzes.

❑ Grundprinzip 5: „Life Cycle Orientation"

Trotz der angestrebten Lebenszyklusorientierung des Target Costing zur Minimierung der Lebenszykluskosten und Verbesserung der Kundenorientierung beschäftigen sich die meisten deutschen und japanischen Unternehmen nicht mit Fragen der „Total Cost of Ownership" (d.h. der mit dem Besitz und Betrieb eines Produktes verbundene Anteil an den Produktlebenszykluskosten) oder der Umweltverträglichkeit ihrer Produkte. In Deutschland berücksichtigen nur 22,2% der Unternehmen die Entsorgungskosten, und rund 35% die Betriebs- und Wartungskosten. In Japan werden nur von 33% der Unternehmen die Qualitätssicherungskosten, und von weniger als 10 % bspw. die Entsorgungskosten des Kunden in ihrer Retrograden Kalkulation berücksichtigt.

❑ Grundprinzip 6: „Value Chain Involvement"

Eine Zuliefererintegration findet nur in knapp der Hälfte der deutschen Unternehmen statt, in japanischen Unternehmen sind es knapp 65%. Dies ist hauptsächlich in der Automobilindustrie und im Maschinenbau der Fall. Und trotz der geforderten Wertschöpfungsorientierung bleiben trotz Anwendung des Target Costing die Zulieferer häufig unter massivem Kostendruck durch die Abnehmer.

Auch in der deutschen Literatur wird teilweise bezweifelt, daß japanische Unternehmen tatsächlich Vorteile bei der Einführung des Target Costing aufweisen (vgl. *Peemöller* (1993), S. 380). Als Gründe für diese Situation wurden mehrere Ursachen identifiziert (vgl. *Kato* (1998), S. 7). So sind die Target Costing-Systeme in japanischen Unternehmen aufgrund der langen Anwendungserfahrung bereits sehr ausgereift, so daß nur noch wenig Spielraum für weitere Kostensenkungen existiert. Die Unterstützung durch spezifische Informationssysteme ist bislang eher unzureichend. Die Pflege und Weiterentwicklung der bestehenden Systeme sowie die notwendigen Mitarbeiter-Schulungen sind für die Unternehmen sehr aufwendig und kostspielig. In vielen Fällen tun sich Mitarbeiter mit der Akzeptanz und Umsetzung der Grundphilosophie des Target Costing schwer. Hinzu kommt, daß westliche Unternehmen bzgl. des Target Costing-Know-hows mittlerweile zu japanischen Unternehmen aufschließen, so daß Target Costing für japanische Unternehmen keinen Wettbewerbsvorteil mehr darstellt.

In jüngster Zeit läßt sich in Japan auch eine Tendenz zur verhaltensorientierten Forschung und Erklärung des Target Costing-Ansatzes feststellen. Im Mittelpunkt des Interesses stehen dabei die Wirkungen unterschiedlicher Target Costing-Konzepte auf die Leistungsfähigkeit der Mitarbeiter (vgl. *Monden* u.a. (1997), S.113 ff.; vgl. auch Kapitel 3.3.1.3.). Dazu gehören auch Ansätze, die dazu beitragen sollen, die identifizierten Probleme zu verbessern und den Einsatz des Target Costing im Sinne einer strategisch orientierten Anwendung weiterzuentwickeln (vgl. *Kato* (1998), S. 7 ff.). Abbildung 5-83 zeigt diese Ansätze im Überblick.

Dennoch bleibt zu beachten, daß sich aufgrund der unterschiedlichen Rahmenbedingungen andere Ausgangssituationen in deutschen Unternehmen ergeben. Sie führen dazu, daß sich die Anwendungspraxis des Target Costing in deutschen Großunternehmen bspw. hinsichtlich der Marktorientierung, der Methodenunterstützung, der Target Costing-Organisation oder der Bedeutung der Funktionsbereiche von der japanischen Praxis unterscheidet.

### 5.6.3. Ableitung von Handlungsempfehlungen

Ausgehend von den Ergebnissen der empirischen Untersuchung, den bereits veröffentlichten Fallbeispielen sowie auf Basis der Ergebnisse der explorativen Fallstudien können Handlungsempfehlungen zur Einführung und zur Gestaltung des Target Costing in der deutschen Unternehmenspraxis abgeleitet werden. Denn um das Target Costing-Konzept erfolgreich und dauerhaft im Unternehmen einzusetzen, ist eine sorgfältige Vorbereitung notwendig, die die relevanten Rahmenbedingungen und Erfolgsfaktoren berücksichtigt und sich sowohl auf Fragen zur Implementierung als auch zur Gestaltung des Target Costing bezieht. Für den dauerhaften Einsatz und die Ausweitung des Target Costing im Unternehmen ist eine ständige Weiterentwicklung und Vereinheitlichung der beschriebenen Elemente notwendig.

| Incremental Innovation Approach | Business Process Reengineering Approach |
|---|---|
| ❏ widen the target cost coverage | ❏ speed |
| ❏ provide sophisticated education and training | ❏ outcomes |
| ❏ revise and complete TCM-manuals | ❏ new value |
| ❏ introduce leading-edge supporting tools | ❏ creation from scratch |
| ❏ learns from success/failure | ❏ investment |
| ❏ sustain cost reduction programs | ❏ information systems support |
| ❏ create cost/profit culture | |

| Strategic Cost Management Approach | Organizational Approach |
|---|---|
| ❏ closer linkage with market and marketing strategies | ❏ unlearning and learning (forget & do better) |
| ❏ product integrity | ❏ target profit oriented activities |
| ❏ inter-organizational cost management | ❏ organizational innovation and BPR |
| ❏ business system innovation | ❏ business ethic |
| ❏ motivation | ❏ win-win-mechanism |
| ❏ globalization | |

*Abb. 5-83: Ansätze zum strategischen Target Cost Management*
*(vgl. Kato (1998), S. 7ff.)*

Bei den Handlungsempfehlungen für die Target Costing-Anwendung sollen drei Phasen unterschieden werden (vgl. im folgenden auch *Gleich* (1998), S. 143 ff.; *Seidenschwarz* (1997), S. 124 ff.; *Seidenschwarz/Seidenschwarz* (1995), S. 91; *Gaiser/Kieninger* (1993), S. 53 ff.; *Jentzsch/Weidt* (1996), S. 243 ff.):

❏ In der Analyse- und Vorbereitungsphase erfolgt die Vorbereitung auf die in der Pilotphase geplanten Target Costing-Aktivitäten und die Schaffung der notwendigen Voraussetzungen für einen dauerhaften Target Costing-Einsatz.

❏ In der Pilotphase findet die erstmalige Anwendung des Target Costing in einem Produktentwicklungsprojekt statt. Aus den Erfahrungen und Fehlern, die dabei gemacht werden, können wertvolle Verbesserungshinweise für den weiteren Einsatz und die Ausweitung im Unternehmen abgeleitet werden.

❏ In der Standardisierungsphase („Roll-Out-Phase") erfolgt die Ausdehnung der Target Costing-Aktivitäten auf weitere Projekte, Produkte, Unternehmensbereiche sowie eine Standardisierung und Vereinheitlichung der eingesetzten Methoden und Verfahren.

**5.6.3.1. Handlungsempfehlungen zur Vorbereitung des Target Costing-Einsatzes in der Analyse- und Vorbereitungsphase**

❑ Vor Beginn eines Target Costing-Projektes sollte die Notwendigkeit des Target Costing-Einsatzes von der jeweiligen Führungsebene (bspw. Gesamtunternehmen, Geschäftsbereich etc.) akzeptiert und somit deren Unterstützung gewährleistet sein.

❑ Um den anfänglichen Gesamtaufwand, der für das Target Costing betrieben werden muß, gering zu halten, ist ein Pilotprojekt auszuwählen, bei dem hinsichtlich späterer Produkte oder Produktlinien Synergieeffekte zu erwarten sind. Bei der Auswahl des Pilotprojektes sollte auch auf die Zahl der Baugruppen und Teile sowie auf die „Zerlegbarkeit" des Produktes geachtet werden. Der Rechen- und Koordinationsaufwand wird mit der Anzahl der Produktbestandteile steigen, die sinnvolle komponentenweise Zerlegbarkeit des Produktes (bei einem PKW bspw. hoch, bei einem Produkt der chemischen Industrie gering) ist für das Verständnis und die Akzeptanz des Target Costing förderlich.

❑ Nach Auswahl des Pilotprojektes sollte sich die Geschäftsführung vor Projektstart über die dominierende Zielsetzung klar werden, da im Laufe des Projektes eine Vielzahl von technischen und wirtschaftlichen Kompromissen zu treffen ist. Es ist zu klären, ob die Erzielung von Kostensenkungen, notwendige Qualitäts-verbesserungen, die Effizienzsteigerung der Produktentwicklung, die Erreichung des Markteintrittszeitpunktes o.a. vornehmlich verfolgt werden. Es sollte im Sinne einer konstruktiven Kritik auch klar kommuniziert werden, welche die Ursachen dafür sind, daß Target Costing angewendet werden soll.

❑ Da der Untersuchung zufolge bei der Preisfindung die häufigsten und größten Implementierungsprobleme auftreten, sind frühzeitig die erforderlichen Informationen wie bspw. Kundenanforderungen, Preisniveaus, mögliche Absatz-zahlen, Wettbewerbsanalysen, zu erwartende Ein- und Auszahlungen etc. lebenszyklusbezogen zu ermitteln. Dabei ist unter anderem die Kundenzahl zu beachten: in Branchen mit geringer Kundenzahl wie bspw. im Anlagenbau ist die exakte Ermittlung von Kundenwünschen und von technischen Spezifikationen einfacher als in Massenmärkten mit sehr hoher Kundenzahl, in denen ein großer Aufwand zur Ermittlung der Kundenwünsche notwendig ist. In beiden Fällen ist die Unterstützung der strategischen Unternehmensplanung, des Vertriebs und des Marketings erforderlich.

❑ Anschließend ist ein interdisziplinäres Target Costing-Projektteam zu bilden mit Mitarbeitern aus den Bereichen Marketing, Vertrieb, Entwicklung und Konstruktion, Controlling, Qualitätssicherung etc.. Besonders die Einbindung des Vertriebs und des Marketing fördert die marktorientierte Zielkostenfestlegung. In einer ersten Projektbesprechung sollten die Zielsetzungen und Erwartungen der Teammitglieder diskutiert und in Form eines „Marschplanes" die notwendige koordinatorische Vorarbeit für die spätere Teamarbeit geleistet werden.

❑ Die Einbindung der betroffenen Zulieferer ist in den frühen Phasen eines Target Costing-Projektes von besonderer Bedeutung, sodaß auch schon in der Vorbereitungsphase die Kontaktaufnahme und Information der Zulieferer erfolgen sollte, um eine vertrauensvolle und offene Kooperation im Rahmen des Target Costing zu gewährleisten. Dies gilt gemäß den Untersuchungsergebnissen besonders für Unternehmen, deren Produkte eine hohe Produktlebensdauer und eine hohe Produktprogramm- und Produktkomplexität aufweisen.

❑ Da den Untersuchungsergebnissen zufolge in den meisten Fällen die Implementierungsverantwortung bei den Projektteams und den Projektleitern auf Geschäftsbereichsebene liegt, ist die Übertragung der notwendigen Entscheidungsbefugnisse und Einflußmöglichkeiten auf die betreffenden Mitarbeiter sicherzustellen. Der Projektleiter sollte die notwendige Fach- und Machtkompetenz besitzen, um die beteiligten Funktionsbereiche zielgerichtet zu koordinieren und im Zweifelsfall Entscheidungen treffen zu können, die einen Streitfall oder eine fehlende Kompromißbereitschaft beenden.

❑ Vor Beginn eines Pilotprojektes sollten Schulungen und Methodentrainings aller Beteiligten erfolgen, um die Akzeptanz des Target Costing zu erhöhen und bestehende Mißverständnisse und Vorurteile auszuräumen. Dabei sollte auf die kritischen und wesentlichen Arbeitsschritte und deren Unterschiede zur bisherigen Praxis eingegangen werden. Besonders der Projektleiter sollte mit der Methodik sehr genau vertraut sein, um die während der Projektarbeit notwendige Multiplikation des Know-hows und „Überzeugungsarbeit" leisten zu können. Diese Vorgehensweise empfiehlt sich auch, um die Akzeptanz und Kompetenz des Projektleiters im Team zu erhöhen. Wie die empirische Untersuchung gezeigt hat ist die Schulung und Aufklärung der Unternehmensführung von entscheidender Bedeutung, um deren Unterstützung zu gewährleisten.

❑ Der geplante Prozeßablauf des Target Costing-Projektes muß festgelegt und inhaltlich geplant werden. Dabei kann die in dieser Arbeit beschriebene Strukturierung in eine Zielkostenfindungs-, Zielkostenspaltungs- und Zielkostenerreichungsphase empfohlen werden, die sich auch in der Praxis schon vielfach bewährt hat.

❑ Schon vor Beginn des Pilotprojektes sollte bedacht werden, welche Produktentwicklungsprojekte Folgeprojekte sein könnten und welchen Mitglieder im Pilotteam zukünftig die Rolle von Multiplikatoren übernehmen können.

Gegebenenfalls sollten im Pilotprojekt entsprechend mehr Mitarbeiter eingebunden werden.

❑ Für den Target Costing Prozeß werden zwei Kategorien von Informationen aus dem Rechnungswesen bzw. Controlling benötigt: Marktbezogene Daten, wie sie im Planungs- und Budgetierungsprozeß verwendet werden und Kostendaten zur Schätzung und Bestimmung der Drifting Costs. Aus diesem Grund muß im Vorfeld gewährleistet sein, daß das Controlling die notwendigen Daten und Informationen bereitstellen kann. Außerdem muß das Controlling dafür sorgen, daß die Ausrichtung an der langfristigen Ergebnisplanung gewährleistet ist und auch eine Kopplung des Target Profit an die übrigen Zielergebnisdimensionen (z.B. Jahresüberschuß, ROI, Unternehmenswert etc.) erfolgt (vgl. *Horváth* (1998), S. 78).

❑ Sowohl in der Vorbereitungsphase als auch in der Pilotphase ist die Unterstützung durch externe Fachleute dann zu empfehlen, wenn das notwendige Methoden-Know-how im Unternehmen nicht oder nur teilweise vorhanden ist oder nicht in einem akzeptablen Zeitraum angeeignet werden kann. Externe Berater bspw. können als Methodentrainer der betroffenen Mitarbeiter im Vorfeld agieren oder das Pilotprojekt permanent begleiten. Hinzu kommt, daß es externen Fachleuten eher möglich ist, für das Unternehmen ungewöhnliche oder unübliche Alternativen und Lösungsvorschläge im Vorfeld oder während eines Target Costing-Projektes zu unterbreiten. Diese Form der Unterstützung kann auch die Akzeptanz des Target Costing bei den Mitarbeiter steigern.

❑ Insbesondere Großunternehmen sollten sich vor Einführung des Target Costing darüber klar werden, inwieweit organisatorische Voraussetzungen geschaffen werden müssen bzw. welche Konsequenzen die Target Costing-Anwendung für die aktuellen Organisationsstrukturen haben könnte. Eine möglichst geringe Zahl von Hierarchiestufen unterstützt die funktionsübergreifende Zusammenarbeit durch eine schnelle horizontale und vertikale Informationsübertragung. Der Austausch innovativer Gedanken und notwendiger Informationen für die Teamarbeit wird durch eine enge und unkomplizierte Zusammenarbeit gefördert.

### 5.6.3.2. Handlungsempfehlungen zur erstmaligen Anwendung des Target Costing in der Pilotphase

❑ Bei dem Pilotprojekt sollte es sich um eine Projekt handeln, bei dem einerseits gute Chancen auf einen Projekterfolg bestehen, das andererseits aber auch die typische Problemstellung und Schwierigkeiten der Branche und des Geschäftes beinhaltet. Führt das Projekt dann zu einem Erfolg, ist die Multiplikationswirkung und Überzeugungskraft für die Ausweitung im Unternehmen höher.

❑ Neben dem zeitlichen Ablauf des Pilotprojektes sind die Kompetenzen und Verantwortlichkeiten der Teammitglieder und des Projektleiters klar zu definieren. Dazu gehört auch, Projektteilziele festzulegen und die Verantwortung bspw. für Baugruppen, Komponenten, Prozesse oder Bereiche, den einzelnen Projektmitgliedern zuzuordnen. Dem Projektteam sollte im Idealfall die Erfolgsverantwortung der Zielkostenerreichung übertragen werden, da sich dadurch jedes Teammitglied primär dem Team gegenüber verantwortlich fühlt und nicht der Fachabteilung oder dem Funktionsbereich, aus der er stammt.

❑ Darüber hinaus muß von Beginn des Pilotprojektes an die Verfolgung der Zielkostenerreichung durch permanente Kostenschätzungen begleitet werden. Denn die Kenntnis des jeweils aktuellen Kostenstatus´ ist notwendig, um Kostenabweichungen rechtzeitig zu erkennen, Steuerungsmaßnahmen einzuleiten und einen dynamischen Kostenmanagementprozeß im Projektteam zu initiieren.

❑ Frühzeitig im Pilotprojekt sollten die von den verschiedenen Teammitgliedern eingesetzten Methoden und Instrumente erläutert werden, um eine gegenseitige Akzeptanz zu erzielen. Aus Sicht des Controllers handelt es sich im Wesentlichen um den Aufbau und die Inhalte der Retrograden Kalkulation und der Zielkostenspaltung. Auch die Entwicklungs- und Konstruktionsingenieure sollten den übrigen Teammitgliedern die Funktionsweise und Aussagekraft der eingesetzten Methoden wie bspw. dem Design to Cost oder der Wertanalyse vermitteln.

❑ Besonders im Rahmen des Pilotprojektes ist es wichtig, eine realistisch erreichbare Zielkostenvorgabe festzulegen. Sie sollte auch bei hoher Produktkomplexität marktorientiert sein, kann aber durchaus zwischen den Allowable Cost und den Drifting Costs liegen, wenn dadurch eine anschließende Änderung bzw. Lockerung der Zielkostenvorgabe aufgrund von Problemen bei der Zielkostenerreichung vermieden werden wird. Die Verbindlichkeit und Akzeptanz der Kostenziele im Projektteam ist höher einzuschätzen als die Vorgabe der vom Markt erlaubten Kosten als Zielkosten, deren Erreichbarkeit unrealistisch ist und deren Verbindlichkeit im Laufe des Projektes unterhöhlt wird.

❑ Die häufigsten und größten Probleme bei der Einführung des Target Costing treten der Untersuchung zufolge auch bei der Zielkostenspaltung und der Verfolgung und Steuerung der Zielkostenerreichung (Zielkostencontrolling) auf. Die Bezugsebenen und Bezugsobjekte der Zielkostenspaltung sollten einvernehmlich im Projektteam diskutiert und vereinbart werden, da mit der Zielkostenspaltung die Zielkostenteilbudgets festgelegt werden. Insbesondere bei hoher Produkt- und

Produktprogrammkomplexität ist eine besonders detaillierte Zielkostenspaltung anzustreben und der Einsatz der Prozeßkostenrechnung zu empfehlen.

❑ Die in der Zielkostenspaltung ermittelten Kostenziele und Kostenabweichungen sind in der Phase der Zielkostenerreichung zu realisieren. Für diese sowohl komponenten- als auch prozeßbezogenen Kostenziele sind die notwendigen Instrumente durch das Controlling zu entwickeln, zu modifizieren und bereitzustellen.

❑ Den Mitgliedern des Target Costing-Teams muß der Zugang zu den benötigten Informationen möglich sein. Dies gilt für alle Arten, d.h. für Marketinginformationen, Beschaffungsdaten, Kosteninformationen, Entwicklungs- und Konstruktionsdaten sowie Wettbewerbsinformationen. Die eingesetzten oder neu aufgebauten Informationssysteme sollten zukünftig erweiterbar sein und flexible Auswertungen und Betrachtungsweisen zulassen.

### 5.6.3.3. Handlungsempfehlungen zur Ausweitung der Target Costing-Aktivitäten in der Standardisierungsphase

❑ Wird Target Costing auf einen größeren Unternehmensbereich ausgeweitet, ist zu gewährleisten, daß ein standardisierter Prozeßablauf und einheitlicher Methodeneinsatz erfolgt, um die Kompatibilität und Vergleichbarkeit der Kostensenkungsmaßnahmen zu gewährleisten. Daher ist zu überlegen, ob sich die Einrichtung eines Target Costing-Stabes zur methodischen Unterstützung der Target Costing-Projektteams empfiehlt. Daneben könnten in den Unternehmensbereichen und Tochterunternehmen Target Costing-Kernteams eingerichtet werden. Die Target Costing-Abteilung bzw. der -Stab haben als zentrale Koordinationsstelle die Aufgabe, das in der Organisation vorhandene Target Costing-Wissen und die positiven und negativen Erfahrungen in den einzelnen Projekten zu kommunizieren. Weiterhin käme ihnen die Aufgabe zu, die eingesetzten Methoden und Instrumente permanent zu verbessern, zu ergänzen und die Abläufe zu standardisieren.

❑ Die Target Costing-Projektverantwortung liegt i.d.R. bei den Produktmanagern/ Projektleitern oder den Projektteams auf Geschäftsbereichsebene. Bei einer komplexen Kundensituation wird in der Praxis zwar häufig eine Top-down-Implementierung praktiziert, die aufgrund der, aus der übergeordneten Gesamtsicht erforderlichen, Vorbereitungsphase in der Regel auch länger dauern dürfte (bspw. Vorbereitung des offiziellen Projektstarts, Schulungen, Kommunikationskonzept, organisatorische Änderungen). Es ist deshalb zu empfehlen, eine dezentrale Einführung mit der notwendige Top-Managementunterstützung zu realisieren.

❑ Für eine dauerhafte Target Costing-Anwendung muß das Target Costing instrumental und institutional in das Controllingsystem eingebunden werden und somit in das Planungs- und Steuerungssystem des Unternehmen integriert werden. Dabei kommt dem Controlling, das in vielen Fällen auch Initiator des Target Costing in Unternehmen ist, eine entscheidende Bedeutung zu. Dies gilt besonders für den Aufbau eines Berichtswesens, das den Informationsfluß zwischen den Funktionsbereichen und der Unternehmensleitung gewährleisten muß, um Reibungsverluste und Zeitverzögerungen zu vermeiden. Da die Lebenszyklus-orientierung des Target Costing in den Unternehmen zur Zeit eher schwach ausgeprägt ist, sollte eine Verbindung der einperiodischen Kostenbetrachtung mit einer lebenszyklusübergreifenden Zahlungsstromanalyse erfolgen, um eine Verknüpfung der mit den Target Costs in Zusammenhang stehenden Investitionen in der Investitionsplanung zu erreichen.

❑ Im Zuge der Ausweitung des Target Costing im Gesamtunternehmen müssen alle Kostenarten Kostensenkungsaktivitäten unterzogen werden. Das gilt für alle produktnahen und produktfernen Gemeinkostenbereiche. Für ein integriertes Produktkostenmanagement sollte eine Erweiterung der Kostensenkungs-maßnahmen in die Produktionsphase erfolgen. Dazu ist das Target Costing an die kontinuierlichen Kostenverbesserungsaktivitäten im Rahmen eines Kaizen Costing anzuknüpfen.

❑ Die informationstechnische Unterstützung des Target Costing ist in vielen Unternehmen noch schwach ausgeprägt. Es ist daher empfehlenswert, zur Unterstützung frühzeitiger Kostenschätzungen durch die Entwicklungsingenieure die im Unternehmen existierenden Systeme auf Ihre Kompatibilität hin zu überprüfen und eine Integration der Kosteninformationen anzustreben.

❑ Bei hoher Technologie- und Marktdynamik sollte das „Tempo" des Target Costing erhöht werden, d.h. Kostenziele sollten häufiger überprüft und angepaßt werden, die Informationsversorgung sollte schneller erfolgen, Steuerungsmaßnahmen zur Zielkostenerreichung müssen schneller umgesetzt werden.

❑ Schließlich ist anzustreben, Target Costing als Gewinnplanungs- und -steuerungskonzept zu einem festen Bestandteil der Unternehmenskultur weiterzuentwickeln. Es ist jedoch nicht möglich, dieses Konzept ausschließlich durch die Mitarbeiter („Bottom-up-empowerment") zu implementieren. Es ist dazu die Unterstützung der Unternehmensführung notwendig, die die strategische Kopplung, die notwendigen Ressourcen und die dynamischen Prozesse gewähr-leisten soll.

❑ Die Erreichung der Zielkosten ist an entsprechende Anreizsysteme zu koppeln, die die permanente Zielkostenverfolgung unterstützen. Im Gegensatz zu japanischen

Unternehmen, in denen oft ein erziehungs- und ausbildungsbedingtes Innovationsklima entsteht, sind in westlichen Unternehmen konkrete Anreize zu schaffen, die materielle Anreize ergänzen, bspw. die Erweiterung persönlicher Kompetenzen, Weiterbildungsmöglichkeiten, Flexibilisierung der Arbeitszeiten etc. Der allgemeine Appell zur Zielkostenerreichung oder die Bestrafung bei Nichterreichung reichen nicht aus.

❑ Die unternehmensweite Anwendung des Target Costing wird nicht erfolgreich sein, solange nur die Unternehmensführung von dem Konzept überzeugt ist. Das Unternehmen muß auf den Einsatz und den damit verbundenen Denkwandel vorbereitet sein. Neben einer detaillierten Umsetzungsplanung, die alle technischen, organisatorischen, wirtschaftlichen, kulturellen und unternehmens-politischen Konsequenzen berücksichtigt, gehört dazu auch die Schaffung von Akzeptanz und eines einheitlichen Verständnisses bei den Mitarbeitern durch eine intensive Vorbereitung und Durchführung von Pilotprojekten wie in den beiden vorigen Kapiteln beschrieben.

# 6. Fazit

Die mittlerweile langjährigen Anwendungserfahrungen mit dem aus Japan stammenden Konzept des Target Costing in westlichen Unternehmen werden zur Zeit intensiv empirisch untersucht. Zielsetzung dabei ist es, die unternehmens- und kulturspezifischen Unterschiede und Probleme im Vergleich zu japanischen Unternehmen zu identifizieren, die schon seit längerem Gegenstand empirischer Untersuchungen sind.

Die vorliegende Untersuchung stellt die erste in Deutschland durchgeführte Fragebogenuntersuchung dar, die sich ausschließlich und ausführlich mit der Gestaltung und Einführung des Target Costing in deutschen Großunternehmen befaßt. Sie ist konzeptionell eingebunden in die zur Zeit laufenden Untersuchungsprojekte in anderen Ländern wie den USA, Japan und Frankreich.

Nachdem einige deutsche Pionierunternehmen seit Anfang der neunziger Jahre Target Costing eingesetzt haben und die Anwendungserfolge vielfach veröffentlicht wurden, hat seit Mitte der neunziger Jahre eine breitere Implementierungswelle stattgefunden. Aus dieser Tatsache kann abgeleitet werden, daß es sich bei Target Costing um ein Thema handelt, das die Unternehmen zur Zeit beschäftigt und das auch zukünftig noch weiter zu behandeln sein wird. Aus diesem Grund wurden in dieser Studie auf Basis des erhobenen Datenmaterials Handlungsempfehlungen abgeleitet, die die Unternehmen bei der Einführung und Weiterentwicklung ihrer Target Costing-Systeme unterstützen sollen.

Die vorliegende Studie hat teilweise zu übereinstimmenden Ergebnissen im Vergleich mit japanischen Untersuchungen geführt. Unterschiede oder Gemeinsamkeiten zu Ergebnissen anderer Untersuchungen bei deutschen Unternehmen konnten nur bzgl. einzelner Aspekte ermittelt werden, da es sich bei der vorliegenden Untersuchung um die erste ihrer Art handelt. In anderen Befragungen deutscher Unternehmen wurde hauptsächlich nur der Bekanntheitsgrad, die Anwendungsdauer und die beabsichtigte Einführung des Target Costing erfragt.

Die im Rahmen des Untersuchungsmodells aufgestellten Ausgangshypothesen konnten nur teilweise bestätigt werden. Haupterkenntnis ist, daß sich die Gestaltung des Target Costing in deutschen Unternehmen in seinen wesentlichen Elementen unterscheidet, und daß diese Gestaltung von unternehmensinternen und -externen Einflußfaktoren abhängt, die sich bestimmten Variablengruppen zuordnen lassen.

Insgesamt kann aus den in dieser Untersuchung genannten Anwendungserfahrungen mit Target Costing ein sehr positives Urteil der teilnehmenden Unternehmen abgeleitet werden. Der Großteil der befragten deutschen Großunternehmen schätzt die Effektivität hinsichtlich der verfolgten Zielsetzung und den Beitrag zum Unternehmenserfolg als hoch bis sehr hoch ein. Dennoch ist sowohl die Einführung als auch die Weiterentwicklung des Target Costing im Unternehmen ein mühsamer Weg, der in vielen Fällen größere Anstrengungen erfordert als von den Unternehmen häufig angenommen. Dabei stellt sich für die Umsetzung in der Praxis die Frage, ob die Akzeptanz der Target Costing-Konzeption nicht dadurch beeinträchtigt wird, daß sie in der Theorie sehr detailliert und kompliziert behandelt wird und in allen Detailfragen gelöst sein muß. In japanischen Unternehmen beruht der Erfolg dieses Ansatzes nämlich auf seiner Einfachheit und Universalität (vgl. *Freidank* (1999), S. 391).

Die empirische Forschung zum Target Costing in deutschen Unternehmen steht noch am Anfang. Internationale Vergleiche der Anwendungspraxis in westlichen Ländern im Vergleich zum Ursprungsland Japan werden aufbauend auf den zur Zeit durchgeführten Studien folgen. Darüber hinaus werden in Zukunft sicherlich weitere Untersuchungen durchgeführt werden, um den sich ändernden Anwendungsstand zu begleiten und Antworten auf neu aufkommende Fragestellungen zu finden. So wäre bspw. die Untersuchung der unterschiedlichen Anwendung des Target Costing in mittelständischen Unternehmen im Vergleich zu Großunternehmen aus heutiger Sicht auch schon von großem Interesse.

Insgesamt kann aber schon jetzt festgehalten werden, daß Target Costing für deutsche Großunternehmen ein praktikables, notwendiges und auch sehr effektives Konzept zum marktorientierten Kostenmanagement in der Produktentwicklung darstellt.

# Anhang A

**Universität Stuttgart**

Betriebswirtschaftliches Institut
Lehrstuhl Controlling

Univ.-Prof. Dr. Péter Horváth

Keplerstraße 17
70174 Stuttgart

Telefon  0711 / 121-3169/-3170
Telefax  0711 / 121-3151

e-mail   lehrstuhl.controlling
@po.uni-stuttgart.de

**Entwicklungstendenzen im Controlling und Kostenmanagement: Empirisches
Forschungsprogramm des Lehrstuhls Controlling der Universität Stuttgart**

Sehr geehrte «ansprache» «nachname»,

der Lehrstuhl Controlling der Universität Stuttgart beabsichtigt, den derzeitigen **Stand und die
Entwicklungstendenzen des Controlling und des Kostenmanagements in der deutschen
Unternehmenspraxis** umfassend und grundlegend zu erforschen. Hierzu werden wir ab Ende
Oktober eine Fragebogenaktion mit mehreren Teilstudien durchführen.

Wir möchten Ihr Unternehmen hiermit einladen, an unseren Studien teilzunehmen.

Bitte vermerken Sie auf beiliegendem **Antwortfax**, zu welchen Teilstudien Sie die Erfahrungen Ihres
Hauses einbringen möchten. Ihre Angaben werden selbstverständlich streng vertraulich behandelt.
Die notwendige Zeit für die Beantwortung eines Fragebogens wird dabei je nach Studie zwischen 10
und 20 Minuten betragen. Für Ihre Unterstützung bedanken wir uns bereits jetzt sehr herzlich.

Als Gegenleistung für Ihre Mühe werden wir Ihnen natürlich jeweils eine **Auswertung der
Untersuchungsergebnisse** zukommen lassen. Außerdem laden wir alle Teilnehmer zu einem
ganztägigen **Workshop an der Universität Stuttgart** zur Vorstellung und Diskussion der
Ergebnisse und Umsetzungsempfehlungen ein. Der Workshop findet im Frühjahr 1998 statt.

Für Rückfragen stehen Ihnen Dipl.-Kfm. Arnaout, Dr. Gleich, Dr. Seidenschwarz und Dipl.-Kfm.
Stoi jederzeit unter 0711 / 121- 3170 zur Verfügung.

Wir freuen uns auf die Zusammenarbeit mit Ihnen und verbleiben mit freundlichen Grüßen

*P. Horváth*

Univ.-Prof. Dr. Péter Horváth

*Abb. A-1: Kontaktbrief*

**Universität Stuttgart**

Betriebswirtschaftliches Institut

Lehrstuhl Controlling

Univ.-Prof. Dr. Péter Horváth

Keplerstraße 17

70174 Stuttgart

*Absender/Stempel*

## Empirisches Forschungsprogramm des Lehrstuhls Controlling

## Rückantwort bitte per Fax Nr. 0711 / 121 - 3151

**Ja**, wir möchten an folgenden Studien des empirischen Forschungsprogramms teilnehmen.
(Bitte ankreuzen und unter dem Buchstaben den Ansprechpartner in Ihrem Haus eintragen.)

A ❑      B ❑      C ❑      D ❑

.............................  ..........................  ...............................  ..............................

.............................  ..........................  ...............................  ..............................

.............................  ..........................  ...............................  ..............................

**Nein**, an folgenden Studien des empirischen Forschungsprogramms können wir leider ***nicht*** teilnehmen, denn ...      (Bitte geben Sie jeweils eine kurze Begründung, ggfs. auf Extrablatt.)

• ... die zu untersuchende Thematik   ❑ A   ❑ B   ❑ C    ❑ D   ist für uns nicht von Interesse.

Begründung ......................................................................................................................

..........................................................................................................................................

..........................................................................................................................................

• ... die Thematik   ❑ A   ❑ B   ❑ C   ❑ D   wurde in unserem Unternehmen geprüft und als nicht
vorteilhaft befunden.

Begründung ......................................................................................................................

..........................................................................................................................................

..........................................................................................................................................

• ... diese Thematik wird in unserem Unternehmen zur Zeit geprüft.

A ❑      B ❑      C ❑      D ❑

• ... wir beabsichtigen, das Thema in unserem Unternehmen in Zukunft einzuführen, und zwar ab

❑ A............................ ❑ B.......................... ❑ C........................... ❑ D..........................

• ...wir haben die Thematik   ❑ A   ❑ B   ❑ C   ❑ D   eingeführt, den Einsatz in unserem
Unternehmen aber wieder beendet.

Begründung ......................................................................................................................

..........................................................................................................................................

*Abb. A-2: Antwortfax*

## Allgemeine Unternehmensdaten

*1. Ist Ihr **Unternehmen** ...*

&#10065; ein konzernunabhängiges Unternehmen ?

&#10065; eine Muttergesellschaft ?

&#10065; eine Tochtergesellschaft ?

&#10065; eine selbständige Geschäftseinheit innerhalb eines Konzerns ?

*2. Wieviele **Mitarbeiter** waren in Ihrem Unternehmen (bzw. Ihrer Geschäftseinheit) zum Ende des letzten Geschäftsjahres beschäftigt ?*

&#10065; 1.000 - 2.000          &#10065; 3.001 - 5.000          &#10065; > 10.000

&#10065; 2.001 - 3.000          &#10065; 5.001 - 10.000

*3. Wie hoch war der **Umsatz** Ihres Unternehmens bzw. Ihrer Geschäftseinheit im vergangenen Geschäftsjahr ?*

&#10065; < 250 Mio.             &#10065; 1,0 - 2,0 Mrd.         &#10065; > 10,0 Mrd.

&#10065; 250 - 500 Mio.         &#10065; 2,0 - 5,0 Mrd.

&#10065; 500 - 1000 Mio.        &#10065; 5,0 - 10,0 Mrd.

*4. Wie hoch war die durchschnittliche **Umsatzentwicklung** pro Jahr in Ihrem Unternehmen bzw. Ihrer Geschäftseinheit in den letzten drei Jahren?*

|        | stark rückläufig | rückläufig | konstant | steigend | stark steigend |
|--------|------------------|------------|----------|----------|----------------|
| Umsatz | &#10065; < - 10 % | &#10065; - 10% - -5% | &#10065; + / - 5 % | &#10065; 5 % - 10 % | &#10065; > 10 % |

*5. Wie schätzen Sie die **Profitabilität** Ihres Unternehmen bzw. Ihrer Geschäftseinheit im Vergleich zur Branche ein ?*

|  sehr hoch  |   hoch    |  durchs.  |   gering  |  sehr gering |
|-------------|-----------|-----------|-----------|--------------|
|  &#10065;   | &#10065;  | &#10065;  | &#10065;  |   &#10065;   |

*6. Wie ist die **Marktstellung** Ihres Unternehmens in Deutschland ?*

&#10065; marktführend (Nr. 1 oder 2)          &#10065; marktmitbestimmend          &#10065; nicht marktbestimmend

*7. In welchen **Branchen** ist Ihr Unternehmen vornehmlich tätig ?*

&#10065; Maschinenbau / Metallbau          &#10065; Bau / Steine / Erden / Glas

&#10065; Elektrotechnik / Elektronik       &#10065; Eisen / Stahl

&#10065; Chemie / Pharma                   &#10065; Nahrungs- / Genußmittel

&#10065; Textil / Bekleidung / Leder       &#10065; Handel, Banken, Versicherungen

&#10065; Holz / Papier / Druck             &#10065; Sonstige Dienstleistungen

&#10065; Automobil                         &#10065; _____

*Abb. A-3: Allgemeiner Fragebogen*

*9. Welche grundsätzliche Strategie verfolgt Ihr Unternehmen (bzw. Geschäftsbereich) ?*

☐ Kostenführerschaft
☐ Differenzierung
☐ Nischenstrategie Kostenführerschaft
☐ Nischenstrategie Differenzierung
☐ Outpacing (Leistungs- <u>und</u> Kostenführerschaft)
☐ keine grundsätzliche Strategie

*10. Wie hoch schätzen Sie für Ihr Unternehmen die Schnelligkeit und Häufigkeit von Änderungen (Dynamik und Diskontinuität) folgender Aspekte ein?*

|  | sehr hoch 2 | hoch 1 | durchs. 0 | gering -1 | sehr gering -2 |
|---|---|---|---|---|---|
| Kundenstruktur | ☐ | ☐ | ☐ | ☐ | ☐ |
| Lieferantenstruktur | ☐ | ☐ | ☐ | ☐ | ☐ |
| Verfahrens- / Fertigungstechnik | ☐ | ☐ | ☐ | ☐ | ☐ |
| Produkttechnologie | ☐ | ☐ | ☐ | ☐ | ☐ |

*11. Wie ist die Leistungsstruktur Ihres Unternehmen gekennzeichnet hinsichtlich ...*

• der Wertschöpfung ?

| ☐ | ☐ | ☐ | ☐ | ☐ | ☐ | ☐ | ☐ | ☐ | ☐ |
|---|---|---|---|---|---|---|---|---|---|
| <10% | 10-20% | 20-30% | 30-40% | 40-50% | 50-60% | 60-70% | 70-80% | 80-90% | >90% |

• der Verantwortung für folgende Glieder der Prozeßkette ?

| ☐ | ☐ | ☐ | ☐ | ☐ | ☐ |
|---|---|---|---|---|---|
| Markt-erschließung | Produkt-entwicklung | Beschaffung | Logistik | Fertigung | Vermarktung |

• des Gemeinkostenanteils (in % der Gesamtkosten) ?

☐ < 5,0 %          ☐ 10,0 % - 20,0 %          ☐ 35,0 % - 50,0 %

☐ 5,0 % - 10,0 %          ☐ 20,0 % - 35,0 %          ☐ 50,0 % - 75,0 %

☐ > 75,0 %

*12. Wie ist die Produktprogrammkomplexität in Ihrem Unternehmen gekennzeichnet hinsichtlich ...?*

|  | sehr hoch 2 | hoch 1 | durchs. 0 | gering -1 | sehr gering -2 |
|---|---|---|---|---|---|
| der Anzahl der Produktlinien | ☐ | ☐ | ☐ | ☐ | ☐ |
| der Ähnlichkeit der Produktlinien | ☐ | ☐ | ☐ | ☐ | ☐ |

*13. Wie schätzen Sie die Produktkomplexität Ihrer Hauptprodukte ein hinsichtlich ...?*

|  | sehr hoch 2 | hoch 1 | durchs. 0 | gering -1 | sehr gering -2 |
|---|---|---|---|---|---|
| der Komplexität des Produktes | ☐ | ☐ | ☐ | ☐ | ☐ |
| der Komplexität der Kundenbeziehung | ☐ | ☐ | ☐ | ☐ | ☐ |

*14. Welchen Einfluß übt der Controller im Rahmen der strategische Planung Ihres Unternehmens bzw. Geschäftsbereiches aus?*

| sehr hoch 2 | hoch 1 | mittel 0 | gering -1 | sehr gering -2 |
|---|---|---|---|---|
| ☐ | ☐ | ☐ | ☐ | ☐ |

*15. Auf welcher hierarchischen Ebene ist das Controlling angesiedelt ?*

☐ 1. Führungsebene          ☐ 2. Führungsebene          ☐ 3. Führungsebene

*Abb. A-3: Allgemeiner Fragebogen (Fortsetzung)*

**Fragebogen zur Gestaltung und Implementierung des Target Costing in der deutschen Unternehmenspraxis**

Mit dem folgenden Fragebogen sollen die Gestaltung und die Implementierung des Target Costing in deutschen Großunternehmen und die damit erzielten Auswirkungen untersucht werden. Der Fragebogen setzt sich aus vier Teilen zusammen, die sich auf die verschiedenen Untersuchungsaspekte beziehen:

> Teil 1: Allgemeine Fragen zum Target Costing
> Teil 2: Fragen zur Gestaltung des Target Costing
> Teil 3: Fragen zur Implementierung des Target Costing
> Teil 4: Fragen zur Effektivität des Target Costing

Für die Beantwortung des Fragebogens benötigen Sie ca. 25 Minuten.

## 1. Allgemeine Fragen zum Target Costing

*1.1. Mit welchem **Verbreitungsgrad** und seit wann wird in Ihrem Unternehmen Target Costing eingesetzt?*

|  | seit |
|---|---|
| ❏ nur vereinzelt in bestimmten Projekten | _____ |
| ❏ nur für ausgewählte Produkte | _____ |
| ❏ nur in bestimmten Divisionen oder Abteilungen | _____ |
| ❏ unternehmensweit | _____ |

*1.2. Welche Bedeutung hatten bzw. haben die folgenden **Ziele** für die Anwendung des Target Costing in Ihrem Unternehmen?*

|  | bei der Einführung | | | heute | | |
|---|---|---|---|---|---|---|
|  | geringe | keine | große | geringe | keine | große |
| Kostensenkungen | ❏ | ❏ | ❏ | ❏ | ❏ | ❏ |
| Erhöhung der Kostentransparenz | ❏ | ❏ | ❏ | ❏ | ❏ | ❏ |
| Beeinflussung der Kostenstrukturen | ❏ | ❏ | ❏ | ❏ | ❏ | ❏ |
| Verstärkung der Markt- und Kundenorientierung in der Produktentwicklung | ❏ | ❏ | ❏ | ❏ | ❏ | ❏ |
| Vorverlagerung der Kostenbeeinflussungszeitpunkte | ❏ | ❏ | ❏ | ❏ | ❏ | ❏ |
| Verringerung der Produktkomplexität | ❏ | ❏ | ❏ | ❏ | ❏ | ❏ |
| Verringerung der Programmkomplexität | ❏ | ❏ | ❏ | ❏ | ❏ | ❏ |
| Qualitätsverbesserungen | ❏ | ❏ | ❏ | ❏ | ❏ | ❏ |
| Verkürzung der Entwicklungszeit/ Erreichen des optimalen Markteintrittszeitpunktes | ❏ | ❏ | ❏ | ❏ | ❏ | ❏ |
| Koordination der Entwicklungstätigkeiten | ❏ | ❏ | ❏ | ❏ | ❏ | ❏ |

*1.3. Wie würden Sie bzgl. folgender Aspekte den **Informationsstand** Ihres Unternehmen vor Einführung des Target Costing beurteilen?*

|  | sehr schlecht | schlecht | durchschnittlich | gut | sehr gut |
|---|---|---|---|---|---|
| Kenntnis der Kundenwünsche | ❏ | ❏ | ❏ | ❏ | ❏ |
| Kenntnis der Produktfunktionen | ❏ | ❏ | ❏ | ❏ | ❏ |
| Kenntnis der Preiswünsche | ❏ | ❏ | ❏ | ❏ | ❏ |
| Kenntnisse über Konkurrenzprodukte | ❏ | ❏ | ❏ | ❏ | ❏ |
| Genauigkeit der Erlösschätzungen | ❏ | ❏ | ❏ | ❏ | ❏ |

*Abb. A-4: Target Costing-Fragebogen*

*1.4. Wie schätzen Sie im **Vergleich zur Konkurrenz** die Situation in Ihrem Unternehmen ein bzgl. der...*

|  | schlecht | neutral | gut |
|---|---|---|---|
| persönlichen Innovationsbereitschaft Ihrer Mitarbeiter | ❑ | ❑ | ❑ |
| Teamfähigkeit der Mitarbeiter | ❑ | ❑ | ❑ |
| Effektivität des Betrieblichen Vorschlagswesens | ❑ | ❑ | ❑ |
| Anreizsysteme zur Kosteneinsparung /Zielerreichung | ❑ | ❑ | ❑ |
| Personifizierten Verantwortung für Kostensenkungen | ❑ | ❑ | ❑ |
| Entscheidungseinbindung der Mitarbeiter | ❑ | ❑ | ❑ |

*1.5. Wie beurteilen Sie Ihre Hauptprodukte hinsichtlich folgender Aspekte?*

|  | sehr gering | gering | keine | hohe | sehr hohe |
|---|---|---|---|---|---|
| Produktlebensdauer | ❑ | ❑ | ❑ | ❑ | ❑ |
| Produktinnovativität der jeweiligen Produktgeneration | ❑ | ❑ | ❑ | ❑ | ❑ |

## 2. Fragen zur Gestaltung des Target Costing

*2.1. In welcher **Phase** der Produktentwicklung setzt das Target Costing ein ?*

❑ Konstruktion
❑ Entwicklung
❑ Produktplanung

*2.2. Wie groß ist der **Einfluß der jeweiligen Mitarbeiter** im Rahmen des Target Costing in den Phasen der Produktentwicklung ?*

|  | Produktplanung | | | Entwicklung | | | Konstruktion | | | Produktionsplanung | | |
|---|---|---|---|---|---|---|---|---|---|---|---|---|
|  | gering | neutral | groß | gering | neutral | groß | gering | neutral | groß | gering | neutral | groß |
| Controller | ❑ | ❑ | ❑ | ❑ | ❑ | ❑ | ❑ | ❑ | ❑ | ❑ | ❑ | ❑ |
| Marketing/Vertrieb | ❑ | ❑ | ❑ | ❑ | ❑ | ❑ | ❑ | ❑ | ❑ | ❑ | ❑ | ❑ |
| Einkauf | ❑ | ❑ | ❑ | ❑ | ❑ | ❑ | ❑ | ❑ | ❑ | ❑ | ❑ | ❑ |
| Produktplanung | ❑ | ❑ | ❑ | ❑ | ❑ | ❑ | ❑ | ❑ | ❑ | ❑ | ❑ | ❑ |
| F&E | ❑ | ❑ | ❑ | ❑ | ❑ | ❑ | ❑ | ❑ | ❑ | ❑ | ❑ | ❑ |
| Konstruktion | ❑ | ❑ | ❑ | ❑ | ❑ | ❑ | ❑ | ❑ | ❑ | ❑ | ❑ | ❑ |
| Produktionsplanung | ❑ | ❑ | ❑ | ❑ | ❑ | ❑ | ❑ | ❑ | ❑ | ❑ | ❑ | ❑ |
| Fertigung | ❑ | ❑ | ❑ | ❑ | ❑ | ❑ | ❑ | ❑ | ❑ | ❑ | ❑ | ❑ |
| Qualitätssicherung | ❑ | ❑ | ❑ | ❑ | ❑ | ❑ | ❑ | ❑ | ❑ | ❑ | ❑ | ❑ |
| Produktmanager | ❑ | ❑ | ❑ | ❑ | ❑ | ❑ | ❑ | ❑ | ❑ | ❑ | ❑ | ❑ |
| Divisionsmanager | ❑ | ❑ | ❑ | ❑ | ❑ | ❑ | ❑ | ❑ | ❑ | ❑ | ❑ | ❑ |
| andere: | ❑ | ❑ | ❑ | ❑ | ❑ | ❑ | ❑ | ❑ | ❑ | ❑ | ❑ | ❑ |

*2.3. Für welche **Modelle bzw. Varianten** setzen Sie in Ihrem Unternehmen Target Costing ein?*

❑ für alle Modelle bzw. Varianten
❑ nur für ausgewählte Standardvarianten
❑ für ausgewählte Standardvarianten, bei den übrigen Varianten wenden wir Target Costing nur auf die Hauptkomponenten an

*2.4. Welchen Bedeutungsgrad messen Sie jeweils den folgenden Funktionen der **Retrograden Kalkulation für Ihr Unternehmen** bei?*

|  | sehr bedeutend | bedeutend | neutral | unbedeut. | sehr unbed. |
|---|---|---|---|---|---|
| Ableitung der Zielkosten unmittelbar vom Marktpreis | ❑ | ❑ | ❑ | ❑ | ❑ |
| Ausrichtung der Kalkulation an Kunden und Wettbewerbern | ❑ | ❑ | ❑ | ❑ | ❑ |
| Unbedingte Absicherung der Zielgewinnrate | ❑ | ❑ | ❑ | ❑ | ❑ |
| Ermittlung der vom Team direkt beeinflußbaren Kosten | ❑ | ❑ | ❑ | ❑ | ❑ |
| Hinterfragen aktueller Unternehmensstrukturen | ❑ | ❑ | ❑ | ❑ | ❑ |
| Herunterbrechen der Zielkostenvorgabe | ❑ | ❑ | ❑ | ❑ | ❑ |
| Fokussierung der Zielkostenerreichung auf das Gesamtprodukt | ❑ | ❑ | ❑ | ❑ | ❑ |

*Abb. A-4: Target Costing-Fragebogen (Fortsetzung)*

*2.5. Welche Bedeutung haben die folgenden Einflußfaktoren auf die **Zielrendite** in der Retrograden Kalkulation?*

| | sehr geringe | geringe | keine | hohe | sehr hohe |
|---|---|---|---|---|---|
| Renditeerwartungen | ❑ | ❑ | ❑ | ❑ | ❑ |
| Langfristige Portfolioplanung (Outpacing) | ❑ | ❑ | ❑ | ❑ | ❑ |
| Risikoabsicherung | ❑ | ❑ | ❑ | ❑ | ❑ |
| Angestrebte konkurrenzorientierte Marktposition | ❑ | ❑ | ❑ | ❑ | ❑ |

*2.6. Welche **Kostenarten** werden in der Retrograden Kalkulation berücksichtigt bzw. sollen zukünftig berücksichtigt werden?*

| | werden schon heute berücksichtigt | werden zukünftig berücksichtigt | werden in Form von Prozeßkosten berücksichtigt |
|---|---|---|---|
| Materialeinzelkosten | ❑ | ❑ | ❑ |
| Materialgemeinkosten | ❑ | ❑ | ❑ |
| Fertigungslöhne | ❑ | ❑ | ❑ |
| Fertigungsgemeinkosten | ❑ | ❑ | ❑ |
| Kosten für Zulieferteile | ❑ | ❑ | ❑ |
| Entwicklungskosten | ❑ | ❑ | ❑ |
| Kosten für Versuchsserien | ❑ | ❑ | ❑ |
| Logistikkosten | ❑ | ❑ | ❑ |
| Verwaltungskosten | ❑ | ❑ | ❑ |
| Vertriebskosten | ❑ | ❑ | ❑ |
| Qualitätssicherungskosten | ❑ | ❑ | ❑ |
| Garantiekosten | ❑ | ❑ | ❑ |
| Entsorgungskosten des Kunden | ❑ | ❑ | ❑ |
| Betriebskosten des Kunden | ❑ | ❑ | ❑ |
| Wartungskosten des Kunden | ❑ | ❑ | ❑ |
| weitere: | ❑ | ❑ | ❑ |

*2.7. In welcher Höhe erfolgt die **Zielkostenfestlegung** in Ihren Target Costing-Projekten?*

❑ vom Markt erlaubte Kosten (Market into company)
❑ auf Basis der technischen Möglichkeiten und Erfahrungen des Unternehmens (out of company)
❑ zwischen den vom Markt erlaubten Kosten und den erwarteten Kosten (into and out of company)
❑ zu den geschätzten Kosten der Wettbewerber (out of competitor)
❑ aktuelle Kosten minus Kostenreduktionsziel (out of standard costs)

*2.8. Wie anspruchsvoll ist die **Zielkostenvorgabe**?*

| erreichbar mit aktuellem technologischen Standard | | | | | | erreichbar nur mit innovativen Ideen |
|---|---|---|---|---|---|---|
| -3 | -2 | -1 | 0 | 1 | 2 | 3 |
| ❑ | ❑ | ❑ | ❑ | ❑ | ❑ | ❑ |

*2.9. In welchem Ausmaß sind die folgenden Ursachen für eine **Änderung der Zielkostenvorgabe** im Laufe eines Entwicklungsprozesses verantwortlich?*

| | Änderungen | | | | |
|---|---|---|---|---|---|
| | keine | sehr geringe | geringe | häufige | sehr häufige |
| Probleme bei der Zielkostenerreichung | ❑ | ❑ | ❑ | ❑ | ❑ |
| Veränderung der Designspezifikationen | ❑ | ❑ | ❑ | ❑ | ❑ |
| Markteintrittszeitpunkt gefährdet | ❑ | ❑ | ❑ | ❑ | ❑ |
| Weitere Aufforderung zur Kostensenkung durch den Kunden | ❑ | ❑ | ❑ | ❑ | ❑ |

*Abb. A-4: Target Costing-Fragebogen (Fortsetzung)*

*2.10. Wie schätzen Sie die* **Erreichbarkeit der Target Costs** *ein ?*

❑ es sind ca. 80 % der ursprünglichen Target Costs erreichbar
❑ es sind ca. 90 % der ursprünglichen Target Costs erreichbar
❑ es sind ca. 100 % der ursprünglichen Target Costs erreichbar
❑ es sind normalerweise nur mehr als 100 % der Target Costs erreichbar

*2.11. Bis auf welche Spaltungsebene und durch wen findet die endgültige Entscheidung über die* **Zielkostenspaltung** *statt ?*

| Endgültige Entscheidung durch<br><br>auf | Produktmanager,<br>Divisionsmanager oder<br>Leiter Produktentwicklung | gemeinsam durch die<br>Mitglieder des Target<br>Costing-Teams | es findet keine<br>Zielkostenspaltung statt |
|---|---|---|---|
| Funktionen | ❑ | ❑ | ❑ |
| Baugruppen | ❑ | ❑ | ❑ |
| Komponenten | ❑ | ❑ | ❑ |
| Teile | ❑ | ❑ | ❑ |
| Prozesse | ❑ | ❑ | ❑ |
| Kostenarten | ❑ | ❑ | ❑ |
| Bereiche | ❑ | ❑ | ❑ |
| Personen | ❑ | ❑ | ❑ |

*2.12. In welchen Phasen des Entwicklungsprozesses und in welcher Form finden* **Wertanalysen und Wertgestaltungen** *statt ?*

| in der Phase der<br>zur | Produktplanung | Entwicklung | Produktionsplanung<br>und im Einkauf |
|---|---|---|---|
| Festlegung der Produktfunktionen | ❑ | ❑ | ❑ |
| Erarbeitung eines Funktionsbaums | ❑ | ❑ | ❑ |
| Bewertung der Produktfunktionen | ❑ | ❑ | ❑ |
| Kostenspaltung auf die Produktfunktionen | ❑ | ❑ | ❑ |

*2.13. Setzen Sie zur Unterstützung des Target Costing spezielle* **Informationssysteme** *ein?*

❑ Integrierte CAD-Kosteninformationssysteme
❑ Erfahrungsdatenbanken für Kostenprognosen
❑ Fallstudiensammlung
❑ Datenbanken für Material- und Preislisten
❑ spezielle Tools zur Zielkostenspaltung
❑ nein

*2.14. Werden in ihrem Unternehmen* **Cost Tables** *(meist datenbankgestützte Kosteninformationstabellen) erstellt ?*

❑ nein
❑ ja, auf Basis früherer Produktgenerationen
❑ ja, auf Basis von Konkurrenzbenchmarks (Reverse Engineering)

*2.15. Nach welchen* **Kriterien** *werden die Cost Tables aufgebaut ?*

❑ nach Materialalternativen
❑ nach Mengen/Losgrößen
❑ nach Fertigungsalternativen
❑ nach Maschinenalternativen
❑ nach Einzel- und Gemeinkosten

*Abb. A-4: Target Costing-Fragebogen (Fortsetzung)*

*2.16. Welche weiteren **Instrumente und Methoden** werden zur Unterstützung des Target Costing eingesetzt ?*

❑ Kostenschätzverfahren und Vorkalkulationen auf Basis von Erfahrungswerten und Ähnlichkeiten
❑ Projektkostendeckungsrechnungen
❑ Design to Cost (Kostengerechte Entwicklung und Konstruktion)
❑ Design for Manufacturing / Design for Assembly (Fertigungs- und montagegerechte Entwicklung und Konstruktion)
❑ Quality Function Deployment
❑ Rapid Prototyping
❑ Prozeßkostenrechnung
❑ Benchmarking
❑ Lebenszykluskostenrechnung

*2.17. Wie wird die **Zielkostenerreichung** verfolgt und abgebildet?*

❑ die Zielkostenerreichung wird nur bis zur Nullserie abgebildet
❑ die Zielkostenerreichung wird auch während der Fertigung abgebildet
❑ die Target Costing -Aktivitäten sind mit Cost Improvement -Aktivitäten während der Massenfertigung verbunden
❑ die Höhe der realisierten Kostensenkung wird nicht detailliert erfaßt

*2.18. Werden die Gründe für die eventuelle **Nichterreichung der Zielkosten** weiterverfolgt?*

❑ nein
❑ nur in besonderen Fällen nach Bedarf
❑ ja, ständig

*Falls ja oder nur in besonderen Fällen: Für welchen Zweck werden die Informationen über die **Ursachen der Nichterreichung** der Zielkosten benötigt?*

|                                                    | nein |   | neutral |   | ja |
|----------------------------------------------------|------|---|---------|---|----|
| Ermittlung der Verantwortung                       | ❑    | ❑ | ❑       | ❑ | ❑  |
| Selbstkontrolle                                    | ❑    | ❑ | ❑       | ❑ | ❑  |
| Feedback für zukünftige Target Costing-Projekte    | ❑    | ❑ | ❑       | ❑ | ❑  |
| Zur Ermittlung des Kostensenkungsziels in der Fertigung | ❑ | ❑ | ❑    | ❑ | ❑  |

## 3. Fragen zur Implementierung des Target Costing

*3.1. Wie wurde in Ihrem Unternehmen die **Gesamtprojektverantwortung** für das Target Costing verankert ?*

❑ als Target Costing-Stab/-Stäbe oder -Abteilung/-en      auf      ❑ Geschäftsführungsebene
❑ in Form von Target Costing-Projektteams                          ❑ Geschäftsbereichsebene
❑ in Form von Produktmanagern                                     ❑ Werksebene
*(Fügen sie wenn möglich ein Organigramm bei)*

*3.2. Aus welcher Abteilung stammt der **Target Costing-Verantwortliche** Ihres Unternehmens?*

|                     | Heute | zum Zeitpunkt des Aufbaus des Teams |
|---------------------|-------|-------------------------------------|
| Geschäftsführung    | ❑     | ❑                                   |
| Controlling         | ❑     | ❑                                   |
| Marketing/Vertrieb  | ❑     | ❑                                   |
| Einkauf             | ❑     | ❑                                   |
| Produktplanung      | ❑     | ❑                                   |
| Entwicklung         | ❑     | ❑                                   |
| Konstruktion        | ❑     | ❑                                   |
| Produktionsplanung  | ❑     | ❑                                   |
| Qualitätssicherung  | ❑     | ❑                                   |
| andere:             | ❑     | ❑                                   |

*Abb. A-4: Target Costing-Fragebogen (Fortsetzung)*

*3.3. In welchen **Schritten** vollzieht sich die Anwendung des Target Costing in Ihrem Unternehmen? Bei welchen Schritten treten die größten Probleme auf?*

| | Probleme | | | |
|---|---|---|---|---|
| | keine | geringe | mittlere | große |
| ☐ Marktanalyse | ☐ | ☐ | ☐ | ☐ |
| ☐ Ermittlung der Kundenanforderungen | ☐ | ☐ | ☐ | ☐ |
| ☐ Preisfindung | ☐ | ☐ | ☐ | ☐ |
| ☐ Retrograde Kalkulation | ☐ | ☐ | ☐ | ☐ |
| ☐ Konzeptgenerierung | ☐ | ☐ | ☐ | ☐ |
| ☐ Alternativenbewertung | ☐ | ☐ | ☐ | ☐ |
| ☐ Zielkostenspaltung | ☐ | ☐ | ☐ | ☐ |
| ☐ Zielkostencontrolling | ☐ | ☐ | ☐ | ☐ |

*3.4. Welche Bedeutung hatten bzw. haben die folgenden Bereiche und Gruppen bei der **Einführung** des Target Costing und bei der **laufenden Koordination** des Target Costing?*

| | Bei der Einführung des Target Costing | | | Für die laufende Koordination der Target Costing-Aktivitäten | | |
|---|---|---|---|---|---|---|
| | geringe | keine | große | geringe | keine | große |
| Top Management | ☐ | ☐ | ☐ | ☐ | ☐ | ☐ |
| Controlling/Rechnungswesen | ☐ | ☐ | ☐ | ☐ | ☐ | ☐ |
| Marketing/Vertrieb | ☐ | ☐ | ☐ | ☐ | ☐ | ☐ |
| Einkauf | ☐ | ☐ | ☐ | ☐ | ☐ | ☐ |
| Produktplanung | ☐ | ☐ | ☐ | ☐ | ☐ | ☐ |
| Entwicklung | ☐ | ☐ | ☐ | ☐ | ☐ | ☐ |
| Konstruktion | ☐ | ☐ | ☐ | ☐ | ☐ | ☐ |
| Produktionsplanung | ☐ | ☐ | ☐ | ☐ | ☐ | ☐ |
| Fertigung | ☐ | ☐ | ☐ | ☐ | ☐ | ☐ |
| Qualitätssicherung | ☐ | ☐ | ☐ | ☐ | ☐ | ☐ |
| Externe Berater | ☐ | ☐ | ☐ | ☐ | ☐ | ☐ |
| andere: | ☐ | ☐ | ☐ | ☐ | ☐ | ☐ |

*3.5. In welchen Phasen fanden **Schulungen für welche Mitarbeiter** zum Konzept des Target Costing statt?*

| für | Produktplanung | Entwicklung | Konstruktion | Produktionsplanung |
|---|---|---|---|---|
| Mitarbeiter der Führungsebene | ☐ | ☐ | ☐ | ☐ |
| Controller | ☐ | ☐ | ☐ | ☐ |
| Marketingmitarbeiter | ☐ | ☐ | ☐ | ☐ |
| Entwickler | ☐ | ☐ | ☐ | ☐ |
| Konstrukteure | ☐ | ☐ | ☐ | ☐ |
| Produktionsmitarbeiter | ☐ | ☐ | ☐ | ☐ |
| Zulieferer | ☐ | ☐ | ☐ | ☐ |

*3.6. Welchen Bedeutungsgrad haben die folgenden Aufgaben der **Target Costing-Teams** bzw. **Target Costing-Stäbe und -Abteilungen**?*

| | nicht bedeutend | | | | sehr bedeutend |
|---|---|---|---|---|---|
| Verbreitung des Target Costing durch die Leitung der Einführung | ☐ | ☐ | ☐ | ☐ | ☐ |
| Ausbildung und Schulung zum Target Costing | ☐ | ☐ | ☐ | ☐ | ☐ |
| Koordination bei der Zielkostenspaltung | ☐ | ☐ | ☐ | ☐ | ☐ |
| Planung der Design Reviews und Kostenreviews | ☐ | ☐ | ☐ | ☐ | ☐ |
| Erarbeitung eines Entwicklungshandbuches | ☐ | ☐ | ☐ | ☐ | ☐ |
| Erarbeitung eines Target Costing-Handbuches | ☐ | ☐ | ☐ | ☐ | ☐ |

*3.7. War der **Wunsch von Abnehmerunternehmen** für die Einführung des Target Costing ausschlaggebend?*

nicht ausschlaggebend                              wurde durch den
                                                   Abnehmer initiiert

☐      ☐      ☐      ☐      ☐      ☐      ☐

*Abb. A-4: Target Costing-Fragebogen (Fortsetzung)*

*3.8. Ist Ihr Unternehmen in das Target Costing Ihrer **Abnehmer** eingebunden? Wenn ja, ab welcher Phase ?*

|  | ab der Phase der | Produktplanung | Entwicklung | Konstruktion |
|---|---|---|---|---|
| ❑ Wir sind (zum Teil) in die Target Costing-<br>Aktivitäten unserer Abnehmer eingebunden. | | ❑ | ❑ | ❑ |
| ❑ Wir sind nicht in die Target Costing-Aktivitäten unserer Abnehmer eingebunden. | | | | |
| ❑ Wir sind keine Zulieferer *(weiter mit Frage XX)* | | | | |

*3.9. Sind Ihre **Zulieferer** in das Target Costing Ihres Unternehmens eingebunden? Wenn ja, ab welcher Phase ?*

|  | Phase | Produktplanung | Entwicklung | Konstruktion |
|---|---|---|---|---|
| ❑ Ja, in alle Target Costing -Aktivitäten | | ❑ | ❑ | ❑ |
| ❑ Ja, aber nur bei den wichtigsten Produkten | | ❑ | ❑ | ❑ |
| ❑ Nein *(weiter bei Frage XX)* | | | | |

*3.10. Wie bedeutend waren die folgenden Aspekte bei der Einführung des Target Costing-Systems in **anderen** Unternehmensbereichen ?*

|  | unbedeutend | | | | sehr bedeutend |
|---|---|---|---|---|---|
| Unterstützung durch das Top Management | ❑ | ❑ | ❑ | ❑ | ❑ |
| Unterstützung durch die Führung des<br>anderen Unternehmensbereiches | ❑ | ❑ | ❑ | ❑ | ❑ |
| Aufforderung durch die Abnehmer | ❑ | ❑ | ❑ | ❑ | ❑ |
| Probleme bei der Einbindung lokaler Zulieferer | ❑ | ❑ | ❑ | ❑ | ❑ |
| Probleme bei der Einbindung lokaler Mitarbeiter | ❑ | ❑ | ❑ | ❑ | ❑ |

## 4. Fragen zur Effektivität des Target Costing

*4.1. Wie zufriedenstellend beurteilen Sie die **Effektivität** des Target Costing hinsichtlich der folgenden Aspekte?*

|  | gar nicht<br>zufriedenstellend | | | | sehr<br>zufriedenstellend |
|---|---|---|---|---|---|
| Kostensenkung | ❑ | ❑ | ❑ | ❑ | ❑ |
| Erhöhung der Kostentransparenz | ❑ | ❑ | ❑ | ❑ | ❑ |
| Beeinflussung der Kostenstrukturen | ❑ | ❑ | ❑ | ❑ | ❑ |
| Verstärkung der Markt- und Kundenorien-<br>tierung in der Produktentwicklung | ❑ | ❑ | ❑ | ❑ | ❑ |
| Vorverlagerung der Kosten-<br>beeinflussungszeitpunkte | ❑ | ❑ | ❑ | ❑ | ❑ |
| Qualitätsverbesserungen | ❑ | ❑ | ❑ | ❑ | ❑ |
| Verkürzung der Entwicklungszeit/ Erreichen<br>des optimalen Markteintrittszeitpunktes | ❑ | ❑ | ❑ | ❑ | ❑ |
| Verringerung der Produktkomplexität | ❑ | ❑ | ❑ | ❑ | ❑ |
| Verringerung der Programmkomplexität | ❑ | ❑ | ❑ | ❑ | ❑ |
| Koordination der Entwicklungstätigkeiten | ❑ | ❑ | ❑ | ❑ | ❑ |

*4.2. Wie schätzen Sie die Auswirkung des Target Costing-Einsatzes auf den **Unternehmenserfolg** ein ?*

| sehr gering | gering | neutral | hoch | sehr hoch |
|---|---|---|---|---|
| ❑ | ❑ | ❑ | ❑ | ❑ |

*4.3. Welche weiteren Maßnahmen zur Kostensenkung wurden ergriffen ? Bitte eintragen !*

1._____  2._____  3._____

*4.4. Wie hoch war die durchschnittlich erzielte **Kostensenkung** im Verhältnis zu den Gesamtkosten pro Jahr seit Einsatz des Target Costing ? Wieviel % davon führen Sie auf das Target Costing zurück ?*

_____ %        davon durch das Target Costing _____ %

*Abb. A-4: Target Costing-Fragebogen (Fortsetzung)*

*4.5. Wo sehen Sie noch wesentliche **Schwachstellen** Ihres Target Costing-Systems in seiner momentanen Ausgestaltung ?*

- ❑ Fehlende strategische Marktinformationen
- ❑ Fehlende Informationen zu neuen Technologien und deren Kostenwirkungen
- ❑ Mangelnde Kenntnis der Markt- bzw. Kundenwünsche
- ❑ Interdisziplinäre Barrieren
- ❑ Akzeptanz des Target Costing durch die Mitarbeiter
- ❑ Gleichzeitige Berücksichtigung von Kosten, Zeit und Qualität
- ❑ Fehlende Organisatorische Voraussetzungen
- ❑ Know-how der Mitarbeiter
- ❑ Tendenz zum Over-Engineering
- ❑ Mangelnde Informationen zu heutigen Stückkosten
- ❑ Unzureichende Ausprägung der konstruktionsbegleitenden Kalkulation
- ❑ Target Costing-Prozeß zu komplex
- ❑ Verknüpfung mit Instrumenten zur Zielkostenerreichung, insb. GK-Bereich
- ❑ sonstiges: _____

*4.6. Wie erfolgt die **Aufteilung der Target Costing-Erfolge** zwischen Ihrem Unternehmen als Zulieferer und Ihren Abnehmern bzw. zwischen Ihrem Unternehmen als Abnehmer und Ihren Zulieferer?*

|  | als Zulieferer | als Abnehmer |
|---|---|---|
| Die Kostensenkungen kommen nur unserem Unternehmen zugute. | ❑ | ❑ |
| Die Kostensenkungen kommen zu jeweils 50 % unserem Unternehmen und unserem Abnehmer/Zulieferer zugute. | ❑ | ❑ |
| Die Kostensenkungen werden für einen bestimmten Zeitraum gemäß einer Vereinbarung aufgeteilt. | ❑ | ❑ |
| Die Kostensenkungen kommen nur unseren Abnehmern/Zulieferern zugute. | ❑ | ❑ |

*4.7. Wie beurteilen Sie die Effektivität der **Einbindung Ihrer Zulieferer in Ihr Target Costing** bezüglich der folgenden Kriterien?*

| | gar nicht zufriedenstellend | | | | sehr zufriedenstellend |
|---|---|---|---|---|---|
| Kostensenkungen | ❑ | ❑ | ❑ | ❑ | ❑ |
| Steigerung der Kundenzufriedenheit | ❑ | ❑ | ❑ | ❑ | ❑ |
| Verstärkung der Markt- und Kundenorientierung in der Produktentwicklung | ❑ | ❑ | ❑ | ❑ | ❑ |
| Vorverlagerung der Kostenbeeinflussungszeitpunkte | ❑ | ❑ | ❑ | ❑ | ❑ |
| Verringerung der Produktkomplexität | ❑ | ❑ | ❑ | ❑ | ❑ |
| Verringerung der Programmkomplexität | ❑ | ❑ | ❑ | ❑ | ❑ |
| Qualitätsverbesserungen | ❑ | ❑ | ❑ | ❑ | ❑ |
| Verkürzung der Entwicklungszeit/ Erreichen des optimalen Markteintrittszeitpunktes | ❑ | ❑ | ❑ | ❑ | ❑ |
| Koordination der Entwicklungstätigkeiten | ❑ | ❑ | ❑ | ❑ | ❑ |
| Technologietransfer zum Zulieferer/Abnehmer | ❑ | ❑ | ❑ | ❑ | ❑ |
| Technologietransfer vom Zulieferer/Abnehmer | ❑ | ❑ | ❑ | ❑ | ❑ |

*Abb. A-4: Target Costing-Fragebogen (Fortsetzung)*

*4.8. Wie beurteilen Sie die Effektivität der* **Einbindung** *Ihres Unternehmens als Zulieferer in das Target Costing Ihrer Abnehmer bezüglich der folgenden Kriterien?*

| | gar nicht zufriedenstellend | | | | sehr zufriedenstellend |
|---|---|---|---|---|---|
| Kostensenkungen | ❏ | ❏ | ❏ | ❏ | ❏ |
| Steigerung der Kundenzufriedenheit | ❏ | ❏ | ❏ | ❏ | ❏ |
| Verstärkung der Markt- und Kundenorientierung in der Produktentwicklung | ❏ | ❏ | ❏ | ❏ | ❏ |
| Vorverlagerung der Kostenbeeinflussungszeitpunkte | ❏ | ❏ | ❏ | ❏ | ❏ |
| Verringerung der Produktkomplexität | ❏ | ❏ | ❏ | ❏ | ❏ |
| Verringerung der Programmkomplexität | ❏ | ❏ | ❏ | ❏ | ❏ |
| Qualitätsverbesserungen | ❏ | ❏ | ❏ | ❏ | ❏ |
| Verkürzung der Entwicklungszeit/ Erreichen des optimalen Markteintrittszeitpunktes | ❏ | ❏ | ❏ | ❏ | ❏ |
| Koordination der Entwicklungstätigkeiten | ❏ | ❏ | ❏ | ❏ | ❏ |
| Technologietransfer zum Zulieferer/Abnehmer | ❏ | ❏ | ❏ | ❏ | ❏ |
| Technologietransfer vom Zulieferer/Abnehmer | ❏ | ❏ | ❏ | ❏ | ❏ |

*Abb. A-4: Target Costing-Fragebogen (Fortsetzung)*

# Anhang B

# Verwendete Variablen in den Einfluß-Variablengruppen
(Variablencodes in Klammern)

### Variablengruppe Markt

Umsatz (A3)

Umsatzentwicklung (A4)

Profitabilität (A5)

Marktstellung (A6)

Branche (A7)

Strategie (A9)

Wettbewerbsintensität (A8)

Dynamik und Diskontinuität (A10)

Leistungsstruktur (A11)

### Variablengruppe Produkt

Produktprogrammkomplexität (A12)

Produktkomplexität (A13)

Produktmerkmale (V6)

Variantenauswahl (V8)

### Variablengruppe Organisation

Unternehmenstyp (A1)

Mitarbeiter (A2)

Leiter Target Costing (V29)

### Variablengruppe Mitarbeiter

Einfluß der Mitarbeiter (V10)

Schulungen (V31)

Innovationsunterstützende Aspekte (V5)

### Variablengruppe Controlling

Einfluß Controlling auf Strategische Planung (A14)

Ebene des Controlling (A15)

Anwendungsbreite und -dauer (V1)

Ziele des Target Costing-Einsatzes (V2)

## Marktspezifische Einflußfaktoren der Marktorientierten Preis- und Zielkostenfindung

| Element: Marktorientierte Preis- und Zielkostenfindung | Hypothese: M-1 | |
|---|---|---|
| Variablengruppe: Markt | Gruppenvariable: A 3 Umsatz (Unternehmen) | |
| **Variable** | **Code** | **Bestätigung** |
| Informationsstand | V 4 | +++ |
| Zielkostenfestlegung | V 13 | ++ |
| Änderung Zielkostenvorgabe | V 16 | ++ |

| | A3 Umsatz | |
|---|---|---|
| V4 Informationsstand | Kenntnis der Kundenwünsche | r=0,283* |
| | Kenntnis der Produktfunktionen | r=0,198 |
| | Kenntnis der Preiswünsche | r=0,108 |
| | Kenntnisse über Konkurrenzprodukte | r=0,330** |
| | Genauigkeit der Erlösschätzungen | r=0,327* |

| | A3 Umsatz | |
|---|---|---|
| V13 Zielkostenfestlegung | market into company | V=0,255 |
| | out of company | V=0,429 |
| | into and out of company | V=0,400 |
| | out of competitor | V=0,255 |
| | out of standard costs | V=0,286 |

| | A3 Umsatz | |
|---|---|---|
| V16 Änderung Zielkostenvorgabe | Probleme bei der Erreichung | r=-0,300* |
| | Veränderung der Designspezifikationen | r=0,139 |
| | Gefährdung des Markteintrittszeitpunktes | r=0,078 |
| | Kostensenkung durch den Kunden | r=-0,333* |

| Element: Marktorientierte Preis- und Zielkostenfindung | Hypothese: M-2 | |
|---|---|---|
| Variablengruppe: Markt | Gruppenvariable: A 5 Profitabilität | |
| **Variable** | **Code** | **Bestätigung** |
| Informationsstand | V 4 | ++ |

| | A 5 Profitabilität | |
|---|---|---|
| V4 Informationsstand | Kenntnis der Kundenwünsche | r=0,364** |
| | Kenntnis der Produktfunktionen | r=0,079 |
| | Kenntnis der Preiswünsche | r=0,224 |
| | Kenntnisse über Konkurrenzprodukte | r=0,047 |
| | Genauigkeit der Erlösschätzungen | r=0,209 |

| Element: Marktorientierte Preis- und Zielkostenfindung | Hypothese: M-3 | |
| --- | --- | --- |
| Variablengruppe: Markt | Gruppenvariable: A 6 Marktstellung | |
| Variable | Code | Bestätigung |
| Informationsstand | V 4 | o |
| Anspruchsniveau Zielkostenvorgabe | V 14 | + |
| Änderung Zielkostenvorgabe | V 16 | + |

| | A6 Marktstellung | |
| --- | --- | --- |
| V4 Informationsstand | Kenntnis der Kundenwünsche | V=0,311 |
| | Kenntnis der Produktfunktionen | V=0,241 |
| | Kenntnis der Preiswünsche | V=0,256 |
| | Kenntnisse über Konkurrenzprodukte | V=0,141 |
| | Genauigkeit der Erlösschätzungen | V=0,318 |

| | A7 Marktstellung | |
| --- | --- | --- |
| V14 Anspruchsniveau Zielkostenvorgabe | | V=0,339 |

| | A7 Marktstellung | |
| --- | --- | --- |
| V16 Änderung Zielkostenvorgabe | Probleme bei der Erreichung | V=0,281 |
| | Veränderung der Designspezifikationen | V=0,381 |
| | Gefährdung des Markteintrittszeitpunktes | V=0,360 |
| | Kostensenkung durch den Kunden | V=0,238 |

| Element: Marktorientierte Preis- und Zielkostenfindung | Hypothese: M-4 | |
| --- | --- | --- |
| Variablengruppe: Markt | Gruppenvariable: A 8 Wettbewerbsintensität | |
| Variable | Code | Bestätigung |
| Zielkostenfestlegung | V 13 | + |

| | A8 Wettbewerbsintensität | Ausprägung: Anzahl Wettbewerber | Ausprägung: Veränd. Wettbewerber |
| --- | --- | --- | --- |
| V13 Zielkostenfestlegung | market into company | V=0,309 | V=0,181 |
| | out of company | V=0,201 | V=0,435 |
| | into and out of company | V=0,386 | V=0,362 |
| | out of competitor | V=0,230 | V=0,217 |
| | out of standard costs | V=0,191 | V=0,188 |

| **Element:** Marktorientierte Preis- und Zielkostenfindung | **Hypothese:** M-5 | |
|---|---|---|
| **Variablengruppe:** Markt | **Gruppenvariable:** A 9 Strategie | |
| **Variable** | **Code** | **Bestätigung** |
| Informationsstand | V 4 | ++ |
| Zielkostenfestlegung | V 13 | ++ |
| Anspruchsniveau Zielkostenvorgabe | V 14 | + |

| | A9 Strategie | |
|---|---|---|
| V4 Informationsstand | Kenntnis der Kundenwünsche | V=0,268 |
| | Kenntnis der Produktfunktionen | V=0,498 |
| | Kenntnis der Preiswünsche | V=0,371 |
| | Kenntnisse über Konkurrenzprodukte | V=0,412 |
| | Genauigkeit der Erlösschätzungen | V=0,307 |

| | A9 Strategie | Outpacing |
|---|---|---|
| V13 Zielkostenfestlegung | market into company | V=0,465 |
| | out of company | V=0,541 |
| | into and out of company | V=0,307 |
| | out of competitor | V=0,207 |
| | out of standard costs | V=0,351 |

| | A9 Strategie | |
|---|---|---|
| V14 Anspruchsniveau Zielkostenvorgabe | | V=0,352 |

| **Element:** Marktorientierte Preis- und Zielkostenfindung | **Hypothese:** M-6 | |
|---|---|---|
| **Variablengruppe:** Markt | **Gruppenvariable:** A 10 Dynamik und Diskontinuität | |
| **Variable** | **Code** | **Bestätigung** |
| Änderung Zielkostenvorgabe | V 16 | + |

| | A 10 Dynamik und Diskontinuität | |
|---|---|---|
| V16 Änderung Zielkostenvorgabe | Probleme bei der Erreichung | r=-0,097 |
| | Veränderung der Designspezifikationen | r=0,342* |
| | Gefährdung des Markteintrittszeitpunktes | r=-0,026 |
| | Kostensenkung durch den Kunden | r=0,061 |

| **Element:** Marktorientierte Preis- und Zielkostenfindung | **Hypothese:** M-7 | |
|---|---|---|
| **Variablengruppe:** Markt | **Gruppenvariable:** A 11 Leistungsstruktur | |
| **Variable** | **Code** | **Bestätigung** |
| Informationsstand | V 4 | ++ |
| Zielkostenfestlegung | V 13 | + |

| | A11 Leistungsstruktur | Gemeinkosten-anteil |
|---|---|---|
| V4 Informationsstand | Kenntnis der Kundenwünsche | r=-0,221 |
| | Kenntnis der Produktfunktionen | r=-0,206 |
| | Kenntnis der Preiswünsche | r=-0,194 |
| | Kenntnisse über Konkurrenzprodukte | r=-0,131 |
| | Genauigkeit der Erlösschätzungen | r=-0,379** |

| | A11 Leistungsstruktur | Wertschöpfung |
|---|---|---|
| V13 Zielkostenfestlegung | market into company | V=0,363 |
| | out of company | V=0,558 |
| | into and out of company | V=0,186 |
| | out of competitor | V=0,347 |
| | out of standard costs | V=0,331 |

## Produktspezifische Einflußfaktoren der Marktorientierten Preis- und Zielkostenfindung

| Element: Marktorientierte Preis- und Zielkostenfindung | Hypothese: M-8 | |
|---|---|---|
| Variablengruppe: Produkt | Gruppenvariable: A 13 Produktkomplexität | |
| Variable | Code | Bestätigung |
| Zielkostenfestlegung | V 13 | + |
| Anspruchsniveau Zielkostenvorgabe | V 14 | ++ |

| | A 13 Produktkomplexität | Produkt | Kunde |
|---|---|---|---|
| V13 Zielkostenfestlegung | market into company | V=0,145 | V=0,197 |
| | out of company | V=0,308 | V=0,394 |
| | into and out of company | V=0,234 | V=0,210 |
| | out of competitor | V=0,189 | V=0,185 |
| | out of standard costs | V=0,315 | V=0,396 |

| | A 13 Produktkomplexität | Produkt | Kunde |
|---|---|---|---|
| V14 Anspruchsniveau Zielkostenvorgabe | | r=0,140 | V=0,301* |

| Element: Marktorientierte Preis- und Zielkostenfindung | Hypothese: M-9 | |
|---|---|---|
| Variablengruppe: Produkt | Gruppenvariable: V6 Produktmerkmale | |
| Variable | Code | Bestätigung |
| Änderung Zielkostenvorgabe | V 16 | + |

|  | V6 Produktmerkmale | Produktlebensdauer |
|---|---|---|
| V16 Änderung Zielkostenvorgabe | Probleme bei der Erreichung | r=-0,36 |
|  | Veränderung der Designspezifikationen | r=0,047 |
|  | Gefährdung des Markteintrittszeitpunktes | r=-0,039 |
|  | Kostensenkung durch den Kunden | r=-0,315* |

| **Element:** Marktorientierte Preis- und Zielkostenfindung | **Hypothese:** M-10 | |
|---|---|---|
| **Variablengruppe:** Produkt | **Gruppenvariable:** V8 Variantenauswahl | |
| **Variable** | **Code** | **Bestätigung** |
| Informationsstand | V 4 | + |
| Anspruchsniveau Zielkostenvorgabe | V 14 | + |

|  | V8 Variantenauswahl | alle | ausgewählte |
|---|---|---|---|
| V4 Informationsstand | Kenntnis der Kundenwünsche | V=0,299 | V=0,268 |
|  | Kenntnis der Produktfunktionen | V=0,190 | V=0,225 |
|  | Kenntnis der Preiswünsche | V=0,283 | V=0,378 |
|  | Kenntnisse über Konkurrenzprodukte | V=0,176 | V=0,182 |
|  | Genauigkeit der Erlösschätzungen | V=0,201 | V=0,290 |

|  | V8 Variantenauswahl | alle | ausgewählte |
|---|---|---|---|
| V14 Anspruchsniveau Zielkostenvorgabe |  | V=0,374 | V=0,395 |

## Organisatorische Einflußfaktoren
## der Marktorientierten Preis- und Zielkostenfindung

| **Element:** Marktorientierte Preis- und Zielkostenfindung | **Hypothese:** M-11 | |
|---|---|---|
| **Variablengruppe:** Organisation | **Gruppenvariable:** A 2 Mitarbeiter | |
| **Variable** | **Code** | **Bestätigung** |
| Informationsstand | V 4 | + |
| Zielkostenfestlegung | V 13 | + |
| Änderung Zielkostenvorgabe | V 16 | ++ |

|  | A 2 Mitarbeiter |  |
|---|---|---|
| V4 Informationsstand | Kenntnis der Kundenwünsche | r= 0,264* |
|  | Kenntnis der Produktfunktionen | r= 0,86 |
|  | Kenntnis der Preiswünsche | r= 0,128 |
|  | Kenntnisse über Konkurrenzprodukte | r= 0,173 |
|  | Genauigkeit der Erlösschätzungen | r= 0,254 |

| | A 2 Mitarbeiter | Produkt |
|---|---|---|
| V13 Zielkostenfestlegung | market into company | V=0,197 |
| | out of company | V=0,342 |
| | into and out of company | V=0,256 |
| | out of competitor | V=0,145 |
| | out of standard costs | V=0,266 |

| | A 2 Mitarbeiter | Produktlebensdauer |
|---|---|---|
| V16 Änderung Zielkostenvorgabe | Probleme bei der Zielkostenerreichung | r=-0,355** |
| | Veränderung der Designspezifikationen | r=0,067 |
| | Gefährdung des Markteintrittszeitpunktes | r=0,045 |
| | Kostensenkung durch den Kunden | r=-0,252 |

## Mitarbeiterspezifische Einflußfaktoren der Marktorientierten Preis- und Zielkostenfindung

| Element: Marktorientierte Preis- und Zielkostenfindung | Hypothese: M-12 |
|---|---|
| Variablengruppe: Mitarbeiter | Gruppenvariable: V10 Einfluß der Mitarbeiter |

| Variable | Code | Bestätigung |
|---|---|---|
| Informationsstand | V 4 | o |
| Zielkostenfestlegung | V 13 | ++ |

| | V10 Einfluß der Mitarbeiter | Planung | Entwick-lung | Konstruk-tion | Prod.-plan. |
|---|---|---|---|---|---|
| V4 Informationsstand | Kenntnis der Kundenwünsche | r=0,167 | r=0,211 | r=0,212 | r=0,069 |
| | Kenntnis der Produktfunktionen | r=0,120 | r=0,257 | r=0,199 | r=-0,209 |
| | Kenntnis der Preiswünsche | r=0,131 | r=0,220 | r=0,004 | r=0,095 |
| | Kenntnisse über Konkurrenzprodukte | r=0,132 | r=0,058 | r=-0,105 | r=-0,092 |
| | Genauigkeit der Erlösschätzungen | r=0,200 | r=0,198 | r=-0,021 | r=0,033 |

| | V10 Einfluß der Mitarbeiter | großer Einfluß Marketing/Vertrieb in der Phase der Planung/Konzeption | großer Einfluß Einkauf in der Phase der Planung/ Konzeption |
|---|---|---|---|
| V13 Zielkosten-festlegung | market into company | V=0,432 | V=0,278 |
| | out of company | V=0,085 | V=0,088 |
| | into and out of company | V=0,129 | V=0,187 |
| | out of competitor | V=0,152 | V=0,070 |
| | out of standard costs | V=0,406 | V=0,109 |

|  | V10 Einfluß der Mitarbeiter | großer Einfluß Konstrukteure in der Phase der Planung/Konzeption | großer Einfluß Controlling in der Phase der Planung/Konzeption |
|---|---|---|---|
| V13 Zielkosten-festlegung | market into company | V=0,065 | V=279 |
|  | out of company | V=0,462 | V=140 |
|  | into and out of company | V=0,181 | V=105 |
|  | out of competitor | V=0,269 | V=263 |
|  | out of standard costs | V=0,225 | V=473 |

|  | V10 Einfluß der Mitarbeiter | großer Einfluß Produktplanung in der Phase der Entwicklung | großer Einfluß Einkauf in der Phase der Entwicklung |
|---|---|---|---|
| V13 Zielkosten-festlegung | market into company | V=0,339 | V=0,412 |
|  | out of company | V=0,082 | V=0,019 |
|  | into and out of company | V=0,242 | V=0,334 |
|  | out of competitor | V=0,151 | V=0,293 |
|  | out of standard costs | V=0,270 | V=0,288 |

|  | V10 Einfluß der Mitarbeiter | großer Einfluß Konstrukteure in der Phase der Entwicklung | großer Einfluß Controlling in der Phase der Entwicklung |
|---|---|---|---|
| V13 Zielkosten-festlegung | market into company | V=0,298 | V=0,251 |
|  | out of company | V=0,272 | V=0,255 |
|  | into and out of company | V=0,256 | V=0,484 |
|  | out of competitor | V=0,304 | V=0,119 |
|  | out of standard costs | V=0,098 | V=0,069 |

| **Element:** Marktorientierte Preis- und Zielkostenfindung | **Hypothese:** M-13 | |
|---|---|---|
| **Variablengruppe:** Mitarbeiter | **Gruppenvariable:** V31 Schulungen | |
| **Variable** | **Code** | **Bestätigung** |
| Zielkostenfestlegung | V 13 | o |
| Anspruchsniveau Zielkostenvorgabe | V 14 | + |

| V31 Schulungen in der Phase der Planung/Konzeption für: | V 13 Zielkosten-festlegung | | | | |
|---|---|---|---|---|---|
| | market into company | out of company | into and out of company | out of competitor | out of standard costs |
| Führungsebene | V=0,358 | V=0,058 | V=0,161 | V=0,253 | V=0,371 |
| Controlling | V=0,397 | V=0,158 | V=0,396 | V=0,186 | V=0,306 |
| Marketing | V=0,291 | V=0,127 | V=0,082 | V=0,207 | V=0,291 |
| Entwicklung | V=0,306 | V=0,230 | V=0,185 | V=0,091 | V=0,376 |
| Konstruktion | V=0,353 | V=0,129 | V=0,192 | V=0,159 | V=0,353 |
| Produktion | V=0,290 | V=0,212 | V=0,104 | V=0,435 | V=0,290 |
| Zulieferer | V=0,337 | V=0,114 | V=0,148 | V=0,215 | V=0,337 |

| V31 Schulungen in der Phase der Planung/Konzeption für: | V 14 Anspruchsniveau Zielkostenvorgabe | |
|---|---|---|
| | Führungsebene | V=0,398 |
| | Controlling | V=0,436 |
| | Marketing | V=0,378 |
| | Entwicklung | V=0,378 |
| | Konstruktion | V=0,376 |
| | Produktion | V=0,432 |
| | Zulieferer | V=0,469 |

## Controllingspezifische Einflußfaktoren der Marktorientierten Preis- und Zielkostenfindung

| Element: Marktorientierte Preis- und Zielkostenfindung | Hypothese: M-14 | |
|---|---|---|
| Variablengruppe: Controlling | Gruppenvariable: A 14 Einfluß des Controlling | |
| Variable | Code | Bestätigung |
| Informationsstand | V 4 | ++ |

| V4 Informationsstand | A 14 Einfluß des Controlling | |
|---|---|---|
| | Kenntnis der Kundenwünsche | r=0,110 |
| | Kenntnis der Produktfunktionen | r=0,153 |
| | Kenntnis der Preiswünsche | r=0,260* |
| | Kenntnisse über Konkurrenzprodukte | r=0,161 |
| | Genauigkeit der Erlösschätzungen | r=0,297* |

| Element: Marktorientierte Preis- und Zielkostenfindung | Hypothese: M-15 | |
|---|---|---|
| Variablengruppe: Controlling | Gruppenvariable: A 15 Ebene des Controlling | |
| **Variable** | **Code** | **Bestätigung** |
| Informationsstand | V 4 | + |
| Zielkostenfestlegung | V 13 | o |

| | A 15 Ebene des Controlling | |
|---|---|---|
| V4 Informationsstand | Kenntnis der Kundenwünsche | V=0,284 |
| | Kenntnis der Produktfunktionen | V=0,213 |
| | Kenntnis der Preiswünsche | V=0,342 |
| | Kenntnisse über Konkurrenzprodukte | V=0,394 |
| | Genauigkeit der Erlösschätzungen | V=0,340 |

| | A 15 Ebene des Controlling | |
|---|---|---|
| V13 Zielkostenfestlegung | market into company | V=0,149 |
| | out of company | V=0,448 |
| | into and out of company | V=0,120 |
| | out of competitor | V=0,246 |
| | out of standard costs | V=0,134 |

# Marktspezifische Einflußfaktoren
## der Retrograden Kalkulation

| **Element:** Retrograde Kalkulation | **Hypothese:** R-1 | |
|---|---|---|
| **Variablengruppe:** Markt | **Gruppenvariable:** A 3 Umsatz (Unternehmen) | |
| **Variable** | **Code** | **Bestätigung** |
| Funktionen der Retrograden Kalkulation | V 11 | + |

| | **A3 Umsatz** | |
|---|---|---|
| V 11 Funktionen der Retrograden Kalkulation | Ableitung der Zielkosten unmittelbar vom Marktpreis | r=0,001 |
| | Ausrichtung der Kalkulation an Kunden und Wettbewerbern | r=-0,127 |
| | Unbedingte Absicherung der Zielgewinnrate | r=-0,044 |
| | Ermittlung der vom Team direkt beeinflußbaren Kosten | r=0,021 |
| | Hinterfragen aktueller Unternehmensstrukturen | r=0,263* |
| | Herunterbrechen der Zielkostenvorgabe | r=-0,132 |
| | Fokussierung der Zielkostenerreichung auf das Gesamtprodukt | r=-0,035 |

| **Element:** Retrograde Kalkulation | **Hypothese:** R-2 | |
|---|---|---|
| **Variablengruppe:** Markt | **Gruppenvariable:** A 4 Umsatzentwicklung | |
| **Variable** | **Code** | **Bestätigung** |
| Funktionen der Retrograden Kalkulation | V 11 | + |
| Einflußfaktoren der Zielrendite | V 12 | + |

| | **A 4 Umsatzentwicklung** | |
|---|---|---|
| V 11 Funktionen der Retrograden Kalkulation | Ableitung der Zielkosten unmittelbar vom Marktpreis | r=-0,090 |
| | Ausrichtung der Kalkulation an Kunden und Wettbewerbern | r=-0,207 |
| | Unbedingte Absicherung der Zielgewinnrate | r=0,045 |
| | Ermittlung der vom Team direkt beeinflußbaren Kosten | r=0,135 |
| | Hinterfragen aktueller Unternehmensstrukturen | r=0,291* |
| | Herunterbrechen der Zielkostenvorgabe | r=-0,092 |
| | Fokussierung der Zielkostenerreichung auf das Gesamtprodukt | r=-0,056 |

| | **A 4 Umsatzentwicklung** | |
|---|---|---|
| V 12 Einflußfaktoren Zielrendite | Renditeerwartungen | r=0,269* |
| | Langfristige Portfolioplanung | r=0,029 |
| | Risikoabsicherung | r=0,105 |
| | Angestrebte konkurrenzorientierte Marktposition | r=-0,086 |

| **Element:** Retrograde Kalkulation | **Hypothese:** R-3 | |
|---|---|---|
| **Variablengruppe:** Markt | **Gruppenvariable:** A 6 Marktstellung | |
| **Variable** | **Code** | **Bestätigung** |
| Funktionen der Retrograden Kalkulation | V 11 | + |
| Einflußfaktoren der Zielrendite | V 12 | + |

| A 6 Marktstellung | | |
|---|---|---|
| **V 11 Funktionen der Retrograden Kalkulation** | Ableitung der Zielkosten unmittelbar vom Marktpreis | r= -0,195 |
| | Ausrichtung der Kalkulation an Kunden und Wettbewerbern | r=0,039 |
| | Unbedingte Absicherung der Zielgewinnrate | r=-0,320* |
| | Ermittlung der vom Team direkt beeinflußbaren Kosten | r=-0,022 |
| | Hinterfragen aktueller Unternehmensstrukturen | r=-0,132 |
| | Herunterbrechen der Zielkostenvorgabe | r=-0,082 |
| | Fokussierung der Zielkostenerreichung auf das Gesamtprodukt | r=-0,186 |

| A 6 Marktstellung | | |
|---|---|---|
| **V 12 Einflußfaktoren Zielrendite** | Renditeerwartungen | r=-0,359** |
| | Langfristige Portfolioplanung | r=-0,247 |
| | Risikoabsicherung | r=-0,202 |
| | Angestrebte konkurrenzorientierte Marktposition | r=-0,233 |

| **Element:** Retrograde Kalkulation | **Hypothese:** R-4 | |
|---|---|---|
| **Variablengruppe:** Markt | **Gruppenvariable:** A 9 Strategie | |
| **Variable** | **Code** | **Bestätigung** |
| Funktionen der Retrograden Kalkulation | V 11 | + |
| Einflußfaktoren der Zielrendite | V 12 | + |

| A 9 Strategie | | |
|---|---|---|
| **V 11 Funktionen der Retrograden Kalkulation** | Ableitung der Zielkosten unmittelbar vom Marktpreis | V=0,339 |
| | Ausrichtung der Kalkulation an Kunden und Wettbewerbern | V=0,300 |
| | Unbedingte Absicherung der Zielgewinnrate | V=0,413 |
| | Ermittlung der vom Team direkt beeinflußbaren Kosten | V=0,322 |
| | Hinterfragen aktueller Unternehmensstrukturen | V=0,331 |
| | Herunterbrechen der Zielkostenvorgabe | V=0,332 |
| | Fokussierung der Zielkostenerreichung auf das Gesamtprodukt | V=0,290 |

| A 9 Strategie | | |
|---|---|---|
| **V 12 Einflußfaktoren Zielrendite** | Renditeerwartungen | V=0,339 |
| | Langfristige Portfolioplanung | V=0,327 |
| | Risikoabsicherung | V=0,330 |
| | Angestrebte konkurrenzorientierte Marktposition | V=0,260 |

| **Element:** Retrograde Kalkulation | **Hypothese:** R-5 | |
|---|---|---|
| **Variablengruppe:** Markt | **Gruppenvariable:** A 8 Wettbewerbsintensität | |
| **Variable** | **Code** | **Bestätigung** |
| Funktionen der Retrograden Kalkulation | V 11 | o |

| | A 8 Wettbewerbsintensität hinsichtlich | Qualität | Preis | Anzahl Wettbew. | Veränd. Wettbew. |
|---|---|---|---|---|---|
| V 11 Funktionen der Retrograden Kalkulation | Ableitung der Zielkosten unmittelbar vom Marktpreis | r=0,021 | r=0,187 | r=0,023 | r=-0,127 |
| | Ausrichtung der Kalkulation an Kunden und Wettbewerbern | r=-0,024 | r=0,043 | r=0,280* | r=0,242 |
| | Unbedingte Absicherung der Zielgewinnrate | r=0,110 | r=0,320* | r=0,107 | r=0,064 |
| | Ermittlung der vom Team direkt beeinflußbaren Kosten | r=0,236 | r=0,092 | r=0,091 | r=-0,040 |
| | Hinterfragen aktueller Unternehmensstrukturen | r=0,154 | r=0,021 | r=0,076 | r=0,205 |
| | Herunterbrechen der Zielkostenvorgabe | r=0,067 | r=0,256 | r=0,208 | r=-0,024 |
| | Fokussierung der Zielkostenerreichung auf das Gesamtprodukt | r=-0,105 | r=-0,051 | r=0,86 | r=-0,062 |

| **Element:** Retrograde Kalkulation | **Hypothese:** R-6 | |
|---|---|---|
| **Variablengruppe:** Markt | **Gruppenvariable:** A 11 Leistungsstruktur | |
| **Variable** | **Code** | **Bestätigung** |
| Funktionen der Retrograden Kalkulation | V 11 | + |

| | A 11 Leistungsstruktur | |
|---|---|---|
| V 11 Funktionen der Retrograden Kalkulation | Fokussierung der Zielkostenerreichung auf das Gesamtprodukt | r=0,288* |

## Produktspezifische Einflußfaktoren der Retrograden Kalkulation

| **Element:** Retrograde Kalkulation | **Hypothese:** R-7 | |
|---|---|---|
| **Variablengruppe:** Produkt | **Gruppenvariable:** A 12 Produktprogramm-komplexität | |
| **Variable** | **Code** | **Bestätigung** |
| Funktionen der Retrograden Kalkulation | V 11 | o |
| Einflußfaktoren der Zielrendite | V 12 | o |

| A 12 Produktprogrammkomplexität | | Anzahl Produkt-linien | Ähnlichkeit Produkt-linien |
|---|---|---|---|
| V 11 Funktionen der Retrograden Kalkulation | Ableitung der Zielkosten unmittelbar vom Marktpreis | r=0,226 | r=-0,125 |
| | Ausrichtung der Kalkulation an Kunden und Wettbewerbern | r=-0,203 | r=0,006 |
| | Unbedingte Absicherung der Zielgewinnrate | r=0,221 | r=-0,114 |
| | Ermittlung der vom Team direkt beeinflußbaren Kosten | r=0,096 | r=-0,130 |
| | Hinterfragen aktueller Unternehmensstrukturen | r=0,155 | r=0,033 |
| | Herunterbrechen der Zielkostenvorgabe | r=-0,026 | r=0,026 |
| | Fokussierung der Zielkostenerreichung auf das Gesamtprodukt | r=0,011 | r=-0,103 |

| A 12 Produktprogrammkomplexität | | Anzahl Produkt-linien | Ähnlichkeit Produkt-linien |
|---|---|---|---|
| V 12 Einflußfaktoren Zielrendite | Renditeerwartungen | r=0,53 | r=-0,231 |
| | Langfristige Portfolioplanung | r=0,087 | r=0,023 |
| | Risikoabsicherung | r=0,212 | r=-0,102 |
| | Angestrebte konkurrenzorientierte Marktposition | r=-0,083 | r=0,280* |

| **Element:** Retrograde Kalkulation | **Hypothese: R-8** | |
|---|---|---|
| **Variablengruppe:** Produkt | **Gruppenvariable:** A 13 Produktkomplexität | |
| **Variable** | **Code** | **Bestätigung** |
| Funktionen der Retrograden Kalkulation | V 11 | o |
| Einflußfaktoren der Zielrendite | V 12 | o |

| A 13 Produktkomplexität | | Produkt | Kunde |
|---|---|---|---|
| V 11 Funktionen der Retrograden Kalkulation | Ableitung der Zielkosten unmittelbar vom Marktpreis | r=-0,012 | r=-0,123 |
| | Ausrichtung der Kalkulation an Kunden und Wettbewerbern | r=-0,142 | r=0,002 |
| | Unbedingte Absicherung der Zielgewinnrate | r=0,139 | r=-0,154 |
| | Ermittlung der vom Team direkt beeinflußbaren Kosten | r=0,346** | r=0,004 |
| | Hinterfragen aktueller Unternehmensstrukturen | r=0,250 | r=0,086 |
| | Herunterbrechen der Zielkostenvorgabe | r=0,137 | r=-0,098 |
| | Fokussierung der Zielkostenerreichung auf das Gesamtprodukt | r=0,152 | r=0,099 |

| | A 13 Produktkomplexität | Produkt | Kunde |
|---|---|---|---|
| V 12 Einflußfaktoren Zielrendite | Renditeerwartungen | r=0,138 | r=-0,046 |
| | Langfristige Portfolioplanung | r=0,162 | r=-0,146 |
| | Risikoabsicherung | r=0,330* | r=0,187 |
| | Angestrebte konkurrenzorientierte Marktposition | r=0,011 | r=-0,170 |

| Element: Retrograde Kalkulation | Hypothese: R-9 | |
|---|---|---|
| Variablengruppe: Produkt | Gruppenvariable: V 8 Variantenauswahl | |
| Variable | Code | Bestätigung |
| Funktionen der Retrograden Kalkulation | V 11 | + |
| Einflußfaktoren der Zielrendite | V 12 | + |

| | V 8 Variantenauswahl | alle Varianten | ausgewählte Varianten |
|---|---|---|---|
| V 11 Funktionen der Retrograden Kalkulation | Ableitung der Zielkosten unmittelbar vom Marktpreis | V=0,284 | V=0,240 |
| | Ausrichtung der Kalkulation an Kunden und Wettbewerbern | V=0,204 | V=0,232 |
| | Unbedingte Absicherung der Zielgewinnrate | V=0,338 | V=0,363 |
| | Ermittlung der vom Team direkt beeinflußbaren Kosten | V=0,142 | V=0,227 |
| | Hinterfragen aktueller Unternehmensstrukturen | V=0,309 | V=0,448 |
| | Herunterbrechen der Zielkostenvorgabe | V=0,313 | V=0,353 |
| | Fokussierung der Zielkostenerreichung auf das Gesamtprodukt | V=0,420 | V=0,351 |

| | V 8 Variantenauswahl | alle Varianten | ausgewählte Varianten |
|---|---|---|---|
| V 12 Einflußfaktoren Zielrendite | Renditeerwartungen | V=0,291 | V=0,383 |

## Organisatorische Einflußfaktoren der Retrograden Kalkulation

| Element: Retrograde Kalkulation | Hypothese: R-10 | |
|---|---|---|
| Variablengruppe: Organisation | Gruppenvariable: A 1 Unternehmenstyp | |
| Variable | Code | Bestätigung |
| Einflußfaktoren der Zielrendite | V 12 | + |

| | A 1 Unternehmenstyp | Kunde |
|---|---|---|
| V 12 Einflußfaktoren Zielrendite | Renditeerwartungen | V=0,231 |
| | Langfristige Portfolioplanung | V=0,220 |
| | Risikoabsicherung | V=0,445 |
| | Angestrebte konkurrenzorientierte Marktposition | V=0,188 |

| Element: Retrograde Kalkulation | Hypothese: R-11 | |
|---|---|---|
| Variablengruppe: Organisation | Gruppenvariable: A 2 Mitarbeiteranzahl | |
| **Variable** | **Code** | **Bestätigung** |
| Funktionen der Retrograden Kalkulation | V 11 | + |

| | A 2 Mitarbeiteranzahl | alle Varianten |
|---|---|---|
| V 11 Funktionen der Retrograden Kalkulation | Hinterfragen aktueller Unternehmensstrukturen | V=0,270* |

| Element: Retrograde Kalkulation | Hypothese: R-12 | |
|---|---|---|
| Variablengruppe: Organisation | Gruppenvariable: V 29 Leiter Target Costing | |
| **Variable** | **Code** | **Bestätigung** |
| Funktionen der Retrograden Kalkulation | V 11 | + |
| Einflußfaktoren der Zielrendite | V 12 | + |

| | V 29 Leiter Target Costing | heute | bei Einführung |
|---|---|---|---|
| V 11 Funktionen der Retrograden Kalkulation | Ableitung der Zielkosten unmittelbar vom Marktpreis | V=0,288 | V=0,310 |
| | Ausrichtung der Kalkulation an Kunden und Wettbewerbern | V=0,182 | V=0,198 |
| | Unbedingte Absicherung der Zielgewinnrate | V=0,267 | V=0,354 |
| | Ermittlung der vom Team direkt beeinflußbaren Kosten | V=0,567 | V=0,444 |
| | Hinterfragen aktueller Unternehmensstrukturen | V=0,330 | V=0,295 |
| | Herunterbrechen der Zielkostenvorgabe | V=0,255 | V=0,216 |
| | Fokussierung der Zielkostenerreichung auf das Gesamtprodukt | V=0,254 | V=0,203 |

| | V 29 Leiter Target Costing | heute | bei Einführung |
|---|---|---|---|
| V 12 Einflußfaktoren Zielrendite | Renditeerwartungen | V=0,467 | V=0,238 |
| | Langfristige Portfolioplanung | V=0,268 | V=0,178 |
| | Risikoabsicherung | V=0,369 | V=0,280 |
| | Angestrebte konkurrenzorientierte Marktposition | V=0,231 | V=0,277 |

## Mitarbeiterspezifische Einflußfaktoren der Retrograden Kalkulation

| Element: Retrograde Kalkulation | Hypothese: R-13 | |
|---|---|---|
| Variablengruppe: Mitarbeiter | Gruppenvariable: V 10 Mitarbeitereinfluß | |
| **Variable** | **Code** | **Bestätigung** |
| Funktionen der Retrograden Kalkulation | V 11 | ++ |

| | V 10 Mitarbeitereinfluß - Einkauf | Entwicklung |
|---|---|---|
| V 11 Funktionen der Retrograden Kalkulation | Ableitung der Zielkosten unmittelbar vom Marktpreis | r=0,289* |
| | Ausrichtung der Kalkulation an Kunden und Wettbewerbern | r=0,012 |
| | Unbedingte Absicherung der Zielgewinnrate | r=0,306* |
| | Ermittlung der vom Team direkt beeinflußbaren Kosten | r=0,224 |
| | Hinterfragen aktueller Unternehmensstrukturen | r=0,102 |
| | Herunterbrechen der Zielkostenvorgabe | r=0,115 |
| | Fokussierung der Zielkostenerreichung auf das Gesamtprodukt | r=0,215 |
| | Unbedingte Absicherung der Zielgewinnrate | r=0,036 |

| | V 10 Mitarbeitereinfluß - Konstruktion | Entwicklung |
|---|---|---|
| V 11 Funktionen der Retrograden Kalkulation | Ableitung der Zielkosten unmittelbar vom Marktpreis | r=0,365* |
| | Ausrichtung der Kalkulation an Kunden und Wettbewerbern | r=0,099 |
| | Unbedingte Absicherung der Zielgewinnrate | r=0,289 |
| | Ermittlung der vom Team direkt beeinflußbaren Kosten | r=0,252 |
| | Hinterfragen aktueller Unternehmensstrukturen | r=0,136 |
| | Herunterbrechen der Zielkostenvorgabe | r=0,385** |
| | Fokussierung der Zielkostenerreichung auf das Gesamtprodukt | r=0,266 |

| | V 10 Mitarbeitereinfluß - Controlling | Entwicklung |
|---|---|---|
| V 11 Funktionen der Retrograden Kalkulation | Ableitung der Zielkosten unmittelbar vom Marktpreis | r=0,161 |
| | Ausrichtung der Kalkulation an Kunden und Wettbewerbern | r=0,222 |
| | Unbedingte Absicherung der Zielgewinnrate | r=0,250 |
| | Ermittlung der vom Team direkt beeinflußbaren Kosten | r=0,138 |
| | Hinterfragen aktueller Unternehmensstrukturen | r=0,111 |
| | Herunterbrechen der Zielkostenvorgabe | r=0,373** |
| | Fokussierung der Zielkostenerreichung auf das Gesamtprodukt | r=0,422** |

| | V 10 Mitarbeitereinfluß - Produktionsplanung | Konstruktion |
|---|---|---|
| V 11 Funktionen der Retrograden Kalkulation | Ableitung der Zielkosten unmittelbar vom Marktpreis | r=0,434** |
| | Ausrichtung der Kalkulation an Kunden und Wettbewerbern | r=-0,019 |
| | Unbedingte Absicherung der Zielgewinnrate | r=0,552** |
| | Ermittlung der vom Team direkt beeinflußbaren Kosten | r=0,447** |
| | Hinterfragen aktueller Unternehmensstrukturen | r=0,201 |
| | Herunterbrechen der Zielkostenvorgabe | r=0,281 |
| | Fokussierung der Zielkostenerreichung auf das Gesamtprodukt | r=0,210 |

| | V 10 Mitarbeitereinfluß - Fertigung | Konstruktion |
|---|---|---|
| V 11 Funktionen der Retrograden Kalkulation | Ableitung der Zielkosten unmittelbar vom Marktpreis | r=0,241 |
| | Ausrichtung der Kalkulation an Kunden und Wettbewerbern | r=0,213 |
| | Unbedingte Absicherung der Zielgewinnrate | r=0,541** |
| | Ermittlung der vom Team direkt beeinflußbaren Kosten | r=0,480** |
| | Hinterfragen aktueller Unternehmensstrukturen | r=0,334* |
| | Herunterbrechen der Zielkostenvorgabe | r=0,145 |
| | Fokussierung der Zielkostenerreichung auf das Gesamtprodukt | r=0,136 |

| | V 10 Mitarbeitereinfluß - Controlling | Konstruktion |
|---|---|---|
| V 11 Funktionen der Retrograden Kalkulation | Ableitung der Zielkosten unmittelbar vom Marktpreis | r=0,439** |
| | Ausrichtung der Kalkulation an Kunden und Wettbewerbern | r=0,274 |
| | Unbedingte Absicherung der Zielgewinnrate | r=0,329* |
| | Ermittlung der vom Team direkt beeinflußbaren Kosten | r=0,382** |
| | Hinterfragen aktueller Unternehmensstrukturen | r=0,060 |
| | Herunterbrechen der Zielkostenvorgabe | r=0,438** |
| | Fokussierung der Zielkostenerreichung auf das Gesamtprodukt | r=0,334* |

| | V 10 Mitarbeitereinfluß - F&E | Produktions- planung |
|---|---|---|
| V 11 Funktionen der Retrograden Kalkulation | Ableitung der Zielkosten unmittelbar vom Marktpreis | r=0,090 |
| | Ausrichtung der Kalkulation an Kunden und Wettbewerbern | r=0,091 |
| | Unbedingte Absicherung der Zielgewinnrate | r=0,359* |
| | Ermittlung der vom Team direkt beeinflußbaren Kosten | r=0,423** |
| | Hinterfragen aktueller Unternehmensstrukturen | r=0,385** |
| | Herunterbrechen der Zielkostenvorgabe | r=0,089 |
| | Fokussierung der Zielkostenerreichung auf das Gesamtprodukt | r=-0,063 |

| **Element:** Retrograde Kalkulation | **Hypothese:** R-14 | |
|---|---|---|
| **Variablengruppe:** Mitarbeiter | **Gruppenvariable:** V 31 Mitarbeiterschulungen | |
| **Variable** | **Code** | **Bestätigung** |
| Funktionen der Retrograden Kalkulation | V 11 | + |
| Einflußfaktoren Zielrendite | V 12 | ++ |

| | V 31 Mitarbeiterschulungen in der Phase Planung/Konzeption | Controlling | Entwicklung | Konstruktion |
|---|---|---|---|---|
| V 11 Funktionen der Retrograden Kalkulation | Ableitung der Zielkosten unmittelbar vom Marktpreis | V=0,192 | V=0,226 | V=0,217 |
| | Ausrichtung der Kalkulation an Kunden und Wettbewerbern | V=0,390 | V=0,421 | V=0,410 |
| | Unbedingte Absicherung der Zielgewinnrate | V=0,189 | V=0,266 | V=0,294 |
| | Ermittlung der vom Team direkt beeinflußbaren Kosten | V=0,322 | V=0,294 | V=0,320 |
| | Hinterfragen aktueller Unternehmensstrukturen | V=0,314 | V=0,156 | V=0,246 |
| | Herunterbrechen der Zielkostenvorgabe | V=0,360 | V=0,225 | V=0,335 |
| | Fokussierung der Zielkostenerreichung auf das Gesamtprodukt | V=0,276 | V=0,232 | V=0,246 |

| | V 31 Mitarbeiterschulungen in der Phase Entwicklung | Controlling | Entwicklung |
|---|---|---|---|
| V 11 Funktionen der Retrograden Kalkulation | Ableitung der Zielkosten unmittelbar vom Marktpreis | V=0,219 | V=0,168 |
| | Ausrichtung der Kalkulation an Kunden und Wettbewerbern | V=0,343 | V=0,408 |
| | Unbedingte Absicherung der Zielgewinnrate | V=0,280 | V=0,287 |
| | Ermittlung der vom Team direkt beeinflußbaren Kosten | V=0,221 | V=0,357 |
| | Hinterfragen aktueller Unternehmensstrukturen | V=0,216 | V=0,344 |
| | Herunterbrechen der Zielkostenvorgabe | V=0,258 | V=0,415 |
| | Fokussierung der Zielkostenerreichung auf das Gesamtprodukt | V=0,230 | V=0,218 |

| | V 31 Mitarbeiterschulungen in der Phase der Konstruktion | Konstrukteure |
|---|---|---|
| V 11 Funktionen der Retrograden Kalkulation | Ableitung der Zielkosten unmittelbar vom Marktpreis | V=0,190 |
| | Ausrichtung der Kalkulation an Kunden und Wettbewerbern | V=0,469 |
| | Unbedingte Absicherung der Zielgewinnrate | V=0,216 |
| | Ermittlung der vom Team direkt beeinflußbaren Kosten | V=0,354 |
| | Hinterfragen aktueller Unternehmensstrukturen | V=0,303 |
| | Herunterbrechen der Zielkostenvorgabe | V=0,380 |
| | Fokussierung der Zielkostenerreichung auf das Gesamtprodukt | V=0,254 |

| | V 31 Mitarbeiterschulungen in der Phase der Produktionsplanung | Konstrukteure |
|---|---|---|
| V 11 Funktionen der Retrograden Kalkulation | Ableitung der Zielkosten unmittelbar vom Marktpreis | V=0,396 |
| | Ausrichtung der Kalkulation an Kunden und Wettbewerbern | V=0,305 |
| | Unbedingte Absicherung der Zielgewinnrate | V=0,324 |
| | Ermittlung der vom Team direkt beeinflußbaren Kosten | V=0,268 |
| | Hinterfragen aktueller Unternehmensstrukturen | V=0,258 |
| | Herunterbrechen der Zielkostenvorgabe | V=0,246 |
| | Fokussierung der Zielkostenerreichung auf das Gesamtprodukt | V=0,229 |

| | V 31 Mitarbeiterschulungen in der Phase der Planung/Konzeption | Führungsebene | Controlling |
|---|---|---|---|
| V 12 Einflußfaktoren Zielrendite | Renditeerwartungen | V=0,194 | V=0,307 |
| | Langfristige Portfolioplanung | V=0,315 | V=0,278 |
| | Risikoabsicherung | V=0,209 | V=0,474 |
| | Angestrebte konkurrenzorientierte Marktposition | V=0,531 | V=0,236 |

| | V 31 Mitarbeiterschulungen in der Phase der Entwicklung | Führungsebene | Controlling |
|---|---|---|---|
| V 12 Einflußfaktoren Zielrendite | Renditeerwartungen | V=0,272 | V=0,294 |
| | Langfristige Portfolioplanung | V=0,376 | V=0,325 |
| | Risikoabsicherung | V=0,243 | V=0,505 |
| | Angestrebte konkurrenzorientierte Marktposition | V=0,502 | V=0,233 |

## Controllingspezifische Einflußfaktoren der Retrograden Kalkulation

| Element: Retrograde Kalkulation | Hypothese: R-15 | |
|---|---|---|
| Variablengruppe: Controlling | Gruppenvariable: A 15 Ebene des Controlling | |
| Variable | Code | Bestätigung |
| Einflußfaktoren der Zielrendite | V 12 | + |

| | A 15 Ebene des Controlling | Führungsebene |
|---|---|---|
| V 12 Einflußfaktoren Zielrendite | Renditeerwartungen | V=0,327 |
| | Langfristige Portfolioplanung | V=0,231 |
| | Risikoabsicherung | V=0,151 |
| | Angestrebte konkurrenzorientierte Marktposition | V=0,239 |

| Element: Retrograde Kalkulation | Hypothese: R-16 | |
|---|---|---|
| Variablengruppe: Controlling | Gruppenvariable: V 1 Anwendungsbreite und Anwendungsdauer | |
| Variable | Code | Bestätigung |
| Funktionen der Retrograden Kalkulation | V 11 | ++ |

| | V 1 Anwendungsbreite und Anwendungsdauer | in Projekten | für Produkte | in Abteilungen | unternehmensweit |
|---|---|---|---|---|---|
| V 11 Funktionen der Retrograden Kalkulation | Ableitung der Zielkosten unmittelbar vom Marktpreis | V=0,419 | V=0,301 | V=0,304 | V=0,149 |
| | Ausrichtung der Kalkulation an Kunden und Wettbewerbern | V=0,241 | V=0,515 | V=0,316 | V=0,248 |
| | Unbedingte Absicherung der Zielgewinnrate | V=0,558 | V=0,377 | V=0,516 | V=0,353 |
| | Ermittlung der vom Team direkt beeinflußbaren Kosten | V=0,303 | V=0,490 | V=0,851 | V=0,258 |
| | Hinterfragen aktueller Unternehmensstrukturen | V=0,364 | V=0,451 | V=0,471 | V=0,692 |
| | Herunterbrechen der Zielkostenvorgabe | V=0,354 | V=0,666 | V=0,726 | V=0,430 |
| | Fokussierung der Zielkostenerreichung auf das Gesamtprodukt | V=0,333 | V=0,639 | V=0,423 | V=0,358 |

| Element: Retrograde Kalkulation | Hypothese: R-17 | |
|---|---|---|
| Variablengruppe: Controlling | Gruppenvariable: V 2 Ziele | |
| Variable | Code | Bestätigung |
| Funktionen der Retrograden Kalkulation | V 11 | + |
| Einflußfaktoren der Zielrendite | V 12 | ++ |

| | V 2 Ziele bei Einführung | Markt-/Kundenorientierung in der Produktentwicklung | Vorverlagerung der Kostenbeeinflussungszeitpunkte |
|---|---|---|---|
| V 11 Funktionen der Retrograden Kalkulation | Ableitung der Zielkosten unmittelbar vom Marktpreis | r=0,241 | r=0,248 |
| | Ausrichtung der Kalkulation an Kunden und Wettbewerbern | r=0,012 | r=0,081 |
| | Unbedingte Absicherung der Zielgewinnrate | r=0,269* | r=0,290* |
| | Ermittlung der vom Team direkt beeinflußbaren Kosten | r=0,023 | r=0,146 |
| | Hinterfragen aktueller Unternehmensstrukturen | r=0,059 | r=0,239 |
| | Herunterbrechen der Zielkostenvorgabe | r=0,194 | r=0,298* |
| | Fokussierung der Zielkosten-erreichung auf das Gesamtprodukt | r=0,174 | r=0,324* |

| | V 2 Ziele bei Einführung | Markt-/Kunden- orientierung in der Produkt- entwicklung | Vorverlagerung der Kosten- beeinflussungs- zeitpunkte |
|---|---|---|---|
| V 12 Einflußfaktoren Zielrendite | Angestrebte konkurrenzorientierte Marktposition | r=0,404** | r=0,389** |

| | V 2 Ziele heute | Verkürzung der Entwicklungszeit | Koordination der Entwicklungstätigke iten |
|---|---|---|---|
| V 12 Einflußfaktoren Zielrendite | Angestrebte konkurrenzorientierte Marktposition | r=0,316* | r=0,484** |

## Marktspezifische Einflußfaktoren der Zielkostenspaltung

| Element: Zielkostenspaltung | Hypothese: S-2 | |
|---|---|---|
| Variablengruppe: Markt | Gruppenvariable: A 11 Leistungsstruktur - Gemeinkostenanteil | |
| Variable | Code | Bestätigung |
| Zielkostenspaltung | V 18 | + |

| | A 11 Leistungsstruktur - Gemeinkostenanteil | |
|---|---|---|
| V 18 Zielkostenspaltung | Funktionen | V=0,278 |
| | Baugruppen | V=0,432 |
| | Komponenten | V=0,412 |
| | Einzelteile | V=0,322 |
| | Prozesse | V=0,319 |
| | Kostenarten | V=0,360 |
| | Bereiche | V=0,328 |

## Produktspezifische Einflußfaktoren der Zielkostenspaltung

| Element: Zielkostenspaltung | Hypothese: S-3 | |
|---|---|---|
| Variablengruppe: Produkt | Gruppenvariable: A 12 Produktprogrammkomplexität | |
| Variable | Code | Bestätigung |
| Zielkostenspaltung | V 18 | + |

| | A 12 Produktprogrammkomplexität | Anzahl Produktlinien | Ähnlichkeit Produktlinien |
|---|---|---|---|
| V 18 Zielkostenspaltung | Funktionen | V=0,335 | V=0,350 |
| | Baugruppen | V=0,232 | V=0,213 |
| | Komponenten | V=0,317 | V=0,253 |
| | Einzelteile | V=0,268 | V=0,239 |
| | Prozesse | V=0,410 | V=0,327 |
| | Kostenarten | V=0,189 | V=0,242 |
| | Bereiche | V=0,250 | V=0,305 |

| Element: Zielkostenspaltung | Hypothese: S-4 | |
|---|---|---|
| Variablengruppe: Produkt | Gruppenvariable: A 13 Produktkomplexität | |
| Variable | Code | Bestätigung |
| Zielkostenspaltung | V 18 | + |

| | A 13 Produktkomplexität | Produkt- komplexität | Kunden- komplexität |
|---|---|---|---|
| V 18 Zielkostenspaltung | Funktionen | V=0,293 | V=0,254 |
| | Baugruppen | V=0,347 | V=0,311 |
| | Komponenten | V=0,339 | V=0,294 |

| | | | |
|---|---|---|---|
| Einzelteile | | V=0,271 | V=0,259 |
| Prozesse | | V=0,261 | V=0,361 |
| Kostenarten | | V=0,332 | V=0,408 |
| Bereiche | | V=0,241 | V=0,394 |

| | | |
|---|---|---|
| **Element:** Zielkostenspaltung | **Hypothese:** S-5 | |
| **Variablengruppe:** Produkt | **Gruppenvariable:** V 6 Produktmerkmale | |
| **Variable** | **Code** | **Bestätigung** |
| Zielkostenspaltung | V 18 | + |

| | V 6 Produktmerkmale | Produkt-lebensdauer | Innovations-grad |
|---|---|---|---|
| V 18 Zielkostenspaltung | Funktionen | V=0,221 | V=0,283 |
| | Baugruppen | V=0,353 | V=0,380 |
| | Komponenten | V=0,310 | V=0,292 |
| | Einzelteile | V=0,298 | V=0,328 |
| | Prozesse | V=0,354 | V=0,379 |
| | Kostenarten | V=0,349 | V=0,371 |
| | Bereiche | V=0,255 | V=0,313 |

## Marktspezifische Einflußfaktoren der Funktionsübergreifenden Teamstrukturen und Prozesse

| Element: Funktionsübergreifende Teamstrukturen und Prozesse | Hypothese: T-1 | |
|---|---|---|
| Variablengruppe: Markt | Gruppenvariable: A 3 Umsatz | |
| **Variable** | **Code** | **Bestätigung** |
| Implementierungsverantwortung | V 28 | + |
| Aufgaben der Target Costing-Teams | V 32 | o |
| Bedeutung der Funktionsbereiche | V 33 | o |
| Organisatorische Änderungen | V 37 | + |

| | A3 Umsatz | |
|---|---|---|
| V 28 Implementier-ungsverantwortung | als Target Costing-Stab/-Stäbe oder -Abteilung/-en | V=0,180 |
| | als Target Costing-Projektteams | V=0,255 |
| | in Form von Produkt/-Projektmanagern | V=0,487 |

| | A3 Umsatz | |
|---|---|---|
| V 32 Aufgaben der Target Costing-Teams | Verbreitung des Target Costing durch die Leitung der Einführung | r=-0,195 |
| | Ausbildung und Schulung zum Target Costing | r=-0,096 |
| | Koordination bei der Zielkostenspaltung | r=-0,032 |
| | Planung der Design Reviews und Kostenreviews | r=-0,155 |
| | Erarbeitung eines Entwicklungshandbuches | r=0,123 |
| | Erarbeitung eines Target Costing-Handbuches | r=-0,021 |

| | A3 Umsatz | |
|---|---|---|
| V 33 Bedeutung der Funktionsbereiche | Geschäftsführung | r=-0,050 |
| | Controlling/Rechnungswesen | r=-0,021 |
| | Marketing/Vertrieb | r=-0,192 |
| | Einkauf | r=0,282* |
| | Produktplanung | r=0,046 |
| | Entwicklung | r=0,082 |
| | Konstruktion | r=0,090 |
| | Produktionsplanung | r=0,006 |
| | Fertigung | r=0,053 |
| | Qualitätssicherung | r=0,196 |
| | Externe Berater | r=0,138 |

| | A3 Umsatz | |
|---|---|---|
| V 37 Organisatorische Änderungen | | V=0,268 |

| Element: Funktionsübergreifende Teamstrukturen und Prozesse | Hypothese: T-2 | |
|---|---|---|
| Variablengruppe: Markt | Gruppenvariable: A 6 Marktstellung | |
| Variable | Code | Bestätigung |
| Implementierungsschritte | V 30 | o |
| Aufgaben der Target Costing-Teams | V 32 | + |
| Organisatorische Änderungen | V 37 | + |

| | A 6 Marktstellung | |
|---|---|---|
| V 30 Implementierungsschritte | Marktanalyse | V=0,280 |
| | Ermittlung der Kundenanforderungen | V=0,213 |
| | Preisfindung | V=0,297 |
| | Retrograde Produktkalkulation | V=0,139 |
| | Konzeptgenerierung | V=0,198 |
| | Alternativenbewertung | V=0,193 |
| | Zielkostenspaltung | V=0,188 |
| | Zielkostencontrolling | V=0,183 |

| | A 6 Marktstellung | |
|---|---|---|
| V 32 Aufgaben der Target Costing-Teams | Verbreitung des Target Costing durch die Leitung der Einführung | V=0,212 |
| | Ausbildung und Schulung zum Target Costing | V=0,311 |
| | Koordination bei der Zielkostenspaltung | V=0,307 |
| | Planung der Design Reviews und Kostenreviews | V=0,343 |
| | Erarbeitung eines Entwicklungshandbuches | V=0,231 |
| | Erarbeitung eines Target Costing-Handbuches | V=0,297 |

| | A 6 Marktstellung | |
|---|---|---|
| V 37 Organisatorische Änderungen | | V=0,286 |

| Element: Funktionsübergreifende Teamstrukturen und Prozesse | Hypothese: T-3 | |
|---|---|---|
| Variablengruppe: Markt | Gruppenvariable: A 8 Wettbewerbsintensität | |
| Variable | Code | Bestätigung |
| Einsatzzeitpunkt | V 7 | o |
| Implementierungsverantwortung | V 28 | + |

| | A 8 Wettbewerbsintensität | |
|---|---|---|
| V 7 Einsatzzeitpunkt | Planung / Konzeption | V=0,297 |
| | Entwicklung | V=0,234 |
| | Konstruktion | V=0,217 |
| | Produktionsplanung | V=0,193 |

| | A 8 Wettbewerbsintensität - Qualität | |
|---|---|---|
| V 28 Implementier-ungsverantwortung | als Target Costing-Stab/-Stäbe oder -Abteilung/-en | V=0,555 |
| | als Target Costing-Projektteams | V=0,371 |
| | in Form von Produkt/-Projektmanagern | V=0,477 |

| **Element:** Funktionsübergreifende Teamstrukturen und Prozesse | **Hypothese:** T-4 | |
|---|---|---|
| **Variablengruppe:** Markt | **Gruppenvariable:** A 10 Dynamik und Diskontinuität | |
| **Variable** | **Code** | **Bestätigung** |
| Implementierungsverantwortung | V 28 | ++ |
| Aufgaben der Target Costing-Teams | V 32 | ++ |
| Bedeutung der Unternehmensbereiche | V 33 | ++ |

| | A 10 Dynamik und Diskontinuität hinsichtlich Kundenstruktur | |
|---|---|---|
| V 28 Implementier-ungsverantwortung | als Target Costing-Stab/-Stäbe oder -Abteilung/-en | V=0,292 |
| | als Target Costing-Projektteams | V=0,474 |
| | in Form von Produkt/-Projektmanagern | V=0,452 |

| | A 10 Dynamik und Diskontinuität hinsichtlich Kundenstruktur | |
|---|---|---|
| V 32 Aufgaben der Target Costing-Teams | Verbreitung des Target Costing durch die Leitung der Einführung | r=0,309* |

| | A 10 Dynamik und Diskontinuität hinsichtlich Lieferantenstruktur | |
|---|---|---|
| V 32 Aufgaben der Target Costing-Teams | Koordination bei der Zielkostenspaltung | r=347* |

| | A 10 Dynamik und Diskontinuität hinsichtlich Verfahrens-/Fertigungstechnik | |
|---|---|---|
| V 32 Aufgaben der Target Costing-Teams | Koordination bei der Zielkostenspaltung | r=348* |
| | Planung der Design Reviews und Kostenreviews | r=327* |

| | A 10 Dynamik und Diskontinuität hinsichtlich Lieferantenstruktur | bei Einführung | bei laufender Koordination |
|---|---|---|---|
| V 33 Bedeutung der Funktionsbereiche | Geschäftsführung | r=0,294* | r=0,224 |
| | Controlling/Rechnungswesen | r=-0,087 | r=0,178 |
| | Marketing/Vertrieb | r=0,221 | r=0,133 |
| | Einkauf | r=0,147 | r=0,286* |
| | Produktplanung | r=0,213 | r=0,305* |
| | Entwicklung | r=0,231 | r=0,327* |
| | Konstruktion | r=0,296 | r=0,436** |
| | Produktionsplanung | r=0,097 | r=0,175 |
| | Fertigung | r=-0,058 | r=-0,024 |
| | Qualitätssicherung | r=0,197 | r=0,083 |
| | Externe Berater | r=0,100 | r=-0,034 |

| | A 10 Dynamik und Diskontinuität hinsichtlich Produkttechnologie | bei Einführung | bei laufender Koordination |
|---|---|---|---|
| V 33 Bedeutung der Funktionsbereiche | Geschäftsführung | r=0,162 | r=0,097 |
| | Controlling/Rechnungswesen | r=0,190 | r=0,126 |
| | Marketing/Vertrieb | r=0,128 | r=0,126 |
| | Einkauf | r=0,178 | r=0,326* |
| | Produktplanung | r=0,202 | r=0,329* |
| | Entwicklung | r=0,088 | r=0,168 |
| | Konstruktion | r=0,163 | r=0,343* |
| | Produktionsplanung | r=0,237 | r=0,376* |
| | Fertigung | r=-0,109 | r=0,189 |
| | Qualitätssicherung | r=0,007 | r=0,186 |
| | Externe Berater | r=0,083 | r=0,271 |

## Produktspezifische Einflußfaktoren der Funktionsübergreifenden Teamstrukturen und Prozesse

| **Element:** Funktionsübergreifende Teamstrukturen und Prozesse | **Hypothese:** T-5 |
|---|---|
| **Variablengruppe:** Produkt | **Gruppenvariable:** A 12 Produktprogrammkomplexität |

| Variable | Code | Bestätigung |
|---|---|---|
| Verfolgung der Zielkostenerreichung | V 23 | + |

|  | A 12 Produktprogrammkomplexität | Anzahl Produktlinien | Ähnlichkeit Produktlinien |
|---|---|---|---|
| V 23 Verfolgung der Zielkostenerreichung | die Zielkostenerreichung wird nur bis zur Nullserie abgebildet | V=0,278 | V=0,195 |
|  | die Zielkostenerreichung wird auch noch während der Fertigung abgebildet | V=0,393 | V=0,311 |
|  | den Target Costing-Aktivitäten folgen weitere Kostensenkungsmaßnahmen während der Fertigung | V=0,188 | V=0,351 |
|  | die Höhe der realisierten Kostensenkung wird nicht detailliert erfaßt | V=0,217 | V=0,260 |

| Element: Funktionsübergreifende Teamstrukturen und Prozesse | Hypothese: T-6 | |
|---|---|---|
| Variablengruppe: Produkt | Gruppenvariable: A 13 Produktkomplexität | |
| **Variable** | **Code** | **Bestätigung** |
| Implementierungsschritte | V 30 | + |
| Aufgaben der Target Costing-Teams | V 32 | ++ |
| Bedeutung der Unternehmensbereiche | V 33 | + |

|  | A 13 Produktkomplexität | Produkt | Kundenbeziehung |
|---|---|---|---|
| V 30 Implementierungsschritte | Zielkostenspaltung | r=0,410** | r=0,367* |
|  | Zielkostencontrolling | r=0,321* | r=0,284* |

|  | A 13 Produktkomplexität | Produkt |
|---|---|---|
| V 32 Aufgaben der Target Costing-Teams | Verbreitung des Target Costing durch die Leitung der Einführung | r=0,155 |
|  | Ausbildung und Schulung zum Target Costing | r=0,115 |
|  | Koordination bei der Zielkostenspaltung | r=0,367* |
|  | Planung der Design Reviews und Kostenreviews | r=0,400** |
|  | Erarbeitung eines Entwicklungshandbuches | r=0,277 |
|  | Erarbeitung eines Target Costing-Handbuches | r=0,320* |

|  | A 13 Produktkomplexität | bei Einführung |
|---|---|---|
| V 33 Bedeutung der Funktionsbereiche | Geschäftsführung | r=0,130 |
|  | Controlling/Rechnungswesen | r=-0,205 |
|  | Marketing/Vertrieb | r=-0,020 |
|  | Einkauf | r=0,437* |
|  | Produktplanung | r=0,193 |
|  | Entwicklung | r=0,113 |
|  | Konstruktion | r=0,409** |
|  | Produktionsplanung | r=0,066 |
|  | Fertigung | r=0,108 |
|  | Qualitätssicherung | r=0,150 |
|  | Externe Berater | r=0,010 |

| Element: Funktionsübergreifende Teamstrukturen und Prozesse | Hypothese: T-7 | |
|---|---|---|
| Variablengruppe: Produkt | Gruppenvariable: V 6 Produktmerkmale | |
| Variable | Code | Bestätigung |
| Aufgaben der Target Costing-Teams | V 32 | ++ |
| Bedeutung der Funktionsbereiche - bei Einführung | V 33 | + |

| | V 6 Produktmerkmale | Innovationsgrad der Produktgenerationen |
|---|---|---|
| V 32 Aufgaben der Target Costing-Teams | Koordination bei der Zielkostenspaltung | r=0,432** |
| | Planung der Design Reviews und Kostenreviews | r=0,328* |

| | V6 Produktmerkmale | Produktlebensdauer | Innovationsgrad |
|---|---|---|---|
| V 33 Bedeutung der Funktionsbereiche - bei Einführung | Geschäftsführung | V=0,377 | V=0,282 |
| | Marketing/Vertrieb | V=0,305 | V=0,285 |
| | Einkauf | V=0,348 | V=0,413 |
| | Entwicklung | V=0,345 | V=0,397 |

| | V 6 Produktmerkmale | Produktlebensdauer | Innovationsgrad |
|---|---|---|---|
| V 33 Bedeutung der Funktionsbereiche - bei laufender Koordination | Geschäftsführung | | V=0,353 |
| | Produktplanung | V=0,295 | |
| | Ferigung | V=0,350 | |

## Organisatorische Einflußfaktoren
## der Funktionsübergreifenden Teamstrukturen und Prozesse

| Element: Funktionsübergreifende Teamstrukturen und Prozesse | Hypothese: T-8 | |
|---|---|---|
| Variablengruppe: Organisation | Gruppenvariable: A 1 Unternehmenstyp | |
| Variable | Code | Bestätigung |
| Verfolgung der Zielkostenerreichung | V 23 | + |
| Implementierungsverantwortung | V 28 | + |
| Implementierungsschritte | V 30 | + |
| Aufgaben der Target Costing-Teams | V 32 | + |
| Bedeutung der Funktionsbereiche | V 33 | o |

| A 1 Unternehmenstyp | | |
|---|---|---|
| V 23 Verfolgung der Zielkostenerreichung | die Zielkostenerreichung wird nur bis zur Nullserie abgebildet | V=0,150 |
| | die Zielkostenerreichung wird auch noch während der Fertigung abgebildet | V=0,340 |
| | den Target Costing-Aktivitäten folgen weitere Kostensenkungsmaßnahmen während der Fertigung | V=0,425 |
| | die Höhe der realisierten Kostensenkung wird nicht detailliert erfaßt | V=0,439 |

| A 1 Unternehmenstyp | | |
|---|---|---|
| V 28 Implementierungsverantwortung | als Target Costing-Stab/-Stäbe oder -Abteilung/-en | V=0,703 |
| | als Target Costing-Projektteams | V=0,232 |
| | in Form von Produkt/-Projektmanagern | V=0,327 |

| A 1 Unternehmenstyp | | |
|---|---|---|
| V 30 Implementierungsschritte | Marktanalyse | V=0,408 |

| A 1 Unternehmenstyp | | |
|---|---|---|
| V 32 Aufgaben der Target Costing-Teams | Verbreitung des Target Costing durch die Leitung der Einführung | V=0,323 |
| | Ausbildung und Schulung zum Target Costing | V=0,312 |
| | Koordination bei der Zielkostenspaltung | V=0,403 |
| | Planung der Design Reviews und Kostenreviews | V=0,362 |
| | Erarbeitung eines Entwicklungshandbuches | V=0,390 |
| | Erarbeitung eines Target Costing-Handbuches | V=0,361 |

| A 1 Unternehmenstyp | | bei Einführung | heute |
|---|---|---|---|
| V 33 Bedeutung der Funktionsbereiche | Geschäftsführung | V=0,192 | V=0,251 |
| | Controlling/Rechnungswesen | V=0,247 | V=0,228 |
| | Marketing/Vertrieb | V=0,219 | V=0,208 |
| | Einkauf | V=0,202 | V=0,162 |
| | Produktplanung | V=0,235 | V=0,288 |
| | Entwicklung | V=0,276 | V=0,286 |
| | Konstruktion | V=0,395 | V=0,241 |
| | Produktionsplanung | V=0,185 | V=0,329 |
| | Fertigung | V=0,182 | V=0,338 |
| | Qualitätssicherung | V=0,317 | V=0,190 |
| | Externe Berater | V=0,339 | V=0,181 |

| **Element:** Funktionsübergreifende Teamstrukturen und Prozesse | **Hypothese:** T-9 | |
|---|---|---|
| **Variablengruppe:** Organisation | **Gruppenvariable:** V 29 Leiter Target Costing | |
| **Variable** | **Code** | **Bestätigung** |
| Implementierungsschritte | V 30 | o |
| Bedeutung der Funktionsbereiche | V 33 | o |

| | V 29 Leiter Target Costing | heute | bei Einführung |
|---|---|---|---|
| V 30 Implementierungs-schritte | Marktanalyse | V=0,253 | V=0,166 |
| | Ermittlung der Kundenanforderungen | V=0,079 | V=0,248 |
| | Preisfindung | V=0,183 | V=0,175 |
| | Retrograde Produktkalkulation | V=0,187 | V=0,291 |
| | Konzeptgenerierung | V=0,295 | V=0,142 |
| | Alternativenbewertung | V=0,298 | V=0,212 |
| | Zielkostenspaltung | V=0,304 | V=0,226 |
| | Zielkostencontrolling | V=0,184 | V=0,227 |

| | V 29 Leiter Target Costing | zu Beginn der Einführung | heute |
|---|---|---|---|
| V 33 Bedeutung der Funktionsbereiche für die laufende Koordination | Geschäftsführung | V=0,252 | V=0,162 |
| | Controlling/Rechnungswesen | V=0,282 | V=0,373 |
| | Marketing/Vertrieb | V=0,285 | V=0,216 |
| | Einkauf | V=0,285 | V=0,262 |
| | Produktplanung | V=0,168 | V=0,243 |
| | Entwicklung | V=0,234 | V=0,147 |
| | Konstruktion | V=0,274 | V=0,213 |
| | Produktionsplanung | V=0,241 | V=0,243 |
| | Fertigung | V=0,127 | V=0,228 |
| | Qualitätssicherung | V=0,244 | V=0,256 |
| | Externe Berater | V=0,241 | V=0,310 |

## Mitarbeiterspezifische Einflußfaktoren der Funktionsübergreifenden Teamstrukturen und Prozesse

| **Element:** Teamorientierte Strukturen und Prozesse | **Hypothese:** T-10 | |
|---|---|---|
| **Variablengruppe:** Mitarbeiter | **Gruppenvariable:** V 10 Einfluß der Mitarbeiter | |
| **Variable** | **Code** | **Bestätigung** |
| Einsatzzeitpunkt | V 7 | ++ |
| Implementierungsschritte | V 30 | ++ |

| | V 10 Einfluß der Controlling Mitarbeiter in der Phase der | Entwicklung | | |
|---|---|---|---|---|
| V 7 Einsatzzeitpunkt | | V=0,408 | | |

| | V 10 Einfluß der Mitarbeiter in der Phase der Planung/Konzeption | Einkauf | F&E | Fertigung | Qualitäts-sicherung |
|---|---|---|---|---|---|
| V 30 Implementierungs-schritte | Marktanalyse | r=-0,025 | r=0,108 | r=0,424** | r=0,123 |
| | Ermittlung der Kundenanforderungen | r=0,110 | r=0,218 | r=0,246 | r=-0,140 |
| | Preisfindung | r=-0,359* | r=0,159 | r=0,198 | r=0,085 |
| | Retrograde Produktkalkulation | r=-0,178 | r=0,274 | r=0,044 | r=0,052 |
| | Konzeptgenerierung | r=-0,301 | r=-0,247 | r=-0,059 | r=0,076 |
| | Alternativenbewertung | r=-0,128 | r=-0,067 | r=-0,080 | r=-0,236 |
| | Zielkostenspaltung | r=-0,183 | r=0,201 | r=-0,178 | r=-0,123 |
| | Zielkostencontrolling | r=-0,080 | r=0,312* | r=-0,006 | r=0,409** |

| | V 10 Einfluß der Mitarbeiter in der Phase der Entwicklung | Einkauf | F&E | Fertigung | Qualitäts-sicherung |
|---|---|---|---|---|---|
| V 30 Implementierungs-schritte | Marktanalyse | r= -0,183 | r= -0,364* | r= 0,290 | r= 0,093 |
| | Ermittlung der Kundenanforderungen | r=-0,050 | r=-0,037 | r=0,206 | r=0,106 |
| | Preisfindung | r=-0,313* | r=0,252 | r=-0,029 | r=-0,082 |
| | Retrograde Produktkalkulation | r=-0,028 | r=0,214 | r=0,030 | r=-0,092 |
| | Konzeptgenerierung | r=-0,006 | r=0,139 | r=-0,001 | r=0,227 |
| | Alternativenbewertung | r=0,139 | r=0,279 | r=0,046 | r=0,038 |
| | Zielkostenspaltung | r=-0,012 | r=0,228 | r=-0,230 | r=0,154 |
| | Zielkostencontrolling | r=-0,028 | r=0,055 | r=0,311* | r=0,334* |

| Element: Funktionsübergreifende Teamstrukturen und Prozesse | Hypothese: T-11 | |
|---|---|---|
| Variablengruppe: Mitarbeiter | Gruppenvariable: V 31 Schulungen | |
| Variable | Code | Bestätigung |
| Verfolgung der Zielkostenerreichung | V 23 | - |
| Implementierungsschritte | V 30 | + |
| Bedeutung der Funktionsbereiche | V 33 | + |
| Organisatorische Änderungen | V 37 | + |

| V 23 Verfolgung der Zielkostenerreichung | V 31 Schulungen der Produktionsmitarbeiter | |
|---|---|---|
| | die Zielkostenerreichung wird nur bis zur Nullserie abgebildet | V=0,134 |
| | die Zielkostenerreichung wird auch noch während der Fertigung abgebildet | V=0,265 |
| | den Target Costing-Aktivitäten folgen weitere Kostensenkungsmaßnahmen während der Fertigung | V=0,259 |
| | die Höhe der realisierten Kostensenkung wird nicht detailliert erfaßt | V=0,107 |

| V 30 Implementierungs-schritte | V 31 Schulungen in der Phase Planung/Konzeption | Controlling | Marketing |
|---|---|---|---|
| | Marktanalyse | | V=0,312 |
| | Ermittlung der Kundenanforderungen | | V=0,334 |
| | Preisfindung | | V=0,277 |
| | Retrograde Produktkalkulation | | V=0,305 |
| | Konzeptgenerierung | | V=0,217 |
| | Alternativenbewertung | | V=0,371 |
| | Zielkostenspaltung | V=0,355 | V=0,411 |
| | Zielkostencontrolling | | V=0,244 |

| V 30 Implementierungs-schritte | V 31 Schulungen in der Phase Entwicklung | Marketing | Entwicklung |
|---|---|---|---|
| | Marktanalyse | V=0,183 | V=0,250 |
| | Ermittlung der Kundenanforderungen | V=0,327 | V=0,220 |
| | Preisfindung | V=0,204 | V=0,269 |
| | Retrograde Produktkalkulation | V=0,144 | V=0,107 |
| | Konzeptgenerierung | V=0,257 | V=0,250 |
| | Alternativenbewertung | V=0,236 | V=0,375 |
| | Zielkostenspaltung | V=0,222 | V=0,271 |
| | Zielkostencontrolling | V=0,172 | V=0,111 |

| V 30 Implementierungsschritte | V 31 Schulungen in der Phase Konstruktion | Konstrukteure |
|---|---|---|
| | Marktanalyse | V=0,219 |
| | Ermittlung der Kundenanforderungen | V=0,196 |
| | Preisfindung | V=0,237 |
| | Retrograde Produktkalkulation | V=0,121 |
| | Konzeptgenerierung | V=0,162 |
| | Alternativenbewertung | V=0,327 |
| | Zielkostenspaltung | V=0,317 |
| | Zielkostencontrolling | V=0,236 |

| | V 31 Schulungen in Planungs-/Konzeptions-phase aus | Führungs-ebene | Controlling | Marketing | Entwick-lung |
|---|---|---|---|---|---|
| V 33 Bedeutung der Funktionsbereiche für Einführung | Geschäftsführung | V=0,335 | | | |
| | Controlling/Rechnungswes en | | V=0,334 | | |
| | Marketing/Vertrieb | | | V=0,339 | |
| | Entwicklung | | | | V=0,305 |
| | Externe Berater | V=0,411 | V=0,365 | | |

| | V 31 Schulungen der Führungsebene | |
|---|---|---|
| V 37 Organisatorische Änderungen | vor Einführung des Target Costing | V=0,310 |

| **Element:** Funktionsübergreifende Teamstrukturen und Prozesse | **Hypothese:** T-12 | |
|---|---|---|
| **Variablengruppe:** Mitarbeiter | **Gruppenvariable:** V 5 Innovationsunterstützende Aspekte | |
| **Variable** | **Code** | **Bestätigung** |
| Verfolgung der Zielkostenerreichung | V 23 | + |
| Implementierungsverantwortung | V 28 | + |
| Aufgaben der Target Costing-Teams | V 32 | + |
| Bedeutung der Funktionsbereiche | V 33 | ++ |

| | V 5 Innovationsunterstützende Aspekte | Teamorientierung der Mitarbeiter |
|---|---|---|
| V 23 Verfolgung der Zielkostenerreichung | die Zielkostenerreichung wird auch noch während der Fertigung abgebildet | V=0,261 |

| | V 5 Innovationsunterstützende Aspekte | Anreizsysteme zur Kosten-erreichung |
|---|---|---|
| V 23 Verfolgung der Zielkostenerreichung | den Target Costing-Aktivitäten folgen weitere Kostensenkungsmaßnahmen während der Fertigung | V=0,376 |

| | V 5 Innovationsunterstützende Aspekte | Verantwortung für Kostensenkungen |
|---|---|---|
| V 23 Verfolgung der Zielkostenerreichung | den Target Costing-Aktivitäten folgen weitere Kostensenkungsmaßnahmen während der Fertigung | V=0,302 |

| | V 5 Innovationsunterstützende Aspekte | |
|---|---|---|
| V 28 Implementier-ungsverantwortung als Target Costing-Projektteams | persönliche Innovationsbereitschaft | V=0,265 |
| | Teamorientierung der Mitarbeiter | V=0,290 |
| | Entscheidungseinbindung der Mitarbeiter | V=0,217 |

| | Pers.Verantwortung für Kostensenkungen | Entscheidungseinbindung der Mitarbeiter |
|---|---|---|
| V 32 Aufgaben der Target Costing-Teams: Koordination bei der Zielkostenspaltung | r=0,435** | r=0,313* |

| | V 5 Innovationsunterstützende Aspekte | Teamorientierung | Entscheidungseinbindung |
|---|---|---|---|
| V 33 Bedeutung der Funktionsbereiche bei Einführung | Produktplanung | r=453** | r=0,322* |
| | Entwicklung | r=0,349* | r=0,401** |
| | Konstruktion | r=0,266 | r=0,381* |
| | Produktionsplanung | r=0,430** | r=0,359* |
| | Fertigung | r=0,332* | r=0,287 |

## Controllingspezifische Einflußfaktoren der Funktionsübergreifenden Teamstrukturen und Prozesse

| **Element:** Funktionsübergreifende Teamstrukturen und Prozesse | **Hypothese:** T-13 | |
|---|---|---|
| **Variablengruppe:** Controlling | **Gruppenvariable:** A 14 Einfluß des Controllers auf die Strategische Planung | |
| **Variable** | **Code** | **Bestätigung** |
| Implementierungsschritte | V 30 | + |
| Aufgaben der Target Costing-Teams | V 32 | ++ |

| | A 14 Einfluß des Controllers auf die Strategische Planung | |
|---|---|---|
| V 30 Implementierungsschritte | Marktanalyse | r=0,035 |
| | Ermittlung der Kundenanforderungen | r=-0,068 |
| | Preisfindung | r=0,146 |
| | Retrograde Produktkalkulation | r=0,275* |
| | Konzeptgenerierung | r=0,062 |
| | Alternativenbewertung | r=-0,119 |
| | Zielkostenspaltung | r=-0,182 |
| | Zielkostencontrolling | r=0,117 |

| | A 14 Einfluß des Controllers auf die Strategische Planung | |
|---|---|---|
| V 32 Aufgaben der Target Costing-Teams | Verbreitung des Target Costing durch die Leitung der Einführung | r=0,286* |
| | Ausbildung und Schulung zum Target Costing | r=0,122 |
| | Koordination bei der Zielkostenspaltung | r=0,184 |
| | Planung der Design Reviews und Kostenreviews | r=0,340* |
| | Erarbeitung eines Entwicklungshandbuches | r=0,220 |
| | Erarbeitung eines Target Costing-Handbuches | r=0,299* |

| **Element:** Funktionsübergreifende Teamstrukturen und Prozesse | **Hypothese:** T-14 | |
|---|---|---|
| **Variablengruppe:** Controlling | **Gruppenvariable:** A 15 Ebene des Controlling | |
| **Variable** | **Code** | **Bestätigung** |
| Implementierungsschritte | V 30 | o |
| Organisatorische Änderungen | V 37 | + |

| | A 15 Ebene des Controlling | |
|---|---|---|
| V 30 Implementierungsschritte | Marktanalyse | V=0,138 |
| | Ermittlung der Kundenanforderungen | V=0,188 |
| | Preisfindung | V=0,261 |
| | Retrograde Produktkalkulation | V=0,204 |
| | Konzeptgenerierung | V=0,146 |
| | Alternativenbewertung | V=0,103 |
| | Zielkostenspaltung | V=0,363 |
| | Zielkostencontrolling | V=0,199 |

| A 15 Ebene des Controlling | |
|---|---|
| V 37 Organisatorische Änderungen | V=0,303 |

## Marktspezifische Einflußfaktoren
### des Methoden- und Instrumenteneinsatzes

| Element: Methoden- und Instrumenteneinsatz | Hypothese: I-1 | |
|---|---|---|
| Variablengruppe: Markt | Gruppenvariable: A 5 Profitabilität | |
| **Variable** | **Code** | **Bestätigung** |
| Instrumente zur Zielkostenerreichung | V 26 | + |

| | A 5 Profitabilität | |
|---|---|---|
| V 26 Instrumente zur Zielkostenerreichung | Kostenschätzungen/Vorkalkulationen | V=0,150 |
| | Projektkostenrechnungen | V=0,202 |
| | Design to Cost | V=0,136 |
| | Design for Manufacturing / Design for Assembly | V=0,251 |
| | Quality Function Deployment | V=0,334 |
| | Rapid Prototyping | V=0,360 |
| | Prozeßkostenrechnung | V=0,132 |
| | Benchmarking | V=0,251 |
| | Lebenszykluskostenrechnung | V=0,203 |

| Element: Methoden- und Instrumenteneinsatz | Hypothese: I-2 | |
|---|---|---|
| Variablengruppe: Markt | Gruppenvariable: A 6 Marktstellung | |
| **Variable** | **Code** | **Bestätigung** |
| Instrumente zur Zielkostenerreichung | V 26 | o |
| Nichtmonetäre Kennzahlen | V 27 | o |

| | A 6 Marktstellung | |
|---|---|---|
| V 26 Instrumente zur Zielkostenerreichung | Kostenschätzungen/Vorkalkulationen | V=0,136 |
| | Projektkostenrechnungen | V=0,198 |
| | Design to Cost | V=0,240 |
| | Design for Manufacturing / Design for Assembly | V=0,295 |
| | Quality Function Deployment | V=0,186 |
| | Rapid Prototyping | V=0,043 |
| | Prozeßkostenrechnung | V=0,183 |
| | Benchmarking | V=0,067 |
| | Lebenszykluskostenrechnung | V=0,192 |

| | A 6 Marktstellung | |
|---|---|---|
| V 27 Nichtmonetäre Kennzahlen | Zeitbezogene Kennzahlen | V=0,124 |
| | Qualitätsbezogene Kennzahlen | V=0,374 |
| | Mengenbezogene Kennzahlen | V=0,189 |
| | Mitarbeiterbezogene Kennzahlen | V=0,209 |
| | Kundenzufriedenheitsbezogene Kennzahlen | V=0,234 |

| Element: Methoden- und Instrumenteneinsatz | Hypothese: I-3 |
| --- | --- |
| Variablengruppe: Markt | Gruppenvariable: A 8 Wettbewerbsintensität |
| Variable | Code | Bestätigung |
| Instrumente zur Zielkostenerreichung | V 26 | o |
| Nichtmonetäre Kennzahlen | V 27 | + |

| | A 8 Wettbewerbsintensität hinsichtlich | Qualitäts-niveau | Produkt-preise | Wett-bewerber-zahl | Verände-rung der Wettbe-werber-zahl |
| --- | --- | --- | --- | --- | --- |
| V 26 Instrumente zur Zielkostenerreichung | Kostenschätzungen/ Vorkalkulationen | V=0,094 | V=0,524 | V=0,169 | V=0,020 |
| | Projektkostenrechnungen | V=0,018 | V=0,101 | V=0,105 | V=0,120 |
| | Design to Cost | V=0,245 | V=0,202 | V=0,068 | V=0,249 |
| | Design for Manufacturing / Design for Assembly | V=0,291 | V=0,197 | V=0,176 | V=0,352 |
| | Quality Function Deployment | V=0,119 | V=0,105 | V=0,174 | V=0,279 |
| | Rapid Prototyping | V=0,081 | V=0,143 | V=0,131 | V=0,109 |
| | Prozeßkostenrechnung | V=0,178 | V=0,116 | V=0,192 | V=0,122 |
| | Benchmarking | V=0,092 | V=0,213 | V=0,213 | V=0,129 |
| | Lebenszykluskosten-rechnung | V=0,145 | V=0,083 | V=0,083 | V=0,237 |

| | A 8 Wettbewerbsintensität hinsichtlich | Wettbewerberzahl | Veränderungen der Wettbewerberzahl |
| --- | --- | --- | --- |
| V 27 Nichtmonetäre Kennzahlen | Zeitbezogene Kennzahlen | V=0,063 | V=0,255 |
| | Qualitätsbezogene Kennzahlen | V=0,278 | V=0,265 |
| | Mengenbezogene Kennzahlen | V=0,220 | V=0,293 |
| | Mitarbeiterbezogene Kennzahlen | V=0,305 | V=0,250 |
| | Kundenzufriedenheitsbezogene Kennzahlen | V=0,129 | V=0,236 |

| Element: Methoden- und Instrumenteneinsatz | Hypothese: I-4 |
| --- | --- |
| Variablengruppe: Markt | Gruppenvariable: A 10 Dynamik & Diskontinuität |
| Variable | Code | Bestätigung |
| Informationssysteme | V 20 | o |
| Cost Tables | V 21 | o |
| Instrumente zur Zielkostenerreichung | V 26 | + |
| Nichtmonetäre Kennzahlen | V 27 | ++ |

| A 10 Dynamik & Diskontinuität hinsichtlich | Verfahrens-/Fertigungs-technik | Produkt-technologie |
|---|---|---|
| **V 20 Informationssysteme** | | |
| Integrierte CAD-Kosteninformationssysteme | V=0,173 | V=0,079 |
| Erfahrungsdatenbanken | V=0,094 | V=0,111 |
| Fallstudiensammlungen | V=0,022 | V=0,113 |
| Datenbanken für Material- und Preislisten | V=0,077 | V=0,316 |
| Tools zur Zielkostenspaltung | V=0,151 | V=0,209 |
| keine | V=0,214 | V=0,299 |

| A 10 Dynamik & Diskontinuität hinsichtlich | Verfahrens-/Fertigungstechnik | Produkt-technologie |
|---|---|---|
| **V 21 Cost Tables** | V=0,165 | V=0,199 |

| A 10 Dynamik & Diskontinuität hinsichtlich | Kunden-struktur | Lieferanten-struktur |
|---|---|---|
| **V 26 Instrumente zur Zielkostenerreichung** | | |
| Design to Cost | V=0,325 | V=0,181 |
| Design for Manufacturing / Design for Assembly | V=0,188 | V=0,292 |
| Quality Function Deployment | V=0,330 | V=0,161 |

| A 10 Dynamik & Diskontinuität hinsichtlich | Verfahrens-/Fertigungs-technik | Produkt-technologie |
|---|---|---|
| **V 26 Instrumente zur Zielkostenerreichung** | | |
| Kostenschätzverfahren | V=0,292 | V=0,247 |
| Projektkostendeckungsrechnung | V=0,256 | V=0,326 |
| Design to Cost | V=0,285 | V=0,378 |
| Benchmarking | V=0,295 | V=0,279 |

| A 10 Dynamik & Diskontinuität | Kunden-struktur | Lieferanten-struktur | Produkt-technologie |
|---|---|---|---|
| **V 27 Nichtmonetäre Kennzahlen** | | | |
| Qualitätsbezogene Kennzahlen | | V=0,385 | V=0,478 |
| Kundenzufriedenheitsbezogene Kennzahlen | V=0,278 | | |

## Produktspezifische Einflußfaktoren
## des Methoden- und Instrumenteneinsatzes

| Element: Methoden- und Instrumenteneinsatz | Hypothese: I-5 | |
|---|---|---|
| Variablengruppe: Produkt | Gruppenvariable: A12 Produktprogrammkomplexität | |
| Variable | Code | Bestätigung |
| Instrumente zur Zielkostenerreichung | V 26 | ++ |

| | A12 Produktprogrammkomplexität | Anzahl Produktlinien | Ähnlichkeit Produktlinien |
|---|---|---|---|
| V 26 Instrumente zur Zielkostenerreichung | Projektkostenrechnungen | V=0,463 | V=0,298 |
| | Design for Manufacturing / Design for Assembly | V=0,464 | V=0,391 |

| Element: Methoden- und Instrumenteneinsatz | Hypothese: I-6 | |
|---|---|---|
| Variablengruppe: Produkt | Gruppenvariable: A13 Produktkomplexität | |
| Variable | Code | Bestätigung |
| Wertanalysen | V 19 | + |
| Cost Tables | V 21 | + |
| Instrumente zur Zielkostenerreichung | V 26 | + |

| | A13 Produktkomplexität | in der Phase der Entwicklung |
|---|---|---|
| V 19 Wertanalysen | Festlegung der Produktfunktionen | V=0,259 |
| | Erarbeitung eines Funktionsbaums | V=0,130 |
| | Bewertung der Produktfunktionen | V=0,318 |
| | Kostenspaltung auf die Produktfunktionen | V=0,267 |

| | A13 Produktkomplexität | Produktkomplexität | Kundenkomplexität |
|---|---|---|---|
| V 21 Cost Tables | | V=0,218 | V=0,226 |

| | A13 Produktkomplexität | Produktkomplexität |
|---|---|---|
| V 26 Instrumente zur Zielkostenerreichung | Design to Cost | V=0,263 |
| | Design for Manufacturing / Design for Assembly | V=0,363 |
| | Prozeßkostenrechnung | V=0,343 |

| Element: Methoden- und Instrumenteneinsatz | Hypothese: I-7 | |
|---|---|---|
| Variablengruppe: Produkt | Gruppenvariable: V6 Produktmerkmale | |
| Variable | Code | Bestätigung |
| Instrumente zur Zielkostenerreichung | V 26 | ++ |
| Nichtmonetäre Kennzahlen | V 27 | + |

| | V6 Produktmerkmale | Produktlebensdauer | Innovationsgrad |
|---|---|---|---|
| V 26 Instrumente zur Zielkostenerreichung | Projektkostenrechnungen | V=0,270 | V=0,475 |
| | Benchmarking | | V=0,401 |
| | Lebenszykluskostenrechnung | | V=0,233 |

| | V6 Produktmerkmale | Produktlebensdauer | Innovationsgrad |
|---|---|---|---|
| V 27 Nichtmonetäre Kennzahlen | Qualitätsbezogene Kennzahlen | | V=0,329 |
| | Kundenzufriedenheits-bezogene Kennzahlen | V=0,396 | |

| **Element:** Methoden- und Instrumenteneinsatz | **Hypothese:** I-8 | |
|---|---|---|
| **Variablengruppe:** Produkt | **Gruppenvariable:** V8 Variantenauswahl | |
| **Variable** | **Code** | **Bestätigung** |
| Instrumente zur Zielkostenerreichung | V 26 | + |

| | V8 Variantenauswahl | alle Varianten | nur Standard-varianten |
|---|---|---|---|
| V 26 Instrumente zur Zielkostenerreichung | Prozeßkostenrechnung | V=0,266 | V=0,218 |

## Organisationsspezifische Einflußfaktoren des Methoden- und Instrumenteneinsatzes

| **Element:** Methoden- und Instrumenteneinsatz | **Hypothese:** I-9 | |
|---|---|---|
| **Variablengruppe:** Organisation | **Gruppenvariable:** A2 Mitarbeiter | |
| **Variable** | **Code** | **Bestätigung** |
| Instrumente zur Zielkostenerreichung | V 26 | + |

| | A2 Mitarbeiter | |
|---|---|---|
| V 26 Instrumente zur Zielkostenerreichung | Projektkostenrechnungen | V=0,322 |
| | Design to Cost | V=0,340 |
| | Design for Manufacturing / Design for Assembly | V=0,261 |
| | Benchmarking | V=0,364 |

| **Element:** Methoden- und Instrumenteneinsatz | **Hypothese:** I-10 | |
|---|---|---|
| **Variablengruppe:** Organisation | **Gruppenvariable:** V29 Leiter Target Costing | |
| **Variable** | **Code** | **Bestätigung** |
| Instrumente zur Zielkostenerreichung | V 26 | ++ |

| | V29 Leiter Target Costing heute | |
|---|---|---|
| V 26 Instrumente zur Zielkostenerreichung | Projektkostenrechnungen | V=0,344 |
| | Prozeßkostenrechnung | V=0,430 |
| | Benchmarking | V=0,324 |
| | Lebenszykluskostenrechnung | V=0,224 |

## Mitarbeiterspezifische Einflußfaktoren des Methoden- und Instrumenteneinsatzes

| **Element:** Methoden- und Instrumenteneinsatz | | **Hypothese:** I-11 | |
|---|---|---|---|
| **Variablengruppe:** Mitarbeiter | | **Gruppenvariable:** V10 Einfluß Mitarbeiter | |
| **Variable** | | **Code** | **Bestätigung** |
| Instrumente zur Zielkostenerreichung | | V 26 | ++ |

| | V10 Einfluß Mitarbeiter in der Phase der Planung/Konzeption | Konstruktion |
|---|---|---|
| V 26 Instrumente zur Zielkostenerreichung | Design to Cost | V=0,249 |
| | Design for Manufacturing / Design for Assembly | V=0,441 |

| | V10 Einfluß Mitarbeiter in der Phase der Entwicklung | Marketing/ Vertrieb | F&E | Konstruk-tion |
|---|---|---|---|---|
| V 26 Instrumente zur Zielkostenerreichung | Design to Cost | | V=0,400 | V=0,238 |
| | Design for Manufacturing / Design for Assembly | | V=0,261 | V=0,394 |
| | Prozeßkostenrechnung | V=0,358 | | |
| | Benchmarking | V=0,430 | | |
| | Lebenszykluskostenrechnung | V=0,217 | | |

## Controllingspezifische Einflußfaktoren des Methoden- und Instrumenteneinsatzes

| **Element:** Methoden- und Instrumenteneinsatz | | **Hypothese:** I-12 | |
|---|---|---|---|
| **Variablengruppe:** Controlling | | **Gruppenvariable:** A14 Einfluß Controlling | |
| **Variable** | | **Code** | **Bestätigung** |
| Instrumente zur Zielkostenerreichung | | V 26 | + |

| | A14 Einfluß Controlling | |
|---|---|---|
| V 26 Instrumente zur Zielkostenerreichung | Projektkostenrechnungen | V=0,265 |
| | Prozeßkostenrechnung | V=0,282 |
| | Benchmarking | V=0,394 |
| | Lebenszykluskostenrechnung | V=0,239 |

| **Element:** Methoden- und Instrumenteneinsatz | **Hypothese:** I-13 | |
|---|---|---|
| **Variablengruppe:** Controlling | **Gruppenvariable:** V1 Anwendungsbreite und Anwendungsdauer | |
| **Variable** | **Code** | **Bestätigung** |
| Informationssysteme | V 20 | o |
| Instrumente zur Zielkostenerreichung | V 26 | o |
| Nichtmonetäre Kennzahlen | V 27 | o |

| | **V1 Anwendungsbreite und Anwendungsdauer** | **unternehmensweit** |
|---|---|---|
| V 20 Informationssysteme | Integrierte CAD-Kosteninformationssysteme | V=0,158 |
| | Erfahrungsdatenbanken | V=0,037 |
| | Fallstudiensammlungen | V=0,209 |
| | Datenbanken für Material- und Preislisten | V=0,138 |
| | Tools zur Zielkostenspaltung | V=0,118 |
| | keine | V=0,123 |

| | **V1 Anwendungsbreite und Anwendungsdauer** | **unternehmensweit** |
|---|---|---|
| V 26 Instrumente zur Zielkostenerreichung | Kostenschätzungen/Vorkalkulationen | V=0,302 |
| | Projektkostenrechnungen | V=0,066 |
| | Design to Cost | V=0,045 |
| | Design for Manufacturing / Design for Assembly | V=0,238 |
| | Quality Function Deployment | V=0,204 |
| | Rapid Prototyping | V=0,312 |
| | Prozeßkostenrechnung | V=0,066 |
| | Benchmarking | V=0,230 |
| | Lebenszykluskostenrechnung | V=0,102 |

| | **V1 Anwendungsbreite und Anwendungsdauer** | **unternehmensweit** |
|---|---|---|
| V 27 Nichtmonetäre Kennzahlen | Zeitbezogene Kennzahlen | V=0,000 |
| | Qualitätsbezogene Kennzahlen | V=0,017 |
| | Mengenbezogene Kennzahlen | V=0,083 |
| | Mitarbeiterbezogene Kennzahlen | V=0,158 |
| | Kundenzufriedenheitsbezogene Kennzahlen | V=0,311 |

## Marktspezifische Einflußfaktoren der Zuliefererintegration

| Element: Zuliefererintegration | Hypothese: Z-1 | |
|---|---|---|
| Variablengruppe: Markt | Gruppenvariable: A5 Profitabilität | |
| **Variable** | **Code** | **Bestätigung** |
| Bedeutung Kundenwunsch | V 34 | o |
| Integration Kunden | V 35 | ++ |
| Integration Zulieferer | V 36 | + |

| | A5 Profitabilität | |
|---|---|---|
| V35 Integration Kunden | ja, teilweise | |
| | nein | V=0,492 |

| | A5 Profitabilität | |
|---|---|---|
| V36 Integration Zulieferer | ja, vollständig | V=0,216 |
| | ja, aber nur teilweise | |
| | nein | |

| Element: Zuliefererintegration | Hypothese: Z-2 | |
|---|---|---|
| Variablengruppe: Markt | Gruppenvariable: A6 Marktstellung | |
| **Variable** | **Code** | **Bestätigung** |
| Integration Zulieferer | V 36 | + |

| | A6 Marktstellung | |
|---|---|---|
| V36 Integration Zulieferer | ja, vollständig | V=0,216 |

| Element: Zuliefererintegration | Hypothese: Z-3 | |
|---|---|---|
| Variablengruppe: Markt | Gruppenvariable: A10 Dynamik & Diskontinuität | |
| **Variable** | **Code** | **Bestätigung** |
| Integration Kunden | V 35 | + |
| Integration Zulieferer | V 36 | o |

| | A10 Dynamik & Diskontinuität | hinsichtlich Kundenstruktur | hinsichtlich Fertigungstechnik | hinsichtlich Lieferantenstruktur |
|---|---|---|---|---|
| V35 Integration Kunden | ja, teilweise | | V=0,394 | V=0,386 |
| | nein | V=0,311 | V=0,309 | V=0,332 |

| | A10 Dynamik & Diskontinuität | |
|---|---|---|
| V36 Integration Zulieferer | ja, vollständig | V=0,216 |
| | ja, aber nur teilweise | |
| | nein | |

## Produktspezifische Einflußfaktoren der Zuliefererintegration

| Element: Zuliefererintegration | Hypothese: Z-4 | |
|---|---|---|
| Variablengruppe: Produkt | Gruppenvariable: A12 Produktprogrammkomplexität | |
| Variable | Code | Bestätigung |
| Integration Zulieferer | V 36 | o |

| | A12 Produktprogrammkomplexität - Anzahl der Produktlinien | |
|---|---|---|
| V36 Integration Zulieferer | ja, vollständig | V=0,261 |
| | ja, aber nur teilweise | V=0,142 |

| Element: Zuliefererintegration | Hypothese: Z-5 | |
|---|---|---|
| Variablengruppe: Produkt | Gruppenvariable: A13 Produktkomplexität | |
| Variable | Code | Bestätigung |
| Integration Zulieferer | V 36 | o |

| | A13 Produktkomplexität | |
|---|---|---|
| V36 Integration Zulieferer | ja, vollständig | V=0,200 |
| | ja, aber nur teilweise | V=0,208 |

| Element: Zuliefererintegration | Hypothese: Z-6 | |
|---|---|---|
| Variablengruppe: Produkt | Gruppenvariable: V6 Produktmerkmale | |
| Variable | Code | Bestätigung |
| Bedeutung Kundenwunsch | V 34 | + |
| Integration Zulieferer | V 36 | + |

| | V6 Produktmerkmale | |
|---|---|---|
| V34 Bedeutung Kundenwunsch | | r=-0,299* |

| | V6 Produktmerkmale | |
|---|---|---|
| V36 Integration Zulieferer | ja, vollständig | V=0,261 |
| | ja, aber nur teilweise | V=0,142 |

## Organisationsspezifische Einflußfaktoren der Zuliefererintegration

| Element: Zuliefererintegration | Hypothese: Z-7 | |
|---|---|---|
| Variablengruppe: Organisation | Gruppenvariable: A2 Anzahl Mitarbeiter | |
| Variable | Code | Bestätigung |
| Integration Zulieferer | V 36 | ++ |

| A2 Anzahl Mitarbeiter | | |
|---|---|---|
| V36 Integration Zulieferer | ja, vollständig | V=0,336 |
| | ja, aber nur teilweise | V=0,351 |

## Controllingspezifische Einflußfaktoren der Zuliefererintegration

| **Element:** Zuliefererintegration | | **Hypothese:** Z-8 | |
|---|---|---|---|
| **Variablengruppe:** Controlling | | **Gruppenvariable:** V2 Target Costing-Ziele | |
| **Variable** | | **Code** | **Bestätigung** |
| Integration Kunden | | V 35 | + |
| Integration Zulieferer | | V 36 | + |

| | V2 Target Costing-Ziel „Vorverlagerung der Kostenbeeinflussungszeitpunkte" | bei Einführung | heute |
|---|---|---|---|
| V35 Integration Kunden | ja, teilweise | V=0,371 | V=0,284 |

| | V2 Target Costing-Ziel „Vorverlagerung der Kostenbeeinflussungszeitpunkte" | bei Einführung | heute |
|---|---|---|---|
| V36 Integration Zulieferer | ja, vollständig | V=0,343 | V=0,191 |
| | ja, aber nur teilweise | V=0,231 | V=0,218 |

## Effektivität des Target Costing

| **Element:** Marktorientierte Preis- und Zielkostenfindung | **Hypothese:** E-1 | |
|---|---|---|
| **Variablengruppe:** Effektivität | **Gruppenvariable:** V 38 Effektivität | |
| **Variable** | **Code** | **Bestätigung** |
| Zielkostenfestlegung | V 13 | ++ |

| | market into company | Korrelation |
|---|---|---|
| V13 Zielkostenfestlegung | Kostensenkungen | V=0,316 |
| | Beeinflussung der Kostenstrukturen | V=0,215 |
| | Verstärkung der Markt- und Kundenorientierung in der Produktentwicklung | V=0,334 |
| | Vorverlagerung der Kostenbeeinflussungszeitpunkte | V=0,524 |

| **Element:** Marktorientierte Preis- und Zielkostenfindung | **Hypothese:** E-2 | |
|---|---|---|
| **Variablengruppe:** Effektivität | **Gruppenvariable:** V 39 Einfluß auf den Unternehmenserfolg | |
| **Variable** | **Code** | **Bestätigung** |
| Anspruchsniveau Zielkostenvorgabe | V 14 | ++ |

| | V 39 Einfluß auf den Unternehmenserfolg | Korrelation |
|---|---|---|
| V14 Anspruchsniveau Zielkostenvorgabe | | r=0,274* |

| **Element:** Marktorientierte Preis- und Zielkostenfindung | **Hypothese:** E-3 | |
|---|---|---|
| **Variablengruppe:** Effektivität | **Gruppenvariable:** V 40 Schwachstellen | |
| **Variable** | **Code** | **Bestätigung** |
| Zielkostenfestlegung | V 13 | + |
| Anspruchsniveau Zielkostenvorgabe | V 14 | ++ |

| | V 40 Schwachstellen | Korrelation |
|---|---|---|
| V13 Zielkostenfestlegung | Fehlende Strategische Marktinformationen - out-of-competitor | V=0,391 |
| | Fehlende Technologieinformationen - out-of-standard-costs | V=0,246 |

| | V 40 Schwachstellen | Korrelation |
|---|---|---|
| V14 Anspruchsniveau Zielkostenvorgabe | Fehlende Informationen zu neuen Technologien und deren Kostenwirkungen | V=0,495 |

| **Element:** Marktorientierte Preis- und Zielkostenfindung | **Hypothese:** E-4 | |
|---|---|---|
| **Variablengruppe:** Effektivität | **Gruppenvariable:** V 39 Einfluß auf den Unternehmenserfolg | |
| **Variable** | **Code** | **Bestätigung** |
| Bedeutung Target Costing Teams | V 32 | ++ |

| | V 39 Einfluß auf den Unternehmenserfolg | Korrelation |
|---|---|---|
| V 32 Bedeutung Target Costing Teams | Verbreitung des Target Costing durch die Leitung der Einführung | r=0,275* |

| **Element:** Marktorientierte Preis- und Zielkostenfindung | **Hypothese:** E-5 | |
|---|---|---|
| **Variablengruppe:** Effektivität | **Gruppenvariable:** V 38 Effektivität | |
| **Variable** | **Code** | **Bestätigung** |
| Informationssysteme | V 20 | + |
| Methoden und Instrumente | V 26 | + |
| Nichtfinanzielle Kennzahlen | V 27 | + |

| | V 38 Effektivität | Erhöhung der Kostentransparenz |
|---|---|---|
| V 20 Informationssysteme | Erfahrungsdatenbanken | V=0,227 |
| | Material- und Preislisten | V=0,275 |

| | V 38 Effektivität | Qualitätsverbesserungen |
|---|---|---|
| V 26 Methoden und Instrumente | Quality Function Deployment | V=0,337 |
| | Rapid Prototyping | V=0,238 |

| | V 38 Effektivität | Verkürzung der Entwicklungszeit |
|---|---|---|
| V 26 Methoden und Instrumente | Kostenschätzverfahren | V=0,220 |
| | Rapid Prototyping | V=0,249 |
| | Life-Cycle-Costing | V=0,428 |

| | V 38 Effektivität | Verringerung der Ptroduktkomplexität |
|---|---|---|
| V 26 Methoden und Instrumente | Design to Cost | V=0,284 |
| | Quality Function Deployment | V=0,341 |

| | V 38 Effektivität | Koordination der Entwicklungstätigkeiten |
|---|---|---|
| V 26 Methoden und Instrumente | Design to Cost | V=0,348 |
| | Design for Manufacturing | V=0,371 |

| | V 38 Effektivität | Beeinflussung der Kostenstrukturen |
|---|---|---|
| V 26 Methoden und Instrumente | Prozeßkostenrechnung | V=0,257 |
| | Lebenszykluskostenrechnung | V=0,242 |

| V 27 Nichtfinanzielle Kennzahlen | V 38 Effektivität | |
|---|---|---|
| Zeitbezogene Kennzahlen | Verkürzung der Entwicklungszeit | V=0,376 |
| Qualitätsbezogene Kennzahlen | Qualitätsverbesserungen | V=0,341 |
| Kundenzufriedenheitsbezogene Kennzahlen | Verstärkung der Markt- und Kundenorientierung in der Produktentwicklung | V=0,322 |

| **Element:** Marktorientierte Preis- und Zielkostenfindung | **Hypothese:** E-6 | |
|---|---|---|
| **Variablengruppe:** Effektivität | **Gruppenvariable:** V 38 Effektivität | |
| **Variable** | **Code** | **Bestätigung** |
| Phasenbeginn | V 7 | + |

| | Effektivität | |
|---|---|---|
| V 7 Phasenbeginn | Vorverlagerung der Kostenbeeinflussungszeitpunkte | V=0,291 |
| | Verkürzung der Entwicklungszeit | V=0,282 |

| **Element:** Marktorientierte Preis- und Zielkostenfindung | **Hypothese:** E-7 | |
|---|---|---|
| **Variablengruppe:** Effektivität | **Gruppenvariable:** V 38 Effektivität | |
| **Variable** | **Code** | **Bestätigung** |
| Einbindung Zulieferer | V 36 | + |

| | Effektivität | vollkommene Einbindung |
|---|---|---|
| V 36 Einbindung Zulieferer | Koordination der Entwicklungstätigkeiten | V=0,239 |
| | Verringerung der Produktkomplexität | V=0,265 |

| | Effektivität | keine Einbindung |
|---|---|---|
| V 36 Einbindung Zulieferer | Koordination der Entwicklungstätigkeiten | V=0,225 |
| | Verringerung der Produktkomplexität | V=0,255 |
| | Verkürzung der Entwicklungszeit | V=0,243 |

# Literaturverzeichnis

*Bem.: Im Text gemachte Quellenverweise ohne Seitenangaben beziehen sich auf die gesamte Quelle („Passim"-Quellenverweis).*

# A

Abel, P., Niemand, S., Wolbold, M. (1995): Target Costing - The Data Problem, in: Marty, K., Kall, P. (Hrsg., 1995), S. 142-176

Adam, D. (Hrsg., 1996): Krankenhausmanagement - Auf dem Weg zum modernen Dienstleistungsunternehmen, Wiesbaden 1996

Akao, Y. (1990): Quality Function Deployment, Cambridge 1990

Alphabrain Co. (1998): Alpha Concurrent Cost Engineering System, Produkt-dokumentation, Tokyo 1998

Alston, J. (1986): The American Samurai. Blending American and Japanese Mana-gerial Practices, Berlin 1986

Ansari, S. (1998): Target Costing Best Practice Study - Preliminary Results, Vortragsunterlagen, The Second Annual International Con-gress on Target Costing, 12.-14. Oktober 1998, Washington D.C. 1998

Ansari, S., Bell, J., CAM-I Target Cost Core Group (1997): Target Costing: The Next Frontier in Strategic Cost Management, Bedford 1997

Argyris, C., Kaplan, R. (1994): Implementing new knowledge: The case of activity-based costing, in: Accounting Horizons o.Jg. (1994) September, S. 83-105

Armbrecht, W. (1992): Innerbetriebliche Public Relations: Grundlagen eines situa-tiven Gestaltungskonzepts, Opladen 1992

Arnaout, A., Gleich, R., Seidenschwarz, W. und Stoi, R. (1997): Empirisches For-schungsprogramm des Lehrstuhls Controlling der Universität

Stuttgart zu neuen Entwicklungen im Controlling und Kostenmanagement, Controlling-Forschungsbericht Nr. 51, Stuttgart 1997

Arnaout, A., Hildebrandt, J., Werner, H. (1998): Einsatz der Conjoint-Analyse im Target Costing, in: Controlling 10 (1998) 5, S. 306-315

Arnaout, A., Niemand, S., von Wangenheim, S. (1997): Kostenmanagement, in: Gleich, R., Seidenschwarz, W. (Hrsg., 1997), S. 171 ff.

Arnold, U. (1997): Beschaffungsmanagement, 2. Aufl., Stuttgart 1997

Arthur D. Little (Hrsg., 1987): Management der Geschäfte von Morgen, 2. Aufl., Wiesbaden 1987

Atteslander, P. (1993): Methoden der empirischen Sozialforschung, 7. Aufl., Berlin und New York 1993

Atteslander, P. (1995): Methoden der empirischen Sozialforschung, 8. Aufl., Berlin 1995

Ausschuß Wertanalyse (WA) im DIN Deutsches Institut für Normung e.V. (1987): Wertanalyse, DIN 69 910, Berlin 1987

# B

Backhaus, K., Erichson, B., Plinke, W., Weiber, R. (1989): Multivariate Analysemethoden, 9. Aufl., Berlin 2000

Backhaus, K., Funke, S. (1997): Fixkostenmanagement, in: Franz, K.-P., Kajüter, P. (Hrsg., 1997), S. 29-43

Baumöl, U. (1997): Effiziente Softwareentwicklung - Eine Controlling-Konzeption und instrumentelle Umsetzung für die Anwendungssoftwareentwicklung, Dortmund 1997

Becker, J. (1990): Entwurfs- und konstruktionsbegleitende Kalkulation, in: krp 34 (1990) 6, S. 353-358

Becker, J. (1996): DV - Verfahren zur Unterstützung frühzeitiger Kosteneinschätzungen, in: krp Sonderheft 40 (1996) 1, S. 8-85

Beitz, W., Ehrlenspiel, K., Eversheim, W., Krieg, K.G., Spur, G. (1987): Kosteninformationen zur Kostenfrüherkennung - Handbuch für Entwicklung, Kostruktion und Arbeitsvorbereitung, Berlin 1987

Belz, C., Schuh, G., Groos, S., Reinecke, S. (Hrsg., 1997): Industrie als Dienstleister, St. Gallen 1997

Berens, W., Hoffjan, A., Kopplin, W., Zahn, W. (1995): Das Management von Gemeinkosten im Target Costing-Prozeß am Beispiel eines Automobilzulieferes, in: krp 39 (1995) 5, S. 261-267

Berkau, C., Hirschmann, P., Scheer, A.-W. (1996): Kostengerechte Produktentwicklung mit Expertensystemen, in: krp Sonderheft 40 (1996) 1, S. 86-95

Berliner Kreis-Wissenschaftliches Forum für Produktentwicklung e.V. (Hrsg., 1997): Neue Wege zur Produktentwicklung, Kurzbericht über die Untersuchung, Paderborn 1997

Betz, S. (1995): Die Erfahrungskurve als Instrument der Zielkostenspaltung, in: BFuP 47 (1995) 6, S. 609-625

Betz, S. (1998): Zielkostenplanung und -kontrolle auf Basis der Erfahrungskurve, in: ZfP 9 (1998) 9, S. 249-268

Binder, M. (1997): Technisch-wirtschaftlich integrierte Steuerung von Produktkosten in den Phasen Entwicklung und Konstruktion, Stuttgart 1997

Binder, M. (1998): Erfolgsorientierte Steuerung von Produktkosten in Entwicklung und Konstruktion, in: Controlling 10 (1998) 6, S. 356-363

Binder, B., Niemand, S. (1999): Der Marktvorbau im Target Costing, in: Controlling 11 (1999) 7, S. 327-332

Brandes, H., Lilliecreutz, J., Brege, S. (1997): Outsourcing - success or failure?, in European Journal of Purchasing & Supply Management 3 (1997) 2, S. 63-75

Brausch, J.M. (1994): Target Costing for Profit Enhancement, in: Management Accounting o.Jg. (1994) November, S. 45-49

Brede, H. (1994): Verbreitung des Kostenmanagements in schweizerischen Großunternehmen, in: Die Unternehmung 48 (1994) 5, S. 335-350

Brede, H. (1998): Prozeßorientiertes Controlling, München 1998

Bright, J., Davies, R. E., Downes, C.A. und Sweeting, R.C. (1992): The development of costing techniques and practices: a UK study, in: Management Accounting Research 3 (1992) 3, S. 201-211

Brinker, B.J. (Hrsg., 1994): Handbook of Cost Management, New York 1994

Brokemper, A. (1998): Strategieorientiertes Kostenmanagement, München 1998

Bromwich, M., Inoue, S. (1994): Management Practices and Cost Management Problems in Japanese Companies in the UK, London 1994

Bronner, A. (1993): Entwicklungs- und konstruktionsbegleitende Kalkulation, in: krp 37 (1993) 6, S. 364-373

Bruggemann, W., Everaert, P. (1997): The Impact of Cost Goal Specificity and Cost Goal Difficulty on the Cost of Future Products: A Lab Experiment with Carpet Designing Task, Paper presented at the 20th Annual Congress of the EAA, Graz, April 23-25, 1997

Brühl, R. (1996): Die Produktlebenszyklusrechnung zur Informationsversorgung des Zielkostenmanagements, in: Zeitschrift für Planung 6 (1996) 7, S. 319-335

Bucksch, R., Rost, P. (1985): Einsatz der Wertanalyse zur Gestaltung erfolgreicher Produkte, in: zfbf 37 (1985) 4, S. 350-361

Buggert, W., Wielpütz, A. (1995a): Target Costing als Instrument der Qualitätssicherung, in: ZWF Zeitschrift für wirtschaftlichen Fabrikbetrieb 90 (1995) 11, S. 533-535

Buggert, W., Wielpütz, A. (1995b): Target Costing, Grundlagen und Umsetzung des Zielkostenmanagements, München 1995

Bullinger, H.-J., Lott, C.-U. (1997): Mit Target Management näher an den Kunden, in: Office Management 45 (1997) 9, S. 9-14

Bullinger, H.-J., Ohlhausen, P., Kugel, R. (1994): Target Costing in einem Unternehmen der Heizungstechnik, in: Konstruktion 46 (1994) 9, S. 309-312

Bullinger, H.-J., Warschat, J., Frech, J. (1997): Kostengerechte Produktentwicklung durch Target Costing und Wertanalyse?, in: www.rdm.iao.fhg.de vom 12.01.1998, S. 1-16

BMBF (Bundesministerium für Bildung, Wissenschaft, Forschung und Technologie) (1998): Zur technologischen Leistungsfähigkeit Deutschlands – Aktualisierung und Erweiterung 1997, Bonn 1998

Burkhardt, R. (1994): Volltreffer mit Methode - Target Costing, in: Top Business 4 (1994) 2, S. 94-99

Byrne, S. (1998): Taking Flight with Target Costing at The Boeing Company, Vortragsunterlagen, 2nd Annual International Congress on Target Costing, 12.-14. Oktober 1998, Washington D.C.

# C

Cervellini, U. (1994): Marktorientiertes Gemeinkostenmanagement mit Hilfe der Prozeßkostenrechnung, in: Controlling 6 (1994) 2, S. 64-72

Cervellini, U., Lamla, J. (1997): Strategisches Kostenmanagement bei der Porsche AG, in: Gleich, R., Seidenschwarz, W. (Hrsg., 1997), S. 469-486

Cibis, C., Niemand, S. (1993): Planung und Steuerung funktioneller Dienstleistungen mit Target Costing - dargestellt am Beispiel der IBM Deutschland GmbH, in: Horváth, P. (Hrsg., 1993a), S. 191-228

Claassen, U. (1998): Target Investment als Controllinginstrument, in: Horváth, P. (Hrsg., 1998), S. 151-164

Claassen, U., Ellßel, R. (1997): Target Investment Methoden zur Optimierung des Investitionsmittelumfangs bei Fahrzeugneuentwicklungen, in: zfbf 49 (1997) 12, S. 1091- 1101

Claassen, U., Hilbert, H. (1994a): Durch Target Costing und Target Investment zur kompromißlosen Kundenorientierung bei VW, in: Horváth, P. (Hrsg., 1994), S. 145-159

Claassen, U., Hilbert, H. (1994b): Target Costing als Brücke zwischen Zielpreisindex und konkreten Teilekosten am Beispiel eines europäischen Automobilherstellers, in: Horváth, P., Gleich, R., Lamla, J., Niemand, S., Wolbold, M. (Hrsg., 1994), S. 34-41

Clark, K.B., Fujimoto, T. (1991): Product Development Performance, Boston Mass. 1991

Cobb, J., Innes, J. und Mitchell, F. (1993): Activity-based costing problems: The British experience, in: Advances in Management Accounting o.Jg. (1993) 2, S. 68-83

Coenenberg, A. G., Fischer, T., Schmitz, J. (1994): Target Costing und Product Life Cycle Costing als Instrumente des Kostenmanagements, in: ZfP 5 (1994) 1, S. 1-38

Coenenberg, A., Baum, H.-G. (1987): Strategisches Controlling, Stuttgart 1987

Coleman, R.L. (1998): Target Costing, Vortragsunterlagen ACE CAIV Workshop, 2nd Annual International Congress on Target Costing, 12.-14. Oktober 1998, Washington D.C.

Consortium for Advanced Manufacturing International (CAM-I) (1998a): Target Costing Best Practice Study, Interne Veranstaltungsunterlagen des Kick-Off Meetings am 30. Januar 1998, Bedford 1998

Consortium for Advanced Manufacturing International (CAM-I) (1998b): Target Costing Best Practice Study, Overview of Research Plan, Interne Projektunterlagen, Bedford 1998

Cooper, R. (1990): Implementing an activity-based cost system, in: Journal of Cost Management 4 (1990) 3 , S. 33-42

Cooper, R. (1995): When Lean Enterprises Collide - Competition through Confrontation, Boston 1995

Cooper, R. (1996): Costing techniques to support corporate strategy: evidence from Japan, in: Management Accounting Research 7 (1996) 7, S. 219-246

Cooper, R. (1998): Schlank zur Spitze, München 1998

Cooper, R., Chew, B. (1996): Control Tomorrow`s Costs through today´s Design, in: Harvard Business Review 74 (1996) 1, S. 88-97

Cooper, R., Kaplan, R., Maisel, L., Morrissey, E. und Oehm, R. (1992): Implementing Activity-based Cost Management, New York 1992

Cooper, R., Slagmulder, R. (1997): Target Costing and Value Engineering, Portland 1997

Curtis, C. C. (1994): Nonfinancial Performance Measures in New Product Development, in: Journal of Cost Management 8 (1994) 3, S. 18-26

# D

Dambrowski, J. (1986): Budgetierungssysteme in der deutschen Unternehmenspraxis, Darmstadt 1986

Dambrowski, J. (1996): Target Costing und Target Investment im internationalen Unternehmen, in: Horváth, P. (Hrsg., 1996), S. 209-217

Danner, S., Ehrlenspiel, K. (1994): QFD - Teambasiertes entwickeln kundengerechter Produkte, in: ZwF 89 (1994) 11, S. 540-543

Deisenhofer, T. (1993): Marktorientierte Kostenplanung auf Basis von Erkenntnissen der Marktforschung bei der AUDI AG, in: Horváth, P. (Hrsg., 1993), S. 93-118

Dellmann, K., Franz, K. (Hrsg., 1994): Neuere Entwicklungen im Kostenmanagement, Bern 1994

Depluet, E., Hansen, N., Herinx, K.-G., Mans, G., Metze, C., Pick, H., Plachetta, W., Schneider, J., Arntzen, R., Kaiser, K., Keidel, H., Kost, K.-P. (1997): Neue Entwicklungen in der Kostenrechnung: Zielkostenrechnung und Prozeßkostenrechnung, in: BGW Schriftenreihe, Band 54 (1997), S. 1-27

Dittmar, J. (1996): Konzeptioneller Weiterentwicklungsbedarf bei der Zielkostenplanung, in: ZfP 7 (1996) 7, S. 181-192

Dittmar, J., Scholl, K., Marx, P., Kopsch, J., Kempf, M., Koch, U., Wörner, K. (1997): Integration von Zeit, Kosten und Qualität, in: FB/IE 46 (1997) 3, S. 116-119

Döpper, K. (1992): Target-orientiertes Controlling bei der Toshiba in Europa, in: Horváth, P. (Hrsg., 1992), S. 245-259

Drury, C., Braund, S., Osborne, P. und Tayles, M. (1993): A Survey of Management Accounting Practices in UK Manufacturing Companies, London 1993

Dubin, R. (1969): Theory building, New York 1969

Dürand, D. (1995): Wie sauer Bier, in: WirtschaftsWoche 49 (1995) 18, S. 98-106

# E

Egger, A., Grün, O., Moser, R. (Hrsg., 1999): Managementinstrumente und -konzepte, Entstehung, Verbreitung und Bedeutung für die Betriebswirtschaftslehre, Stuttgart 1999

Ehrlenspiel, K. (1985): Kostengünstig konstruieren, Berlin 1985

Ehrlenspiel, K. (1992): Produktkostencontrolling und Simultaneous Engineering, in: Horváth, P. (Hrsg., 1992), S: 289-308

Eiff, W. v. (1994): Benchmarking im Krankenhaus: Qualität steigern und Kosten senken durch Best-Practices-Management, in: Krankenhaus-Umschau o.Jg. (1994) 11, S. 859-869

Eversheim, W., Haacke, U. von, Leiters, M., Paffrath, U. (1997): Controlling von Garantiekosten. Kosten der Reklamationsbearbeitung senken - Kundenzufriedenheit steigern, in: Qualität und Zuverlässigkeit 42 (1997) 5, S. 588-590

Eversheim, W., Kümper, R. (1996): Prozeß- und ressourcenorientierte Vorkalkulation in den Phasen der Produktentstehung, in: krp Sonderheft 40 (1996) 1, S. 45-52

Eversheim, W., Schuh, G. (Hrsg., 1996): Produktion und Management „Betriebshütte", 2. Aufl., Berlin 1996

Ewert, R. (1997): Target Costing und Verhaltenssteuerung, in: Freidank, C.-C. u.a. (Hrsg., 1997), S. 299-321

# F

Fieten (1991): Erfolgsstrategien für Zulieferer, Wiesbaden 1991

Fischer, T., Schmitz, J. (1994): Informationsgehalt und Interpretation des Zielkosten-kontrolldiagramms im Target Costing, in: krp 38 (1994) 6, S. 427-433

Fischer, T., Schmitz, J. (1998): Kapitalmarktorientierte Steuerung von Projekten im Zielkostenmanagement, HHL-Arbeitspapier Nr. 20, Leipzig 1998

Fisher, J. (1995): Implementing Target Costing, in: Journal of Cost Management 9 (1995) 2, S. 50-59

Flik, M., Heering, C., Kampf, H., Staengel, D. (1998): Neugestaltung des Entwick-lungsprozesses bei einem Automobilzulieferer: Prozeß-orientierte Reorganisation, Quality Function Deployment und Target Costing, in: zfbf 50 (1998) 3 , S. 289-305

Frank, A., Seidenschwarz, W. (1997): Auf dem Weg zum marktorientierten Con-trolling, in: Horváth, P. (Hrsg., 1997), S. 43-60

Franke, H., Bidmon, J. (1997): Was darf ein Fahrzeug kosten?, in: is report o.Jg. (1997) 10, S. 20-23

Franz, K.-P. (1993): Target Costing-Konzepte und kritische Bereiche, in: Controlling 5 (1993) 3, S. 124-130

Franz, K.P., Kajüter, P. (1997): Kostenmanagement in Deutschland - Ergebnisse einer empirischen Untersuchung in deutschen Großunternehmen, in: Franz, K.P., Kajüter, P. (Hrsg., 1997), S. 481-502

Franz, K.P., Kajüter, P. (Hrsg., 1997): Kostenmanagement, Wettbewerbsvorteile durch systematische Kostensteuerung, Stuttgart 1997

Freidank, C. (1994): Unterstützung des Target Costing durch die Prozeßkostenrech-nung, in: Dellmann, K., Franz, K. (Hrsg., 1994), S. 223-259

Freidank, C.-C. (1999): Target Costing und andere Konzepte im Werkzeugkasten des Controllerdienstes, in: Mayer, E. (Hrsg., 1999), S. 355-391

Freidank, C.-C., Goetze, U., Huch, B., Weber, J. (Hrsg., 1997): Kostenmanagement – Neue Konzepte und Anwendungen, Berlin 1997

Freidank, C.-C., Zaeh, P. (1997): Spezialfragen des Target Costing und des Kostenmanagements, in: Freidank, C.-C. et al. (Hrsg., 1997), S. 233-274

Freidank, C.-C.: Unterstützung des Target Costing mit Hilfe der Prozeßkostenrechnung, in: Horváth, P. (Hrsg., 1993b), S. 207-232

Friedmann, O. (1997): Target Costing in der Produktentwicklung am Beispiel eines Automobilzulieferers - Ein methodisch-empirischer Ansatz zur zielkostenorientierten Produktentwicklung, Frankfurt a.M. 1997

Friedrichs, J. (1990): Methoden der empirischen Sozialforschung, 14. Aufl., Opladen 1990

Fröhling, O. (1994): Zielkostenspaltung als Schnittstelle zwischen Target Costing und Target Cost Management, in: krp 38 (1994) 6, S. 421-425

Fröhling, O., Wullenkord, A. (1991): Das japanische Rechnungswesen ist viel stärker markt- und strategieorientiert, in: io Management Zeitschrift 60 (1991) 3, S. 69-73

Funke, A. (1998): Zielkostenmanagement in öffentlichen Betrieben und Verwaltungen, Frankfurt a.M. 1998

# G

Gaiser, B., Kieninger, M. (1993): Fahrplan für die Einführung des Target Costing, in: Horváth, P. (Hrsg., 1993a), S. 53-74

Garz, D., Kraimer, K. (Hrsg., 1991): Qualitativ-empirische Sozialforschung, Konzepte, Methoden, Analysen, Opladen 1991

Gassmann, O., Boutellier, R. (1997): Informationstechnologien in virtuellen F&E-Teams, in: t&m 46 (1997) 4, S. 28-31

Geier, R. (1998): Why Target Costing, Vortragsunterlagen, 2nd Annual International Congress on Target Costing, 12.-14. Oktober 1998, Washington D.C.

Gentner, A. (1994): Wie japanisches Kostenmanagement funktioniert- Beispiele aus japanischen Unternehmen, in: Horváth, P. u.a. (Hrsg., 1994), S. 27-34

Gilbert, X., Strebel, P. (1987): Strategies to outpace the competition, in: The Journal of Business Strategy 8 (1987) 2, S. 28-36

Gleich, R. (1996): Target Costing für die Montierende Industrie, München 1996

Gleich, R. (1997): Das System des Performance Measurement – theoretisches Grundkonzept, Entwicklungs- und Anwendungsstand, Stuttgart 1997

Gleich, R. (1998): Gemeinkostenmanagement - Marktorientierte Produkt- und Prozeßgestaltung mit Target Costing, FVA-Abschlußbericht, Stuttgart 1998

Gleich, R., Scholl, K. (1994): Kostengünstig Konstruieren - State-of-the-Art der Kalkulationsmethoden, Controlling-Forschungsbericht Nr. 42, Stuttgart 1994

Gleich, R., Seidenschwarz, W. (1998): Controlling und Marketing als Schwesterfunktionen, in: Reinecke, S., Tomczak, T., Dittrich, S. (Hrsg., 1998), S. 258-272

Gleich, R., Seidenschwarz, W. (Hrsg., 1997): Die Kunst des Controlling, München 1997

Grabowski, H., Geiger, K. (1997): Neue Wege zur Produktentwicklung, Stuttgart 1997

Graßhoff, J., Gräfe, C. (1997a): Kostenmanagement in der Produktentwicklung, in: Controlling 9 (1997) 1, S. 14-23

Graßhoff, J., Gräfe, C. (1997b): Projektbezogenes Kostenmanagement in der Produktentwicklung - Ergebnisse einer Fragebogenaktion, erscheint in: Controller Magazin 22 (1997) 5, S. 313-316

Grochla, E. (1972): Unternehmungsorganisation, Neue Ansätze und Konzeptionen, Reinbek 1972

Gröner, L. (1991): Entwicklungsbegleitende Vorkalkulation, Berlin 1991

Gröner, L. (1993): Konstruktionsbegleitende Kalkulation innerhalb Target Costing, in: Betrieb und Wirtschaft 47 (1993) 17, S. 565-570

Groos, S. (1997): Integriertes Zielkostenmanagement - Ausrichtung der Variantenvielfalt auf die Kundenbedürfnisse durch Leistungssysteme im Business-to-Business-Markt, St. Gallen 1997

Groth, U., Kammel, A. (1994): Japanisches Kostenmanagement, in: Zeitschrift für wirtschaftliche Fertigung und Automatisierung, o.Jg. (1994) 1/2, S. 64-66

Günther, T. (1996): Unternehmenswertorientiertes Controlling, München 1996

Gunkel, P., Schulze, B. (1998): Target Costing - am Beispiel eines Fertighausherstellers, in: Zeitschrift für Planung 9 (1998), S. 269-283

# H

Hagenloch, T. (1997): Zielkostenmanagement und unterstützende Instrumente, in: krp 41 (1997) 6, S. 319-327

Hagmaier, B., Mees, A., Scholl, K. (1996): Die vernachlässigte Phase im Target Costing: Konstruktionsbegleitende Kalkulation bei Grundig, in: Controller Magazin 21 (1996) 6, S. 338-343

Handtrack, H. (1998): Globaler Wettbewerb in der Automobilindustrie, in: Technologie & Management 47 (1998) 4, S. 10-15

Hasegawa, T. (1994): Entwicklung des Management Accounting Systems und der Management Organsiation in japanischen Unternehmungen, in: Controlling 6 (1994) 1, S. 4-11

Hasegawa, T. (1997): Japanisches Produktkostenmanagement, in: Horváth, P. u.a. (Hrsg., 1997), S. 32-38

Hauser, J. R., Zettelmeyer, F. (1998): Metrics to Evaluate R,D&E, in: Research Technology Management 40 (1997) 4, S. 32-38

Heine, A. (1995): Entwicklungsbegleitendes Produktkostenmanagement, Gestaltung des Führungssystems am Beispiel der Automobilindustrie, Wiesbaden 1995

Heinrich, L.J., Pomberger, G., Schauer, R. (Hrsg., 1991): Die Informationswirtscahft im Unternehmen, Linz 1991

Herter, R. (1992): Weltklasse mit Benchmarking - ein Werkzeug zur Verbesserung der Leistungsfähigkeit aller Unternehmensbereiche, in: FB/IE 41 (1992) 5, S. 254-258

Heßen, H.-P., Wesseler, S. (1994): Marktorientierte Zielkostensteuerung bei der AUDI AG, in: Controlling 6 (1994) 3, S. 148-154

Hieke, H. (1994), Rechnen mit Zielkosten als Controllinginstrument, in: WiSt 23 (1994) 10, S. 498-502

Hilbert, A., Bankhofer, U. (1996): Zeitgemäße Werkzeuge zur PC-gestützten Datenanalyse, in: DBW 56 (1996) 5, S. 685-696

Hilbert, H. (1995): Target Budgeting in Forschung und Entwicklung bei Volkswagen, in: Controlling 7 (1995) 6, S. 354-364

Hiromoto, T. (1988): Another hidden edge - Japanese Management Accounting, in HBR 66 (1988) 4, S. 22-26

Hiromoto, T. (1989a): Comparison between Japanese and Western Accounting Systems, in: Horváth, u.a. (Hrsg., 1989), S. 26-27

Hiromoto, T. (1989b): Management Accounting in Japan - Ein Vergleich zwischen japanischen und westlichen Systemen des Management Accounting, in: Controlling 1 (1989) 6, S. 316-322

Hiromoto, T. (1989c): Das Rechnungswesen als Innovationsmotor, in: Harvard Manager 11 (1989)1, S-129-133

Hiromoto, T. (1991): Wie das Management Accounting seine Bedeutung zurückgewinnt, in: IFUA Horváth & Partner (Hrsg., 1991), S. 25-46

Hoffjan, A. (1994a): Strategisches Zielkostenmanagement für öffentliche Investitionen, in: Zeitschrift für öffentliche und gemeinwirtschaftliche Unternehmen, Bd. 17 (1994) 1, S. 24-59

Hoffjan, A. (1994b): Strategisches Zielkostenmanagement im Zahlungsverkehr der Banken, in: Die Bank o. Jg. (1995) 10, S. 594-599

Hoffman, F. (1980): Führungsorganisation, Bd. 1, Stand der Forschung und Konzeption, Tübingen 1980

Hoffmann, J., Huber, M., Sindram, P. (1996): Markterfolg sicherstellen - Kostenorientiertes Entwicklen durch Zielkostenintegration in der Entwurfsphase, in: Qualität und Zuverlässigkeit 41 (1996) 10, S. 1150-1152

Homburg, C., Gruner, K. (1997): Innovationen - für und mit Ihren Kunden gestaltet, in: Gablers Magazin 11 (1997) 6-7, S. 4-21

Horváth, P. (1996): Controlling, 6. Aufl., München 1996

Horváth, P. (1998): Funktion und Organisation des Target Costing im Controllingsystem, in: krp Sonderheft (1998) 1, S. 75-80

Horváth, P. (Hrsg., 1992): Effektives und schlankes Controlling, Stuttgart 1992

Horváth, P. (Hrsg., 1993a): Target Costing - Marktorientierte Zielkosten in der deutschen Praxis, Stuttgart 1993

Horváth, P. (Hrsg., 1993b): Marktnähe und Kosteneffizienz schaffen, Stuttgart 1993

Horváth, P. (Hrsg., 1994): Kunden und Prozesse im Fokus - Controlling und Reengineering, Stuttgart 1994

Horváth, P. (Hrsg., 1995): Controllingprozesse optimieren, Stuttgart 1995

Horváth, P. (Hrsg., 1996): Controlling des Strukturwandels, Stuttgart 1996

Horváth, P. (Hrsg., 1997): Das neue Steuerungssystems des Controllers, Stuttgart 1997

Horváth, P. (Hrsg., 1998): Innovative Controlling-Tools und Konzepte von Spitzenunternehmen, Stuttgart 1998

Horváth, P. und Mayer, R. (1993): Prozeßkostenrechnung: Stand der Entwicklung, in: krp 37 (1993) Sonderheft Nr. 2, S. 15-28

Horváth, P., Arnaout, A., Gleich, R., Seidenschwarz, W., Stoi, R. (1999): Neue Instrumente der Unternehmenssteuerung in der deutschen Unternehmenspraxis - Bericht über die Stuttgarter Studie, in: Egger, A. u.a. (Hrsg., 1999), n.o.S.

Horváth, P., Dittmar, J., Gleich, R., Scholl, K., Voggenreiter, D., von Wangenheim, S. (Hrsg., 1997): Jahrbuch Controlling, Stuttgart 1997

Horváth, P., Gleich, R., Lamla, J., Niemand, S., Wolbold, M. (Hrsg., 1994): Jahrbuch Controlling 1994, Stuttgart 1994

Horváth, P., Herter, R. (1992): Benchmarking - Vergleich mit dem Besten der Besten, in: Controlling 4 (1992) 1, S. 4-11

Horváth, P., Kieninger, M., Mayer, R. und Schimank, C. (1993): Prozeßkostenrechnung - oder wie die Praxis die Theorie überholt, in: DBW 53 (1993) 5, S. 609-628

Horváth, P., Lamla, J. (1995): Cost Benchmarking und Kaizen Costing, in: Reichmann, T. (Hrsg., 1995), S. 63-88

Horváth, P., Lamla, J. (1996): Kaizen Costing, in: krp 40 (1996) 6, S. 335-340

Horváth, P., Niemand, S., Wolbold, M. (1993): Target Costing - State of the art, in: Horváth, P. (Hrsg., 1993), S. 1-28

Horváth, P., Seidenschwarz, W. (1991): Strategisches Kostenmanagement der Informationsverarbeitung, in: Heinrich, L.J. u.a. (Hrsg., 1991), S. 297-322

Horváth, P., Seidenschwarz, W. (1992): Zielkostenmanagement, in: Controlling 4 (1992) 3, S. 142-150

Horváth, P., Seidenschwarz, W., Hieber, W., Langer, K. (Hrsg., 1989): 12 th Annual Congress of the European Accounting Association, Universität Stuttgart, Stuttgart 1989.

Horváth, P., Seidenschwarz, W., Sommerfeldt, H. (1993): Von Genka Kikaku bis Kaizen, in: Controlling 5 (1993) 1, S. 10-18

Hundley, G. Jacobson, C.K. (1998): The Effects of the Keiretsu on the Export Performance of Japanese Companies: Help or Hindrance ?, in: Strategic Management Journal 19 (1998) 10, S. 927-937

# I

IFUA Horváth & Partner GmbH (Hrsg., 1991): Prozeßkostenmanagement, München 1991

Imai, M. (1992): Kaizen: der Schlüssel zum Erfolg der Japaner im Wettbewerb, 3. Aufl., München 1992

Innes, J., Mitchell, F. (1990): Activity Based Costing - A Review with Case Studies, CIMA, London 1990

Innes, J., Mitchell, F. (1991a): ABC: A survey of CIMA members, in: Management Accounting (U.K.) o.Jg. (1991) October, S. 28-30

Innes, J., Mitchell, F. (1991b): Activity Based Cost Management - A Case Study of Development and Implementation, CIMA, London 1991

Innes, J., Mitchell, F. (1995): A Survey of Activity Based Costing in the UK's largest companies, in: Management Accounting Research, 6 (1995) 2, S. 137-153

# J

Jakob, F. (1993): Target Costing im Anlagenbau - das Beispiel der LTG Lufttechnische GmbH, in: Horváth, P. (Hrsg., 1993), S. 155-190

Jehle, E. (1992): Gemeinkostenmanagement, in: Männel, W. (Hrsg., 1992), S. 1506-1523

Jentzsch, K., Weidt, T. (1995): Das moderne Target Costing - Unternehmen - Ein Idealmodell, in: Controller Magazin 20 (1995) 6, S. 367-372

Jentzsch, K., Weidt, T. (1996): Target Costing-Implementation, in: Controller Magazin 21 (1996) 4, S. 243-251

Johnson, H.T., Kaplan, R.S. (1987): Relevance Lost: The Rise and Fall of Management Accounting, Boston 1987

# K

Kamiske, G., Brauer, J.-P. (1993): Qualitätsmanagement von A bis Z: Erläuterungen moderner Begriffe des Qualitätsmanagements, München 1993

Kammermayer, W. (1992): Produktkosten-Vorgabe abgeleitet vom Markt und dem geplanten Unternehmensergebnis, in: Horváth, P. (Hrsg., 1992), S. 261-276

Kaplan, R.S., Atkinson, A.A. (1998): Advanced Management Accounting, Upper Saddle River (1998)

Kasper, R., Gabbert, U., Grote, G.-H., Vajna, S. (Hrsg., 1997): Entwicklungsmethoden und Entwicklungsprozesse im Maschinenbau, 3. Magdeburger Maschinenbau-Tage, 11.-13.9.97, Berlin 1997

Kato, Y. (1993a): Target Cost Management - Durch marktorientiertes Zielkostenmanagement können Automobilhersteller ihre Produktkosten senken, in: Controlling 5 (1993) 5, S. 200-207

Kato, Y. (1993b): Target Costing support systems: lessons from the leading Japanese companies, in: Management Accounting Research 4 (1993) 1, S. 33-47

Kato, Y. (1996): Target Costing in Business Process Reengineering, in: Perlitz, M., Offinger, A., Reinhardt, M., Schug, K. (Hrsg., 1996), S. 220-233

Kato, Y. (1998): Target Cost Management and Organizational Capabilities - Why Japanese Companies Face Difficulties Now, Vortragsunterlagen anläßlich des 3rd Quarter Meeting der CAM-I Target Costing Best Practice Study, 15. Juni 1998, San Antonio/Texas

Kesselring, F. (1954): Technische Kompositionslehre, Berlin 1954

Kieninger, B. (1993): Prozeßkostenmanagement, in: Office Management 41 (1993) 6, S. 6-13

Kieser, A. (Hrsg., 1981): Organisationstheoretische Ansätze, München 1981

Kieser, A., Kubicek, H. (1983): Organisation, 2. Aufl., Berlin u.a. 1983

Kimura, K. (1992): Target Costing Activities around Product Development, in: JICPA Journal (1992) Nr. 440, S. 61-63

Kirsch, W. (1971): Entscheidungsprozesse, Bd. 3: Entscheidungen in Organisationen, Wiesbaden 1971

Klabunde, S., Borowsky, R., Liebert, M., Schäfer, G. (1997): Intranet-basiertes Entwicklungsmanagement, in: Information Management 12 (1997) Sonderausgabe, S. 15-25

Klatt, W. (1997): Target Costing und das betriebswirtschaftliche Entscheidungsproblem Eigenfertigung und/oder Fremdbezug von Vorprodukten in der Fertigung komplexer Produkte, Gießen 1997

Kleinaltenkamp, M. (1989): Outpacing Strategies, in: Die Betriebswirtschaft 49 (1989) 5, S. 651-652

Kobayashi, T. u.a. (1992a): Genka Kikaku in Japanese Firms: Current State of the Art, in: Kigyo Kaikei (Business Accounting) 44 (1992) 5, S. 86-91

Kobayashi, T. u.a. (1992b): Genka Kikaku in Japanese Firms: Current State of the Art, in: Kigyo Kaikei (Business Accounting) 44 (1992) 6, S. 74-79

Kobayashi, T. u.a. (1992c): Genka Kikaku in Japanese Firms: Current State of the Art, in: Kigyo Kaikei (Business Accounting) 44 (1992) 7, S. 84-89

Köhler, W. (Hrsg., 1977): Empirische und handlungstheoretische Forschungskonzeptionen in der Betriebswirtschaftslehre, Stuttgart 1977

König (Hrsg., 1973): Handbuch der empirischen Sozialforschung, 3. Aufl., Band I, Stuttgart 1973

Kramer, M. (1995): Customer Focus von Zulieferunternehmen, St. Gallen 1995

Krogh, H.(1992): Kunden im Visier, in: Manager Magazin 22 (1992) 12, S. 260-267

Kroll, K.M. (1997): On Target, in: Industry Week, June 9, 1997

Kromrey, H. (1994): Empirische Sozialforschung, 6. Aufl., Opladen 1994

Kromrey, H. (1995): Empirische Sozialforschung, 7. Aufl., Opladen 1995

Kubicek, H. (1975): Empirische Organisationsforschung, Stuttgart 1975

Kubicek, H. (1977): Heuristische Bezugsrahmen und heuristisch angelegte Forschungsdesigns als Elemente einer Konstruktionsstrategie empirischer Forschung, in: Köhler, R. (Hrsg., 1977), S. 3-36

Kubicek, H. (1980): Bestimmungsfaktoren der Organisationsstruktur, in: RKW Handbuch Führungstechnik und Organisation, 6. Lieferung VIII, Neuwied 1980, S. 1-62

Kubicek, H. (1980): Bestimmungsfaktoren der Organisationsstruktur, in: RKW Handbuch Führungstechnik und Organisation, 6. Lieferung VIII, Neuwied 1980, S. 1-62

Kuramochi, K. (1991): Cost Management in Fuji Xerox´s Yuwatsuki Plant, in: Journal of Cost Accounting Research 29 (1991) 31, S. 69

Kurokawa, S. (1997): Make-or-Buy Decisions in R&D: Small Technology Based Firms in the United States and Japan, in: IEEE Transactions on Engineering Management 44 (1997) 2, S. 124-134

# L

Laatz, W. (1993): Empirische Methoden, Frankfurt a.M. 1993

Laker, M. (1992): Operation Overkill, in: Manager Magazin 9 (1992) 12, S. 264

Leahy, T. (1998): The Target Costing Bull´s Eye - Part One of a Series, http://www.controllermag.com/issues/1998/january/targetbull eye.html am 07.04.1998

Lee, J.Y. (1994): Use Target Costing to Improve Your Bottom-Line, in: The CPA Journal o.Jg. (1994) January, S. 68-70

Leverick, F., Cooper, R. (1998): Partnerships in the Motor Industry: Opportunities and Risks for Suppliers, in: Long Range Planning 31 (1998) 1, S. 72-81

Lingscheid, A. (1998): Unternehmensübergreifendes Kaizen Costing, München 1998

Lingscheid, A., Weigand, A. (1994): Wirtschaftliche Steuerung an der Schnittstelle Zulieferer-Automobilhersteller, Controlling-Forschungsbericht Nr. 43, Stuttgart 1994

Link, H. D., Schnell, J., Niemand, S. (1994): Die entwicklungsbegleitende Kalkulation als Unterstützung eines Target Costing - Gesamtkonzeptes für die Schuhindustrie, in: Controlling 6 (1994) 6, S. 346-355

Listl, A. (1998): Target Costing zur Ermittlung der Preisuntergrenze - Entscheidungsorientiertes Kostenmanagement dargestellt am Beispiel der Automobilzuliefeindustrie, Frankfurt a.M. 1998

Löffler, F. (1995): Die praktische Anwendung des Target Costing, in: Horváth, P. (Hrsg., 1995), S. 133-147

Lorenzen, H. (1976): Wirtschaftliche Produktgestaltung, in: VDMA (Hrsg., 1976), S. 111-121

Lorson, P. (1993): Straffes Kostenmanagement und neue Technologien, Berlin 1993

Lorson, P. (1995): Grund- und Spezialbegriffe aus dem Kostenmanagement, in: b&b o.Jg.(1995) 10, S. 387-390

# M

Madauss, B.-J. (1994): Handbuch Projektmanagement, 5. Aufl., Stuttgart 1994

Männel, W. (1993): Kostenmanagement als Aufgabe der Unternehmensführung, in: krp 37 (1993) 4, S. 210-213

Männel, W. (1994): Frühzeitige Kostenkalkulation und lebenszyklusbezogene Ergebnisrechnung, in: krp 38 (1994) 2, S. 106-110

Männel, W. (Hrsg., 1992): Handbuch Kostenrechnung, Wiesbaden 1992

Martin, J., Schelb, W., Snyder, R., Sparling, J. (1992): Comparing U.S. and Japanese Companies: Implications for Management Accounting, in: Journal of Cost Management 6 (1992) 1, S. 6-14

Marty, K., Kall, P. (Hrsg., 1995): Stochastic Programming. Numerical Techniques And Engineering Applications, Berlin 1995

Mayer, E. (Hrsg., 1999): Controlling-Konzepte: Werkzeuge und Strategien für die Zukunft, 4. Aufl., Wiesbaden 1999

Mayer, R. (1993): Target Costing und Prozeßkostenrechnung, in: Horváth, P. (Hrsg., 1993b), S. 77-92

Meinig, W. (1998): SSI-Supplier Satisfaction Index ´98 - Die Zufriedenheit von Zulieferunternehmen der deutschen Automobilhersteller - eine empirische Analyse, Bamberg 1998

Meuser, M., Nagel, U. (1991): ExpertInneninterviews - vielfach erprobt, wenig bedacht, in: Garz, D., Kraimer, K. (Hrsg., 1991), S. 441-471

Miles, L. D. (1987): Value Engineering. Wertanalyse, die praktische Methode zur Kostensenkung, 2. Aufl., München 1987

Mitchell, F. (1997): Cost Management in the UK, in: Franz, K.-P. und Kajüter, P. (Hrsg.), 1997, S. 467-479

Monden, Y, Lee, J. (1993), How a japanese auto maker reduces costs, in: Management Accounting 74 (1993) 8, S. 22-26

Monden, Y. (1989): Total cost management System in Japanese automobile corporations, in: Monden, Y., Sakurai, M. (Hrsg., 1989), S. 15-33

Monden, Y. (1995): Cost Reduction Systems, Portland 1995

Monden, Y. (1999): Wege zur Kostensenkung, München 1999

Monden, Y., Hamada, K. (1991): Target Costing and Kaizen Costing in Japanese Automobile Companies, in: Journal of Management Accounting Research 3 (1991) 3, S. 16-34

Monden, Y., Sakurai, M. (Hrsg., 1989): Japanese Management Accounting - A world Class Approach to Profit Management, Cambridge 1989

Moyes, J., Mitchell, F., Yoshikawa, T. (1994): A review of Japanese Accounting Literature and Bibliography, London 1994

Müller, H., Wolbold, M. (1993): Target Costing im Entwicklungsbereich der "Elektro Werk AG", in: Horváth, P. (Hrsg., 1993), S. 119-154

Müller, M. (1998): Target Costing im Krankenhaus - Entwurf eines objektorientierten EDV-Systems zur Unterstützung einer retrograden Deckungs- beitragsrechnung, Lohmar 1998

Müller, S. (1997): Qualität von Anfang an - Integrierter Einsatz von Quality Function Deployment und Target Costing ?, in: Abschlußbericht Ver- bundprojekt Qualität und Wirtschaftlichkeit (QS-VP 4): 17./18. Juni 1997, Band 187 (1997), S. 139-151

Müller, S., Karsten, W.-H. (1997): Quality Target Costing, in: Abschlußbericht Ver- bundprojekt Qualität und Wirtschaftlichkeit (QS-VP 4): 17./18. Juni 1997, Band 187 (1997), S. 139-151

Müller, U. (1994): Integration der Entwicklungspartner in den PKW-Entwicklungs- prozeß, Konferenz-Einzelbericht: Fortschritte in der Auto- mobil-Entwicklung, Stuttgart 10./11. Oktober 1994, S. 1-21

# N

Nedeß, C., Stalleicken, U. (1998): Target Costing für komplexe Investitionsgüter, in: Controlling 10 (1998) 4, S. 202-209

Niemand, S. (1993): Target Costing im Anlagenbau, in: krp 37 (1993) 5, S. 327-332

Niemand, S. (1996): Target Costing für industrielle Dienstleistungen - Kunden- zufriedenheit durch neue Angebotsstrukturen, in: Horváth, P. (Hrsg., 1996), S. 189-207

Niemand, S., Scholl, K. (1995): Benchmarking und Target Costing, in: FB/IE 44 (1995) 3, S.100-105

Nishiguchi, T., Brookfield, J. (1997): The Evolution of Japanese Subcontracting, in: Sloan Management Review 39 (1997) Fall, S. 89-101

Nixon, B. (1998): Research an development performance measurement: a case study, in: Management Acccounting Research 9 (1998) 9, S. 329-355

# P

Palloks, M. (1995a): Kundenorientierung und Kostenmanagement - Ein Fallbeispiel zum integrierten Einsatz von Conjoint-Analyse und modernem Zielkostenmanagement bei Produktentscheidungen, in: Marktforschung&Management 39 (1995) 3, S. 119-124

Palloks, M. (1995b): Conjoint-Analysen und modernes Zielkostenmanagement bei Produktentscheidungen, in: Reichmann, T., Palloks, M. (Hrsg., 1995), S. 175-194

Pampel, J. (1995): Methodische Aspekte der Ausrichtung der Kostenrechnung auf das Kostenmanagement und moderne Unternehmensstrukturen, in: krp 39 (1995) 2, S. 115-119

Peemöller, V. H. (1993): Zielkostenrechnung für die frühzeitige Kostenbeeinflussung, in: krp 37 (1993) 6, S. 375-380

Perlitz, M., Offinger, A., Reinhardt, M., Schug, K. (Hrsg., 1996): Reengineering zwischen Anspruch und Wirklichkeit, Wiesbaden 1996

Porter, M. (1980): Competitive Strategy, Techniques for Analyzing Industrie and Competitors, New York 1980

Porter, M. (1984): Wettbewerbsstrategie: Methoden zur Analyse von Branchen und Konkurrenten, 2. Aufl., Frankfurt a.M. 1984

Posselt, S. (1986): Budgetkontrolle als Instrument zur Unternehmungssteuerung, Darmstadt 1986

# R

Raubach, C.-J. (1996): Steigerung der Kosten-Leistungs-Transparenz durch Prozeß-kostenmanagement in der Industrie, Bamberg 1996.

Reichmann, T. (Hrsg., 1995): Handbuch Kosten- und Erfolgscontrolling, München 1995

Reichmann, T., Palloks, M. (Hrsg., 1995): Kostenmanagement und Controlling, Frankfurt a.M. 1998

Reinecke, S., Tomczak, T., Dittrich, S. (Hrsg., 1998): Marketingcontrolling, St. Gallen 1998

Reiß, M., Corsten, H: (1992): Gestaltungsdomänen des Kostenmanagements, in: Männel, W. (Hrsg., 1992), S. 1478-1491

Renner, A., Sauter, R. (1997): Targetmanager, in: Controlling 9 (1997) 1, S. 64-71

Reschke, H., Schelle, H., Schnopp, S., Schub, A. (Hrsg., 1997): Projekte erfolgreich managen, 5. Aufl., Köln 1997

Riegler, C. (1996): Verhaltenssteuerung durch Target Costing - Analyse anhand einer ausgewählten Organisationsform, Stuttgart 1996

Riegler, C. (1997): Motivation einer marktorientierten Produktentwicklungsarbeit, in: JFB 47 (1997) 4, S. 203-215

Rösler, F. (1995): Target Costing für komplexe Produkte, in: Ein Diskussionsbeitrag zur Anwendungsproblematik des Zielkostenmanagements, WHU-Forschungspapier Nr. 29 (1995), S. 1-25

Rösler, F. (1996): Target Costing für die Automobilindustrie, Wiesbaden 1996

Rösler, F. (1997): Target Costing in der Automobilindustrie - Ein Anwendungs-beispiel des Zielkostenmanagements, in: Freidank, C.-C. u.a. (Hrsg., 1997), S. 275-297

Ross, C. (1998): Target Costing with Suppliers, Vortragsunterlagen, 2nd Annual International Congress on Target Costing, 12.-14. Oktober 1998, Washington D.C.

Rudolph, B. (1998): Modernes Target Costing in Kreditinstituten

Rudolph, B. (1998): Zielkostenmanagement bei Kreditinstituten, Stuttgart 1998

Rummel, K.D. (1992): Zielkosten-Management - der Weg, Produktkosten zu hal-bieren und Wettbewerber zu überholen, in: Horváth, P. (Hrsg., 1992), S. 221-243

## S

Saatweber, J. (1998): Quality Function Deployment, in: Technologie & Management 47 (1998) 4, S. 29-31

Saitoh, J. (1978): The Net Profit of Eighty Million Yen Earned by the Introduction of Target Costing, in: Kojyo Kanri (Factory Management) 24 (1978) 10 (in japanisch)

Sakurai, M. (1989): Target Costing and how to use it, in: Journal of Cost Mana-gement 3 (1989) 2, S. 39-50

Sakurai, M. (1991): Change in Business Environment and Management Accounting (in Japanese), Tokyo 1991

Sakurai, M. (1992): The Practice of Cost Management Systems in Japan, in: Business Review of Senshu University (1992) 5, o.S.

Sakurai, M. (1997): Integratives Kostenmanagement, München 1997

Sakurai, M., Keating, P. J. (1994), Target Costing und Activity-Based Costing, in: Controlling 6 (1994) 2, S. 84-91

Schanz, G., Döring, H. (1998): Kontinuität im Wandel - Zur neueren Entwicklung der japanischen Automobilindustrie, in: ZfB 68 (1998) 9, S. 911-936

Schimank, C. (1996): Target Costing als Basis für die Redimensionierung von Dienstleistungsbereichen, in: Siegwart, H. (Hrsg., 1996), S. 100-113

Schlüchtermann, J., Gorschlüter, P. (1996): Ausgewählte Aspekte eines modernen Kostenmanagement im Krankenhaus, in: Adam, D. (Hrsg., 1996), S. 97-111

Schmalenbach-Gesellschaft für Betriebswirtschaftslehre (Hrsg., 1995): Reengineering, Stuttgart 1995

Schmidt, F. (1996): Kostengünstiges Konstruieren senkt die Gemeinkosten, in: Technologie & Management 45 (1996) 2, S. 67-76

Schmidt, J., Trender, L. (1997): Target Costing - ein möglicher Ansatz zur prozeßorientierten Bewertung der recyclinggerechten Produktgestaltung, in: Konstruktion 49 (1997) 5, S. 17-20

Schmidt, R. (1972): Einige Überlegungen über die Schwierigkeiten, heute eine „Methodologie der Betriebswirtschaftslehre" zu schreiben, in: ZfbF 24 (1972), S. 393-410

Schmidt, S. (1998): DFMA - eine innovative Produktentwicklungsstrategie, in: Technologie & Management 47 (1998) 3, S. 14-15

Schmitz, P. (1998): Target Costing - The Honda Way, Vortragsunterlagen, 2nd Annual International Congress on Target Costing, 12.-14. Oktober 1998, Washington D.C.

Schneider, D. (1998): Produktoptimierung und zielorientierte Kostengestaltung mit Conjoint Measurement, in: FB/IE 47 (1998) 1, S. 24-27

Schorlemer, G.v., Posluschny, P., Prange, C. (1998): Kostenmanagement in der Praxis, Wiesbaden 1998

Schreyögg, G. (1978): Umwelt, Technologie und Organisationsstruktur. Eine Analyse des kontingenztheoretischen Ansatzes, Bern und Stuttgart 1978.

Schröder, C. (1998): Industrielle Arbeitskosten im internationalen Vergleich, in: iw-trends 2/98

Schuh, G., Groos, S., Hermann, U., Spreitzer, O. (1995): Ressourcenorientiertes Target Costing, in: Universität St. Gallen, Institut für Technologiemanagement (Hrsg., 1995), S. 26-30

Schuh, G., Kaiser, A. (1997): MAKE - Ein Leistungssystem zum Zielkostenmanagement, in: Belz, C. u.a. (Hrsg., 1997), S. 272-276

Schulte, C. (Hrsg., 1996): Lexikon des Controlling, München 1996

Schulz, M. (1993): Prozeßkostenrechnung und Target Costing als Informationsbasis für die Wertanalyse, in: Horváth, P. (Hrsg., 1993), S. 232-246

Schumann, F.-J. (1997): Steigerung des Kundennutzens und Verringerung der Produktkomplexität, in: ZWF Zeitschrift für wirtschaftlichen Fabrikbetrieb 92 (1997) 12, S. 635-638

Schumann, F.J., Leidich, E. (1997): Wirkstrukturbasierte Kostenmodellierung für die Zielkostenkonstruktion, in: Kasper, R., Gabbert, U., Grote, G.-H., Vajna, S. (Hrsg., 1997), S. 179-188

Schweitzer, M., Küpper, H. (1995): Systeme der Kosten- und Erlösrechnung, München 1995

Seeberg, T., Seidenschwarz, W. (1993): 6 Schritte zum marktorientierten Kostenmanagement, in: Horváth, P. (Hrsg., 1993), S. 155-172

Seidenschwarz, W. (1991a): Target Costing - Marktorientiertes Zielkostenmanagement, Forschungsbericht Nr. 26 des Lehrstuhls Controlling der Universität Stuttgart, Januar 1991

Seidenschwarz, W. (1991b): Target Costing - ein japanischer Ansatz für das Kostenmanagement, in: Controlling 3 (1991) 4, S. 198-203

Seidenschwarz, W. (1991c): Target Costing und Prozeßkostenrechnung, in: IFUA Horváth & Partner GmbH (Hrsg., 1991), S. 47-70

Seidenschwarz, W. (1993): Target Costing - Marktorientiertes Zielkostenmanagement, München 1993

Seidenschwarz, W. (1994a): Kostenmanagement „made in Japan", in: Horváth, P. u.a. (Hrsg.,1994), S. 22-27

Seidenschwarz, W. (1994b): Target Costing - Verbindliche Umsetzung marktorientierter Strategien, in: Kostenrechnungspraxis 38 (1994) 1, S. 74-83

Seidenschwarz, W. (1995): Target Costing und die Rolle des Controlling darin, in: Horváth, P. (Hrsg., 1995), S. 107-131

Seidenschwarz, W. (1996): Target Costing, in: Schulte, C. (Hrsg., 1996), S. 752-757

Seidenschwarz, W. (1997): Nie wieder zu teuer! 10 Schritte zum Marktorientierten Kostenmanagement, Stuttgart 1997

Seidenschwarz, W., Gleich, R., (Hrsg., 1996): Die Kunst des Controlling, Stuttgart 1996

Seidenschwarz, W., Horváth, P. (1992): Die Methodik des Zielkostenmanagements, Controlling- Forschungsbericht Nr. 33, Stuttgart 1992

Seidenschwarz, W., Niemand, S. (1994): Zuliefererintegration im marktorientierten Zielkostenmanagement, in: Controlling 6 (1994) 5, S. 262-271

Seidenschwarz, W., Niemand, S., Esser, J. (1997): Target Costing und seine elementaren Werkzeuge, in: Reschke, H., Schelle, H., Schnopp, S., Schub, A. (Hrsg., 1997), S. 1-52

Seidenschwarz, W., Seidenschwarz, B. (1995): Marktorientiertes Zielkostenmanagement: Die schrittweise Etablierung eines Konzeptes in der Unternehmenspraxis, in: Striening H.-D. (Hrsg., 1995), S. 83-105

Shields, M. D. (1995): An Empirical Analysis of Firms' Implementation Experiences with Activity-Based Costing, in: Journal of Management Accounting Research 7 (1995) Fall, S. 148-166

Siegwart, H. (Hrsg., 1996): Jahrbuch zum Finanz- und Rechnungswesen, Stuttgart 1996

Sill, H. (1995): Marktorientiertes Kostenmanagement - Erfahrungen im Hause Siemens, in: Schmalenbach-Gesellschaft für Betriebswirtschaftslehre (Hrsg., 1995), S. 173-189

Sommerlatte, T., Laying, B.J., Frederik, O. v. (1987): Innovationsmanagement - Schaffen einer innovativen Unternehmenskultur, in: Arthur D. Little (Hrsg., 1987), S. 57-74

Spath, D., Matt, D. Riedmiller, S. (1997): Target Costing - ein Hilfsmittel ? Marktorientiertes Produkt- und Kostenmanagement, in: Werkstatttechnik 87 (1997) 11/12, S. 527-530

Staehle, W. (1973): Organisation und Führung sozio-technischer Systeme. Grundlagen einer Situationstheorie, Stuttgart 1973

Staehle, W. (1976): Der situative Ansatz in der Betriebswirtschaftslehre, in: Ulrich, E. (Hrsg., 1976), S. 33-50

Staehle, W. (1977): Empirische Analyse von Handlungssituationen, in: Köhler, W. (Hrsg., 1977), S. 103-116

Staehle, W. (1981): Deutschsprachige situative Ansätze in der Managementlehre, in: Kieser, A. (Hrsg., 1981), S. 215-226

Stahl, H.-W. (1995): Target Costing - Zielkostenmanagement mit Hilfe eines Fixkosten-Simulationsmodells, in: Controller Magazin 20 (1995) 2, S. 113-115

Stainer, A., Nixon, B. (1997): Productivity and performance measurement in R&D, in: International Journal Technology Management 13 (1997) 5/6, S. 486-496

Staudt, E., Bock, J., Mühlemeyer, P., Kriefesmann, B. (1990): Anreizsysteme als Instrument des betrieblichen Innovationsmanagements, in: ZfB 60 (1990) 11, S. 1183-1204

Stippel, N., Reichmann, T. (1998): Target Costing und Wertanalyse, in: Controlling 10 (1998) 2, S. 98-105

Stoi, R. (1999): Prozeßorientiertes Kostenmanagement in der deutschen Unternehmenspraxis - eine empirische Untersuchung, München 1999

Streib, F., Ellers, M. (1994): Unter Tränen, in: Wirtschaftswoche (1994) 1/2, S. 60-68

Striening H.-D. (Hrsg., 1995): Chefsache Gemeinkostenmanagement: Reserven entdecken und ausschöpfen, Landsberg/Lech 1995

Swenson, D. (1995): The Benefits of Activity-Based Cost Management to the Manufacturing Industry, in: Journal of Management Accounting Research 7 (1995) Fall, S. 167-180

Szyperski, N., Müller-Böling, D. (1981): Zur technologischen Orientierung der empirischen Forschung, in: Witte, E. (Hrsg., 1981), S. 159-188

# T

Tanaka, M. (1979): Cost with Target Cost, in: Journal of Cost Accounting o.Jg. (1979) October, S. 37-40

Tanaka, M. (1980): Cost Control in New Product Development in Japanese Companies, in: Accounting o.Jg. (1980) February, S. 20-21

Tanaka, M. (1984): Developments of Cost Engineering in Japan (auf japanisch), Genka Keisan, Special Issue No. 18, 1984

Tanaka, M. (1985): New approach to the function evaluation system in value engineering, in: International Journal of Production Research 23 (1985) 4, S. 625-637

Tanaka, M. (1986): The Nature and the Use of Cost Tables (auf japanisch), Genka Keisan, No. 281, 1986

Tanaka, M. (1988): Cost Control in the Development and Design Stage of a Product (auf japanisch), Keiei Jitsumu, No. 411, 1988

Tanaka, M. (1989): Cost planning and control systems in the design phase of a new product, in: Monden Y., Sakurai, M. (Hrsg., 1989), S. 49-71

Tanaka, M. (1990): Issues related to Genka Kikaku in Japanese Firms (auf japanisch), Genka Keisan, Special Issue No. 28, 1990

Tanaka, M. (1991): Cost Estimation Systems in a CIM Age (auf japanisch), Kaikei, 139 (1991) 2

Tani, T. u.a. (1994): Target Cost Management in Japanese companies: Current state of the Art, in: Management Accounting Research 5 (1994) 4, S. 67-81

Tani, T., Horváth, P., von Wangenheim, S. (1996): Genka Kikaku und marktorientiertes Zielkostenmanagement, in: Controlling 8 (1996) 2, S. 80-89

Tani, T., Kato, Y. (1994): Target Costing in Japan, in: Dellmann, K., Franz, K.-P. (Hrsg., 1994), S. 191-222.

Tanski, J. S. (1996): Änderungen im Krankenhausrechnungswesen, in: das Krankenhaus o.Jg. (1996) 1, S. 25-29

Taylor, A. (1997): How Toyota defies gravity, in: Fortune 130 (1997) 6, S. 100-108

Teichert, T. (1998): Schätzgenauigkeit von Conjoint-Analysen, in: ZfB 68 (1998) 11, S. 1245-1266

Teshima, N. (1996): Target Cost Management and Value Engineering - The Case of Hitachi, Interne Vortragsunterlagen, Tokyo 1996

The CAM-I Target Cost Core Group (1996): Target Costing - The Next Frontier in Strategic Cost Management, Bedford 1996

The Society of Management Accountants of Canada (1994): Implementing Target Costing, Management Asccounting Guideline 28, Hamilton ON (Canada) 1994

Thomson, R. (1998): Team Approach to Implementing Target Costing, Vortragsunterlagen, 2nd Annual International Congress on Target Costing, 12.-14. Oktober 1998, Washington D.C.

Toyama, G. (1998): When Target Costing is Rocket Science: Moving from Concept to Implementation, Vortragsunterlagen, 2nd Annual International Congress on Target Costing, 12.-14. Oktober 1998, Washington D.C.

Troßmann, E., Trost, S. (1996): Was wissen wir über steigende Gemeinkosten ? - Empirische Belege zu einem vieldiskutierten betrieblichen Problem, in: krp 40 (1996) 2, S. 65-74

# U

Ulrich, E. (Hrsg., 1976): Zum Praxisbezug der Betriebswirtschaftslehre in wissenschaftstheoretischer Sicht, Bern 1976

Universität St. Gallen, Institut für Technologiemanagement (Hrsg., 1995): Technische Rundschau - Kostenmanagement in Entwicklung und Produktion, Bern 1995

# V

VDI (Hrsg., 1969): VDI-Richtlinie 2225, Technisch-wirtschaftliches Konstruieren, Düsseldorf 1969

VDI (Hrsg., 1979): VDI-Berichte 347, Wirtschaftliche Aspekte beim Konstruieren, Stuttgart 1979

VDI (Hrsg., 1987): VDI-Richtlinie 2235, Wirtschaftliche Entscheidungen beim Konstruieren - Methoden und Hilfen, Düsseldorf 1987

VDI (Hrsg., 1993): VDI-Richtlinie 2221, Methodik zum Entwickeln und Konstruieren technischer Systeme und Produkte, Düsseldorf 1993

VDMA (Hrsg., 1976) Leistungssteigerung von Entwicklung und Forschung im Maschinenbau, Frankfurt a.M. 1976

Völker, R. (1997): Target Costing bei unterschiedlichen Kategorien von Produktattributen, in: Weinhold-Stünzi, H., Reinecke, S., Schögel, M. (Hrsg., 1997), S. 46- 52

Völker, R. (1997): Wertorientierte Planung und Steuerung von F&E, in: Zeitschrift für Planung 8 (1997) 3, S. 243-261

Voß, W. (1997): Praktische Statistik mit SPSS, München 1997

# W

Währisch, M. (1996a): Stand der Kosten- und Erlösrechnung im Maschinen- und Anlagenbau, in: Maschinenbau Nachrichten (1996) 7, S. 18 ff.

Währisch, M. (1996b): Stand und Entwicklungstendenzen in der Kosten- und Erlösrechnung in zwei ausgewählten industriellen Branchen, Erste Ergebnisse einer empirischen Studie, Vortragsunterlagen, Bochum 1996

Währisch, M. (1998): Kostenrechnungspraxis in der deutschen Industrie: eine empirische Studie, Wiesbaden 1998

Warschat, J., Frech, J. (1996): Objektorientierte Datenbanksysteme als Informationsbasis für die Produktkostenkalkulation in der Konstruktionsphase, in: krp Sonderheft 40 (1996) 1, S. 96-104

Weber, J. (1993): Stand der Prozeßkostenrechnung in deutschen Großunternehmen - Ergebnisse einer empirischen Erhebung, in: Weber, J. (Hrsg., 1993), S. 257-278

Weinhold-Stünzi, H., Reinecke, S., Schögel, M. (Hrsg., 1997): Marketingdynamik, St. Gallen 1997

Welp, E., Endebrock, K., Albrecht, K. (1998): Entwicklungs- und konstruktionsbegleitende Kostenbeurteilung - Ergebnisses einer Befragung von Konstruktionsleitern, in: krp 42 (1998) 5, S. 257-265

Westkämper, E., Pfeifer, T., Horváth, P. (1996): Qualitätsmanagement in der Produktion, in: Eversheim, W., Schuh, G. (Hrsg., 1996), S. 13-1 - 13-72

Wild, J. (1966): Grundlagen und Probleme der betriebswirtschaftlichen Organisationslehre, Berlin 1966

Wild, J. (1967): Zur praktischen Anwendung der Organisationstheorie, in: ZfB 37 (1967), S. 567-592

Witt, F.-J. (1991): Das Konzept des Prozeßmanagement, in: Witt, F.-J. (Hrsg., 1991), S. 3-38

Witt, F.-J. (Hrsg., 1991): Aktivitätscontrolling und Prozeßkostenmanagement, Stuttgart 1991

Witte, E. (Hrsg., 1981): Der praktische Nutzen empirischer Forschung, Tübingen 1981

Wolbold, M. (1995): Budgetierung bei kontinuierlichen Verbesserungsprozessen, München 1995

Womack, J.P., Jones, D.T., Roos, D. (1991): Die zweite Revolution in der Automobilindustrie, 2. Aufl., Frankfurt a.M. 1991

Worthy, F. S. (1991): Japan´s smart Secret Weapon, in: Fortune 124 (1991) 4, S. 48-51

Wurster, M., Dittmar, J. (1997): Anwendung des Target Costing bei der Gestaltung innerbetrieblicher Verrechnungspreise - dargestellt am Beispiel der Deutschen Bahn AG, in: Horváth u.a. (Hrsg., 1997), S. 103-109

# Y

Yoshikawa, T. (1990): Survey of Cost Accounting Systems in Japan and UK (auf japanisch), Yokohama Keiei Kenkyu 11 (1990) 1, S. 63-75

Yoshikawa, T., Innes, J., Mitchell, F. (1988): Japanese Management Accounting: A Comparative Survey, in: Management Accounting (UK) 67 (1989) 11, S. 21-24

Yoshikawa, T., Innes, J., Mitchell, F. (1990): Cost Tables: A Foundation of Japanese Cost Management, in: Journal of Cost Management 4 (1990) Fall, S. 30-36F

Yoshikawa, T., Innes, J., Mitchell, F. (1993): Japanese Cost Management Practices, in: Brinker, B.J. (Hrsg., 1993), S. F3-1 - F3-29

# Z

Zahn, W. (1995): Target Costing bei einem Automobilzulieferer, in: Controlling 7 (1995) 3, S. 148-153

Zehbold, C. (1996): Lebenszykluskostenrechnung, Wiesbaden 1996

Zetterberg, H. L. (1973): Theorie, Forschung und Praxis in der Soziologie, in: König (Hrsg., 1973), S. 104-160